汽车万用表检测
从入门到精通

第二版

吴文琳　主编　　林瑞玉　副主编

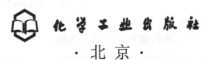

·北京·

本书从汽车维修工作的实际出发，在介绍汽车万用表检测汽车电控系统基本知识的基础上，详细讲解了汽车电控系统的传感器、执行器和电控单元的万用表检测方法，包括汽车万用表检测的基本知识、汽车发动机电控系统传感器的万用表检测、汽车发动机电控系统执行器的万用表检测、汽车底盘车身电控系统传感器的万用表检测、汽车底盘车身电控系统执行器的万用表检测和汽车电控系统电控单元的万用表检测等内容。书中对每一种汽车万用表的检测方法都给出了具体车型示例，便于读者查阅。本书内容丰富、图文并茂、实用性强，力求通俗易懂、注重解决实际问题，具有较强的可操作性。

本书可供从事汽车维修和管理的工程技术人员以及汽车电工、修理工和驾驶员学习使用，也可作为大中专院校相关专业师生和培训学校的参考教材。

图书在版编目（CIP）数据

汽车万用表检测从入门到精通/吴文琳主编. —2 版. —北京：化学工业出版社，2019.2（2021.5 重印）
ISBN 978-7-122-33553-1

Ⅰ.①汽⋯ Ⅱ.①吴⋯ Ⅲ.①复用电表-检测-汽车-故障 Ⅳ.①U472.9

中国版本图书馆 CIP 数据核字（2018）第 303363 号

责任编辑：辛　田　　　　　　　　　文字编辑：冯国庆
责任校对：边　涛　　　　　　　　　装帧设计：王晓宇

出版发行：化学工业出版社（北京市东城区青年湖南街 13 号　邮政编码 100011）
印　　装：涿州市般润文化传播有限公司
787mm×1092mm　1/16　印张 19　字数 509 千字　2021 年 5 月北京第 2 版第 2 次印刷

购书咨询：010-64518888　　　　　　　售后服务：010-64518899
网　　址：http://www.cip.com.cn

凡购买本书，如有缺损质量问题，本社销售中心负责调换。

定　　价：78.00 元　　　　　　　　　　　　　　　　　　　版权所有　违者必究

第二版前言

随着汽车工业的迅速发展，现代汽车的车型和性能都在不断改进，汽车技术日新月异，特别是电子技术的广泛应用，使得汽车的维修理念、维修内容、维修方法都发生了根本性的变化。汽车维修越来越具有一定的难度，对汽车维修人员的维修提出了更高的要求。

由于电控汽车结构复杂，故障千奇百怪，确诊十分困难，而专用诊断设备只是提供一个判断故障的方向，而不是具体的某一故障的部件或部位。只有通过万用表检测，才能找出故障的准确部位。当汽车发生故障时，对电控单元、传感器和执行器的检测，是维修工作的基础和关键。为了满足广大汽车维修人员的迫切要求，我们编写了这本书。

本书从汽车维修工作的实际出发，在介绍了汽车万用表检测汽车电控系统基本知识的基础上，详细讲解了汽车电控系统的传感器、执行器和电控单元的万用表检测方法。全书共分六章，内容包括：汽车万用表检测的基本知识、汽车发动机电控系统传感器的万用表检测、汽车发动机电控系统执行器的万用表检测、汽车底盘车身电控系统传感器的万用表检测、汽车底盘车身电控系统执行器的万用表检测和汽车电控系统电控单元的万用表检测。书中对每一种的检测方法都给出了具体车型示例，便于读者查阅，举一反三。

本书内容丰富、图文并茂、力求通俗易懂、注重解决实际问题、实用性强，具有较强的可操作性。本书可供从事汽车维修及管理的工程技术人员以及汽车电工、修理工和驾驶员学习使用，也可作为大中专院校相关专业师生阅读和培训学校的参考教材。

本书由吴文琳主编、林瑞玉副主编，参加编写的还有吴丽霞、林春霞、苏剑炜、何木泉、林国强、蚁文荣、阮清开、林金燕、陈继贤、林志强、黄志松、林志坚、陈山、陈谕磊、杨光明、林宇猛、林玉山、黄志松、李剑文等。在本书编写过程中参考了一些资料，并得到同行帮助，在此一并表示衷心的感谢！

由于笔者水平有限，书中不足之处在所难免，敬请广大读者批评指正。

编　者

目录
CONTENTS

第一章 汽车万用表检测的基本知识

第一节 万用表的结构与类型 …………… 1
 一、万用表的分类 ……………………… 1
 二、万用表的结构和功能 ……………… 2
第二节 万用表的选用与使用 …………… 9
 一、万用表的选用 …………………… 10
 二、指针式万用表的使用方法与注意
  事项 ………………………………… 12
 三、数字式万用表的使用方法与注意
  事项 ………………………………… 15
第三节 万用表在故障自诊断系统中的
  应用 ………………………………… 25

 一、自诊断系统的类型 ……………… 25
 二、利用指针式万用表读取故
  障码 ………………………………… 26
第四节 汽车电控系统传感器及执行器
  万用表检测 ……………………… 27
 一、汽车电控系统的类型与组成 …… 27
 二、万用表检测法 …………………… 29
 三、汽车传感器的检测方法及注意
  事项 ………………………………… 30
 四、汽车执行器的检测方法及注意
  事项 ………………………………… 32

第二章 汽车发动机电控系统传感器的万用表检测

第一节 温度传感器 …………………… 33
 一、冷却液温度传感器 ……………… 33
 二、进气温度传感器 ………………… 37
 三、排气温度传感器 ………………… 39
 四、废气再循环系统监测温度
  传感器 ……………………………… 41
 五、燃油温度传感器 ………………… 42
 六、热敏铁氧体温度传感器 ………… 43
 七、混合动力汽车蓄电池温度
  传感器 ……………………………… 43
 八、混合动力汽车蓄电池进气温度
  传感器 ……………………………… 44

 九、辅助蓄电池温度传感器 ………… 45
 十、混合动力系统电动机温度
  传感器 ……………………………… 46
 十一、升压转换器温度传感器 ……… 47
 十二、混合动力汽车蓄电池组电流
  传感器 ……………………………… 47
 十三、柴油机废气温度传感器 ……… 47
 十四、尿素溶液温度传感器 ………… 48
第二节 空气流量传感器 ……………… 48
 一、翼片式空气流量传感器 ………… 48
 二、卡曼涡流式空气流量传感器 …… 51
 三、热线式与热膜式空气流量

传感器 …………………………… 54
　　四、量芯式空气流量传感器 ………… 59
第三节　压力传感器 …………………… 61
　　一、半导体压敏电阻式进气压力
　　　传感器 …………………………… 61
　　二、电容式进气歧管压力传感器 …… 62
　　三、真空膜盒式进气压力传感器 …… 63
　　四、电控柴油机压力传感器 ………… 65
　　五、压电式爆燃传感器 ……………… 65
　　六、共振型磁致伸缩式爆燃
　　　传感器 …………………………… 69
　　七、大气压力传感器 ………………… 70
　　八、机油压力开关 …………………… 73
　　九、发动机机油压力传感器 ………… 73
　　十、涡轮增压压力传感器 …………… 74
　　十一、共轨压力传感器 ……………… 77
　　十二、燃油压力传感器 ……………… 79
　　十三、燃油箱压力传感器 …………… 80
　　十四、燃油压力/温度传感器 ………… 81
　　十五、燃油低压传感器 ……………… 81
　　十六、废气压力传感器 ……………… 82
第四节　位置传感器 …………………… 83
　　一、曲轴位置传感器 ………………… 83
　　二、凸轮轴位置传感器 ……………… 88
　　三、节气门位置传感器 ……………… 94
　　四、加速踏板位置传感器 …………… 102
　　五、齿杆位置传感器 ………………… 109
　　六、启动信号和空挡启动开关
　　　信号 ……………………………… 110
　　七、EGR 位置传感器 ………………… 111

　　八、转子位置传感器 ………………… 113
第五节　发动机转速传感器 …………… 114
　　一、舌簧开关式发动机转速
　　　传感器 …………………………… 114
　　二、电磁感应式发动机转速
　　　传感器 …………………………… 115
　　三、柴油发动机用转速传感器 ……… 115
第六节　气体浓度传感器 ……………… 116
　　一、氧传感器 ………………………… 117
　　二、可变电阻型传感器 ……………… 121
　　三、稀薄混合气传感器 ……………… 122
　　四、全范围空燃比传感器 …………… 123
　　五、柴油机烟度传感器 ……………… 125
　　六、氮氧化物传感器
　　　（NO_x 传感器） ………………… 127
第七节　其他传感器 …………………… 128
　　一、燃油含水率传感器 ……………… 128
　　二、光电式燃油流量传感器 ………… 129
　　三、喷油器针阀升程传感器 ………… 129
　　四、电容式液位传感器 ……………… 130
　　五、电热式液位传感器 ……………… 132
　　六、电极式液位传感器 ……………… 132
　　七、半导体型液位传感器 …………… 133
　　八、浮子舌簧开关式液位传感器 …… 134
　　九、浮子可变电阻式液位传感器 …… 134
　　十、热敏电阻式液位传感器 ………… 136
　　十一、液流环位置传感器 …………… 137
　　十二、智能型蓄电池传感器 ………… 137
　　十三、柴油颗粒传感器 ……………… 138

第三章　汽车发动机电控系统执行器的万用表检测

　　一、电动汽油泵及其控制系统 ……… 140
　　二、继电器 …………………………… 143
　　三、燃油压力调节器 ………………… 144
　　四、燃油压力控制阀 ………………… 145
　　五、电磁喷油器 ……………………… 146
　　六、排放控制系统 …………………… 151

　　七、点火系统执行器 ………………… 154
　　八、节气门开度控制装置 …………… 156
　　九、燃油加热器 ……………………… 157
　　十、排气制动电磁阀 ………………… 159
　　十一、怠速控制阀 …………………… 160

第四章　汽车底盘车身电控系统传感器的万用表检测

第一节　热敏电阻式温度传感器……… 165
一、车内、外空气温度传感器……… 165
二、空调蒸发器出口温度传感器…… 171
三、液压油温度传感器……………… 174
第二节　压力传感器…………………… 176
一、空调制冷剂压力传感器………… 176
二、空调压力开关…………………… 176
三、制动油压力传感器……………… 177
四、蓄压器压力传感器……………… 178
五、轮胎压力传感器………………… 179
第三节　位置传感器…………………… 181
一、离合器位置传感器……………… 181
二、自动变速器控制系统节气门位置
　　传感器……………………………… 183
三、防滑制动系统（ABS/TRAC）
　　主、副节气门位置传感器……… 184
四、车辆高度传感器………………… 186
五、转向角度传感器………………… 189
六、制动踏板位置传感器…………… 194
第四节　车速传感器…………………… 195
一、可变磁阻式车速传感器………… 196
二、光电式车速传感器……………… 198
三、电磁感应式车速传感器………… 198
四、舌簧开关式车速传感器………… 200
五、霍尔式车速传感器……………… 201
第五节　轮速传感器…………………… 203
一、电磁感应式轮速传感器………… 204
二、霍尔效应式轮速传感器………… 206
三、励磁式轮速传感器……………… 208
四、磁阻式轮速传感器……………… 208
第六节　加速度与减速度传感器……… 211

一、光电式减速度传感器…………… 211
二、水银式减速度传感器…………… 211
三、差动变压器式减速度传感器…… 212
四、压电式减速度传感器…………… 212
五、压阻式减速度传感器…………… 213
六、开关式加速度传感器…………… 214
第七节　横摆角速度传感器与组合
　　　　传感器………………………… 215
一、横摆角速度传感器……………… 215
二、组合传感器……………………… 215
第八节　碰撞传感器…………………… 218
一、碰撞传感器的结构……………… 220
二、检测碰撞传感器的注意事项与
　　方法……………………………… 222
第九节　其他传感器…………………… 224
一、静电式冷媒流量传感器………… 224
二、光量传感器……………………… 226
三、湿度传感器……………………… 230
四、烟尘浓度传感器………………… 231
五、电流检测用传感器……………… 234
六、存储式反射镜用传感器………… 237
七、超声波距离传感器与激光
　　传感器…………………………… 238
八、雨滴传感器……………………… 244
九、空调压缩机锁定传感器………… 248
十、汽车导航传感器………………… 248
十一、制动器摩擦片磨损检测
　　　传感器………………………… 248
十二、乘员位置传感器……………… 249
十三、防盗振动传感器……………… 254
十四、视觉传感器…………………… 256

第五章　汽车底盘车身电控系统执行器的万用表检测

一、电控自动变速器执行元件…… 259
二、防抱死制动压力调节器……… 261
三、防滑转（ASR）执行元件…… 263

四、电子控制悬架系统执行元件…… 265
五、动力转向执行元件……………… 266
六、巡航控制系统执行元件………… 266

七、车门窗控制执行元件………… 270
八、驾驶位置记忆系统执行元件…… 273
九、灯光自动控制执行元件………… 274
十、汽车空调器常用执行元件……… 274
十一、车载网络系统………………… 276

第六章 汽车电控系统电控单元的万用表检测

第一节 汽车电控系统电控单元的功能与
　　　　基本组成……………………… 279
一、电控单元的基本功能…………… 279
二、电控单元的组成………………… 279
三、电控单元的电源电路…………… 282
第二节 电控单元万用表检测的项目及
　　　　方法……………………………… 282

一、电控单元万用表检测项目……… 282
二、万用表检测电控单元注意
　　事项……………………………… 283
三、电控单元万用表检测方法……… 283
第三节 电控系统万用表检测实例——康
　　　　明斯 ISC 高压共轨柴油车电控系
　　　　统的检测………………………… 285

参考文献

第一章 汽车万用表检测的基本知识

第一节 万用表的结构与类型

万用表是一种可以进行多种项目测量的便携式仪表,具有基本挡位和附加挡位,利用基本挡位可以比较精确地测量交流电压、直流电压、交流电流、直流电流以及电阻值的大小,利用附加挡位可以进行电容器的测量、二极管的测量、三极管的静态电流放大系数测量和线路的通断检测等。万用表是准确判断故障的重要依据,因此只有熟练掌握万用表的使用方法,再辅助一些其他的手段,才能迅速准确地判断故障,提高维修工作效率。

一、万用表的分类

万用表一般可分为模拟式(指针式)万用表和数字式万用表(含汽车专用万用表)两种。这两类万用表各有所长,在使用的过程中不能完全替代,要取长补短,配合使用。指针式万用表使用方便、性能稳定、价格便宜,不易受外界环境和被测信号的影响,可以直观形象地观察变化的趋势;而数字式万用表测量精度高、读数准确、显示清晰、测量范围宽,还能准确进行电容容量和小电阻值的测量。

指针式万用表是利用指针的偏转直接读出测量数值,其结构简单,使用方便。常见的指针式万用表有 500 型、MF500-B 型、MF47 型、MF64 型、MF50 型、MF15 型等。

数字式万用表采用数字化测量技术和液晶显示器(LCD)显示,具有测量准确度高、测范围宽、分辨力高、测量速率快、输入阻抗高、功耗小、功能全、集成度高、过载能力强和抗干扰能力强等优点。常见的数字式万用表有 DT890、DT890D、DT830、DT9101、DT9102、DT9103 等。袖珍数字万用表的外形如图 1-1 所示。

由于在电控燃油喷射(EFI)发动机的检测中,规定不能使用指针式万用表检测电控单元(ECU)和传感器,更不能使用测试灯测试 ECU 和任何与 ECU 相连接的电气设备,而应该使用高阻抗[如大于 10MΩ/V(表示测试电压为刻度盘上最大值时的仪表内电阻值)]的数字式测试仪(表)进行测试。因此,数字式万用表在电控燃油喷射发动机的检测中获得了广泛应用。

汽车万用表也是一种数字式万用表,在汽车检测中用途广泛。常见的汽车万用表有 OTC 系列、EDA 系列、VC400 型、KM300 型和 AT950 型等。KM300 型汽车万用表为美国艾克强汽车测试设备制造公司的产品,其外形如图 1-2 所示。

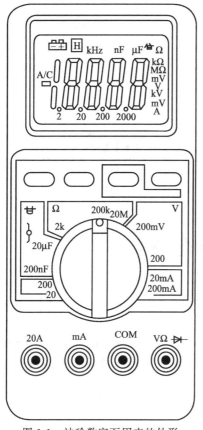

图 1-1　袖珍数字万用表的外形

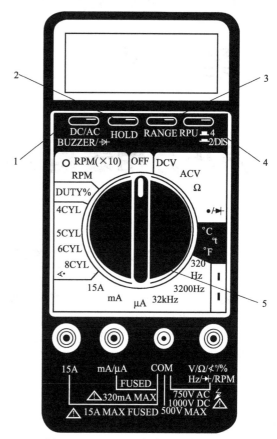

图 1-2　KM300 型汽车万用表的外形

1—"直流/交流"按钮；2—"保持"按钮；3—"量程"
选择按钮；4—"转速"选择按钮；5—选择开关

二、万用表的结构和功能

1. 指针式万用表

（1）指针式万用表的结构　指针式万用表主要由磁电式表头、面板、功能转换开关、测量线路、调零旋钮、插孔、表笔和外壳等组成。

① 万用表表头一般采用高灵敏度的磁电式结构。主要由磁头、游丝、表针（指针）等组成，如图 1-3 所示。表头的灵敏度越高，万用表的性能也越好。

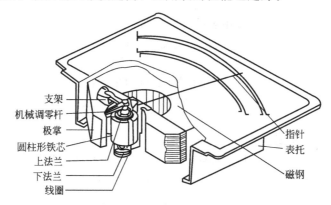

图 1-3　指针式万用表的表头

② 指针式万用表的面板如图 1-4(a) 所示。它主要由表盘、机械调零旋钮、零欧姆调节旋钮、转换开关、表笔插孔等组成。表头上的表盘印有多种图形、符号，并且还有多条刻度线和数值。

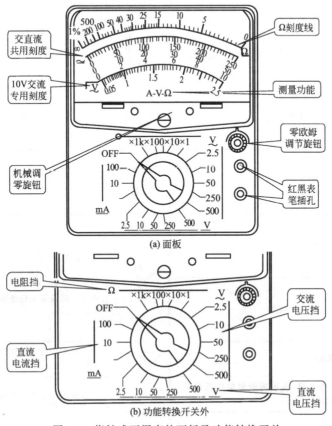

图 1-4 指针式万用表的面板及功能转换开关

③ 功能转换开关（又称量程选择开关，简称量程开关）如图 1-4(b) 所示，它是一个多挡位的旋转开关，用来选择检测项目和量程（或倍率）。有些万用表采用两个转换开关，分别为量程选择开关和项目（功能）选择开关。

④ 测量电路如图 1-5 所示，它主要由各种类型、各种规格的电阻元件（如线绕电阻、金属膜电阻、碳膜电阻、电位器等）组成，此外还包括整流器件（如二极管）。

图 1-5 测量电路

(2) 指针式万用表上的符号及数值含义

① 在指针式万用表上，通常印有各种符号，它们所表示的含义见表1-1。

表1-1 指针式万用表上的各种符号及其含义

符号	含义	符号	含义
∩	磁电式带机械反作用力仪表	∩（带二极管）	整流式仪表
∩	磁电式一级防外磁场	→|	仪表水平放置
II	磁电式二级防外磁场	⊥	仪表垂直放置
III	磁电式三级防外磁场	☆2	表示仪表能经受50Hz、2kV交流电压历时1min绝缘强度试验（星号中的数字表示试验电压千伏数，星号中无数字表示500V，星号中为0时表示未经绝缘强度试验）
IV	磁电式四级防外磁场		
≂	交直流两用	2.5 ②.5	准确度等级。此例表示直流测量误差小于满刻度的2.5%
A-V-Ω	基本功能符号，表示测量对象包括电流、电压和电阻	DC 20kΩ/V	表示直流电压灵敏度为20kΩ/V
·))	具有声响的通断测量	AC 9kΩ/V	表示交流电压灵敏度为9kΩ/V
♪		✳	公用端
⇥	二极管检测	COM	公用端
45-55-1000Hz	表示使用频率范围为45~1000Hz，标准频率范围为45~55Hz	⏚	接地端
~	被测量为交流	dB 1mW 600Ω	表示在600Ω负载电阻上功耗1mW，定义为0dB

② 万用表上各种数值和标尺的含义如下。

a.27℃表示热带使用仪表，标准温度为（27±2）℃，而一般仪表的标准温度为（20±2）℃。

b.20kΩ/V－或10 kΩ/V－表示仪表的直流测试的灵敏度。此值的倒数就是表头的满度电流值，通常为万用表的最小直流电流挡。在检测直流电压时，将此数乘以使用挡的满度值，即为该挡的输入电阻。不同挡位的输入电阻不同，而同一挡位指示值变化时，其输入电阻却不变。

c. 4kΩ/V～或 10 kΩ/V～ 表示交流电压的灵敏度。在检测交流电压时，将数乘以使用挡的满度电压值，即得到该挡的内阻值（输入电阻）。

d. A-V-Ω 指安培、伏特、欧姆，即表示该万用表是可测电流、电压和电阻的复用表。

e. 2.5— 表示仪表准确度等级，直流检测误差小于满刻度的 2.5%。

f. 在万用表上一般有一条欧姆标尺、一条直流用的 50 格等分度标尺，一条 50V 以上交流用的标尺、一条 10V～（或 5～或 2.5V～）专用标尺及一条 dB 标尺。有的万用表上还有 A～（交流电流）、μF（电容）、mH（电感）、Z（阻抗）、W（音频功率）、I_{CEO}（晶体三极管穿透电流）或 β（晶体三极管直流放大倍数）等标尺。

g. 0dB=1mW600Ω 表示分贝（dB）标尺是以在 600Ω 负荷电阻上，得到 1mW 功率时的指示定为零分贝。

h. MF：M 表示仪表，F 代表复用式，MF 即万用表的标志。

万用表表盘上的标志示例如图 1-6 所示。

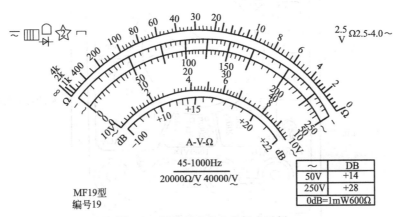

图 1-6 万用表表盘上的标志示例

2. 数字式万用表

数字式万用表采用了大规模集成电路和液晶数字显示技术，是在数字式直流电压表的基础上，增加测试附件扩展而成的。它是将测试量与标准量进行对比的比较式仪表，其测量值由液晶显示器显示。

（1）数字式万用表的基本组成 目前数字式万用表使用较多的是 DT-890 型、DT9205 型等。DT-890 型数字式万用表面板外形示意图如图 1-7 所示。该表前后面板主要包括液晶显示器；电源开关；量程（功能）转换开关；h_{FE} 插口；表笔插孔及在后盖板下的电池盒。

① 液晶显示器直接以数字形式显示检测结果。普及型数字式万用表多为三位半仪表（如 DT-890 型），其最高位只能显示"1"或"0"（0 亦可消隐，即不显示），故称半位，其余 3 位是整位，可显示 0～9 全部数字。三位半数字式万用表最大显示值为 1999。仪具具有自动显示极性功能，即如果被测电压或电流的极性错了，也不必改换表笔接线，而在显示值面前出现负号（—），也就是说此时红表笔接低电位，黑表笔接高电位。

② 量程（功能）转换开关又称为功能选择开关，位于面板的中间，用来检测时选择项目和量程。由于最大显示数为±1999，不到满度 2000，所以量程挡的首位数几乎都是 2，如 200Ω、2kΩ、2V 等。一般数字式万用表的量程较指针式万用表要多。

③ 表笔插孔有 4 个。标有"COM"字样的为公共插孔，通常插入黑表笔。标有"V/Ω"字样插孔应插入红表笔，用以检测电阻值和交直流电压值。检测交直流电流有两个插孔，分别为"A"和"10A"，供不同量程挡选用，也插入红表笔。

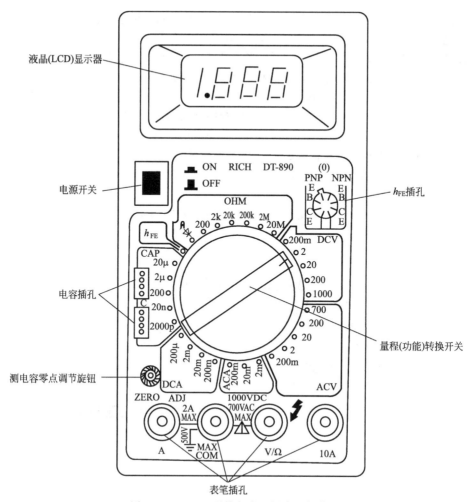

图 1-7 DT-890 型数字式万用表面板外形

(2) 数字式万用表的分类 数字式万用表的分类方法主要有按量程转换方式分类、按工作原理分类和按显示数字位数分类 3 种。

① 按量程转换方式分类,可分为手动量程(MANUAL RANGE)、自动量程(AUTO RANGE)和自动/手动量程(AUTO/MAN UAL RANGE)3 种类型。

② 按工作原理分类,可分为比较型、积分型、复合型。目前使用较多的是积分型数字万用表。

③ 按显示数字位数不同,可分为 $3_{1/2}$(3.5 位)、$4_{1/2}$(4.5 位)、$5_{1/2}$(5.5 位)、$6_{1/2}$(6.5 位)和 $7_{1/2}$(7.5 位)等多种类型。常见仪表数位及相关指标见表 1-2。

表 1-2 常见仪表数位及相关指标

仪表数位(位)	准确度/%	分辨率	最大显示数字	显示位数
$3_{1/2}$(3.5 位)	±(0.5~0.1)	0.1	1999	4 位
$4_{1/2}$(4.5 位)	±(0.5~0.02)	0.01	19999	5 位
$5_{1/2}$(5.5 位)	±(0.01~0.005)	0.001	199999	6 位
$6_{1/2}$(6.5 位)	±0.001	0.0001	1999999	7 位
$7_{1/2}$(7.5 位)	±0.0001	0.00001	19999999	8 位

普及型数字式万用表不仅可以检测直流电压（DCV）、交流电压（ACV）、直流电流（DCA）、交流电流（ACA）、电阻（Ω）、二极管正向压降（VF）、晶体管发射极电流放大系数（h_{FE}），还能测电容（C），检查线路通断的蜂鸣器挡（BZ）等。有的数字式万用表还具有电感挡、温度（T）挡、频率（f）挡、信号挡、AC/DC自动转换功能等。

新型数字式万用表大多增加了读数保持（HOLD）、逻辑测试（LOGIC）、真有效值（TRMS）、相对值检测、自动关机等功能。

（3）数字式万用表的常见符号及含义　数字式万用表的常见符号及含义见表1-3，数字式万用表上的外文字母及中文含义见表1-4。

表1-3　数字式万用表的常见符号及含义

图形符号	名称及含义	图形符号	名称及含义
⎓	直流	↻	转速
∼	交流	▷⊢	二极管
⌀	闭合角	⎓∼	直流或交流
DUTY	占空比	⊟	电量不足
CYL	发动机气缸数	•)))	蜂鸣通断
⏚	接地	⚠	警告提示
⚡	高压危险	▫	双重绝缘

表1-4　数字式万用表上的外文字母及中文含义

项目	外文字母（单词或语句）	中文含义	备注
量程类	RANGE	量程转换	—
	AUTO RANGE	自动量程转换	—
	MANUAL RANGE	手动量程转换	—
	AUTO/MANUAL RANGE	自动/手动量程转换	—
熔丝类	FUSE	熔丝	—
	FUSED	设熔丝保护	—
	UNFUSED	未设熔丝保护	—
按键	ON/OFF	开关	
	HOLD	数据保持	按动此键，可使测量数据保持
	PK HOLD	峰值(数据)保持	按动此键，能自动记录测量过程中的最大数据
	DATA	数据储存	—

续表

项目	外文字母(单词或语句)	中文含义	备注
按键	COM	模拟地公共插口	—
	MAX	最大、最大值	—
	MIN	最小、最小值	—
	DOWN	由大到小	—
	UP	由小到大	—
	TEMP	温度(测量)	—
	AUTO CAL	自动校准	—
	SEC	秒	—
	EACH	每次、各自	—
	AUTP POWER OFF	自动关机	—
	FUSE PROVIDED	电路熔丝保护	—

3. 汽车万用表

汽车万用表除具有袖珍数字式万用表的功能外，还具有汽车专用项目测试功能，可测量交流电压及电流、直流电压及电流、电阻、频率、电容、占空比、温度、二极管、接通角、转速；也有一些新颖功能，如自动断电、自动变换量程、模拟条图显示、峰值保持、读数保持（数据锁定）、电池测试（低电压提示）等。

多功能汽车数字式万用表主要由 4 位数字及模拟显示屏、功能按钮、测试项目选择开关、温度测量插座、分用插孔（测量电压、电阻、频率、接通角、占空比和转速）、搭铁插座、电流测量插座等构成。

为实现某些功能（例如测量温度、转速），汽车万用表还配有一套配套件，如热电偶适配器、热电偶探头、电感式拾取器以及 AC/DC 感应式电流夹钳（5～2000A 等）。

在发动机电控系统故障的检测与诊断中，除经常需要检测电压、电阻和电流等参数外，还需要检测转速、接通角、频宽比（占空比）、频率、压力、时间、电容、电感、温度、半导体元件等。这些参数对于发动机电控系统的故障检测与诊断具有重要意义。但是这些参数用一般数字式万用表无法检测，需采用专用仪表即汽车专用万用表。汽车万用表一般应具备以下功能。

① 测量交、直流电压。考虑到电压的允许变动范围及可能产生的过载，汽车万用表应能测量大于 40V 的电压值，但测量范围也不能过大，否则读数的精度会下降。

② 测量电阻。汽车万用表应能测量 1MΩ 的电阻，测量范围大一些使用起来较方便。

③ 测量电流。汽车万用表应能测量大于 10A 的电流，测量范围再小则使用不方便。

④ 记忆最大值和最小值。该功能用于检查某电路的瞬间故障。

⑤ 模拟条显示。该功能用于观测连续变化的数据。

⑥ 测量脉冲波形的频宽比和点火线圈一次侧电流的接通角。该功能用于检测喷油器、发动机怠速稳定控制阀、EGR 电磁阀及点火系统等的工作状况。

⑦ 测量转速。

⑧ 输出脉冲信号。该功能用于检测无分电器点火系统的故障。

⑨ 测量传感器输出电信号频率。

⑩ 测量二极管的性能。

⑪ 测量大电流。配置温度传感器（霍尔式电流传感器）后，可以测量大电流。

⑫ 测量温度。配置温度传感器后，可以检测冷却水温度、尾气温度和进气温度等。

有些汽车万用表，除了具有上述基本功能外，还有一些扩展功能。例如，EDA-230 型汽车万用表在配用真空/压力转换器（附件）时，可以测量压力和真空度，并且还具有背光显示功能，使显示数据在光线较暗时也能被看清楚。

又如博安 8901B 汽车万用表，除具有汽车万用表功能外，还可检测喷油时间（ms）、温度（K）、占空比（％）、电容（F）、频率（Hz）、汽车传感器信号模拟、汽车执行器驱动，可驱动喷油器、发动机怠速阀、调压阀、点火模块、点火线圈和电子里程表等。

汽车数字式万用表与普通数字式万用表的主要区别见表 1-5。

表 1-5 汽车数字式万用表与普通数字式万用表的主要区别

普通数字式万用表	汽车数字式万用表
仅具有基本参数检测功能，如电阻、电压、电流检测	除具有普通数字式万用表所具有的基本参数检测功能外，还扩展了汽车电参数检测种类，包括非电量参数的检测，如频率、转速、温度、闭合角与占空比等
抗电磁干扰能力不如汽车数字式万用表	汽车上的电磁干扰很强，如汽油发动机的点火、交流发电机调节器的电流断续控制等，都会产生很强的电磁辐射，为此，汽车数字式万用表采用了极强的抗电磁干扰措施
内阻、频带、灵敏度不如汽车数字式万用表	汽车电控系统各个端口、传感器、执行器等对检测仪表的要求较高，也就是检测仪表对信号的影响越小越好，以防损坏有关元器件或单片微电控单元，故汽车数字式万用表都具有较高的内阻、频带宽宽、灵敏度很高
仅具有普通显示功能	除具有液晶数字显示功能外，还具有记忆等智能化功能；兼有信号输出测试、信号模拟显示功能；内部扩展处理

第二节　万用表的选用与使用

由于指针式万用表和数字式万用表在结构及原理上的不同，决定了它们在性能上各有差异，因此在实际的维修过程中，要根据实际需要合理使用不同类型的万用表。

1. 在进行以下检测时使用数字式万用表比较好

① 在线测量电压时，选用的万用表内阻越高越好，这样对电路的影响就越小，因此数字式万用表为首选，对于精度要求较高的测量尤其如此。

② 测量小阻值电阻时宜用数字式万用表，因为数字式万用表的输入阻抗很高，对输入信号无衰减作用。当被测量电阻阻值较大时，指针式万用表也完全能胜任，但对精度要求较高的电阻，则只能使用数字式万用表。

③ 要准确地测量电容器的容量，则只能使用数字式万用表。用指针式万用表电阻挡测量电容器的容量时，只能靠经验或对比粗略地判断其容量，对几百皮法以下的电容，指针式万用表在 $R \times 10k$ 挡时也毫无反应，对 2000pF 以上的电容器，也只能用万用表的 $R \times 10k$ 挡进行测量，通过指针的摆动来判断电容器容量的有无。在测试电容器的耐压或软击穿情况时，指针式万用表 $R \times 10k$ 挡内电池电压较高，接近有些电容器的工作条件，容易损坏电容器。

注意：对于汽车，尤其是电控汽车中特有的电气装置及相关参数的检测，如转速、占空比、频率、压力、温度、时间、闭合角等，应尽量采用汽车数字式万用表来进行检测。

2. 在进行以下检测时使用指针式万用表比较好

① 要判断电容器是否漏电，使用指针式万用表比较方便。

② 数字式万用表测试一些连续变化的电量和过程，不如指针式万用表方便直观。如测量电容器的充、放电过程以及热敏电阻、光敏二极管等。

③ 两种万用表都能测试二极管和三极管。数字式万用表能够准确地测出它们 PN 结的压降,也能够较准确地测量出小功率三极管的 h_{FE} 值。但估测二极管、三极管的耐压和穿透电流时宜用普通指针式万用表。测量发光二极管时,使用数字式万用表既能判断其好坏,又能够判断其正、负极。

④ 用电阻法测量集成块和厚膜电路时宜用指针式万用表。

指针式万用表和数字式万用表各有优势,不能相互代替。在维修的过程中,要注意取长补短,配合使用。

一、万用表的选用

1. 指针式万用表的选用

指针式万用表是一种多用途、多量程的仪表,使用非常方便,故应用极其广泛,一般的指针式万用表可用来测量直流电流、直流电压、交流电压、电阻等。有的万用表还可用来测量交流电流、电容、电感以及对晶体管的检测。万用表的型号很多,而不同型号之间功能也存在差异,一般情况下,指针式万用表都具有以下基本量程:1～10～100～1k～10kΩ 电阻挡,0～2.5～10～50～250～500V 直流电压挡,0～10～50～250～500V 交流电压挡,0～50μA～1～10～100～500mA 直流电流挡,而数字式万用表量限更大,量程更多。

指针式万用表上常用的外文字母含义见表 1-6,供使用万用表时参考。

表 1-6 指针式万用表上常用的外文字母含义

外文字母 (单词或语句)	中文含义	量程符号	量程	用途	备注
DC	直流	DCV	直流电压	直流电压测量	用 V 或 V- 表示
		DCA	直流电流	直流电流测量	用 A 或 A- 表示
AC	交流	ACV	交流电压	交流电压测量	用 V 或 V~ 表示
		ACA	交流电流	交流电流测量	用 A 或 A~ 表示
OHM(OHMS)	欧姆	OHM(OHMS)	欧姆	元器件值测量	用 Ω 或 R 表示
BATT	电池	BATT	用以检查表内电池电压(容量)		国产 7050、7001、7002、7004、7005、7004、7005、7007、M1015B 等指针万用表设此量程
COOD	好、好的		是 BATT 量程的刻度标示。如指针指示在 GOOD 标示范围之内,表明表内电池容量充足;如指针指示在 BDA 标示范围之内,表明表内电池容量不足,应更换		
BAD	坏、坏的				
BDI	调节、校准	—			标尺在欧姆零位调节旋钮旁
OFF	关、关机	OFF	关机	有些指针式万用表设有此挡,当量程开关拨至此挡时,就将表头动圈短路,增大阻尼,以防振动,损坏表头	
MDOEL	型号		仪表型号		—
HEF			晶体二极管直流电流放大倍数测量插孔与挡位		
DIOOE PROTECTION			测量机构保护		—
MADE IN CHINA			中国制造		—

挑选指针式万用表时应注意以下几个方面的问题。

(1) 准确度 根据我国标准规定,准确度等级分为七级,即 0.1、0.2、0.5、1.0、

1.5、2.5、5.0。仪表的准确度等级越高,测量结果就越准确,但价格也就越高。因此,选用万用表时,应根据测量精度的要求,选用准确度合适的万用表,以保证测量误差限定在允许的范围内。

(2) 受外界因素影响要小 当外界因素,如温度、外磁场的变化,超过万用表规定的条件时,万用表指示值变化越小越好。

(3) 灵敏度 灵敏度是指该仪表对被测微小变量的显示程度或对微小变量的测量能力。

万用表的灵敏度通常以指针偏转满度时所需的电流值(满度电流)来表示。满度电流越小,则单位电流所引起指针偏转角就越大,其灵敏度就越高。

具有较高的灵敏度,对于各项精密测量是十分必要的。选用万用表时,尤其应注意到这一点。

(4) 具有良好的阻尼性能 当仪表进行测量时,指针在偏转过程中会由于惯性的影响,而不能迅速停止在指示位置上,指针在指示位置左右摆动会给测量带来影响。这就要求仪表可动部分,在测量中能迅速停止在稳定偏转位置上,即可动部停在平衡位置所要求的时间越短越好。

(5) 应具有一定的过载能力 外加电压、电流的数值超过仪表的额定数值时,称为仪表的过载,除某些特殊仪表外,一般仪表都应能承受短时间的过载能力。挑选万用表时,也应注意到这一点。

2. 数字式万用表的选用

(1) 准确度 在常用的数字式万用表中,以 $3\frac{1}{2}$ 位和 $4\frac{1}{2}$ 位袖珍式较多。$3\frac{1}{2}$ 通常读作"三位半"。其含义是最高位只能显示"1"或不显示即称为"半位",其他三位显示三位十进制数,也就是说,$3\frac{1}{2}$ 位数字式万用表能显示的最大数字为 1999(不考虑小数点)。选购时应根据需要来确定型号。如专门用于电压、电流、电阻检测,可选一般的 $3\frac{1}{2}$ 位的数字表;要进行高精度检测时,可选 $4\frac{1}{2}$ 位的数字表。

(2) 功能 数字式万用表除了具有检测电压、电流、电阻等功能外,还具有数字计算、读数保持、误差读出、字长选择等功能,使用时应根据具体要求选用。

(3) 范围和量程 一般数字式万用表有自动量程功能,不用手动调节量程。另外,还有很多数字式万用表有过量程能力,在检测值超过该量程但还未达到最大显示时可不用换量程,从而提高了准确度和分辨力。

(4) 输入电阻和零电流 数字式万用表的输入电阻过低和零电流过高均会引起检测误差,关键要看信号源的内阻值大小。当信号源阻抗高时,应选择高输入阻抗、低零电流的仪器。

(5) 交流电压转换形式 数字式万用表的交流电压检测分为平均值转换、峰值转换和有效值转换三种。当波失真较大时,平均值转换和峰值转换不准确,而有效值转换可不受波形的影响,使检测结果更加准确。

注意:当欲购的型号确定后,可将电池装入表内,打开开关后数字显示应为"1",旋转量程开关至电阻挡时,将两根表笔短路,数字显示应为"000"。然后根据说明书,检查仪表的过载显示、报警等功能。

为了满足汽车各种功能参数测量的需要,所选择的汽车数字式万用表除了要具有电压、电阻、电流、二极管性能、电路通断(利用蜂鸣器挡)检测基本功能、自动关机、低电压显示、超量程(过载)显示、自动显示测量种类、自动显示极性等功能外,还要具有发动机转速、断电器触点闭合角、频率、占空比、温度、压力等检测功能。选择的汽车数字式万用表各功能挡的具体要求说明见表1-7,供选择时参考。

表 1-7　选择的汽车数字式万用表各功能挡的具体要求说明

测量功能	具体要求说明
电阻测量	选择的汽车数字式万用表要能够测量 2MΩ 左右的电阻,测量范围尽量大一些
电流测量	选择的汽车数字式万用表要能够测量大于 10A 的电流,测量范围尽量大一些
交、直流电压测量	选择的汽车数字式万用表要能够测量大于 48V 以上的电压,但应控制测量范围不要太大,以防测量精度降低
转速、输出脉冲信号测量	选择的汽车数字式万用表要具有转速、输出脉冲信号测量功能,以方便对无分电器点火系统故障进行测量
占空比、闭合角测量	选择的汽车数字式万用表要具有占空比(频宽比)、闭合角测量功能,以方便对脉冲波形的占空比、点火线圈一次侧电流的闭合角进行测量
最大值、最小值记忆	选择的汽车数字式万用表要具有最大值、最小值记忆功能,用于对电路的瞬间不良故障进行检查
模拟条显示功能	选择的汽车数字式万用表要具有模拟条显示功能,用于观测连续变化的数据
温度测量	选择的汽车数字式万用表应具有温度测量功能,以便于与温度传感器配合来对冷却水温度、进气温度、汽车尾气温度等进行测量
频率测量	选择的汽车数字式万用表应具有频率测量功能,以便于测量各种传感器输出信号的频率
压力测量	选择的汽车数字式万用表应具有扩展压力测量功能(例如 EDA-230 型汽车数字式万用表等),以便于和真空/压力转换器配合来对气压、真空度等进行测量

二、指针式万用表的使用方法与注意事项

1. 500 型指针式万用表的使用方法

(1) 使用万用表前的准备

① 在使用万用表前,应该熟悉每个旋钮、转换开关、插孔以及接线柱等的功能,熟悉所使用的万用表的各种技术性能,了解表盘上每条标尺刻度所对应的检测项目。

② 在使用万用表时,应根据仪表的要求,将表水平(或垂直)放置,并放在不易受振动的地方。

(2) 插孔(接线柱)的正确选择

① 在进行检测以前,应先检查表笔接在什么位置。红表笔应接在标有"+"号的插孔(或红色接线柱)上;黑表笔应接在标有"-"号的插孔(或黑色接线柱)上。

② 在检测直流参数时,要使红表笔接被测对象的正极,黑表笔接被测对象的负极。

③ 检测电压时,仪表并联接入电路;检测电流时,仪表串联接入电路。

(3) 检测项目的选择

① 检测时,应根据被测项目将转换开关旋至需要的位置。

② 万用表的盘面上一般有两个旋钮,一个是检测项目的选择;另一个是量程变换的选择。在使用时,应先将检测项目旋钮旋至对应的被检测种类的位置上,然后再将量程变换旋钮旋至相对应合适量程的位置上。

(4) 量程的选择

① 根据被检测的大致范围,将量程转移开关旋至项目区间的适当量程上。

② 如无法估计被检测的大小,应尽量选择大的检测量程,然后根据指针偏转角的大小,再逐步转换到较小的量程,直到检测电流和电压时使指针指示在满刻度的 1/2 或 2/3 以上,这样检测的结果才比较准确。

(5) 正确读数　在万用表的表盘上有很多条标度尺,分别供测量不同项目时使用,因此

在测量时要在相应的标度尺上读数。

现以 500 型万用表为例介绍指针式万用表的使用方法。

500 型指针式万用表是一种高灵敏度、多量程的携带式整流系仪表，该表共有 24 个测量量程，能完成交直流电压、直流电流、电阻及音频电平等基本项目的测量，还能估测电容器的性能，判别各种类型的二极管、三极管及极性等。

注意：指针式万用表的红表笔插孔与万用表内部电池的负极相连，黑表笔插孔与万用表内部电池的正极相连。数字式万用表正好相反。在用万用表测量二极管、三极管和某些有极性的元件时要特别注意表笔内部电源极性问题，以免引起误判。

(1) 调零点　使用前，如果万用表指针不指在刻度尺的零点（非欧姆挡的起始零点），则必须用旋具慢慢转动机械零点校正螺钉，使指针指在起始点零位上。然后将红表笔插在"＋"内，黑表笔插在"＊"内，再选择合适的量程，即可进行下一步的测量。

(2) 直流电压挡的使用　将右边的转换开关旋至直流电压挡，左边的旋钮旋至相应的待测直流电压的量程。测量时两表笔应并接在线路的两端即可。

如果事先不知道待测电压的值在哪一个量程范围之内，应该遵循从高量程到低量程的原则，不合适再依次递减，直至指针在有效的偏转范围之内。如果不考虑表的内阻对测量结果的影响，则可以选择较小的量程，使指针得到最大幅度的偏转，这时测量的结果读数最准确，误差最小；如果考虑表的内阻对测量结构的影响，就应该选择较高的量程，这样表的内阻增大，减小了表的内阻对测量结果的影响。

在测量过程中，如果不知道电压的极性，可先将一个表笔接好，用另一个表笔在待测点上轻轻地、快速地触一下，如果指针向左偏转，说明测量错误，只需将红、黑表笔交换即可，如果指针向右偏转，表明测量正确，这时红表笔所接的一端为正极，黑表笔所接的一端为负极，接着可以进行细致测量。除 50V 和 250V 挡的测量结果可以直接读出外，其他挡的测量结果需按比例换算。读取测量结果时，眼睛的视轴应和指针的中垂线重合，以减小人为的读数误差。如果表盘上带有反光镜，读数时指针应和镜中的影像重合。

(3) 交流电压挡的使用　将右边的转换开关旋至交流电压挡（与直流电压挡共用），左边的旋钮旋至相应的待测交流电压的量程。量程的选择和测量结果的读取方法与直流电压相同。另外交流电压挡又多了交流 10V 专用刻度尺。注意：500 型万用表是磁电式整流系仪表，它的指示值是交流电压的有效值，均按正弦波形交流电压的有效值校正，因此只适用于正弦波。

由于交流电没有正、负极之分，所以表笔也没有红、黑之别。但需要说明的是，用直流电压挡测量交流电压值时，指针会抖动而不偏转，甚至会损坏；用交流电压挡测直流电压值时，所测量的结果大约要高一倍；测量交流电压时，如被测交流信号叠加上直流电压，交、直流电压之和不得超过该量程的量限，必要时应在输入端串接隔直电容，也可直接利用 dB 挡进行测量，该插孔内部已串入隔直电容。因此在利用交流电压挡进行测量时，要注意量程的选用。

(4) 直流电流挡的使用　测直流电流时应将左边的转换开关旋至直流电流挡，右边的转换开关旋至与被测电流值相应的量程，量程的选定与直流电压的测量方法相同，将被测电路的某一点断开，将两个表笔串接在电路中，注意红表笔接电流流入的一端，黑表笔接电流流出的一端。在测量的过程中要注意两个表笔与电路的接触应保持良好，切勿将两个表笔直接并接在某一电路的两端，以防万用表的损坏。

(5) 电阻挡的使用　将左边的转换开关旋至电阻（Ω）处，将右边的转换开关旋至与待测电阻值相应的量程，先将两个表笔短路，调节欧姆挡调零电位器，使指针指在欧姆刻度线零的位置上，再将两表笔并接在被测电阻的两端进行测量。

为了减小测试误差，提高测试精度，欧姆挡量程的选用应使指针的摆动范围尽可能在刻度尺全刻度起始的20%～80%之间，最好指在中间部位，这样精度更高。在测量阻值较大的电阻时，要避免人体与电阻两端或表笔导电部分的接触。

$R×1$、$R×10$、$R×100$、$R×1k$挡所用直流电源为一节1.5V二号电池，$R×10k$挡所用直流电源是一节1.5V二号电池和一块9V层叠电池相串联。当两表笔短路时，调节调零电位器不能使指针摆到"0"Ω位置上，表明电池电压不足，应更换电池。更换时要注意电池的极性，更换后要保证电池与电池夹接触良好。长期不用时，要把电池取出，以防止电池漏液而腐蚀或影响其他元件。

利用万用表电阻挡测试发光二极管的好坏。取一个容量大于$100\mu F$的电解电容（容量越大，现象越明显），先用$R×100$挡对其进行充电，此时黑表笔接电容的正极，红表笔接电容的负极。充电完毕后，黑表笔改接电容的负极，将被测二极管串接于红表笔和电容正极之间，若发光二极管亮后逐渐熄灭，表明其是好的；若发光二极管不亮，将其两引脚交换后重新测试，还不亮，表明该发光二极管已损坏。

（6）音频电平挡的使用　利用音频电平（dB）挡可以测量标准负载时的功率增益。标准负载是指负载阻抗正好是600Ω。将红表笔插入"dB"内，黑表笔插入"*"内，左边和右边的转换开关旋至交流电压挡及其对应量程上，将两个表笔并接在负载两端就可进行测量。如果使用的是交流10V挡，指针所指的就是测量结果；如果使用的是交流50V或交流250V挡，就应该在指针读数上再分别加上14dB或28dB。

2. 指针式万用表使用注意事项

① 测量电流与电压时不能旋错挡位，否则容易损坏万用表。严禁使用电阻挡、电流挡、电容挡等去测量电压。严禁在测量的同时带电切换万用电表的量程开关或项目开关。

② 测量直流电压和直流电流时，注意正、负极，不要接错。发现表针反转，应立即调换表笔，以免损坏表针、表头。

③ 当不清楚被测电压或电流值的大小时，应先用最高挡，然后再根据测量的结果选择合适的挡位，以免表针偏转过大将表针打弯或损坏表头。

④ 用欧姆挡内部的电池作测试电源时，要注意表笔的正负极性与电源的极性正好相反，此时黑表笔的电位高于红表笔，判断晶体管极性或检测电解电容等有极性的元件时，不可弄错。

⑤ 用万用表检测超过500V的电压时，要戴相应电压等级的绝缘手套。条件不具备时要采取相应的安全措施。测试高压时，除了选用电压等级相当的检测仪表及测试者应做好个人安全防护外，还应有专人监护，或有能够为测试者提供安全保护的其他人员在场。

⑥ 绝缘不良、有裂纹的测试线不得使用。

⑦ 测量电流应注意的事项如下。在测量电流时，要与被测电路串联，切勿将两个表笔跨接在被测电路的两端，以防止万用表损坏。测量直流电流时应注意电流的正、负极性（极性的判别以及量程的选择同直流电压挡的使用）。若负载电阻比较小，应尽量选择高量程挡，以降低内阻，减小对被测电路的影响。

⑧ 测量电阻应注意的事项如下。测量电阻时要将两个表笔并接在电阻的两端，严禁在被测电路带电的情况下测量电阻，或用电阻挡去测量电源的内阻，这相当于接入一个外部电压，使测量结果不准确，而且极易损坏万用表。

每次更换欧姆挡时，均应重新调整欧姆零点。当$R×1$挡不能调整到零点时，应立即更换电池，且要注意电池的极性，如果手头没有新电池可更换，应将测量值减去零点误差。由于电阻挡的刻度呈非线性，越靠近高阻端，刻度越密，读数误差也越大，因此，在测量的过程中，要正确选择量程，使得指针的偏转最好在中心值附近，这时误差最小。

用高阻挡测量大电阻时，不能用手捏住表笔的导电部分，以免对测量结果产生影响。在使用过程中，应尽可能避免两个表笔短路，以免空耗电池。在用电阻挡测量电解电容器的性能时，要先放电再进行测量，以免烧坏表头。由于万用表 $R\times 10k$ 挡采用一节 1.5V 二号电池和一块 9V 层叠电池串联使用，因此不宜测量耐压很低的元器件，如耐压 6V 的小电解电容器。

测量二极管、三极管、稳压管时，首先要注意两个表笔的极性，黑表笔接内部电池的正极，红表笔接内部电池的负极，一旦两表笔的极性接反，测量结果便会迥然不同；再者采用不同量程测量其等效电阻时，测量的结果也不同，这是因为非线性器件对不同的测试电流呈现出不同的等效电阻，是正常现象。

⑨ 维护应注意的事项如下。万用表在使用完毕或在携带过程中，应将其量程开关拨至最高电压挡，防止下次使用时不慎损坏万用表。而有些万用表设置了相应的开关，如 500 型万用表，电表两个转换开关上各有一个"•"（早期的 500 型万用表只有右边的旋钮有"•"）。当右边的旋钮旋至此处时，表内电路呈开路状态，可以防止有人不会使用或粗心大意损坏万用表，用完后要把右边的旋钮旋至"•"处；当左边的旋钮旋至此处时，表头被短路，使得指针的阻尼作用得到加强，抗震能力得到提高，所以在携带或运输的时候，要把右边的旋钮旋至"•"处。也有些万用表设置了"OFF"开关，如 MF64 型，使用完毕后应将功能开关拨至此挡，使表头短路，起到防震保护作用。需要注意的是，带运算放大器的万用表，此"OFF"挡代表电源的开关。

⑩ 其他注意事项如下。万用表应在干燥、无震动、无强磁场以及适宜的温度和湿度环境下存放及使用。潮湿的环境容易使绝缘度降低，还会使元器件受潮而性能变劣；机械振动容易使表头中的磁钢退磁，导致灵敏度降低；在强磁场附近使用万用表会使测量误差增大；环境温度过高或过低，不仅会使整流管的正反向电阻发生变化，改变整流系数，还会影响表头灵敏度以及分压比和分流比，产生附加温度误差。

三、数字式万用表的使用方法与注意事项

1. 数字式万用表的使用方法

① 使用万用表前应认真阅读有关的使用说明书，熟悉电源开关、量程开关、插孔、特殊插孔的作用。

② 开机时，应先打开万用表的电源开关（电源开关置于"ON"位置），再将量程转换开关置于电阻挡，对万用表进行使用前的检查：将两表笔短接，显示屏应显示"0.00"；将两表笔开路，显示屏应显示"1"。以上两个显示都正常时，表明该表可以正确使用，否则将不能使用。

注意：如果量程转换开关置于其他挡，两表笔开路时，显示屏将显示"0.00"。

③ 检测前应估计被检测的大小范围，尽可能选用接近满度的量程，这样可提高检测精度。如果预先不能估计被检测值的大小，可从最高量程挡开始测，逐渐减小到合适的量程位置。

当检测结果只显示"1"，其他位均消失时，表明被测值超出所在挡范围，应选择更高一挡量程。

④ 当误用交流电压挡去测量直流电压或者误用直流电压挡去测量交流电压时，显示屏将显示"000"或低位上的数字出现跳动。

⑤ 数字式万用表在刚检测时，显示屏的数值会有跳数现象，属于正常现象。应当待显示数值稳定后，才能读数。不能以最初跳动变化中的某一数值，当作检测值读取。

⑥ 使用结束后，对于没有自动关机功能的万用表应将电源开关拨至"OFF"（关闭）状

态。长期不用,应取出电池。

2. 常用的检测方法

(1) 测量电阻　将万用表开关转到电阻(Ω)挡的适当位置并校零后,即可测量电阻值。测试前应将被测电路的电源切断,然后将表笔接至被测电阻两端,如图 1-8 所示。

汽车上很多电气设备的技术状态可用检测其电阻值的方法来判断,可检查电气元件和线路的断路、短路等故障。检测时应注意以下两点。

① 不要用手触及元件裸露的两端(两支表笔的金属部分),以免人体电阻与被测电阻相并联,使测量结果不准确。

② 如果两笔短接、"Ω"调零旋钮旋至最大,指针仍达不到 0 位,这种现象常是由于表内电池电量不足造成的,应换上新电池方能准确测量。

注意:数字式万用表正表笔接的是万用表内部电池负极,负表笔接的是万用表内部电池正极。

(2) 测量直流电压　将万用表开关转到直流电压(V)挡(选择合适的量程),将表笔并联于被测电路中(将测试表笔接至被测件两端),如图 1-9 所示。用测电压的方法可以检查电路上各点的电压(信号电压或电源电压)以及电气部件上的电压降。

测直流电压时,要分清表笔正极与负极;测量交流电压时,无正、负极之分。

注意:若转换开关在电流测试挡,千万不能将万用表与电路并联,因为电流挡电阻小,错接会使测试电路超负荷而损坏仪表。

(3) 测试直流电流　将万用表串联于被测电路中,其红色(+)表笔接电流输入端、黑色(-)表笔接输出端,注意不能反接。将转换开关转到"电流"挡,并选择测试量程,为避免万用表超负荷,可选稍大点的量程,但也不能使量程过大,一般应使测试值达到全量程的 1/2～3/4,以减少测试误差,如图 1-10 所示。

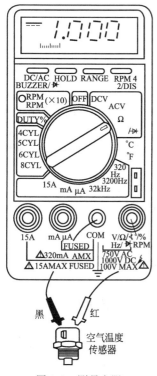

图 1-8　测量电阻

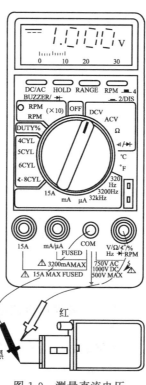

图 1-9　测量直流电压

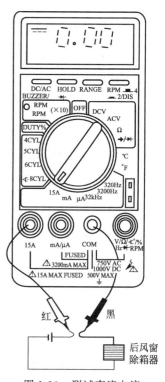

图 1-10　测试直流电流

(4) 电气线路的检测

① 断路（开路）的检测方法。如图1-11所示的配线有断路故障，可用"检查导通"或"检查电压"的方法来确定断路的部位。

a. 检查线路是否导通。

ⓐ 脱开连接器Ⓐ和Ⓒ，测量它们之间的电阻值，如图1-12所示。若连接器Ⓐ端子1与连接器Ⓒ端子1之间的电阻值为∞，则它们之间不导通

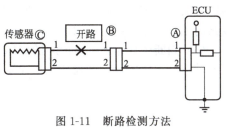

图1-11 断路检测方法
1,2—端子

（断路）；若连接器Ⓐ端子2端与连接器Ⓒ端子2之间的电阻值为0，则它们之间导通（无断路）。

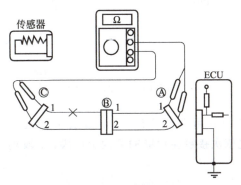

图1-12 检测线路是否导通
1,2—端子

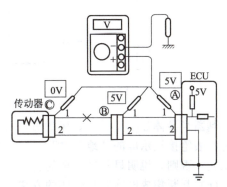

图1-13 检查电压
1,2—端子

ⓑ 脱开连接器Ⓑ，测量连接器Ⓐ与Ⓑ、Ⓑ与Ⓒ之间的电阻值。若连接器Ⓐ的端子1与连接器Ⓑ的端子1之间的电阻值为0，而连接器Ⓐ的端子1与连接器Ⓒ的端子1之间的电阻为∞，说明连接器Ⓐ的端子1与连接器Ⓑ的端子1之间导通，而连接器Ⓑ的端子1与连接器Ⓒ的端子1之间有断路故障。

b. 检查电压。在微机连接器端子加有电压的电路中，可以用检查电压的方法来检查断路故障（图1-13）。在各连接器接通的情况下，电控单元输出端子电压为5V的电路中，如果依次测量连接器Ⓐ的端子1、连接器Ⓑ的端子1和连接器Ⓒ的端子1与车身（搭铁）之间的电压，测得的电压值分别为5V、5V和0，则可以判定在Ⓑ的端子1与Ⓒ的端子1之间的配线有断路故障。

② 短路的检查方法。如果配线短路搭铁，可通过检查配线与车身或搭铁是否导通来判断短路的部位，如图1-14所示。

a. 脱开连接器Ⓐ和Ⓒ，测量连接器Ⓐ的端子1和端子2与车身之间的电阻值。如果测得的电阻值分别为0和∞，说明连接器Ⓐ的端子1和连接器Ⓒ的端子1的配线与车身之间有短路搭铁故障。

b. 脱开连接器Ⓑ，分别测量连接器Ⓐ的端子1和连接器Ⓒ的端子1与车身（或搭铁线）之间的电阻值。如果测得的电阻值分别为∞和0，说明连接器Ⓑ的端子1与连接器Ⓒ的端子1之间的配线与车身之间有短路搭铁故障。

③ 汽车搭铁点接触不良的检测。采用数字式万用表检测搭铁点接触不良故障时，应采用直流20V电压挡（或其他相应挡位）。

采用数字式万用表两表笔去检测搭铁点两端的电压值，该电压正常值为0，如果检测到

的电压大于 0.3V，则说明被检测的搭铁点存在接触不良现象，该处出现的接触电阻已经对线路的正常工作产生了影响。

(5) 判断半导体数字显示屏的好坏　电子仪表中一般采用半导体数字显示屏来显示发动机的转速、车辆的行驶里程等。半导体数字显示屏通常由 7 段组成，其结构如图 1-15 所示。

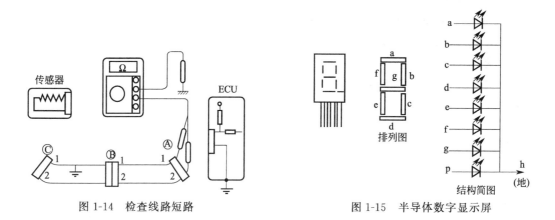

图 1-14　检查线路短路　　　　　图 1-15　半导体数字显示屏

判断半导体数字显示屏好坏的方法如下：先将万用表置于 $R\times 10k$ 或 $R\times 100k$ 挡，然后将红表笔接显示屏的"地"（即 h 端），黑表笔依次接触显示屏的其他引出脚，7 段均应分别发光；否则，说明显示屏是坏的。

(6) 判断集成电路芯片好坏的方法

① 替换法。用一个好的组件去替换可疑的组件，或将可疑的组件放到一块好的配电盒上或机器中去实地工作，以确认它的好坏，也可将可疑组件取下放到测试台上去测试。这种替换法，对于能拔插的组件是非常方便的，但它要求有较多的备用件和一台同样的好机器才可以。

② 比较法。事先将一台好机器的初始通电状态的所有信号都按组件的输入、输出状态全部测试出来，绘成表格或波形图集。当机器发生故障时，可以逐点测量后进行比较和分析，从而找出有故障的组件。测试时，可使用万用表或示波器。

③ 测试组件内阻法。一般组件的输入脚或输出脚对地或对电源端都有一定的电阻，用普通万用表可以测量其正反向电阻（具体阻值随组件不同而不同）。一般正向电阻在几十欧到 100Ω 之间，而反向电阻在几百欧到 1000Ω 之间。一般来说，正向电阻值不会等于或近似于零，而反向电阻值也不会等于无穷大（有时一些线性组件或厚膜电路例外）。在无法判断阻值的对错时，可对同一配电盒内同一型号的其他组件进行对比测量。

3. 使用数字式万用表时应注意的事项

① 测量电阻以及检测二极管时，红表笔接 V/Ω 插孔带正电，黑表笔接 COM 插孔带负电，这与指针式万用表电阻挡的极性正好相反。检测二极管、晶体管、发光二极管、电解电容器、稳压管等有极性的元器件时，必须注意表笔的极性。

② 测量电流时应与被测电路串联，测直流量（直流电压或直流电流）时不必考虑正、负极性。测量电压时，应将数字式万用表与被测电路并联，检测电压时不要超过所标示的最高值。

③ 使用 h_{FE} 插口检测小功率晶体管电流放大系数时，二极管的三个电极和管型（PNP、NPN）均不可弄错。因测试电压较低，插口提供的基极电流又很小（一般为 $10\mu A$），故检测结果仅供参考。

④ 测量电容时，注意要将电容插入专用的电容测试座中，不要插入表笔插孔内；每次切换量程时都需要一定的复零时间，待复零结束后再插入待测的电容；测量大电容时，显示屏显示稳定的数值需要一定的时间。

⑤ 禁止在检测高电压（220V 以上）或大电流（0.5A 以上）时拨动量程开关，以防止产生电弧，烧毁开关触点。

4. 汽车数字式万用表检测汽车电控系统方法

一般的万用表只能测试电压、电阻和电流，而汽车万用表具有很多汽车电气系统的专用测试功能，尤其针对汽车电控发动机，可以对频率、占空比、脉冲宽度和温度等多种信号进行检测。

汽车上传感器的电子信号可以分为直流信号、交流信号、频率调制信号、脉宽调制信号和串行数据信号。电子信号是控制系统中各个传感器、ECU 和其他设备之间相互通信的基本语言，电子信号各有不同的特点，用于实现不同的通信目的。

- 直流（DC）信号。在任何周期里，方向不随时间变化的电压和电流信号均属于直流信号。直流信号可以分为恒压直流信号和非恒压直流信号两种。在汽车中产生恒压直流信号的有蓄电池电压和控制单元（PCM）输出的传感器参考电压。汽车中产生直流电压信号的电源装置如蓄电池（12V）和 ECU，它输出给传感器一定的参考电压（5V）。属于模拟直流电压信号的传感器有发动机温度传感器（ECT）、燃油量传感器、进气温度传感器（IAT）、节气门位置传感器（TPS）、节气门开关、废气再循环及其升程传感器、翼板式或热线式空气流量计（MAF）和进气压力传感器（MAP）等。

- 交流（AC）信号。在任何周期内大小和方向均随时间变化的信号属于交流信号。在汽车中产生交流信号的传感器主要是磁电式传感器和爆燃传感器等。汽车中产生交流电压信号装置的传感器主要有车速传感器（VSS）、防滑制动轮速传感器、磁电式曲轴位置传感器（CKP）、磁电式凸轮轴位置传感器（CMP）和爆震传感器（KS）等。

- 频率调制信号。保持波的幅度恒定而改变频率称为频率调制。汽车中产生可变频率的传感器主要有数字式空气流量计、数字式进气压力传感器、光电式车速传感器（VSS）、光电式曲轴位置传感器（CKP）、光电式凸轮轴位置传感器（CMP）、霍尔式车速传感器（VSS）、霍尔式曲轴位置传感器（CKP）和霍尔式凸轮轴位置传感器（CMP）等。

- 脉宽调制信号。脉冲宽度调制（PWM）简称脉宽调制。脉宽调制信号就是经过脉冲宽度调制的信号。脉冲宽度就是在一个周期内元件的持续工作时间。汽车中产生脉宽调制信号的电路主要有初级点火线圈、电子点火正时电路、废气再循环控制阀（EGR）、喷油器、发动机怠速控制电动机、活性炭罐电磁阀（EVAP）、涡轮增压和其他电磁阀。

- 串行数据多路信号。串行数据信号是指按时序逐位将组成数据和字符的码元予以传输的信号。串行数据传输所需的通信线路少，串行传送的速度低，但传送的距离可以很长，因此串行适用于长距离而速度要求不高的传输场合。如汽车有自诊断能力和其他串行数据传送能力的控制模块，则串行数据由发动机控制单元（PCM）、车身控制单元（BCM）、防盗和防滑制动系统或其他控制模块产生。汽车电路中由发动机控制单元（PCM）、车身控制单元（BCM）、制动防抱死系统（ABS）或其他控制单元产生的串行数据信号具有相互传输能力。它是汽车电信号中最复杂的信号，在维修中要用专门的解码器读取信息。

(1) 汽车数字式万用表的使用方法 TW-9406A 型汽车数字式万用表如图 1-16 所示。

① 测量温度。

a. 将"选择开关"旋转到温度（℃或℉）位置上。

b. 将汽车万用表配备的带测针的特殊插头，插接到面板上黄色插孔内，测针与被测温度的部位接触，如图 1-17 所示。

c.温度稳定后,读取测量值。

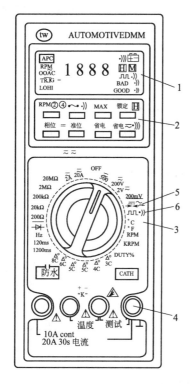

图 1-16　TW-9406A 型汽车数字式万用表
1—液晶显示器；2—功能键；3—转换开关；
4—测试线插孔；5—测试发电机二极管、氧传
感器和高压线漏电挡；6—故障码测试挡

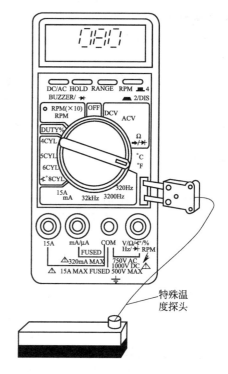

图 1-17　测量温度

② 测量转速。

a.将"选择开关"旋转到转速（RRM 或 RRMX10）位置上。

b.感应夹的红色导线插入面板电压/欧姆插孔内,黑色导线插入 COM 插孔内,感应夹夹在通往火花塞的高压线上,其上方的箭头应指向火花塞,如图 1-18 所示。

c.按下"转速"选择按钮,根据被测发动机的冲程数和有无分电器,选择"4"或"2/DIS"。

d.读取发动机转速值。

③ 测量触点闭合角。

a.将"选择开关"旋转到触点闭合角区域中对应的缸（4CYL、5CYL、6CYL 或 8CYL）的位置上。

b.红色测针的导线插入面板接通角插孔（与电压/欧姆插孔为同一插孔）中,黑色测针的导线插入面板 COM 插孔中。红、黑测针连接到被测电路上,如图 1-19 所示。

④ 高压线的漏电检查。按如图 1-20 所示的方法连接万用表,用测试钳 5 夹住点火高压线,注意测试钳的符号"←"朝火花塞,对于无分电器点火系统,符号"←"朝向点火线圈。

启动发动机,将万用表的转换开关转到漏电测试挡,按下"交直流切换"键和"省电"键,观察各缸点火高压线的漏电电压显示,必要时更换漏电的点火高压线。

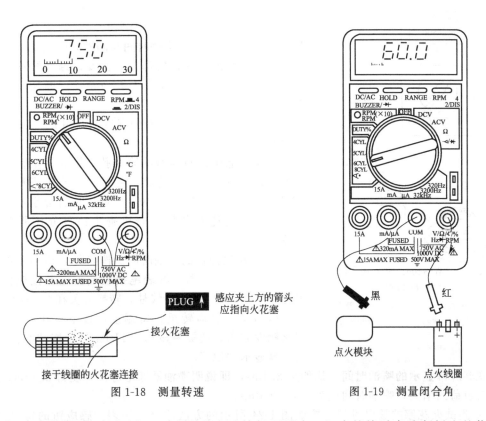

图 1-18　测量转速　　　　　　　　图 1-19　测量闭合角

⑤ 读取故障码。按如图 1-21 所示的方法接好万用表。红表笔接随车诊断插座的信号输出端，黑表笔搭铁，转换开关转到"故障码测试"挡，以测方形故障波。

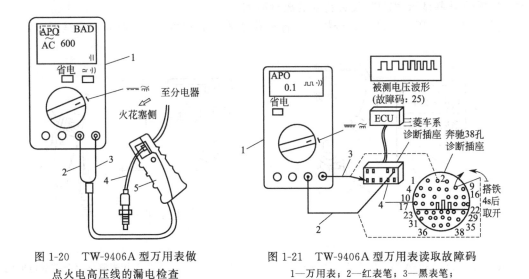

图 1-20　TW-9406A 型万用表做
点火电高压线的漏电检查
1—万用表；2—红线（+）；3—黑线（−）；
4—被测高压线；5—测试钳

图 1-21　TW-9406A 型万用表读取故障码
1—万用表；2—红表笔；3—黑表笔；
4—随车诊断插座

打开点火开关后，万用表即发出故障码声响，并在屏幕显示信号输出端电压。比如其声响为一长两短的"哗、哗"声,表示故障码为12。

⑥ 检测占空比(DUTY%)。所谓占空比(DUTY%)是指脉冲电流保持时间与间歇时间之比。发动机电控系统中测试占空比的部位,主要是通以脉冲电流的各种电磁阀。下面以奔驰车9孔占空比诊断插座判断故障为例,说明占空比的检测方法。

奔驰车9孔占空比诊断插座借助万用表"DUTY%"挡诊断故障,按如图1-22所示的方法接好万用表,红表笔接9孔占空比诊断插座的第3孔,黑表笔搭铁。打开点火开关,但不启动发动机,将万用表的转速开关转到"DUTY%"挡,按下"相位±"键,屏幕显示出百分比值,根据占空比判断故障表可查出该百分比所对应的故障。

⑦ 检测喷油器的喷油时间。按如图1-23所示的方法连接万用表和喷油器,红表笔接喷油器电源接线柱,黑表笔接喷油器的ECU接线柱,转换开关在20ms挡。

启动发动机运转至正常温度,按下"相位±"键,调整触发方向,使屏幕显示"TRIG$^+$",按"准位"键,使屏幕显示"LO"。

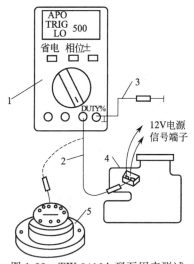

图 1-22 TW-9406A型万用表测试占空比(DUTY%)

1—万用表;2—红表笔;3—黑表笔;
4—电控化油器;5—9孔诊断插座

观察屏幕显示的喷油时间,比如是2.4ms,即说明喷油器通电脉冲宽度为2.4ms。发动机随其负荷的增大,喷油时间应为0.6~3.0ms。

⑧ 测试火花塞的放电时间。按如图1-24所示的方法连接万用表,感应钳的符号"←"朝向火花塞一侧,转换开关置于"20ms"挡。

启动发动机运转到正常工作温度,按下"相位±"键,使屏幕显示"TRIG$^+$",再按"准位"键使屏幕显示"HI"及火花塞的放电时间。

逐缸火花塞高压线测试后,分析对比各火花塞的放电时间,以判断其工作是否正常。

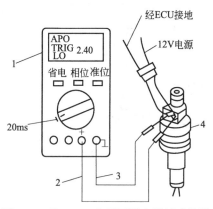

图 1-23 TW-9406A型万用表测试喷油器

1—万用表;2—红表笔;3—黑表笔;4—喷油器

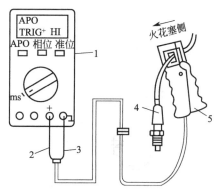

图 1-24 TW-9406A型万用表测试火花塞放电时间

1—万用表;2—红线(+);3—黑线(-);
4—火花塞;5—感应钳

⑨ 检测信号频率。汽车电路中的许多传感器用频率作为输出信号,如卡门涡旋式空气流量计、福特汽车进气歧管绝对压力传感器、车速传感器和发动机怠速电动机等。频率也经

常作为执行元件的控制信号。如 ECU 对废气再循环系统的控制等,下面以福特汽车进气歧管绝对压力传感器为例,说明信号频率的检测方法。

按如图 1-25 所示的方法接好万用表,红表笔接传感器信号输入端,黑表笔搭铁。

启动发动机运转至正常工作温度,将万用表转换开关置于"Hz"挡,若读不到显示信号,可按"相位±"键,选择触发"+"或"-",或按"准位"键选择"LO"或"HI",屏幕即显示进气歧管绝对压力传感器输出的信号频率。

根据信号频率与进气歧管绝对压力的相关表,查出信号频率所对应的进气歧管真空度。

(2) 数字式万用表检测汽车电控系统时应注意的事项

① 拆卸蓄电池时应先拆下负极导线,安装蓄电池时应最后连接负极导线,而且应确保点火开关及其他开关均已关闭,否则会使半导体器件损坏。

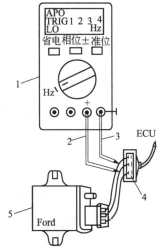

图 1-25 TW-9406A 型
万用表检测信号频率
1—万用表;2—红表笔;
3—黑表笔;4—ECU 端子
插座;5—被测传感器

② 拆装任何元器件时都应先切断电源,不要硬撬猛砸;安装插接件时,应保证将其插至底。电控单元线束应用卡子固定,拆装时注意线束不被损坏或卡住。

③ 检查线路故障时应先检查熔断器、接线端和连接器,用万用表表笔从连接器前端插入检查时不可用力过大,以免引起端子变形。

④ 除在测试过程中的特殊指明外,不能用指针式万用表测试微机和传感器,应使用高阻抗数字式万用表,万用表内阻应不低于 10kΩ。

⑤ 在测量电压时,点火开关应接通 (ON),蓄电池电压应不低于 11V。

⑥ 在用万用表检查防水型连接器时,应小心取下皮套 [图 1-26(a)]。用测试笔插入连接器检查时,不可对端子用力过大 [图 1-26(b)]。检测时,测试表笔可以从带有配线的后端插入 [图 1-27(a)],也可以从没有配线的前端插入 [图 1-27(b)]。

⑦ 测量电阻时,要在垂直和水平方向轻轻摇动导线,以提高准确性。

⑧ 检查线路断路故障时,应先脱开微机和相应传感器的连接器,然后测量连接器相应端子间的电阻,以确定是否有断路或接触不良故障。

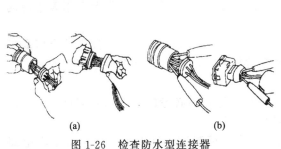

图 1-26 检查防水型连接器

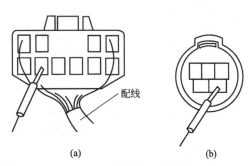

图 1-27 仪表插入连接器

⑨ 检查线路搭铁短路故障时,应拆开线路两端的连接器,然后测量连接器被测端子与车身(搭铁)之间的电阻值。电阻值大于 1MΩ 为无故障。

⑩ 在拆卸发动机电子控制系统线路之前,应首先切断电源,即将点火开关断开 (OFF),拆下蓄电池极桩上的接线。

⑪ 连接器上搭铁端子的符号因车型的不同而不同，应注意对照维修手册辨认。

⑫ 测量两个端子间或两条线路之间的电压时，应将万用表（电压挡）的两个表笔与被测量的两个端子或两根导线接触。

⑬ 测量某个端子或某条线路的电压时，应将万用表的正表笔与被测的端子或线路接触，而将万用表的负表笔与地线接触。

⑭ 检查端子触点或导线等的导通性是指检查端子、触点或导线等是否通电而没有断开，可用万用表电阻挡测量电阻值的方法进行检查，如图1-28所示。

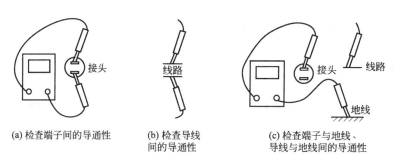

图1-28 用万用表检测导通性

⑮ 在测量电阻或电压时，一般要将连接器拆下，这样就将连接器分成两部分：一部分称为某传感器（或执行部件）连接器；另一部分称为某传感器（或执行部件）导线束连接器，或导线束一侧的某传感器（或执行部件）连接器（或连接器套）。例如，拆下喷油器上的连接器后，其中一部分称为喷油器连接器；另一部分则称为喷油器线束连接器或导线一侧的喷油器连接器。在测量时，应弄清楚是哪一部分连接器。

⑯ 所有传感器、继电器等装置都是和微机连接的，而微机又通过导线和执行部件连接，所以在检查故障时，可以在微机连接器的相应端子上进行测试。

（3）在进行以下特殊功能测试时应当注意的事项

① 测试三极管的放大倍数据应使用 f_{EF} 挡，注意 PNP 型与 NPN 型的三个电极不能插错，另外由于测试时电压较低（集电极约 3V），电流小（基极约 $10\mu A$），其测试结果仅供参考。

用数字式万用表测试穿透电流较大的三极管（如 3AX31、3AX81）时，其测试结果会高 20%～30%。

利用 h_{EF} 挡插口测试发光二极管时，测试的时间要尽量缩短，以免降低万用表电池的使用寿命。

② 频率挡的测试范围一般为 10～20Hz，同时其电压为 50mV～10V，注意若电压高于 10V 会使频率的测试误差增大。频率挡输入的阻抗较高，测试时表笔未接触信号源时，屏幕上可能就显示数值，这不会影响测试结果。

③ 数字式万用表用容抗法测试电容，可以自动归零，不必考虑电容挡的零点误差。注意测试电容器之前，必须先行短路放电，以防损坏万用表。

④ 具有逻辑测试挡（LOGIC）的数字式万用表，可测试逻辑电平、晶体管逻辑电路（TTL）、晶体管数字电路故障，当测试到低（或高）电平时，屏幕会显示▼或LOW（或▲HIGH）。

该挡还可以估计脉冲信号的占空比，当被测信号占空比约为50%时，所显示的符号▼和▲颜色深浅相同；占空比＞50%时，则▼色浅，▲色深；占空比＜50%时，▼色深，▲色浅。

⑤ 具有相对值测试键（BEL△）的万用表，当按下该键时，屏幕会显示"－MEM"，启动该功能后，每次测值中的个位和十位数均会存储，并在下次测试中自动扣除，若下次测值小于上一次的，屏幕会显示负值。

(4) 数字式万用表的维护注意事项

① 禁止在高温、阳光直射、潮湿、寒冷、灰尘多的地方使用或存放万用表，以免损坏液晶显示屏和其他元器件。液晶显示屏长期处于高温环境下，表面会发黑，造成早期失效。潮湿的环境则容易造成集成电路、线路板的锈蚀、漏点，使测量误差明显增大，甚至引发短路故障。

② 若发生故障，应对照电路进行检修，或送有经验的人员维修，不得随意打开万用表拆卸线路，以免造成人为故障或改变出厂时已调好的技术指标。修理完毕后要进行校准。另外有些万用表后盖上贴有屏蔽层，请勿揭下或拆掉引线；有的万用表装有金属屏蔽层或屏蔽胶罩，要注意紧固螺钉或摆正压簧，否则容易引入外界电磁干扰，影响屏蔽效果。

③ 清洗表壳时，可用酒精棉球清洗污垢，不得使用汽油、丙酮等有机溶剂。

④ 万用表长期不用时应将电池取出，以免电池渗液而腐蚀线路板。

第三节　万用表在故障自诊断系统中的应用

一、自诊断系统的类型

现代汽车一般都设置有故障自诊断系统。根据其组成不同，可分为随车自诊系统和车外自诊系统两种。

1. 利用随车自诊系统读取故障码

(1) 第一代自诊系统（OBD-Ⅰ）故障码的读取　该故障码的读取方法因汽车制造厂家的不同而不相同，大致有以下四种。

① 利用仪表板上的故障警告灯的闪烁规律读取。目前大部分车型可以利用这种方法读取故障码，如日本生产的丰田、马自达、本田等轿车；美国生产的通用、福特、克莱斯勒等轿车；欧洲各汽车公司生产的大部分轿车。

对于这些车型，只要将发动机附近或仪表下方的故障检测插座内特定的两个插孔（故障自诊插孔和接地插孔）用一根导线连接，然后根据警告灯的闪烁规律和次数，便可读出故障码。不同车型，其故障检测插座形状和插孔分布方式各不相同，但读取方法基本相同。

② 利用万用表指针的摆动规律读取。这种方法是利用万用表来检查故障检测插座上故障码输出插孔中输出的电脉冲信号，并通过观察指针摆动规律读取码。

③ 利用电控单元上红、绿色发光二极管的闪烁规律读取。

④ 利用车上的检测器读取。它是利用车上的液晶显示检测器直接读取，其方法最为简便。

(2) 第二代自诊系统（OBD-Ⅱ）故障码的读取　目前诊断码检测仪器已发展到第二代，即 OBD-Ⅱ，该随车自诊系统具有统一的故障诊断插座和统一的故障码。其诊断针插座为16针插座。

2. 利用车外自诊系统读取故障码

(1) 第一代自诊系统（OBD-Ⅰ）故障码的车外读取　在进行车外故障诊断时，将厂家提供的该车型检测仪的插头与车上的故障诊断插座（如 TDCL 插座）连接，然后打开点火开关，便可方便地从检测仪显示屏上读出故障码。

通过读取故障码，能查找出电控装置中大部分传感器及开关线路的短路、断路以及传感器或开关损坏所导致的无输出信号等故障。但是自诊系统不能检测出电控装置中所导致的无输出信号等故障，特别是大部分执行器的故障。如冷却液温度传感器的测量误差等。因此，目前很多车型，尤其是美国各大汽车公司生产的轿车自诊系统，除了利用检测仪能读取故障码外，还能通过万能检测仪对电控单元及其控制电路、传感器、执行器及开关等进行检测，这种功能的特点如下：

① 可直接读取各部分电路的诊断参数。

② 通过万能检测仪向电控单元发出指令，对汽车进行模拟试验。

③ 通过万能检测仪发出指令来消除汽车电控单元内存的故障码。这种由指令消除代码的方法简单，易操作，避免了拆除电路熔丝或蓄电池电缆线消除内存故障码所造成的麻烦。

④ 对不同年份车型的电控系统，只需要更换相应软件卡便可进行检测。

（2）第二代自诊系统（OBD-Ⅱ）故障码的车外读取　　OBD-Ⅱ具有统一的诊断模式和诊断插座，故只要用一台仪器即可对各汽车制造厂家生产的各种型号的电控汽车进行试验和诊断。在进行故障诊断时，将解码器与车上的故障诊断插座连接，便可从解码器的显示屏上直接读出故障码。

二、利用指针式万用表读取故障码

利用指针式万用表指针的摆动规律读取故障码，是指利用指针式万用表来检查故障检测插座上故障码输出插孔中输出的电脉冲信号，并通过观察指针摆动规律读取代码。

这种方法适用于那些不用发动机警告灯的闪烁来显示故障码的车型，如美国的通用、福特公司的产品及日本丰田系列的部分车型。其操作步骤如下：

① 将点火开关置于"OFF"位置；

② 用一根导线将 TEI 和 EI 两插孔相连接；

③ 将指针式万用表设置于直流电压挡（内阻应大于 $50k\Omega/V$，量程为 25V 左右），让正极测试棒接故障检查插座上的故障码输出孔（W 插孔），负极测试棒接地；

④ 将点火开关置于"ON"位置，但不启动发动机；

⑤ 根据指针式万用表指针摆动的规律读取代码。

电压表的指针指示为"0"时，相当于故障指示灯关闭；电压表指针指示为"5V"时，相当于故障指示灯点亮，其编码方法与故障指示灯显示故障码的编码方法基本一致。电压表又可以用电压值的大小显示不同的故障码，此编码方法是：以电压表指示 5V 电压的次数表示十位数码，以指示 2.5V 次数为个位数码。码与码间以较长的 2.5V 加以区分。如图 1-29 所示为这种编码方法所显示故障码"23"和"12"的情况。

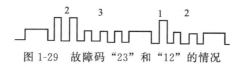

图 1-29　故障码"23"和"12"的情况

（1）一位数故障码读取方法　　如图 1-30（a）所示，电压表指针在 0~5V 之间摆动，连续摆动的次数为故障码数。若微机存储器中存有两个以上的故障码，则在显示完第一个故障码后，间隔 3s 再显示第二个故障码。

（2）两位数故障码读取方法　　如图 1-30（b）所示，电压表在 0~5V 之间摆动，第一次摆动的次数为故障码的十位数，间隔 2s 后的第二摆动次数为故障码的个位数。如故障码

"23"的显示方式是：电压表指针在0~5V之间连续摆动两次（每次间隔0.5s），停顿2s后又连续摆动三次。下一个故障码显示则要间隔较长的时间（4s左右）。

电压表指针在0~2.5V和2.5~5V两个区域间摆动，电压表指针在2.5~5V之间摆动的次数为故障码的十位数，在0~2.5V之间摆动的次数为故障码的个位数。故障码"23"的显示方式是：在2.5~5V之间连续摆动两次，又在0~2.5V之间摆动三次。

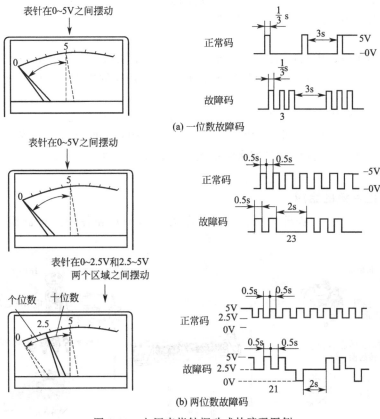

图 1-30 电压表指针摆动式故障码图例

（3）三位数据故障码读取方法 电压表指针在0~5V之间摆动以显示故障码，如输出故障码"116"，电压表的指针摆动1次，停2s，再摆动1次，又停2s，随后再摆动6次。若有多个故障码，码与码之间将停顿4s。

电压表指针摆动式故障码显示方式是较旧的方式，现在一些汽车上作为备用的故障码显示方式应用。

第四节　汽车电控系统传感器及执行器万用表检测

一、汽车电控系统的类型与组成

1. 汽车电控系统的类型

汽车电控系统种类繁多、形式各异，分类方法也不相同。根据汽车总体结构，汽车电控系统可分为发动机电控系统、底盘电控系统、车身电控系统以及综合控制系统四大类。

(1) 发动机电控系统 发动机采用的电控系统主要有电控发动机燃油喷射系统（EFI）、怠速控制系统（ISC）、空燃比反馈控制系统（AFC）、断油控制系统、加速踏板控制系统（EAP）、微机控制点火系统（MCI）、发动机爆震控制系统（EDCS 或 DCS）、巡航控制系统（CCS）以及第二代车载故障诊断系统（OBD-Ⅱ）等。

(2) 底盘电控系统 底盘电控系统主要包括电控自动变速系统（ECT）、防抱死制动系统（ABS）、驱动防滑控制系统（ASR）、电控动力转向控制系统（EPS）、电控悬架系统（ECS）以及轮胎气压控制系统（TPC）等。

(3) 车身电控系统 车身电控系统主要包括辅助防护安全气囊系统（SRS）、安全带张紧控制系统（STTS）、中央门锁控制系统（CLCS）、车辆保安系统（VESS）、前照灯控制与清洗系统（HAW）、刮水器与清洗器控制系统（WWCS）以及座椅调节系统（SAMS）等。

(4) 综合控制系统 综合控制系统主要包括维修周期显示系统（LSID）、液面与磨损监控系统（FWMS）、车载计算机（OBC）、车载电话（CPH）、信息显示系统（IDS）、交通控制与通信系统（TCIS）、控制器区域网络系统（CAN）、自动空调系统（ACS）以及车距报警系统（PWS）等。

2. 汽车电控系统的组成

汽车电控系统主要由各种传感器、电控单元（ECU）和各种执行器组成，如图 1-31 所示。

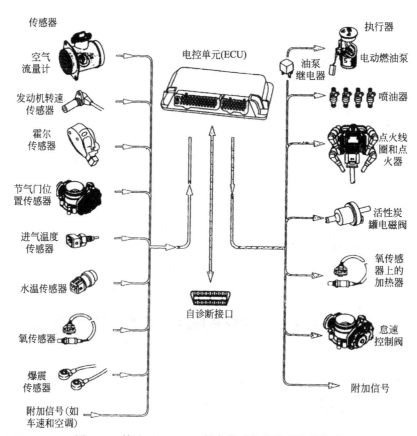

图 1-31 捷达 GT、GTX 轿车发动机电控系统的组成

电子控制高压共轨燃油系统的基本组成如图 1-32 所示。

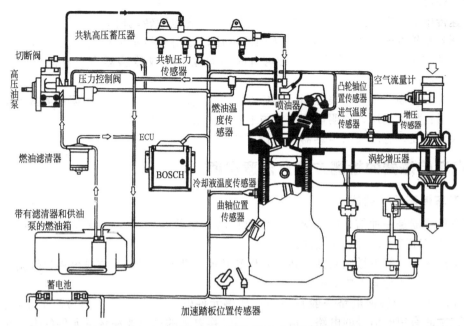

图 1-32　电子控制高压共轨燃油系统的基本组成

二、万用表检测法

万用表检测法是检测电路或元件较为准确和迅速的一种方法。汽车传感器的结构原理不同，其检测的方法和检测的内容也有所区别。万用表在车辆检修过程中常用以下功能：检测电阻、检测电压、检测电流和检测通断等。

（1）检测电阻　主要用于可变电阻、电位计式传感器电阻、磁电式传感器电阻的检测，对于半导体元件，一般要与标准元件的检测值对比后才能得出结论。对于磁电式轮速传感器，可以用电阻挡检查其电阻值，一般在室温下进行，电阻在 600～2300Ω 范围内为正常；电阻太小，则为线圈短路；电阻过大，则为连接不良；电阻非常大，则为断路；线圈与外壳导通，则为搭铁。

另外，通过万用表对电路或元器件的各项参数进行测试，并与正常技术状态的参数对比，来判断故障部位所在。

注意：对于一般万用表，当被测电阻小于 50～100Ω 时蜂鸣器就会发出警报，所以检测 CAN 线通断时不建议使用检测通断功能，因为检测 CAN 高和低之间蜂鸣器也可能会响，可以利用电阻挡检测 CAN 线通断。

（2）检测电流　主要用于产生电流调制信号的新型集成电路传感器，如轮速传感器，通过万用表也可以对其进行检测。将万用表拨至量程在 200mA 以上的电流挡处，将表笔串接在其中一根输出线上，另一根输出线正常接线（指针式万用表要注意极性），打开汽车电路使 ABS 通电，用手缓慢转动传感器安装侧的车轮，正常情况下电流指示应在 8～15mA 之间来回波动。如果读数值只固定在 8mA 或 15mA，同时调整空气间隙无效时，则说明传感器失效；另外，如果打开电路后电流数值直接显示为 0 或 100mA 以上时，在确认万用表接线无误后，可以判定传感器已经断路或短路。

（3）检测电压　对于有源传感器，由于在工作时传感器自身可以产生电压，因此可以使用电压检测法来检测传感器工作是否正常。例如氧气传感器、磁电式曲轴位置/凸轮轴位置传感器、爆燃传感器等。仍以 ABS 用磁电式轮速传感器为例，拆下 ABS ECU 接线插座或拔下轮速传感器的接线连接器，使被测车轮以 1r/s 的速度转动时，使用万用表交流"mV"挡，检测各车轮的轮速传感器对应端子间的电压，万用表指示值应为 70mV 以上。如果检测值低于规定值，则可能是传感器与轮齿间的间隙过大或传感器本身有问题，需要更换新件。

（4）检测通断　用万用表检测线路各点的直流电压，如有电压，说明该测试点至电源间的电路畅通；如无电压，说明该测试点与上一个测试点之间的电路断路。

如果检测发现有故障的传感器，只能更换。

三、汽车传感器的检测方法及注意事项

1. 汽车传感器的组成

汽车传感器是一种信号转换装置，它可以将非电信号转换为电信号，其主要作用是向 ECU 提供汽车运行的各种工况信息。

汽车传感器一般由敏感元件、转换元件和其他辅助元件组成，有时也将信号调节与转换电路及辅助电源作为其组成部分。

① 信号调节与转换电路一般是指能把传感元件输出的电信号转换为便于显示、记录、处理和控制的有用电信号的电路。信号调节与转换电路的选择要视传感元件的类型而定，常用的电路有信号放大器电桥、振荡器、阻抗变换器等

② 敏感元件是指直接感受被检测量（一般为非电量），并输出与被检测量成确定关系的其他量（一般为电量）的元件。如应变式压力传感器的弹性膜片就是敏感元件，其作用是将压力转换成膜片的变形。

③ 转换元件是指传感器中能将敏感元件感受（或响应）的被检测量转换成适合于传输和（或）检测的电信号的元件。当输出量为规定的标准信号时，则称为变送器，又称转换器，一般情况下不直接接收被检测量，而是通过敏感元件将被检测量转换为电量后输出。如应变式压力传感器的应变片，其作用是将弹性膜片的变形转换为电阻值的变化。

2. 汽车传感器的检测程序

当汽车电子控制系统产生故障时，通过自诊断测试，指明某传感器有故障或怀疑某传感器有故障时，可应用示波器、万用表等对传感器进行测试，也通过可读取数据流并加以确定。测试前要明确测试数据、测试方法和测试条件。

传感器的检测程序如下。

（1）征兆判断　推断可能发生故障的部位。

（2）解码器检测　确认被怀疑的传感器在解码器中是否有故障码，并在数据流中加以强化判断。

（3）传感器外部检查　为防止不是因为传感器本身故障而导致的传感器误判，要首先对怀疑的传感器部位进行外部检查，查看是否有短路、断路、脏污、脱开、连线、水泡、腐蚀、氧化、接触不良、传感器变形等情况。

（4）外部电压、搭铁及线束导通的检查　首先要对外部电源进行检查，可防止有源传感器由于没有供给电源而导致不能正常工作。例如，霍尔式曲轴位置传感器如果没有 12V 或 5V 电压的供给，传感器是不会有信号输出的。如果电源和搭铁不正常，则应检查线路。

（5）本体检查　主要是外观检查和电阻检查，不用连接外部电路。针对能够进行电阻检测的传感器，如可变电阻式传感器、磁电式传感器，可以用万用表的电阻挡直接检测，从而判断传感器是否正常。例如，对轮速传感器电阻进行检查时可以关闭点火开关，拔下传感器

连接器，检查前后轮的轮速传感器端子电阻，应均为 1.0～13kΩ。同样，节气门位置传感器、磁电式曲轴位置传感器的电阻和电阻变化的平稳性，可以用万用表的电阻挡直接检测，从而判断传感器是否正常。

（6）输出信号检测　输出信号检测主要是将传感器连接到外部经检查已经是正常的线路中，或是额外提高传感器工作条件，来对传感器输出信号进行检查的过程。输出信号检查，应该是检测结果比电阻检查更前进了一步。这是因为控制单元要接收的就是输出的信号，而不是传感器本身的电阻。传感器本身电阻正常，输出的信号不一定正常。

因此，不论是有源传感器，还是无源传感器，都可以在模拟工作状况下进行输出信号检查。需要说明的是，无源传感器必须在正确供给工作电源的情况下，才可以对传感器输出信号进行检测。输出信号的检查可以使用万用表的电压挡或电流挡进行，但使用汽车万用表对输出信号只是做简单的判断，更精确地判断出信号可以使用示波器来进行。

① 模拟直流信号。如节气门位置传感器，用万用表直流电压量程检测即可满足要求。

② 模拟交流信号。ABS轮速传感器、磁电式曲轴位置传感器，用汽车万用表交流电压量程检测即可满足要求。

③ 脉宽调制信号/频率调制信号。虽然可以使用万用表检测，但结果不够准确，要想看清具体的变化过程，必须使用示波器。

（7）检修与更换　对传感器进行以上检查后，可以基本确定传感器的好坏。更换传感器时，要严格按照操作规程操作，切忌蛮干。要关闭点火开关，且不可带电操作，否则容易损坏其他电子部件。安装时要轻拿轻放。

（8）其他　检修与更换传感器后，要切记用解码器清除故障码并重新试车，模拟故障出现状况，如果在试车过程中故障现象没有重复出现，检查故障码也没有重新出现，说明判断准确，安装正确，传感器检修操作完成。

3. 传感器检测应注意的事项

① 除在测试过程中特殊指明外，不能用指针式万用表测试ECU及传感器，应使用高阻抗数字式万用表或汽车万用表进行测试。禁止使用"划火法"检查晶体管电路的通、断状况。不要用普通试灯去测试任何和ECU相连接的电气装置，以防止晶体管损坏，脉冲电路应采用LED灯或示波器进行检查。

② 蓄电池搭铁极性切不可接错，必须是负极搭铁。严禁在发动机高速转动时将蓄电池从电路中断开，以防产生瞬时过电压使ECU和传感器损坏。

③ 在车身上进行电弧焊时，应先拔下ECU电源。在靠近ECU或传感器的地方进行车身修理作业时，更应特别注意。

④ 必须防止ECU和传感器受潮。不允许将微机或传感器的密封装置损坏，更不允许用水冲洗。ECU必须防止受剧烈振动。

⑤ 在汽车的电控系统中，故障大多不是ECU、传感器和执行部件，而是连接器。连接器常会因松旷、脱焊、烧蚀、锈蚀和脏污而接触不良或瞬时短路，因此当出现故障时不要轻易更换电子器件，而应首先检查连接器的状况。

⑥ 当电控系统出现故障时，不能将蓄电池从电路中断开，以防止电控单元中存储的故障码及传感器的信息被清除。只有通过自诊断系统将故障码及传感器信息资料调出并诊断出故障原因后，方可将蓄电池从电路中断开。

当需要断开蓄电池时应该注意：必须关闭点火开关，如果在点火开关接通的状态下拔下蓄电池连接，电路中的自感电动势会对电子元器件有击穿的危险；检查自诊断故障码是否存在，若有故障码，应记下代码后再拔下蓄电池；断开蓄电池前，应牢记带防盗码的音响设备的编码，否则在下次使用中，音响系统自锁会影响使用。

⑦ 在拆卸或安装电感式传感器时，应将点火开关关闭（OFF），以防止其自感应电动势损伤 ECU 以及产生新的故障。

⑧ 注意检查搭铁线的连接状况，其电阻值一般不应大于 1.5Ω。

⑨ 带有安全气囊系统的汽车，对其安全气囊进行检修时，如果操作不当会使安全气囊意外张开而造成驾乘人员受伤，因此必须严格按操作程序进行。对安全气囊进行检修作业时，应将点火开关置于关闭位置，应拔下蓄电池负极，等待 90s 再进行操作，以免发生意外。

⑩ 检修氧传感器时，注意不要让氧传感器跌落或碰撞到其他物体，不要用水进行冷却。更换氧传感器时，一定要用专用防粘胶液刷涂螺纹，以免下次拆卸困难。

⑪ 某些故障报警灯的功率不得随意改变，否则会出现异常情况。

⑫ 注意屏蔽线。对于电磁式凸轮轴位置传感器，仅通过检测其电压或电阻来确定其好坏是不全面的，有很多电磁式传感器的检测电阻和电压都正常，但如线路屏蔽不好，也会导致故障的发生。

⑬ 在点火开关接通的情况下，不要进行拔下任何电气设备的操作，以免电路中产生的感应电动势，损坏电子元件。

⑭ ECU 有学习功能，但 ECU 的电源电路一旦被切断（如拆下蓄电池）后，它在发动机运行过程中存储的数据就会消失，因此，蓄电池拔下后要装复。如果出现发动机工作状况不如以前时，先不要随便更换零部件，因为这种情况可能是蓄电池拔下后 ECU 中的学习修正记忆消除的缘故。因为 ECU 根据系统实际情况进行的学习修正与根据厂家存储在只读存储器（ROM）中的数据进行控制，相比起来发动机工作状况会有差异。如果是此种原因，待发动机运行一段时间后，ECU 会自动建立修正记忆。如果想让 ECU 完全"恢复记忆"，则需通过在不同工况下的路试让 ECU 重新学习，发动机工作的不良状况会自动消失。

四、汽车执行器的检测方法及注意事项

汽车电子控制系统的执行器又称为执行元件，是电子控制系统的执行机构，它将根据电控单元（ECU）的指令完成具体的操作动作。

(1) 执行器检测程序　当汽车电子控制系统产生故障时，通过自诊断测试，指明某执行器有故障或怀疑某执行器有故障时，应用示波器、万用表等对执行器进行测试。测试前要明确测试数据、测试方法和测试条件。执行器检测程序与传感器的检测程序基本相同。

(2) 检测执行器应注意的事项　用万用表检测执行器，通常是采用检测执行器线束连接器相关引端子间的电压、电阻和工作状态的方法来进行检查；如检测结果不符合规定，则应修理或更换执行器。

特别注意：采用万用表检测柴油汽车电控燃油喷射系统时的注意事项与汽油机基本相同。所不同且非常重要的一点是，柴油机供油系统的燃油压力比汽油机高几十倍甚至上百倍。因此在检测燃油系统时需要注意，一定要按照维修手册的步骤进行泄压。

第二章

汽车发动机电控系统传感器的万用表检测

发动机电控系统各种传感器正常工作时，其输入 ECU 的信号电压是在一定范围内变化的。当某一传感器电路出现超出规定范围的信号时，ECU 判断为该电路信号发生了故障。如果 ECU 在一段时间内收不到某一传感器的输入信号，ECU 也判断发生了故障。发动机在工作中，如果偶然出现一些不正常的信号，ECU 不判断为故障。只有不正常的信号持续一定时间或多次出现时，才判断为故障。

当 ECU 判断出某一电路发生故障时，只是提供故障的性质和范围，最终确定是传感器还是执行器，或是相应的配线的故障，需要进一步检查配线、插头 ECU 和相关部件，才能准确找到故障原因。

第一节 温度传感器

温度传感器广泛应用于现代汽车发动机的燃油喷射、自动变速器的换挡、离合器的锁定和空调等系统，以检测发动机的冷却液温度、进气温度、自动变速器油温度、空调系统环境温度和室内温度等，为发动机的油压控制以及自动控制提供重要依据。常用的温度传感器有热电阻式、热电偶式、热敏铁氧体式等。

① 热电阻式温度传感器是根据热电阻效应制成的传感器，其中热电阻效应是指物质的电阻率随其本身温度的变化而变化。热电阻按材料的不同分为金属热电阻和热敏电阻。

② 热电偶式温度传感器也是根据热电效应制成的，即将两种不同材料的金属导体黏合在一起。

③ 热敏铁氧体式温度传感器实际上是一种开关式传感器，即制成热敏铁氧体式温度传感器的材料具有强磁性，当此材料的环境温度超过某一温度时，其磁性急剧变化，从而形成不同的磁场，使传感器的舌簧开关导通或断开，进而形成电路的通、断。

目前在汽车上应用的主要有热电阻式温度传感器中的热敏电阻式温度传感器、热电偶式温度传感器、热敏铁氧体式温度传感器，其中又以热敏电阻式温度传感器应用最为广泛。热电偶式温度传感器由于热电位差不高，在汽车上应用较少，主要用于排气系统中排气温度的确定。热敏铁氧体式温度传感器在汽车上主要用于控制散热器的冷却风扇。

一、冷却液温度传感器

冷却液温度传感器（即水温传感器）用于检测发动机的冷却温度，并将此信号输送到发动机的电子控制元件（ECU），作为燃油喷射系统和点火正时的修正信号，用于空燃比及点火同时也可作为其他控制系统的控制信号。冷却液温度表使用的冷却液温度传感器是一个负温度系数热敏电阻，一般装在电喷发动机的缸体缸盖的水套等处，如图 2-1 所示。它有两根导线，都和电控单元相连，其中一根为搭铁线；另一根的对地电压随热敏电阻阻值的变化而变化。

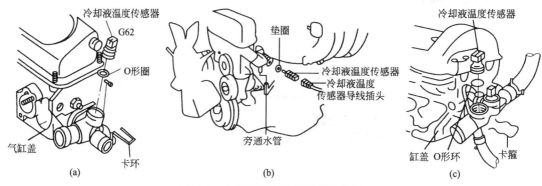

图 2-1 冷却液温度传感器安装位置

1. 冷却液温度传感器的结构

冷却液温度传感器有两端子式和单端子式两种，其结构和外形如图 2-2 所示，主要由热敏电阻、金属引线、接线插座和壳体组成。

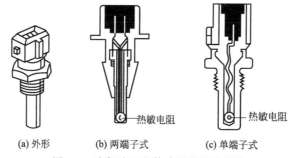

图 2-2 冷却液温度传感器外形及结构

注意：有的汽车发动机安装有气缸盖温度传感器，该温度传感器被拧入气缸盖。气缸盖温度传感器信号还可用于替代冷却液温度传感器信号。

2. 冷却液温度传感器的检测

（1）冷却液温度传感器电路连接及特点　冷却液温度传感器的端子与 ECU 的连接电路及电路图如图 2-3 所示，其中 THW 为信号端子，E_2 为车体搭铁线。

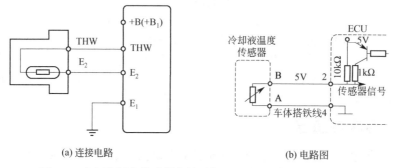

图 2-3 冷却液温度传感器的端子与 ECU 的连接电路及电路图

图 2-3(b) 中，ECU 使 5V 的电压通过 1kΩ 电阻和晶体三极管串联后再与 10kΩ 电阻并联的电路，然后经过传感器接搭铁。在温度比较低时，传感器的热敏电阻的阻值较大，此时 ECU 使晶体三极管截止，5V 的电压仅仅通过 10kΩ 电阻及传感器后接搭铁，由于传感器的热敏电阻的阻值与 10kΩ 电阻的阻值相差不大，这样传感器所测得的数值比较准确；而当温度达到一个特定值 51.6℃ 时，热敏电阻的阻值会发生很大变化，此时其阻值相对 10kΩ 已经较小，这样测得的数值就不再准确，这时 ECU 使晶体管导通，这样 5V 电压就通过 1kΩ 电阻和晶体三极管串联后再与 10kΩ 电阻并联的电路，然后经过传感器接搭铁，由于并联后的阻值与 1kΩ 相差不大，即与温度升高后的传感器阻值相差不大，这样即使温度升高后也能使测量结构准确。

(2) 冷却液温度传感器的检测　冷却液温度传感器的工作性能好坏直接影响到电喷发动机的喷油量，从而影响发动机的燃烧性能。若传感器损坏，会使汽车发动机出现不易启动、工作不平稳等故障。若出现此类故障时应对此传感器进行检测。

如图 2-4 所示是常见的电喷发动机冷却液温度传感器与 ECU 的连接电路，其中一条是信号线，输出电压随热敏电阻值的变化而变化，ECU 根据电压的变化测得发动机的水温；另一根是搭铁线。

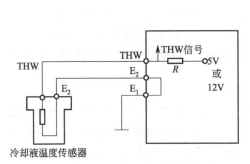

图 2-4　常见的电喷发动机冷却液温度传感器与 ECU 的连接电路

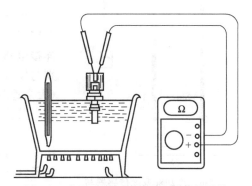

图 2-5　水温升高时传感器电阻值的测量

冷却液温度传感器的检测方法如下。

① 检查冷却液传感器电阻。

a. 关闭点火开关，拔下冷却液传感器的连接器接头，用高阻抗数字式万用表"Ω"挡就车检查传感器接头两端子间的电阻。其电阻值应在表 2-1 所示的范围内。若有电阻值偏差过大、过小或为∞，说明传感器失效，则应更换新的传感器。

表 2-1　冷却液温度传感器水温与电阻值的对应关系

冷却液温度/℃	电阻值/kΩ	冷却液温度/℃	电阻值/kΩ
-20	10~20	40	0.9~1.3
0	4~7	60	0.4~0.7
20	2~3	80	0.2~0.4

必须注意的是，不同车型的冷却液温度传感器的标准电阻值有所不同。

b. 从车上拆下冷却液温度传感器，并将其置于水杯中，缓慢加热提高水温，同时用万用表测量传感器两端子的电阻值，如图 2-5 所示，其电阻值应在表 2-1 所示的范围内。否则，说明传感器已损坏，应更换传感器。

② 检查冷却液温度传感器电压。

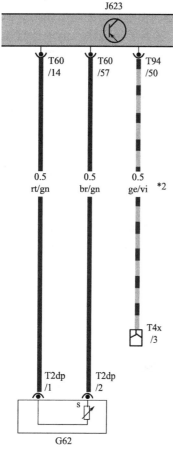

图 2-6 冷却液温度传感器与
发动机 ECU 的连接电路
G62—冷却液温度传感器；
J623—发动机控制单元（ECU）

a. 拆下水温传感器线束插头，打开点火开关，测量水温传感器的电源电压，应为 5V。

b. 测量输出信号电压。在发动机运转时，从冷却液温度传感器的连接器信号输出端"THW"接线柱或从 ECU 的连接器"THW"端子上，用万用表的电压挡测量冷却液温度传感器输出的电压信号值。其电压大小应随冷却液温度变化而发生变化，温度低时信号电压高，温度高时信号电压低，测量的结果应符合规定，否则应更换传感器。

③ 检测冷却液温度传感器与 ECU 之间连接线束的电阻值。用高阻抗万用表电阻挡测量冷却液温度传感器信号端子与 ECU 信号端子之间连接线束及冷却液温度传感器搭铁线端子与 ECU 搭铁线端子之间的电阻值。此时线束应导通，且电阻应小于 1.5Ω，否则说明线束短路或搭铁线端子的接触不好，应继续检查或更换线束。

3. 冷却液温度传感器检测示例

大众/奥迪大部分车型的冷却液温度传感器 G62 为负温度系数热敏电阻。冷却液温度传感器与发动机 ECU 的连接电路如图 2-6 所示，G62 的连接器端子 1 和端子 2，分别与发动机控制单元 J623 端子 T60/14 和 T60/57 相连（大众速腾）。

其检测方法如下。

（1）检测传感器电源电压 拆下冷却液温度传感器连接器，打开点火开关，检测传感器相应连接器端子与 J623 端子 T60/14 和 T60/57 之间的电压，电压值应为 5V 左右。如无电压，则检测传感器相关连接器与 J623 之间的连线。

（2）检测传感器输出信号电压 插上冷却液温度传感器连接器，打开点火开关，检测端子 2 和端子 1 之间的信号电压应为 0.5～4.5V。如电压不符合规定，表明冷却液温度传感器已失效或损坏，应予以更换。

（3）检测传感器电阻 拆下点火开关，拆下冷却液温度传感器，并将其放入装满冷却液的容器中加热，用万用表检测不同温度下该传感器两端子间的电阻值。该阻值应满足表 2-2 所示的要求，如不符合规定，则应更换传感器。

表 2-2 冷却液温度传感器的电阻值与温度之间的关系

端子	温度/℃	电阻值/Ω	端子	温度/℃	电阻值/Ω
1-2	0	5000～6000	1-2	60	540～675
1-2	10	3350～4400	1-2	70	400～500
1-2	20	2250～3000	1-2	80	275～375
1-2	30	1500～2100	1-2	90	200～290
1-2	40	950～1400	1-2	100	150～225
1-2	50	700～950			

大众部分车型在空调冷凝器出口处还安装了一个冷却液温度传感器 G83，同样为负温度系数热敏电阻型传感器，其检测方法与上面相同。

二、进气温度传感器

进气温度传感器用于检测进气管的进气温度，并将温度信号变换为电信号传送给电子控制单元（ECU）。进气温度信号是各种控制功能的修正信号，对于发动机能否在最佳工况工作有着很重要的意义。当进气温度传感器发生故障时，会使输入给 ECU 的进气温度电信号出现中断，使进入发动机气缸中的混合气过稀或过浓，使燃烧情况变坏，出现热启动困难、废气排放量增大、工作不稳定的症状。

1. 进气温度传感器结构

进气温度传感器内部也是一个具有负温度电阻系数的热敏电阻，外部用环氧树脂密封。进气温度传感器的外形如图 2-7 所示，其结构和工作特性如图 2-8 所示，主要由绝缘套、塑料外壳、防水插座、铜垫圈、热敏电阻等组成。

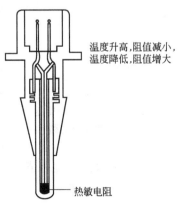

图 2-7 进气温度传感器的外形

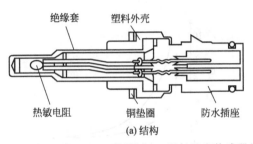

(a) 结构

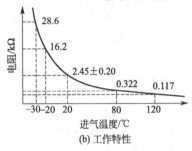

(b) 工作特性

图 2-8 进气温度传感器的结构与工作特性

进气温度传感器的安装位置如图 2-9 所示，它一般单独安装在空气滤清器后的进气软管上或进气歧管上；有的与进气压力传感器（如东风标致 307）或空气流量计（如丰田雷克萨斯 LS400）

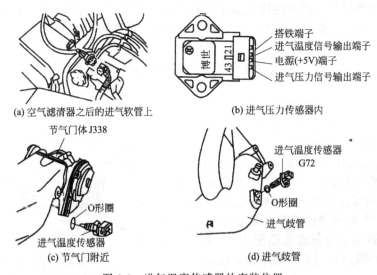

图 2-9 进气温度传感器的安装位置

装在一起；有的还在空气流量传感器和谐振腔上各安装一个，以提高喷油量的控制精度。

2. 进气温度传感器的检测

① 进气温度传感器与 ECU 的连接电路如图 2-10 所示。

② 进气温度传感器的检测方法。

a. 检查进气温度传感器的电阻。进气温度传感器的检修与冷却液温度传感器的检修方法相同，分单件检查和就车检查。

ⓐ 单件检查。将传感器拆下后放入温度为 20℃ 的水中，1min 后测量传感器端子间的电阻值。如果电阻值在 2.2～2.7kΩ 之间，说明传感器良好，否则说明传感器已损坏，应更换新的进气温度传感器。

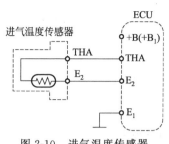

图 2-10 进气温度传感器与 ECU 的连接电路

ⓑ 就车检测。进气温度传感器的就车检测和特征曲线如图 2-11 所示。拆下传感器的连接器，测量连接器的传感器侧 THA-E_2 两端子之间的电阻值，若测定值在如图 2-11(b) 所示的曲线范围内，说明传感器良好。

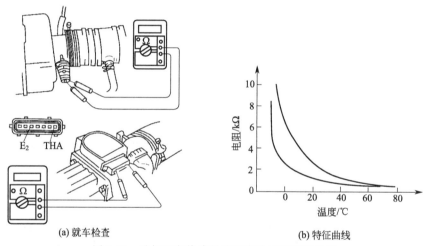

(a) 就车检查　　(b) 特征曲线

图 2-11 进气温度传感器的就车检查和特征曲线

设置在空气流量传感器中的进气温度传感器的检查如图 2-12 所示，用电吹风机加热空气流量传感器中的进气温度传感器，并测量其电阻值，随着温度的升高，电阻值应减小。

b. 检查进气温度传感器电压。

ⓐ 测量电源电压。拔下进气温度传感器的线束插头，打开点火开关，测量进气温度传感器的电源电压，应为 5V。

ⓑ 测量输出信号电压。将点火开关置于"ON"位置，用万用表的电压挡测量图 2-11(a) 中 ECU 的 THA 与 E_2 间电压，应在 0.5～3.4V（20℃）范围内，若不在规定范围，则应进一步检查进气温度传感器连接线路是否接触不良或产生断短路故障。

ⓒ 检查进气温度传感器连接线束电阻。用数字式万用表的"Ω"挡测量传感器接头与 ECU 连接器端子间电阻，如果不导通或电阻值大于 1Ω，说明传感器连接线路断路或接头接触不良，应进一步检查（图 2-12）。

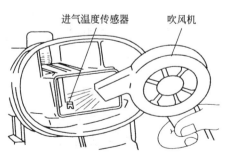

图 2-12 设置在空气流量传感器中的进气温度传感器的检查

3. 进气温度传感器检测示例

现以广州本田雅阁轿车为例，介绍进气温度传感器的检测方法。

广州本田雅阁轿车的进气温度传感器安装在进气歧管上，进气温度传感器上有两个接线端子，其中接线端子 2 与发动机电控单元（ECU）的接线端子 25 连通，并给该传感器提供 5V 电源电压；接线端子 1 与发动机电控单元（ECU）的接线端子 18 连通。其连接电路如图 2-13 所示。

进气温度传感器检测方法如下。

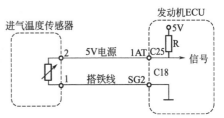

图 2-13 广州本田雅阁轿车进气温度传感器的连接电路

（1）检测电源电压 检测电源电压时，拆下冷却液温度传感器插头，打开点火开关，检测传感器线束插头上两端子间的电源电压应为 5V 左右。否则，应检查电控单元（ECU）的电源、搭铁以及传感器与电控单元（ECU）之间的连接导线。

（2）检测信号电压 插上传感器插头，打开点火开关，检测 ECU 两端子 25 与 18 间的信号电压，信号电压应为 0.1~4.8V，且随着进气温度升高，信号电压应逐渐减小。如信号电压偏差过大，则应更换传感器。

（3）检测热敏电阻的阻值 检测传感器阻值时，应断开点火开关，拆下温度传感器插头，拆下温度传感器。用电吹风将传感器和温度表放入烧杯或加热容器中，在不同温度下，用万用表电阻挡检测传感器插座上两端子间的电阻值，然后再与标准阻值进行比较。如阻值偏差过大、过小或为∞，说明传感器失效，则应予更换。

（4）检测线束 用万用表的电阻挡检测传感器端子 1 与 ECU 端子 18、传感器端子 2 与 ECU 端子 25 之间的电阻，此时线路应导通，且阻值小于 0.5Ω，否则说明线路断路或接线端子接触不良。

另外还应检测线束有无短路和搭铁故障，如有问题，则应更换新件。

三、排气温度传感器

如图 2-14 和图 2-15 所示，为排气温度传感器安装在汽车排气装置的三元催化转化器上。有的车型没有安装排气温度传感器。

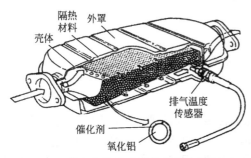

图 2-14 排气温度传感器的安装位置（一）

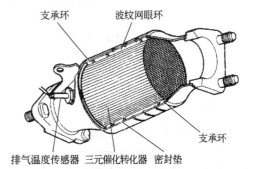

图 2-15 排气温度传感器的安装位置（二）

当排气温度超过 900℃时，排气温度传感器的电阻值会降到 0.43kΩ 以下，排气温度传感器报警灯点亮；当车厢底板温度超过 125℃时，底板温度传感器的电阻（正温度系数 PTC 热敏电阻）超过 2kΩ，这时排气温度传感器报警灯点亮，同时蜂鸣器也响；当排气温度在 900℃以下，底板温度低于 125℃时，排气温度传感器的电阻值大于 0.43kΩ，底板温度传感器的电阻低于2kΩ，这时排气温度报警灯灭，蜂鸣器也不响。排气温度传感器报警系统的电路如图2-16所示。

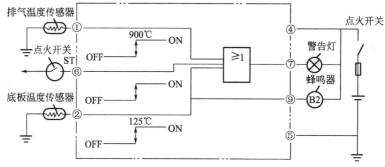

图2-16 排气温度传感器报警系统的电路

当发动机启动，点火开关置于ST挡位时，排气报警灯应点亮，这时可以检查排气温度报警灯的灯丝是否良好。

1. 排气温度传感器的结构

汽车用排气温度传感器有热敏电阻式、热电偶式及熔断丝式三种，其结构如图2-17所示。

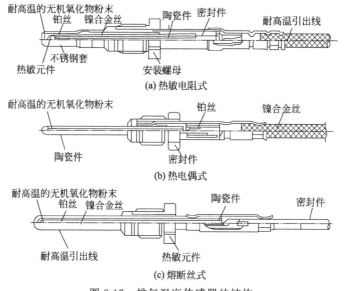

图2-17 排气温度传感器的结构

2. 排气温度传感器的检测

当排气温度传感器发生断、短路故障，三元催化转化器出现异常高温时，将不能启动报警电路进行报警，会导致催化转化器因高温而损坏，汽车的尾气排放物会严重超标。因催化转化器损坏，排气管部分发生堵塞，因排气不畅，发动机工作不稳，这时应对排气温度传感器和底板温度传感器进行检修。

（1）检查排气温度传感器

① 就车检查。接通点火开关时，排气温度指示灯亮，而在发动机启动时指示灯熄灭，说明传感器良好，反之则为不良或损坏。

② 单体检查。就车检查时，应先使催化器处于暖机状态，约400℃，检测排气温度传感

器的电阻,如图2-18所示。从车上拆下传感器,用炉子加热传感器的顶端40mm长的部分,直到靠近火焰处呈暗红色,这时传感器端子间的电阻值应在0.4~20kΩ之间。

(2) 检查底板温度传感器 拆下底板温度传感器,用万用表测量传感器的连接器接头端子间的电阻,当底板温度在0~80℃范围时,其电阻值应为30~250Ω。如果电阻值不符合要求,则应更换底板温度传感器。

排气温度传感器引线的橡胶管有损伤时,应当更换新的排气温度传感器。

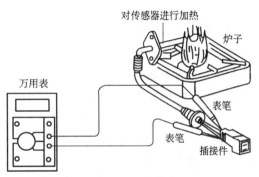

图2-18 检测排气温度传感器的电阻

四、废气再循环系统监测温度传感器

1. 废气再循环(EGR)系统监测温度传感器的结构

EGR监测温度传感器安装在EGR阀的出气道上,如图2-19所示。

EGR监测温度传感器也采用负温度系数的热敏电阻为检测元件,其结构如图2-20所示。它用来监测EGR阀内再循环气体的温度变化情况并监测EGR阀的正常工作,从而控制排气歧管出来的部分废气再循环地进入进气歧管中,降低气缸的最高燃烧温度,并减少尾气中NO_x的含量,从而降低对环境的污染程度。

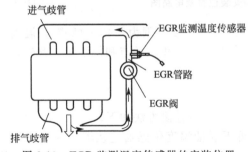

图2-19 EGR监测温度传感器的安装位置

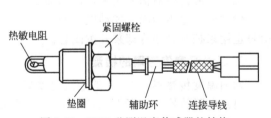

图2-20 EGR监测温度传感器的结构

EGR阀在发动机中速运转及中等负荷时开启,在发动机低速运转且水温低于60℃时EGR阀关闭以防止发动机怠速不稳,在发动机大负荷运转时EGR阀也关闭,以保证发动机有足够的功率输出,因此EGR监测温度传感器监测的温度范围为50~400℃。

2. EGR监测温度传感器的检测

当EGR系统发生故障导致没有废气再循环时,其原因可能是EGR监测温度传感器连接电路断路或短路;EGR控制系统发生故障,引起系统停止工作;EGR管路中的沉积物堵塞了通路。这时应对EGR监测温度传感器进行检修。

检查时,拆下EGR监测温度传感器,用专用设备加热,其电阻值应随温度的升高而下降,并符合标准值(表2-3)。若与标准值相差较大,则应更换EGR监测温度传感器。

表2-3 EGR监测温度传感器电阻值与温度对应表

温度/℃	传感器电阻值/kΩ	温度/℃	传感器电阻值/kΩ
50	635±77	200	5.0±0.6
100	85±9	400	1.6

五、燃油温度传感器

燃油温度传感器用于实时测量燃油温度,也用于喷油量修正、转矩修正、共轨压力修正及热保护。柴油机电控系统具有燃油加热功能时,必须设置燃油温度传感器。

1. 燃油温度传感器的结构

燃油温度传感器是负温度系数热敏电阻(NTC),用于监测油流的温度。燃油温度传感器的安装位置视机型不同而不同,但均安装在高压油路上。如圣达菲汽车 D4EA 柴油机的燃油温度传感器安装在燃油滤清器(粗滤器)的上盖处,玉柴 Delphi 共轨系统的燃油温度传感器安装在高压油泵上。燃油温度传感器的安装位置及电路如图 2-21 所示。

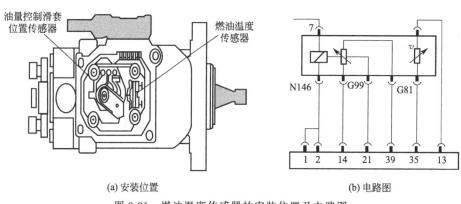

图 2-21 燃油温度传感器的安装位置及电路图

燃油温度传感器信号用来监测燃油温度,其可测量的温度范围为 $-40 \sim 120℃$,温度不同,燃油密度也不相同。发动机控制单元根据这个信号来计算供油始点和供油量。此外,此信号也用来控制燃油冷却泵开关闭合。

2. 燃油温度传感器的检测

燃油温度传感器与 ECU 的连接电路如图 2-22 所示,其检测方法如下。

(1) 电阻值检测 断开(OFF)点火开关,拆下燃油温度传感器连接器,并对燃油温度传感器进行加热,同时使用万用表电阻挡检测传感器组件①与②两端脚之间的电阻值,其在 30℃ 时对应 $1500 \sim 2000Ω$ 范围内的电阻,在 80℃ 时对应 $275 \sim 375Ω$ 范围内的电阻。如检测到的电阻值不变或变化较小,均说明该传感器损坏或不良,则应更换新件。

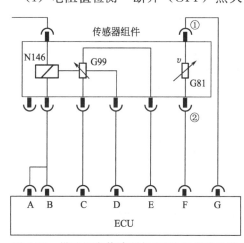

图 2-22 燃油温度传感器与 ECU 的连接电路

(2) 连接导线的检测 如果检测燃油温度传感器正常,再采用万用表检测燃油温度传感器与发动机 ECU 之间的连接导线和连接件。导线导通电阻最大为 1Ω。然后检查连接导线之间是否有短路、对地或对电源是否短路。如检测没发现问题,说明发动机电控单元不良或损坏,则应修理或更换。

六、热敏铁氧体温度传感器

1. 热敏铁氧体温度传感器的结构

热敏铁氧体温度传感器常用于控制散热器的冷却风扇和油压指示灯工作。它安装在散热器冷却液的循环通路上。它由永久磁铁、舌簧开关和热敏铁氧体等组成,其结构及安装位置如图2-23和图2-24所示。

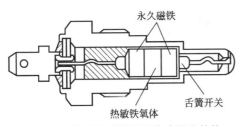
图2-23 热敏铁氧体温度传感器的结构

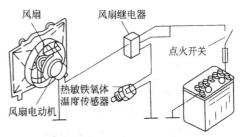
图2-24 热敏铁氧体温度传感器的安装位置

在散热器的冷却系统中,舌簧开关的闭合使冷却风扇的继电器继开路,进而使冷却风扇停止工作;反之,则冷却风扇工作。散热器冷却系统的工作电路如图2-25所示,其中热敏铁氧体的规定温度为0~130℃。

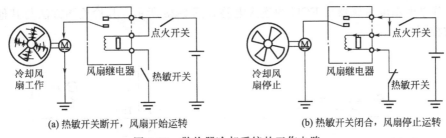
图2-25 散热器冷却系统的工作电路

2. 热敏铁氧体温度传感器的检测

当发动机的冷却液温度高于规定值时,如果散热器冷却风扇不运转,则应检查散热器冷却风扇的工作电路。首先检查线路连接情况,检查有无断路、短路;其次检查风扇继电器的工作情况、热敏铁氧体温度传感器的工作情况。

热敏铁氧体温度传感器的检测方法如下。

① 将温度传感器拆下,置于玻璃烧杯中并加水进行加热。

② 在加热过程中,当水温低于规定温度时,热敏铁氧体温度传感器舌簧开关应闭合,电阻应为零。

③ 当水温高于规定值时,热敏铁氧体温度传感器舌簧开关断开,传感器不导通,电阻应为∞。否则,说明热敏铁氧体温度传感器已损坏,应更换新件。

七、混合动力汽车蓄电池温度传感器

HV(混合动力汽车)蓄电池温度传感器检测HV蓄电池内的温度,HV ECU根据HV电池温度信号控制蓄电池冷却风扇的断开与接通。

HV蓄电池温度传感器一共有4个,它们的安装位置如图2-26所示。

HV 蓄电池温度传感器是运用负温度系数电阻制成的。内置于各蓄电池温度传感器中的热敏电阻的阻值会根据 HV 蓄电池温度的变化而变化。HV 蓄电池温度越低，热敏电阻的阻值越大；反之，温度越高，阻值越小。蓄电池智能单元用蓄电池温度传感器检测 HV 蓄电池温度，并将检测值发送到混合动力车辆控制 ECU。混合动力车辆控制 ECU 根据该信号控制鼓风机风扇。HV 蓄电池温度高于预定标准时，鼓风机风扇启动。HV 蓄电池温度传感器的特性曲线如图 2-27 所示。

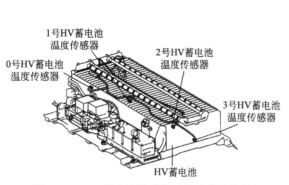

图 2-26　HV 蓄电池温度传感器的安装位置

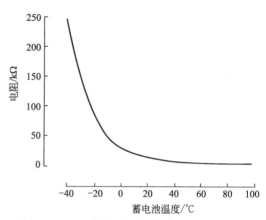

图 2-27　HV 蓄电池温度传感器的特性曲线

HV 蓄电池温度传感器与 ECU 的连接电路如图 2-28 所示。其检检测方法与其他温度传感器大致相同。

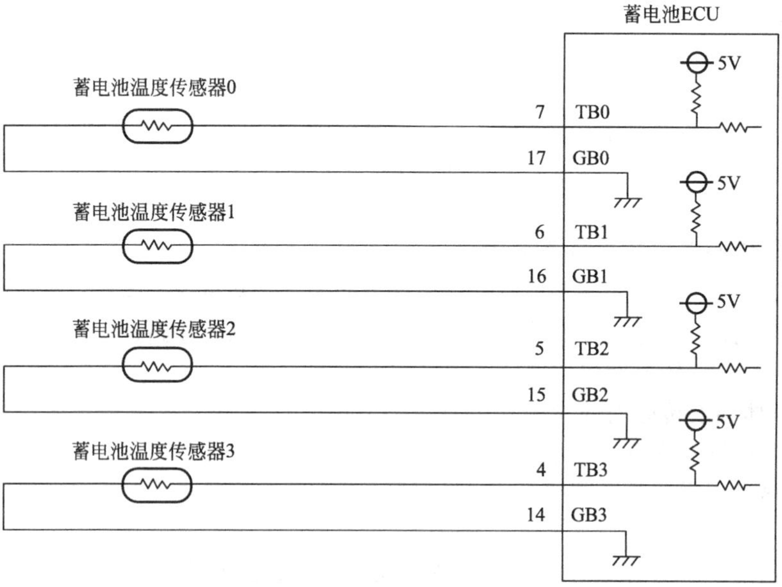

图 2-28　HV 蓄电池温度传感器与 ECU 的连接电路

八、混合动力汽车蓄电池进气温度传感器

HV 蓄电池进气温度传感器检测从进气管进入的空气温度，HV ECU 根据进气温度传感器的信号控制蓄电池冷却风扇。进气温度传感器（HV 蓄电池）安装在 HV 蓄电池上。

HV 蓄电池传感器电阻值随进气温度的变化而变化。进气温度传感器的特性与蓄电池温度传感器的特性相同（特性曲线参考 HV 蓄电池温度传感器的特性曲线）。蓄电池 ECU 根据来自进气温度传感器的信号控制蓄电池冷却鼓风机总成的气流量。

如图 2-29 所示为 HV 蓄电池进气温度传感器与 ECU 的连接电路。

图 2-29　HV 蓄电池进气温度传感器与 ECU 的连接电路

九、辅助蓄电池温度传感器

辅助蓄电池温度传感器用于检测辅助蓄电池的温度，HV ECU 根据辅助电池温度信号调节 DC-DC 转换器的输出电压。

辅助蓄电池温度传感器是运用负温度系数电阻制成的。内置于辅助蓄电池温度传感器热敏电阻的电阻值随辅助蓄电池温度的改变而改变。辅助蓄电池的温度越低，热敏电阻的电阻值就越大；反之，温度越高，电阻值就越小。辅助蓄电池温度传感器的特性曲线如图 2-30 所示。辅助蓄电池温度传感器与 ECU 的连接电路如图 2-31 所示。

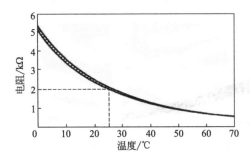

图 2-30　辅助蓄电池温度传感器的特性曲线

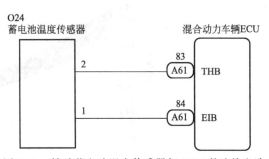

图 2-31　辅助蓄电池温度传感器与 ECU 的连接电路

辅助蓄电池温度传感器连接到混合动力车辆 ECU 上。混合动力车辆 ECU 的端子 THB 通过内部电阻器 R 向辅助蓄电池温度传感器施加 5V 的电压。也就是说电阻器 R 和辅助蓄电池温度传感器串联。端子 RHB 的电压和电阻值随辅助蓄电池温度的变化而变化。辅助蓄电池温度高时，混合动力车辆 ECU 根据此信号减少充电电流以保护辅助蓄电池。

辅助蓄电池温度传感器的检测方法如下。

检测时关闭点火开关，断开蓄电池温度传感器连接器，如图 2-32 所示。用万用表或检

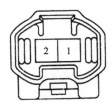

图 2-32　蓄电池温度传感器连接器

测仪连接传感器的两个端子,并检测两个端子间在不同温度下的电阻。电阻应符合表 2-4 中所列数值。如不符合,则应更换辅助电池温度传感器。

表 2-4 辅助蓄电池温度传感器两端子间电阻的标准值

检测仪连接	温度/℃	电阻标准值/kΩ
024-2-024-1	0	5.0~5.3
	20	2.3~2.5
	40	1.1~1.3

十、混合动力系统电动机温度传感器

电动机温度传感器是电动机的组成部分。在运行时,电动机线圈不允许超过某一温度值。温度传感器通过监控其中一个线圈内的温度代表所有线圈。如果温度升高且接近最大允许温度,则电动机电子伺控系统(EME)就会降低电动机功率,这样可以避免电动机热过载。

电动机温度传感器是由一个热敏电阻或 NTC 电阻(NTC 表示负温度系数)制成的。内置于电动机温度传感器内的热敏电阻的电阻值随电动机温度的变化而变化。可通过热敏电阻将温度变量转变成电气系统可以分析的电阻变量。电动机温度越低,热敏电阻的电阻值就越大;反之,温度越高,电阻值就越小。

混合动力系统电动机温度传感器安装在电动机上,其特性曲线如图 2-33 所示。

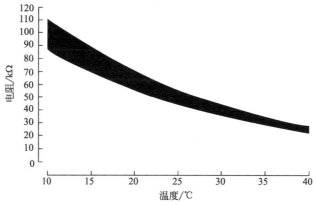

图 2-33 电动机温度传感器特性曲线

混合动力系统电动机温度传感器与 ECU 的连接电路如图 2-34 所示。

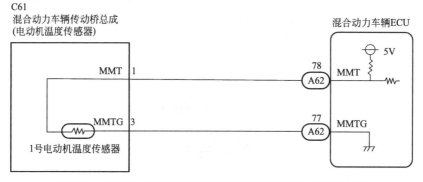

图 2-34 混合动力系统电动机温度传感器与 ECU 的连接电路

十一、升压转换器温度传感器

升压转换器温度传感器用于检测升压转换器的温度(上部及下部)。它安装于带转换器的逆变器总成中。

逆变器冷却系统与MG2和MG1的冷却系统相同,独立于发动机冷却系统进行工作。MG ECU使用来自升压转换器温度传感器的信号,检查逆变器冷却系统的效果,该传感器的特性曲线如图2-35所示。如有必要,则MG ECU将限制逆变器输出以防逆变器过热。该ECU还检测升压转换器温度传感器内的故障。

如图2-36所示为升压转换器温度传感器与ECU的连接电路。

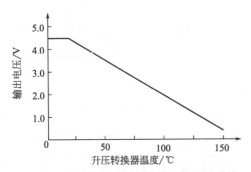 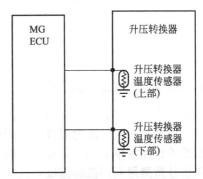

图2-35 升压转换器温度传感器的特性曲线　　图2-36 升压转换器温度传感器与ECU的连接电路

十二、混合动力汽车蓄电池组电流传感器

HV蓄电池组电流传感器用于检测流入和流出HV蓄电池的电流值。HV蓄电池组电流传感器安装在HV蓄电池正极电缆侧。

如图2-37所示为HV蓄电池组电流传感器与蓄电池智能控制单元的连接电路。根据从HV蓄电池组电流传感器输入到蓄电池智能单元端子IB的信号,混合动力车辆控制ECU确定由HV蓄电池组接收的充电量或放电量的电流值。根据累计的电流值,混合动力车辆控制ECU也计算HV蓄电池组的充电状态。

蓄电池智能单元接收0~5V之间的电压,此电压与电缆中的电流值成比例,该电压从HV蓄电池组电流传感器进入端子IB。HV蓄电池组电流传感器输出电压低于2.5V表示HV蓄电池组正在放电,电压高于2.5V表示HV蓄电池组正在充电。

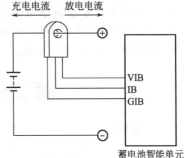

图2-37 HV蓄电池组电流传感器与蓄电池智能控制单元的连接电路

十三、柴油机废气温度传感器

废气温度传感器位于柴油微粒过滤器和氧化废气催化转换器共用壳体上接近中部的位置。在柴油微粒过滤器再生时要用到废气温度传感器。

节气门在规定的工作条件下对进气进行节流。由此,将结合1~2次补充喷射,来提高废气温度(柴油微粒过滤器再生)。废气温度传感器用于调节周期性再生期间的废气温度。

进行温度记录时,使用的是与温度有关的电阻器。该电路包括一个分压器,可对其检测与温度有关的电阻值。通过一条传感器特有的特性线将电阻值转换成温度值。在废气温度传

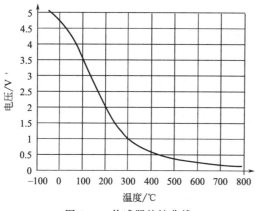

图 2-38 传感器特性曲线

感器中安装有一个热敏电阻（NTC），其电阻值随温度的上升而下降。此电阻值根据温度在 96kΩ～32Ω 的范围内变化，对应于 −40～800℃ 的温度。

废气温度传感器通过一个 2 芯插头进行连接。传感器特性曲线如图 2-38 所示。

废气温度传感器的标准值见表 2-5。

表 2-5 废气温度传感器的标准值

参数	数值	参数	数值
废气温度传感器电压范围/V	0.15～4.95	最大输出电流/mA	10
响应时间/s	小于 25	温度范围/℃	−40～800
废气温度分辨率/℃	约 1		

十四、尿素溶液温度传感器

尿素溶液温度传感器主要用于检测尿素溶液加热器罐中尿素溶液的温度，检测信号发送到发动机控制单元中。发动机控制单元根据该信号监测尿素溶液的温度，以更好地控制尿素溶液罐加热器和泵加热器，使尿素溶液始终保持在所需要的温度范围内。

尿素溶液温度传感器位于尿素溶液位传感器的壳体中。

尿素溶液温度传感器是一个负温度系数（NTC）传感器。尿素溶液温度升高时，传感器电阻值反而下降。如图 2-39 所示为尿素溶液温度传感器的特性曲线。

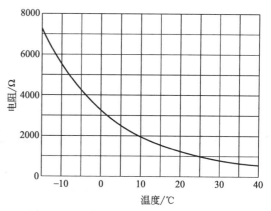

图 2-39 尿素溶液温度传感器的特性曲线

第二节 空气流量传感器

空气流量传感器又称空气流量计，一般安装在进气管上，其作用是检测发动机进气量的大小，并将进气量信息通过电路的连接转换为电信号输入给 ECU，以供 ECU 确定喷油量和点火时间。通过空气流量传感器获得的进气量信号是 ECU 进行喷油控制的主要依据，如该传感器损坏或其电路连接出现故障，则会使发动机进气量的检测不准确，使进入气缸的混合气过浓或过稀，从而导致 ECU 无法对喷油量进行准确的控制，进而导致发动机运转不正常，排放超标。

目前，现代汽车燃油喷射控制系统所采用的空气流量传感器有体积流量型和质量流量型两种。常用的体积流量型传感器有翼片式、卡门涡流式和量芯式等；质量流量型传感器有热线式和热膜等。

一、翼片式空气流量传感器

翼片式空气流量传感器出现故障会使电控单元接收错误的进气量信号，从而导致混合气的空燃比过大或过小，使混合气过稀或过浓，影响发动机的正常运转及稳定性。

翼片式空气流量传感器常见故障有：翼片摆动卡滞，电位计滑动触点磨损或腐蚀而使滑动电阻片与触点接触不良，以及油泵触点接触不良导致的电动燃油泵供油不稳等。

1. 翼片式空气流量传感器的结构

翼片式空气流量传感器又称翼片式或活门式空气流量传感器，它主要由翼片部分、电位计和连接部分等部分组成，如图2-40所示。

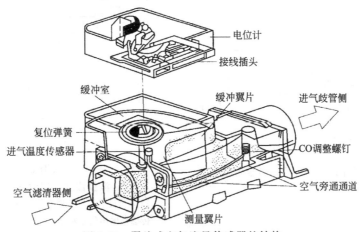

图2-40 翼片式空气流量传感器的结构

（1）翼片部分 翼片式空气流量传感器的翼片部分包括测量翼片（在主空气道内旋转）和缓冲翼片（在缓冲室内偏转，对翼片起阻尼作用，当发动机吸入的空气量急剧变化和气流脉动时，减小翼片的脉动），两者铸成一体，如图2-41所示。

（2）电位计 电位计位于空气流量传感器上壳体上方，内有平衡配重、滑臂、回位弹簧、调整齿圈和印制电路板等，其结构如图2-42所示。

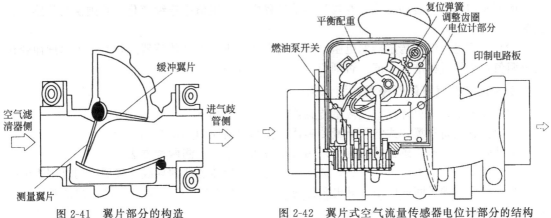

图2-41 翼片部分的构造　　　图2-42 翼片式空气流量传感器电位计部分的结构

（3）连接器部分 翼片式空气流量传感器的连接器共有7个接线端子，新产的日产轿车取消了燃油泵控制触点，其连接器为5个接线端子，如图2-43所示（以日产和丰田为例）。在连接器插头护套上一般标有接线端子名称。

2. 翼片式空气流量传感器的检测

对空气流量传感器进行检测时，首先应检测其机械部分是否工作良好。可用手拨动翼片，使其转动，检查翼片是否运转自如，复位弹簧是否良好，若触点无磨损、翼片摆动平衡、无卡滞和破损，说明其机械部分完好。然后应检测传感器的空气流量计各端子与搭铁间电阻、油泵触点与搭铁间电阻、进气温度传感器与搭铁端子的电阻和信号输出电压，检测方法如下。

（1）检测电动燃油泵的电阻　用万用表测量电动燃油泵两信号端子间的电阻值，翼片关闭时应为∞，翼片开启后任一位置都应为0，否则说明有故障。

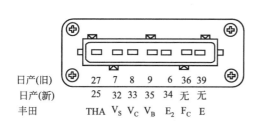

图2-43　翼片式空气流量传感器插头

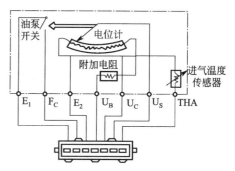

图2-44　丰田大霸王轿车翼片式空气
流量传感器的检测电路原理
THA—进气温度传感器信号端子；U_S—进气流量
传感器输出信号端子；U_C—空气流量传感器输入
信号端子；U_B—电源电压端子；E_2—搭铁；
F_C—油泵开关端子；E_1—油泵开关搭铁

（2）检测流量计的电阻　检测流量计的电阻有静态和动态测量两种方法。

① 静态测量方法。断开点火开关，拔下传感器线束连接插头，用万用表测量各端子间的电阻，应与标准参考值相差不大，否则说明传感器有故障。

② 动态测量方法。断开点火开关，拔下传感器各线束连接插头，用万用表测量各端子电阻的同时用螺丝刀拨动翼片，在翼片摆动过程中，电阻值应连续变化，否则说明传感器有故障。

（3）检测进气温度传感器的电阻　用万用表测量进气温度传感器随热敏电阻温度而变化的电阻值，应符合标准参考值，否则说明传感器有故障。

3. 翼片式空气流量传感器检测示例

丰田大霸王轿车翼片式空气流量传感器的检测方法如下。

丰田大霸王轿车翼片式空气流量传感器的检测电路原理如图2-44所示。

翼片式空气流量传感器的检测可采用就车检测或单件检测两种方法。

（1）就车检测　关闭点火开关，拔下轿车空气流量传感器的导线连接器，用万用表电阻挡测量连接器各端子间的电阻，其电阻值应符合表2-6所列标准；如果不符，则说明传感器已损坏，应进行更换。

表2-6　丰田轿车空气流量传感器各端子间电阻

端子	标准电阻/kΩ	温度/℃	端子	标准电阻/kΩ	温度/℃
U_S-E_2	0.02～0.60	—	THA-E_2	2.00～3.00	20
U_C-E_2	0.02～0.60	—		0.90～1.30	20
	10.00～20.00	−20		0.40～0.70	60
	4.00～7.00	0	F_C-E_2	0 或 ∞	—

(2) 单件检查

① 外观检查。用手指拨动翼片，检查翼片的摆动是否平顺，翼片有无破裂、卡滞，转轴是否松垮等。

② 检查电动机汽油泵开关。用万用表电阻挡测量 E_1、F_C 两端子间的电阻，在测量翼片关闭时，此值应为∞，在测量翼片开启后的任一角度上，此值应为 0。

③ 检测电位计性能。用旋具推动测量片，同时用万用表电阻挡测量电位计滑动测点 U_S 与 E_2 端子间的电阻；在测量翼片由全闭至全开的过程中，电阻值应逐渐变小，且应符合表 2-4 的规定；若不符合，则说明传感器已损坏，应更换。

④ 检测进气温度传感器电阻值。用电热风机对空气流量传感器的进气温度传感器加热，或将其拆下放在有热水的烧杯里加热，并用万用表测量 THA 与 E_2 端子间的电阻值，该值应随温度升高而降低，且应符合表 2-4 的规定，若不符合，则应更换进气温度传感器。

二、卡曼涡流式空气流量传感器

卡尔曼涡流式空气流量传感器通常与空气滤清器外壳安装成一体。在进气管道中间设有流线型或三角形的涡流发生器，当空气流经涡流发生器时，在其后部的气流中会不断产生不对称却十分规则的被称为卡门涡流的空气涡流。根据卡门涡流理论，这个漩涡行列是紊乱的，依次沿气流流动方向移动，其移动的速度与空气流速成正比，即在单位时间内通过涡流发生器后方某点的涡流数量与空气流速成正比。因此，通过检测单位时间内涡流的数量就可计算出空气流速，再将空气通道的有效截面积与空气流速相乘，就可以知道吸入空气的量。根据测量单位时间内产生涡流量方法的不同，可分为超声波式和反光镜式两种。

1. 超声波式卡尔曼涡流式空气流量传感器

(1) 超声波式卡曼涡流空气流量传感器的结构　超声波式卡曼涡流空气流量传感器设有主空气道和旁通空气道两个空气道。涡流发生器设在主空气道上；设置旁通空气道是为了调节主空气道的流量，这样，对于排量不同的发动机，通过改变旁通空气道截面积大小，可使用同一规格的流量传感器来满足流量检测的要求。超声波式卡曼涡流式空气流量传感器的安装位置与结构如图 2-45 所示。

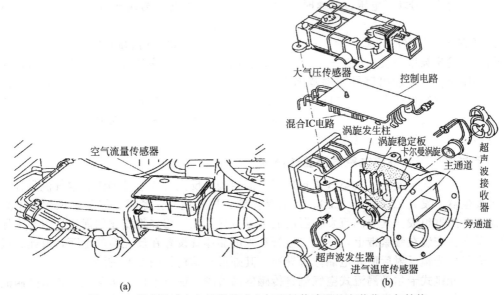

图 2-45　超声波式卡尔曼涡流式空气流量传感器的安装位置与结构

(2) 超声波式卡尔曼涡流式空气流量传感器的检测 现以三菱轿车超声波式卡曼涡流空气流量计为例，说明超声波式卡尔曼涡流式空气流量传感器的检测方法。

三菱汽车6G72发动机采用超声波检测方式的卡曼涡旋式空气流量计，其电路如图2-46所示。空气流量计上有7个接线端子：1号端子由ECU提供大气压力传感器所用5V参考信号；2号端子为大气压力传感器输出信号；3号端子为空气流量计输出信号；4号端子通过控制继电器提供12V电源；5号端子提供传感器搭铁；6号端子为进气温度传感器输出信号；为了避免怠速时发现机抖动影响空气流量计的计量，设置了复位设定信号，由传感器7号端子提供，用于检测负荷，重新校正流量计信号使用。6G72发动机空气流量计的电路如图2-46所示。

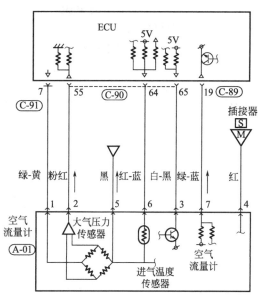

图2-46 6G72发动机空气流量计的电路

卡曼涡旋式空气流量计的检测方法如下。

① 检测电源电压。取下空气流量计的连接器，打开点火开关，用万用表电压挡检测线束侧4号端子与搭铁间的电压，应为蓄电池电压12V左右。否则检修电源电路故障。

② 检测参考电压。取下空气流量计的连接器，打开点火开关，用万用表电压挡检测线束侧3号端子与搭铁间的电压，应为5V左右；检测7号端子与搭铁间的电压，应为6~9V。否则检修空气流量计与ECU间线束或ECU故障。

③ 检查搭铁。拆下空气流量计的连接器，用万用表电阻挡检测传感器线束侧5号端子与搭铁间的导通性，正常情况其值应为ON。

④ 检测输出信号的电压。连接空气流量计的连接器，利用背插法，用万用表直流电压挡检测空气流量计3号端子电压，怠速时应为2.2~3.2V，复位7号端子为0~1V（2000r/min时为6~9V）。

⑤ 检测输出信号的频率。因为超声波检出型卡曼涡流式空气流量计输出信号为5V脉冲数字信号，输出频率与发动机进气量成正比，所以可以使用频率计或示波器检测3号端子与搭铁间的输出信号，输出信号频率范围为25~2000Hz。发动机怠速（700r/min）运转时，空气流量计输出频率应在25~50Hz范围内；当发动机转速升高时，空气流量计输出频率应随转速升高而升高；当转速升高到2000r/min时，空气流量计输出频率应在70~90Hz范围内，否则说明空气流量计或其线路有故障。

2. 反光镜式卡曼涡流式空气流量传感器

(1) 反光镜式卡曼涡流式空气流量传感器的结构 反光镜式卡曼涡流式空气流量计主要由涡流发生器、发光二极管（LED）、光电晶体管、反光镜、张紧带、厚膜集成控制电路和进气温度传感器组成。其中涡流发生器后面设置有导压孔，用来将变化的涡流压力导入导压腔内；反光镜安装在张紧带上，发光二极管和光电晶体管设置在反光镜的上面，发光二极管发出的光经反光镜反射后使光电晶体管导通。其外形与结构如图2-47所示。

(2) 反光镜式卡尔曼涡流式空气流量传感器的检测 现以丰田轿车反光镜式卡曼涡流空气流量计为例，说明反光镜式卡尔曼涡流式空气流量传感器的检测方法。

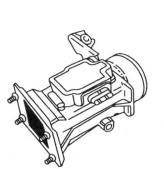 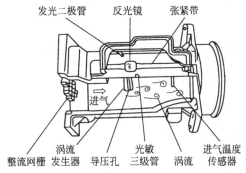

(a) 外形　　　　　　　　　　　(b) 结构

图 2-47　反光镜式卡曼涡流式空气流量传感器的外形与结构

丰田雷克萨斯 LS400 型轿车采用反光镜式卡曼涡流空气流量传感器，空气流量传感器与 ECU 的连接电路如图 2-48 所示。

丰田轿车的反光镜式卡曼涡流空气流量计的检测方法如下。

① 静态检测。关闭点火开关，拔下空气流量传感器线束插头，用万用表电阻挡测量传感器插座上端子"THA"与"E"之间的电阻值，检测结果应当符合表 2-7 的规定。若不符，则应更换传感器。

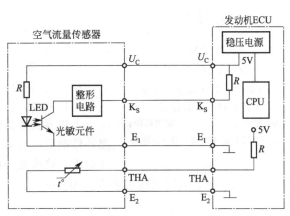

图 2-48　空气流量传感器与 ECU 的连接电路

表 2-7　丰田轿车涡流空气流量计的检测标准参数

检测对象	端子名称	检测条件	标准参数	备注
进气温度传感器	THA-E_2	−20℃	10～20kΩ	—
		0℃	4～7kΩ	—
		20℃	2～3kΩ	—
		40℃	0.9～1.3kΩ	—
		60℃	0.4～0.7kΩ	—
		急速进气温度20℃	0.5～3.4kΩ	
空气流量传感器	U_C-E_1	点火开关接通	4.5～5.5V	检测电源电压
	K_S-E_1	点火开关接通	4.5～5.5V	检测电源电压
		急速	2.0～4.0	信号电压跳跃变化

② 动态检测。将空气流量传感器线束插头与插座插好，用万用表直流电压挡测量传感器的连接器端子"THA"与"E_2""U_C"与"E_1"和"K_S"与"E_1"之间的电压，这些电压值应当符合表 2-7 的规定。如检测结果与标准电压值不符，应检查传感器与 ECU 之间的线束是否断路；如线束良好，则拔下传感器插头并接通点火开关，检查电源端子"U_C"与"E_1"和信号输入端子"K_S"与"E_1"之间的电压，如在 4.5～5.5V 之内，说明 ECU 工作

正常且空气流量传感器损坏，应当更换空气流量传感器，如所测电压不在4.5～5.5V之内，说明ECU有故障，应检测或更换ECU。

三、热线式与热膜式空气流量传感器

热线式与热膜式空气流量传感器的检测原理完全相同，热线式空气流量传感器的发热元件是铂金属线。热膜式空气流量传感器是热线式空气流量传感器的改进产品，其结构与热线式基本相同，只是它的发热体是热膜（由发热金属铂固定在薄的树脂膜上制成），而不是热线。热膜式空气流量传感器发热体不直接承受空气流动所产生的作用力，因而增加了发热体的强度，提高了流量计的可靠性。目前大多数高档轿车都采用了这种传感器。

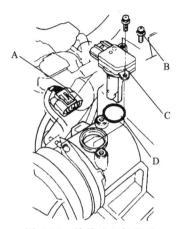

图2-49 热线式空气流量传感器的安装位置
A—传感器连接器；B—紧固螺栓；C—空气流量传感器；D—O形圈

1. 热线式空气流量传感器

（1）热线式空气流量传感器的结构　热线式空气流量传感器的安装位置如图2-49所示。热线式空气流量传感器按其铂金热线安装位置的不同可分为主流测量方式（热线电阻安装在主进气道中）及旁通测量方式（热线电阻安装在旁通气道中）两种，其结构分别如图2-50和图2-51所示。

主流测量方式的热线式空气流量传感器由铂金热线、温度补偿电阻（冷线）、取样管、控制线路板、防护网及连接器组成。热线是一根直径约0.07mm的铂金丝，它装在取样管内的支承环上，其阻值随温度变化而变化。

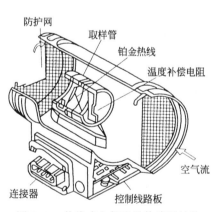

图2-50 热线式空气流量传感器结构（主流测量方式）

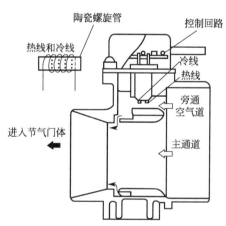

图2-51 热线式空气流量传感器结构（旁通测量方式）

旁通测量方式的热线式空气流量传感器与主流测量方式的热线式空气流量传感器的结构基本相同，主要区别在于前者把热线和补偿电阻用铂丝缠绕在陶瓷螺旋管上，且把铂金热线和温度补偿电阻（冷线）安装在旁通气道上。

在发动机停止运转后，电路会把热线自动加热到1000℃左右，以清洁流量传感器，所以热线式流量传感器还具有自洁功能。

（2）热线式空气流量传感器的检测　热线式空气流量传感器的连接器一般有5端子和6

端子两种,其接线线路和电路结构基本相同,其检测方法也类似。传感器的检测方法分为开路检测和在路检测两种,都是检查传感器的电源电压和信号电压。

① 检查电源电压。检测电源电压时,拔下传感器线束插头,接通点火开关,用万用表直流电压挡检测传感器插座上电源端子与搭铁端子之间的电压。

② 检查传感器输出信号电压。检查信号电压时,拔下传感器线束插头,将蓄电池正负极分别与传感器插座上的电源端子和搭铁端子连接,用万用表直流电压挡测量信号输出端的电压;当向传感器空气入口吹气时,信号电压应随之升高。

(3) 热线式空气流量传感器检测示例 上海别克轿车热线式空气流量传感器的检测方法如下。

如图 2-52 所示,上海别克轿车使用的热线空气流量传感器安装在进气歧管中。其连接器端子如图 2-53 所示,其传感器与 ECU 的连接电路如图 2-54 所示。

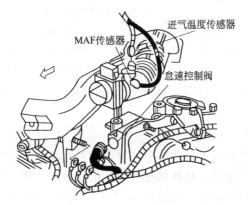

图 2-52 热线式空气流量传感器的安装位置

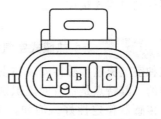

图 2-53 热线式空气流量传感器的连接器端子
A—空气流量计信号端子;B—搭铁端子;
C—电源电压输入端子

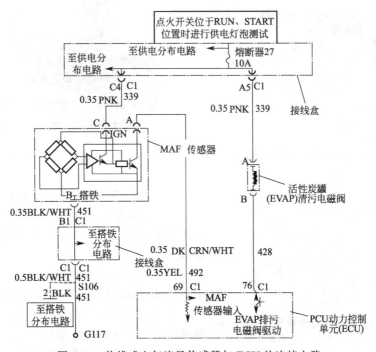

图 2-54 热线式空气流量传感器与 ECU 的连接电路

对热线式空气流量传感器进行检测时，应主要检测空气流量传感器的输出信号电压。检测方法如下。

① 首先关闭点火开关，拔下传感器的连接器。然后将点火开关转至"ON"，但不启动发动机。

② 用数字式万用表电压挡测量空气流量传感器信号端子和搭铁端子间的电压，即端子A与端子B间的电压，该值应为5V。

③ 当传感器输出电压正常时，可用吹风机向此传感器进气口吹风，其信号电压应随吹风量大小的变化而变化，且应符合标准规定。若不符合上述规定值，说明空气流量传感器已损坏，应当更换。

2. 热膜式空气流量传感器

（1）热膜式空气流量传感器的结构　热膜式空气流量传感器的结构如图2-55所示。

热膜式空气流量传感器内部的进气通道上设有一个矩形护套（相当于取样套），热膜电阻设在护套中。为了防止污物沉积到热膜电阻上而影响其检测精度，在护套的空气入口侧设有空气过滤层，用以过滤空气中的污物。为了防止因空气温度变化而使检测精度受到影响，在热膜电阻附近的气流上游设有铂金属膜式温度补偿电阻。温度补偿电阻和热膜电阻与传感器内部控制电路连接在一起，控制电路与线束连接器插座连接在一起，线束设在传感器壳体中部。

> **知识扩展**　新型热膜式空气流量传感器

这种空气流量传感器安装在发动机的进气道内，与前一代一样，也是根据热量检测原理来工作的。其特点是带有回流识别的微型传感元件，具有温度补偿的信号处理功能，检测精度高，传感器稳定性好。例如，大众直喷发动机使用的是第6代热膜式空气流量传感器（HFM6），如图2-56所示。

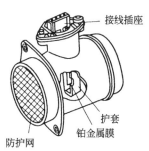

图2-55　热膜式空气流量传感器的结构

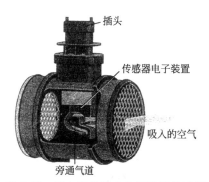

图2-56　第6代热膜式空气流量传感器

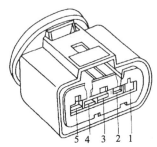

图2-57　热膜式空气流量传感器的连接器插头
1—搭铁线；2—12V电源；3—负信号线
4—5V电源；5—正信号线

（2）热膜式空气流量传感器的检测　热膜式空气流量传感器的连接器插头如图2-57所示。热膜式空气流量传感器与ECU的连接电路如图2-58所示。

热膜式空气流量传感器主要检测电源电压、信号电压及线束的导通性。具体步骤如下。

① 检测电源电压。关闭点火开关，拔下空气流量传感器的插头，启动发动机。首先用万用表测量插头的端子2与搭铁间的电压值，如图2-59

所示，标准值为12V。然后用万用表测量插头端子4与搭铁间的电压值，标准值应为5V。

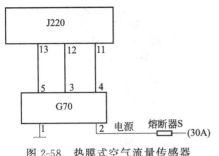

图2-58 热膜式空气流量传感器
与ECU的连接电路

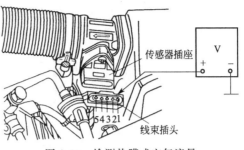

图2-59 检测热膜式空气流量
传感器的电源电压

② 检测信号电压。关闭点火开关，拆下空气滤清器，接通点火开关，即置于"ON"位置但不启动发动机。用万用表的电压挡测量空气流量传感器插头中的端子5（正信号线）与端子3（负信号线）之间的电压值，用正表笔插入空气流量传感器5号端子线束中，负表笔插入3号端子的线束中。该电压标准值是2.0～4.0V。然后用电吹风（冷风挡）向流量传感器空气入口吹气，观察信号电压的变化值。若信号电压不变化，说明空气流量传感器失效，应当更换。

③ 检测线束导通性（是否断路）。关闭点火开关，拔下空气流量传感器的插头并拔下电控单元（ECU）的线束连接器。如图2-60所示，用万用表检测插头端子3与ECU连接器的端子12间的电阻值，该标准值应小于1Ω。用万用表检测插头端子4与ECU连接器的端子11间的电阻值，该标准值应小于1Ω。用万用表检测插头端子5与ECU连接器的端子13间的电阻值，该标准值应小于1Ω。

④ 检测导线间是否短路。关闭点火开关，拔下空气流量计的插头和电控单元的线束连接器；用万用表检测流量传感器插

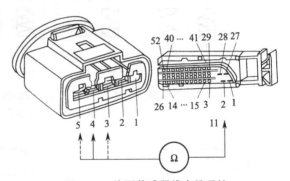

图2-60 检测传感器线束导通性

头端子2与ECU连接器的端子11间的电阻值、流量计插头端子2与ECU连接器的端子12间的电阻值、流量计插头端子2与ECU连接器的端子13间的电阻值、流量计插头端子4与ECU连接器的端子12间的电阻值、流量计插头端子4与ECU连接器的端子13间的电阻值、流量计插头端子5与ECU连接器的端子11、12间的电阻值，以上标准值均为∞。

（3）热膜式空气流量传感器的检测示例　2016年款丰田凯美瑞混合动力车系6AR-FSE发动机采用新型硅片式热膜式空气流量传感器（HMF6），传感器内部集成数字处理电路使用传感器输出更加精确。其传感器结构如图2-61所示。

传感器内部桥接电路如图2-62所示。传感器与ECU连接电路如图2-63所示。

传感器检测方法如下。

① 传感器单体检测。断开点火开关，拆下传感器，检查空气流量传感器的温度传感器（热敏电阻）上是否有异物，如有异物，则更换传感器；用万用表检查传感器E78的2#端子、3#端子之间的电阻（进气温度传感器），其检查如图2-64所示，其检测数值见表2-8，如不符合，则应更换传感器。

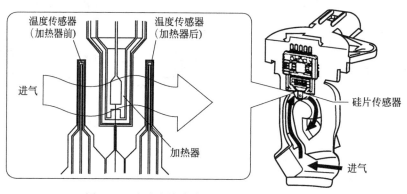

图 2-61 硅片式热膜式空气流量传感器的结构

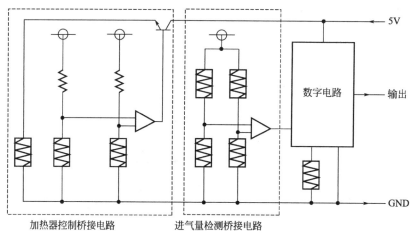

图 2-62 传感器内部桥接电路

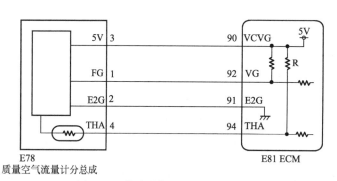

图 2-63 传感器与 ECM 连接电路

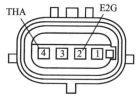

图 2-64 传感器单体检测

表 2-8 检测数值

检测仪连接	条件/℃	数值/kΩ
4(THA)-2(E2G)	-20	13.6~18.4
	20	2.21~2.69
	60	0.49~0.67

② 传感器供电检查。断开空气流量传感器 E78 插头,再打开点火开关,用万用表电压

挡按图 2-65 所示检测传感器供电,检测数值见表 2-9,如检测不符合规定,则应检查和修理空气流量传感器和发动机控制单元(ECM)之间线束。

表 2-9 检测数值

检测仪连接	条件	数值/V
E78-3(5V)-E78-2(E2G)	点火开关转到"ON"位置	4.8~5.2
E78-1(FG)-E78-2(E2G)	点火开关转到"ON"位置	4.8~5.2

③ 传感器线束检查(传感器和 ECM 之间线束)。关闭点火开关,断开空气流量传感器和 ECM 连接器,用万用表欧姆挡按照图 2-66 所示检测线束之间和搭铁之间的电阻值,应符合表 2-10 所列标准。

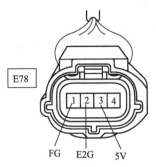

图 2-65 传感器供电检查

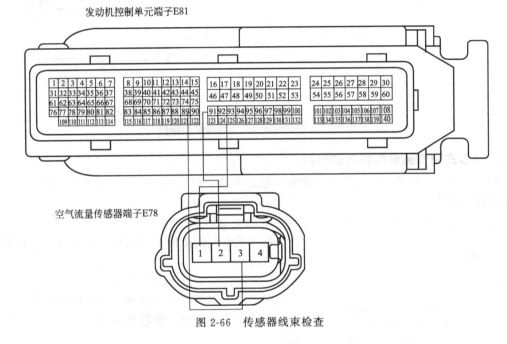

图 2-66 传感器线束检查

表 2-10 标准数值

检测仪连接	条件	规定状态
E78-3(5V)-E81-90(VCVG)	始终	小于 1Ω
E78-1(FG)-E81-92(VG)	始终	小于 Ω
E78-2(E2G)-E81-91(E2G)	始终	小于 Ω
E78-3(5V)或 E81-90(VCVG)——车身接地和其他端子	始终	10kΩ 或更大
E78-1(FG)或 E81-92(VG)——车身接地和其他端子	始终	10kΩ 或更大
E78-2(E2G)或 E81-91(E2G)——车身接地和其他端子	始终	10kΩ 或更大

四、量芯式空气流量传感器

1. 量芯式空气流量传感器的结构

量芯式空气流量传感器由翼片式空气流量传感器改进而成,即用量芯代替了翼片式传感器的翼片。该传感器的结构如图 2-67 所示。它主要由量芯、电位计、进气温度传感器和线束连接器等组成。它的进气量测量部件由一个椭球形量芯构成,安装在进气道内,并可以沿着进气道移动,也就是量芯代替了翼片式传感器的翼片。电位计滑动臂的一端与量芯连接,另一端是滑动触点,当量芯移动时,触点可以在印制电路板的滑动电阻上移动。量芯式传感器没有旁通进气道,也没有怠速混合气调整螺钉。而发动机怠速时,混合气的浓度由电子控制单元根据氧传感器的反馈信号进行空燃比的调节。

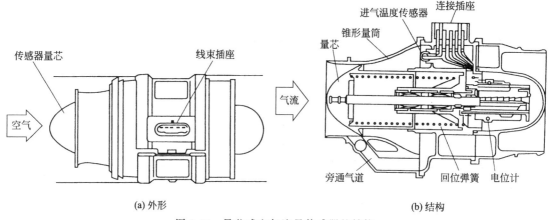

图 2-67 量芯式空气流量传感器的结构
(a) 外形　(b) 结构

2. 量芯式空气流量传感器的检测

量芯式空气流量传感器的常见故障有:量芯卡滞、移动不灵活,电位计滑动触点磨损或接触不良,量芯回位弹簧的弹性变弱及电位计的电阻不准确等。

马自达 929 轿车用量芯式空气流量传感器的电路如图 2-68 所示。

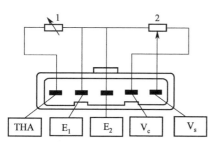

图 2-68 马自达 929 轿车用量芯式空气流量传感器电路
1—进气温度传感器;2—空气流量传感器电位计;V_c—基准电压;E_2—接地;V_s—输出信号;THA—进气温度传感器信号输出端子;E_1—搭铁

量芯式空气流量传感器的检查方式有单件检测和就车检测两种。

(1) 单件检测　点火开关置于"OFF"位置,从发动机上取下空气流量传感器,首先检查量芯式空气流量传感器是否开裂、量芯是否发卡等,若有,则应更换。

用万用表电阻挡测量量芯式空气流量传感器插接器上各端子之间的电阻值,若不符合规定,则应更换量芯式空气流量传感器。

在测量空气流量传感器信号端子(V_s-E_2)间的电阻时,还需缓慢移动量芯,检查万用表的电阻值变化情况。如果随着量芯的移动,电阻值忽大忽小,或有间断出现电阻很大(∞)的情况,均为空气流量传感器不良,需更换空气流量传感器。在测量全过程中,电阻应呈摆动变化。

测量进气温度传感器的热敏电阻端子时,需同时测量环境温度。

(2) 就车检测　点火开关置于"OFF"位置,拆下量芯空气流量传感器导线插接器,用万用表电阻挡测量导线插接器 V_c-E_2 端子间的电压,应为5V,若不正常,则为导线或电控单元故障,应检修或更换导线或电控单元。用万用表电阻挡测量空气流量传感器插接器上 THA-E_1 与 V_c-E_2 之间的电阻值。若电阻值不符合标准值,则应更换量芯式空气流量传感器。

注意 THA-E_2 间的电阻值随环境温度的不同而不同，一般来说随着环境温度的升高而电阻值减小。

第三节　压力传感器

进气压力传感器又称为进气歧管绝对压力传感器，应用于 D 型电子控制燃油喷射系统。它的作用是检测进气歧管内的压力变化，并将发动机进气歧管的进气压力转换为电信号。它与进气流量传感器的作用一样，是发动机控制单元（ECU）计算基本喷油量、确定最佳点火时间的重要参数。由于这种检测方式属于间接检测，进气质量随进气温度变化，有些进气压力传感器与进气温度传感器安装在一起。

进气歧管绝对压力传感器大多安装在汽车发动机的进气歧管上，也有少部分安装在汽车发动机 ECU 的控制盒内或发动机室内（皇冠 3.0 轿车安装在发动机室内、奥迪 A6 轿车安装在发动机 ECU 内）。

进气压力传感器的种类较多，按其信号产生原理的不同可分为电压型进气压力传感器和频率型进气压力传感器两种。电压型进气压力传感器又可分为半导体压敏电阻式进气压力传感器（电阻应变计式进气压力传感器）和膜盒传动可变电感式进气压力传感器；频率型进气压力传感器可分为电容式进气压力传感器和表面弹性波式进气压力传感器。其中以半导体压敏电阻式进气压力传感器应用最多。

一、半导体压敏电阻式进气压力传感器

1. 半导体压敏电阻式进气压力传感器的结构

半导体压敏电阻式进气压力传感器是利用半导体的压阻效应制成的，主要由硅膜片、真空室、硅杯、底座、真空管和引线电极组成，其结构如图 2-69 所示。

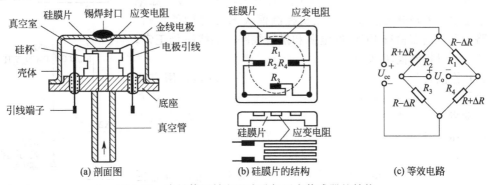

图 2-69　半导体压敏电阻式进气压力传感器的结构

2. 半导体压敏电阻式进气压力传感器的检测

半导体压敏电阻式进气压力传感器由于其体积小，精度高，响应性、再现性和稳定性较好，一般不易损坏，因此应用较广泛；但若损坏或其连接线路不良，则易使发动机出现怠速不良、不易启动和启动后熄火的故障。若在汽车行驶中出现上述故障，则应对此传感器及相关电路和元件进行检测。其检测方法如下。

① 拔下传感器的插接器插头，接通点火开关（但不启动发动机），用万用表电压挡检测插接器插头电源端和搭铁端之间的电压（如图 2-70 所示电路中的 U_c 端子与 E_2 端子）。该电

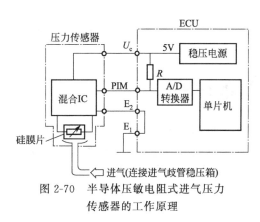

图 2-70 半导体压敏电阻式进气压力传感器的工作原理

压应在 4～5V 之间；若无电压，则应检测 ECU 相应端子间的电压；若正常，则是传感器与 ECU 之间的连接线路发生故障；若仍无电压，则是 ECU 发生故障。

② 检测进气压力传感器的输出电压。拔下进气压力传感器与进气歧管连接的真空软管，打开点火开关（但不启动发动机），用电压表测量进气压力传感器的输出电压（如图 2-70 所示电路中的 PIM 端子与 E_2 端子之间的电压）；接着向进气压力传感器内施加真空，并测量在不同真空度下的输出电压，该电压值应随真空度的增大而降低，其变化情况应符合规定，否则应更换传感器新品。

3. 半导体压敏电阻式进气压力传感器检测示例

新款科鲁兹车系绝对压力传感器电路如图 2-71 所示。歧管绝对压力传感器有一个 5V 参考电压电路、一个低电平参考电压电路和一个信号电路。发动机控制模块向歧管绝对压力传感器 5V 参考电压电路提供 5V 电压，并向低电平参考电压电路提供搭铁。歧管绝对压力传感器通过信号电路向发动机控制模块提供一个与进气歧管压力变化相关的电压信号。

检测方法如下。

（1）直观检查　检查传感器的真空管、连接器及线路，看有无松动、破损等异常现象。

（2）检查传感器电源电压　打开点火开关（ON），用直流电压表检测传感器的 1# 端子与 2# 端子间的电压，应为 5V。如果电压不正常，需检查传感器与发动机控制模块 K20 之间的线路。如线路正常，则需检查 ECU 的电源和搭铁线路。如线路仍正常，则更换发动机控制模块 K20。

（3）检测传感器信号电压　打开点火开关（ON），用直流电压表检测传感器 3# 端子与 2# 端子之间的电压，应为 4V 左右。启动发动机，在发动机怠速运转时检测 3# 端子与 2# 端子之间的电压，应为 1～1.5V。逐渐加大节气门开度，使发动机转速升高，同时检测传感器 B 端子与 A 端子之间的电压，应逐渐增大至 5V。如果测得的传感器的信号电压不正常，则应更换传感器。

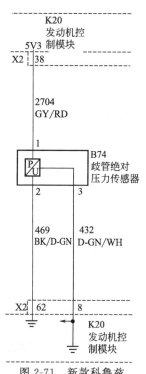

图 2-71 新款科鲁兹车系绝对压力传感器电路

二、电容式进气歧管压力传感器

1. 电容式进气歧管压力传感器的结构

电容式进气歧管压力传感器的结构如图 2-72 所示，它是将氧化铝膜片和底板彼此靠近排列，形成电容，利用电容随膜片上下压力差的变化而改变的性能，获取与压力成正比的电容值信号。将电容（为压力转换元件）连接到传感器混合集成电路的振荡电路中，传感器能够产生可变频率的信号，且该信号的输出频率（80～120Hz）与进气歧管的绝对压力成正比。电控装置 ECU 可以根据传感器输入信号的频率来感知进气歧管的绝对压力的大小，进而对发动机的喷油量进行控制。

2. 电容式进气压力传感器的检测

电容式进气压力传感器目前还没有得到很普遍的应用，仅在福特等少数轿车的 D 型喷射发动机上使用。若电容式进气压力传感器或其连接电路发生故障，也可从电源电压、信号电压、传感器与电源间连接线束的导通性去检测，具体的车型需参考各自的参数标准值。还可用汽车专用万用表对此进气压力传感器进行频率测试。

测试方法：接通点火开关，发动机不运转，进气压力传感器输出信号频率约为 160Hz；减速时频率为 80Hz 左右；怠速时频率为 105Hz 左右；当进气压力输出信号消失或者超出工作范围（频率小于 80Hz 或大于 160Hz）时，则说明此传感器已损坏，应进行检测或更换。

3. 电容式进气压力传感器检测示例

福特汽车的电容式进气压力传感器的检测方法如下。

福特汽车电容式进气压力传感器与电控单元的连接电路如图 2-73 所示。

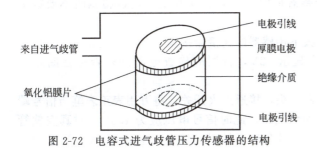

图 2-72 电容式进气歧管压力传感器的结构　　图 2-73 福特汽车电容式进气压力传感器与电控单元的连接电路

该进气压力传感器有三条线与电控单元（ECU）连接。ECU 的 26 端子向进气压力传感器提供 5V 电压；46 端子是信号回路，经 ECU 搭铁；45 端子为进气压力传感器输出信号端子。

电容式进气歧管压力传感器的检测方法如下。

① 检查真空软管的连接状态，以确保无老化破裂现象。

② 打开点火开关，检查 ECU 的 26 端子（橘/黑）与搭铁间电压，应为 5V。

③ 检测 46 端子信号电路（黑/白）电压应为 0，接地电阻不大于 5Ω。

④ 检测进气压力信号电路（蓝/黄），拆下传感器的连接器接头，测量 45 端子处电压，在点火开关接通时为 0.5V。

三、真空膜盒式进气压力传感器

真空膜盒式进气压力传感器，也叫膜盒测压器。一般安装在 D 型喷射系统发动机的进气歧管上，用来检测进气压力，并将检测到的压力信号转化为电信号输入 ECU，作为燃油喷射和点火控制的主控制信号。

1. 真空膜盒式进气压力传感器的结构

根据膜盒的机械运动转换成电信号输出方式的不同，可分为采用可变电阻器（电位计）、可变电感器和差动变压器三种装置。真空膜盒式进气压力传感器的结构如图 2-74 所示，真空膜盒差动变压器式进气压力传感器的结构如图 2-75 所示。

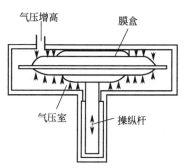

图 2-74 真空膜盒式进气压力传感器的结构

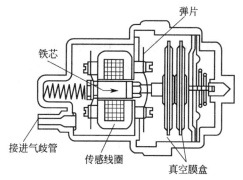

图 2-75 真空膜盒差动变压器式
进气压力传感器的结构

2. 真空膜盒式进气压力传感器的检测

真空膜盒式进气压力传感器的常见故障有真空软管连接不牢、破裂以及感应线圈断路或短路等。检测时，应注意这种进气压力传感器是用 12V 电源工作的，所以检测时不要拔下电源线插头。

（1）检查电源电压　断开点火开关，拔下传感器的连接器接头，在电源线插头一侧连接万用表；再接通点火开关，此时电压表应显示 12V，否则应检查电源线是否存在断路或短路。

（2）检查输出信号电压　连接好传感器插头，接通点火开关，将万用表正表笔与信号端子接触，将负表笔搭铁，在真空软管上施加大气压，此时信号电压应为 1.5V。对真空软管吸气，则该电压应从 1.5V 慢慢减小；当发动机怠速运转时，该电压应为 0.4V；当发动机转速升高时，则电压也应升高；否则说明传感器或相关线路出现故障，应进行更换。

> **知识扩展**　**进气压力温度传感器**

进气温度传感器的作用是检测进气温度，用于修正喷油量和喷油正时，也用于发动机过热保护。压力传感器的作用是监测进气压力，用于喷油调节。

进气压力信号，怠速时信号电压为 0.5～0.8V，其标准范围 0.2～4.8V，信号电压和进气压力成正比。进气温度信号，信号电压范围是 0.5～4.8V，信号电压为反比信号，进气温度越高，信号电压越低。

当进气温度过高时，发动机将会进入跛行回家模式，发动机转速被限定在 1500r/min 以内；进气温度信号丢失时，默认为 0℃。

进气压力温度传感器把进气压力传感器和进气温度传感器集成为一体，完成进气压力和进气温度检测，其电路如图 2-76 所示。

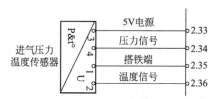

图 2-76 进气压力温度传感器电路

进气温度传感器的检测方法如下。

进气温度传感器在不同温度条件下的电阻值应符合表 2-11 所列标准。

表 2-11 进气温度传感器阻值标准

温度/℃	标准值/Ω	最小值/Ω	最大值/Ω	温度/℃	标准值/Ω	最小值/Ω	最大值/Ω
−40	48153	45301	51006	40	1199.6	1152.4	1246.7
−30	26854	25350	28359	50	851.1	819.1	883
−20	15614	14785	16443	60	612.3	590.3	634.2
−10	9426	8951	9901	70	446.3	431	461.6
0	5887	5605	6168	80	329.48	318.68	340.27
10	3791.1	3618.7	3963.5	90	246.15	238.43	253.86
20	2510.6	2401.9	2619.3	100	186	180.42	191.58
30	1715.4	1644.7	1786.2	110	142.08	137.63	146.52

四、电控柴油机压力传感器

汽车电控柴油发动机压力传感器，常见有电容式与压电晶体式 2 大类。根据参考压力的不同又分为相对压力传感器与绝对压力传感器 2 种。

电控柴油发动机上使用的压力传感器通常包括机油压力传感器、进气压力传感器、燃油压力传感器、大气压力传感器等。天然气发动机通常还安装多个压力传感器，其检测方法基本相同。

电控柴油发动机上使用的压力传感器有时会与温度传感器集成在一起（例如将进气压力传感器和温度传感器集成在一起等）构成一个复合传感器，由此减少了系统零件的数量，也使发动机线束变得简单，但对压力传感器的检测方法则完全相同。

汽车电控柴油发动机使用的压力传感器为三线式，其中的一根为向 ECU 提供压力的信号线，另一根为电源线，还有一根为搭铁线。电控柴油发动机上使用的各种压力传感器与 ECU 之间的连接方式基本相同，如图 2-77 所示。

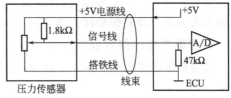

图 2-77 压力传感器连接电路

不同的压力传感器由于插头不同，故选用的专用检测导线也就不一样，但检测方法基本相同，都必须在发动机运行状态下进行。其检测方法如下。

① 断开压力传感器与线路的连接插头，并选择适合的检测专用导线（也就是专用检测导线插头和传感器插头要相同）。

② 采用万用表在专用导线的检测端分别测出传感器的输入电压和输出信号电压，并将检测到的数据与发动机厂家提供的正常值进行对比，以此来判断被检测传感器是否正常。

知识扩展　专用检测导线

大部分压力传感器通常无法通过测电阻的方式来判断其好坏，而是需要在压力传感器工作时通过检测其输出电压来判断。因此，在检测压力传感器时需要专用的检测导线，以保证传感器正常工作的同时将三条线引出便于检测，不同的压力传感器需要使用不同的检测导线。几种不同的压力传感器检测专用导线如图 2-78 所示。

五、压电式爆燃传感器

爆燃传感器用来检测发动机气缸有无发生爆燃现象，并将检测的信号输入 ECU，ECU 根据爆燃传感器的反馈信号来调整点火提前角，从而使点火提前角保持最佳位置。可以避免

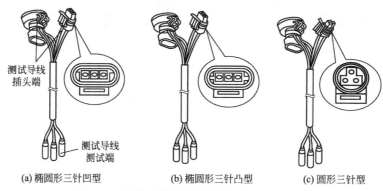

图 2-78 几种不同的压力传感器检测专用导线

发动机出现爆燃,改善发动机的工作性能,延长发动机的工作寿命。

用于发动机机体振动检测的爆燃传感器有共振型和非共振型两大类。共振型压电式爆燃传感器是利用产生爆燃时的发动机振动频率与传感器本身的固有频率相一致而产生共振的现象制成的。非共振型压电式爆燃传感器是以接收加速度信号的形式来判断爆燃是否发生。共振型电压式爆燃传感器在爆燃时的输出电压比无爆燃时高得多,因此无须使用滤波器,即可判别有无爆燃产生。非共振型压电式爆燃传感器感测频率范围设计成零至数千赫兹,可检测具有较宽频率带的发动机振动频率。用于不同发动机上,只需调整滤波器的过滤频率就可使用,而不需要更换传感器。

共振型爆燃传感器又分为磁致伸缩式和压电式 2 种,而非共振型爆燃传感器只有压电式。现代绝大多数汽车采用共振型压电式爆燃传感器,其输出信号为电压信号,用电压值的大小表示爆燃的强度。

爆燃传感器一般安装在发动机缸体、火花塞或进气歧管上,它能够感应出发动机各种不同频率的振动,并将振动转化为不同的电压信号。

1. 压电式爆燃传感器的结构

按爆燃传感器结构不同,可分为非共振型、共振型及火花塞座金属垫型几种,如图 2-79 所示。

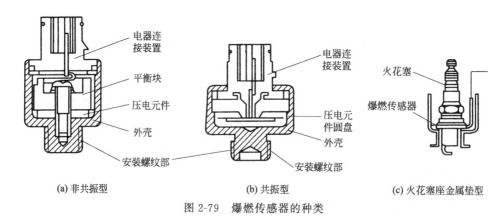

图 2-79 爆燃传感器的种类

压电式爆燃传感器介绍如下。

(1) 共振型压电式爆燃传感器的结构 共振型压电式爆燃传感器的结构如图 2-80 所示,主要由接头、连接器、压电元件等组成,传感器中的压电元件紧密地贴合在振荡片上,振荡片则固定在传感器的基座上,如图 2-81 所示。

(2) 非共振型压电式爆燃传感器的结构　非共振型压电式爆燃传感器一般也安装在发动机的气缸体上,其安装位置及结构如图 2-82 所示。传感器由平衡重(配重)、压电晶体、壳体、电气连接装置等组成,两个压电晶体同极性相向对接,平衡重由螺钉固定在壳体上。

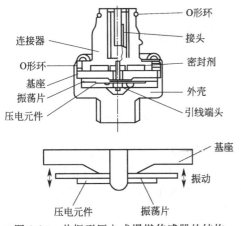

图 2-80　共振型压电式爆燃传感器的结构

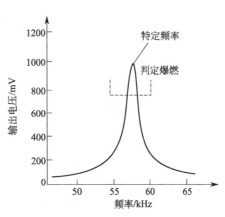

图 2-81　共振型压电式爆燃传感器输出特性

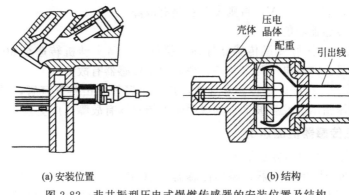

图 2-82　非共振型压电式爆燃传感器的安装位置及结构

(3) 共振型压电式爆燃传感器与非共振型压电式爆燃传感器的比较

① 电压。共振型压电式爆燃传感器在爆震时输出电压明显增大,非共振型压电式爆燃传感器输出电压增大不明显。

② 测量。共振型电压易于测量,但传感器必须与发动机配套使用;非共振型用于不同发动机时,只需调整滤波器的频率范围就可以工作,不需要更换传感器,通用性比较强,但爆燃信号的检测复杂一些。

③ 共振型爆燃传感器的输出波形。可以直接观察出爆燃的波形,即爆燃点,而非共振型的爆燃传感器需经滤波器检出爆燃的信号。共振型和非共振型爆燃传感器输出波形的比较如图 2-83 所示。

2. 压电式爆燃传感器的检测

各种汽车的压电压式爆燃传感器的检测方法基本相同。在发动机工作过程中,若爆燃传感器信号中断,电控单元就会将各缸的点火提前角推迟约 15°,汽车在行驶过程中,发动机动力不足。为了避免爆燃传感器误传输爆燃信号,必须保证爆燃传感器固定螺栓的拧紧力矩准确无误。

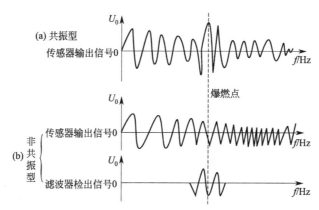

图 2-83 共振型和非共振型爆燃传感器输出波形的比较

（1）就车检查爆燃传感器　在进行爆燃传感器的检查时，可轻轻敲击该爆燃传感器附件的缸体，当轻轻敲击时，发动机的转速应随之下降。这时还需打开节气门并稳定发动机，以提高发动机的转速，因此点火正时提前并将随之延迟。如果在爆燃传感器附近轻轻敲击，对发动机的点火正时和转速无影响，则应用万用表进行检查。

（2）检查爆燃传感器电源电压　检查时，关闭点火开关，等待 10s 之后，拆下爆燃传感器的插接头，然后打开点火开关（发动机不启动），测量线束上信号输出端子和信号回路端子之间的直流电压，应为 1~4V，否则说明线路有故障。

（3）检查爆燃传感器功能

① 发动机运转，连接好爆燃传感器导线，缓慢地提高发动机转速至 3000r/min，同时用万用表电压挡测量。如果电压随之升高，说明爆燃传感器有故障。

② 发动机运转，连接好爆燃传感器导线，用锤子轻轻敲击排气气管，同时用万用表电压挡测量。如果电压指示值发生波动，则说明爆燃传感器有故障，应更换新的传感器。

3. 压电式爆燃传感器检测示例

大众 CC 爆燃传感器检测方法如下。

大众 CC 设有两个爆燃传感器。爆燃传感器 1（G61，白色插头）安装在缸体进气管侧 1、2 缸之间，用于检测 1、2 缸的爆燃情况；爆燃传感器 2（G66，蓝色插头）安装在缸体进气管侧 3、4 缸之间，用于检测 3、4 缸的爆燃情况。

大众 CC 爆燃传感器是根据压电原理制成的，传感器由压电陶瓷（压电元件）、平衡块、壳体、导线等组成，如图 2-84 所示。

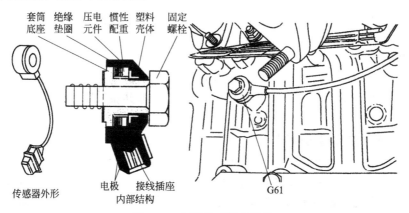

图 2-84 爆燃传感器的结构

传感器的检测方法如下。

① 爆燃传感器的随车检查。在进行爆燃传感器的检查时，可轻轻敲击该爆燃传感器附近的缸体，发动机的转速应随之下降。

② 用正时灯观察点火提前角的变化。轻轻敲击该爆燃传感器附近的缸体，此时点火提前角应该突然向后推迟，然后又向前提前，此现象即说明爆燃传感器在起作用，爆燃传感器及其线路基本没有问题；反之，则说明爆燃传感器或线路出现故障。

③ 在发动机工作过程中，如果爆燃传感器发生故障，则监测爆燃信号中断，ECU 就会将点火提前角推迟一定角度，在汽车行驶过程中，驾驶人就会明显感觉到发动机动力不足，这时发动机电控系统会诊断出有故障，并使故障指示灯点亮。

④ 电阻检查。关闭点火开关，分别拔下爆燃传感器的 3 芯插头，用万用表的电阻挡分别测量 3 芯插头各端子之间的电阻值，各端子间的电阻值应都大于 1MΩ。

⑤ 检测爆燃传感器线束的导通性。关闭点火开关，分别拔下爆燃传感器的 3 芯插头，然后拔下 ECU J623 插头。用万用表电阻挡分别测量爆燃传感器 3 芯插座 1、2、3 端子与 ECU J623 的 T60/10、T60/25 及 T60/56 之间的电阻值，应均小于 0.5Ω，如果电阻值过大或为无穷大，则线束与端子可能接触不良或存在断路，应及时排除。

⑥ 检测爆燃传感器的输出信号。检测爆燃传感器的输出信号时，应先关闭点火开关，拔下传感器的插接器插头，再打开点火开关，启动发动机使其急速运转，用示波器或万用表电压挡检测传感器的两个接线端子 T3bh/1（控制单元 J623 提供的 5V 供电）与 T3bh/2，应有信号输出；否则，应更换爆燃传感器。

⑦ 敲击缸体（人工模拟）。正常情况下爆燃传感器端子间电压应大于 0.5V；当发动机正常怠速时，应小于 0.6V；当发动机启动时，应大于 0.8V；当发动机发生爆燃时，应大于 1.2V。

⑧ 爆燃传感器安装注意事项。为了避免爆燃传感器误传输爆燃信号，必须保证爆燃传感器固定螺栓的拧紧力矩准确无误。在安装爆燃传感器时若紧固转矩过大，爆燃传感器感知气缸爆燃信号电压太低，从而出现点火过早现象；若紧固转矩过小，爆燃传感器会感知气缸爆燃信号电压太高，出现点火过迟现象。

六、共振型磁致伸缩式爆燃传感器

1. 共振型磁致伸缩式爆燃传感器的结构

共振型磁致伸缩式爆燃传感器主要由感应线圈、伸缩杆、永久磁铁和壳体组成，其结构如图 2-85 所示。伸缩杆用高镍合金制成，在其一端设置有永久磁铁，另一端安放在弹性部件上。感应线圈绕制在伸缩杆的周围，线圈两端引出电极与控制线路连接。

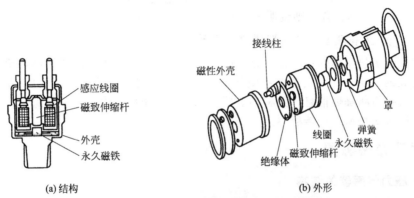

图 2-85 共振型磁致伸缩式爆燃传感器的结构

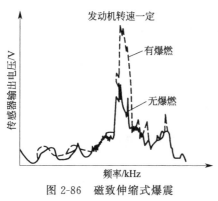

图 2-86 磁致伸缩式爆震
传感器的输出特性

磁致伸缩式爆燃传感器安装在发动机上，它将发动机振动的频率变换成电压信号，以检测爆燃强度。其工作原理是：当发动机的气缸体出现振动时，外壳和感应线圈绕组随发动机振动，磁铁因弹簧的存在由于惯性而保持不放，这样磁铁和感应线圈间便存在相对运动。根据电磁感应原理，绕组中就会有感应电动势产生，当频率在 7kHz 左右时，传感器将产生共振，使传感器感应线圈的感应电压显著增大。如图 2-86 所示为磁致伸缩式爆震传感器的输出特性。

2. 共振型磁致伸缩式爆燃传感器的检测

各种爆燃传感器的检测方法都是相似的，如图 2-87 所示为共振型磁致伸缩式爆燃传感器与 ECU 的接线方法。

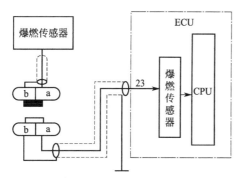

图 2-87 共振型磁致伸缩式爆燃
传感器与 ECU 的接线方法

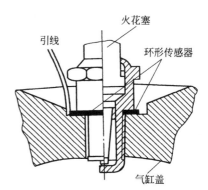

图 2-88 火花塞座金属垫型
爆燃传感器的结构

检测方法如下。

① 关闭点火开关，脱开爆燃传感器接线端，脱开 ECU 接线器。

② 用万用表测量 ECU 爆燃传感器信号输入端与爆燃传感器信号输出端子 a 之间的连线是否导通。如果不通，则应检查线路及接线器。

③ 如果检查上述线路无问题，再检查传感器 b 端子与搭铁间是否导通。如不通，说明搭铁不良。

④ 如果检查 b 端子搭铁良好，可进一步脱开爆燃传感器接线器，单独测量 a、b 两端子电阻应按近于 0。如不符合，则说明该传感器已损坏，应更换。

知识扩展　火花塞座金属垫型爆燃传感器

火花塞座金属垫型爆燃传感器又称垫圈型压力传感器或压力检测式爆燃传感器，它是由压电元件制成的，安装在火花塞的垫圈与发动机缸体之间，其结构如图 2-88 所示。它能根据燃烧压力直接检测爆燃信息，并将燃烧压力转换成电压信号输出。一般每缸火花塞都安装一个火花塞座金属垫型爆燃传感器。

七、大气压力传感器

1. 大气压力传感器的结构

大气压力传感器的作用是检测大气压力的变化，并将变化的压力信号输入给 ECU，修正喷油和点火控制。大气压力传感器一般安装在空气流量传感器内，有的也安装在前保险杆内，如图 2-89 所示。D 型喷射发动机系统采用进气歧管压力传感器在点火开关接通的瞬间向 ECU 提供大气压力信号，因此没有安装大气压力传感器。

大气压力传感器有三根引线，第一根线（V_{cc}）为电源电压；第二根线（V_{out}）为信号输出；第三根线为搭铁线。

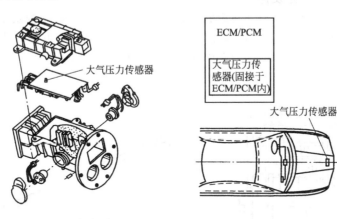

(a) 安装在空气流量计内　　　　　(b) 安装在前保险杠内

图 2-89　大气压力传感器安装位置

膜片的里面与硅杯之间设计成真空腔，用于缓和外部的应力，并以此真空腔的压力为基准来测量大气压力。

2. 大气压力传感器的检测

现以三菱轿车大气压力传感器为例，说明大气压力传感器的检修方法。

三菱轿车大气压力传感器与电控单元（ECU）的连接电路如图 2-90 所示。

三菱轿车大气压力传感器安装在空气流量传感器内，由惠斯登电桥组成，随海拔高度的变化，电桥输出的电压值也产生变化，并将变化的电压信号输入 ECU 的 16 号端子，ECU 根据变化的电压修正喷油量。ECU 的 13 和 23 端子并联，以减少接触电阻。

（1）检查搭铁情况　拆下大气压力传感器与 ECU 间的连接插头，测量 ECU 侧 14 端子与搭铁间的电阻值，应为零，否则应检查 ECU 的搭铁情况。

（2）检查各端子电压　将点火开关置于 "OFF" 位置，拔下大气压力传感器的导线连接器，然后将点火开关置于 "ON" 位置（不启动发动机），用万用表电压挡测量导线连接器中端子 23 与搭铁端 14 间的电压，其电

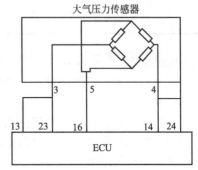

图 2-90　三菱轿车大气压力传感器与 ECU 的连接电路

压值应为 4.5～5.5V。如有异常，应检查大气压力传感器与 ECU 之间线路是否正常。若断路，则应更换或修理线束。

检查输出信号电压：检查时将点火开关置于 "ON" 位置，在 ECU 导线连接器处用万用表电压挡测量大气压力传感器的 5 号端子输出信号电压，应为 3.5～4.2V。

若检测的数值不在规定范围内，则应检查线路连接情况，若线路连接情况良好，说明大气压力传感器损坏，应更换传感器。

3. 大气压力传感器检测示例

本田雅阁轿车使用的大气压力传感器检测方法如下。

本田雅阁轿车采用的大气压力传感器安装在发动机电子控制元件（ECU）内，ECU通过大气压力传感器输入的信号感知车辆周围海拔高度的变化，从而调整点火正时和燃油供给量，使发动机性能得到稳定发挥。

大气压力传感器由硅片和放大路组成，硅片覆盖着真空室，其结构及输出电压的特性如图2-91所示。工作时，由发动机ECU向大气压力传感器提供5V电源并使之经传感器内部电路搭铁，真空室和大气之间的压力差引起硅片弯曲变形，产生一个低电压，经放大电路放大后，再传送给ECU。

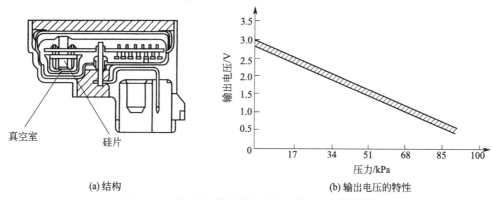

(a) 结构　　　　　　　　　　(b) 输出电压的特性

图2-91　大气压力传感器的结构及输出电压的特性

本田雅阁轿车大气压力传感器的输出电压随大气压力的变化，见表2-12。

表2-12　大气压力传感器的技术参数

大气压力/进气歧管压力/kPa	17	33	50	67	83
输出电压/V	2.5	2.0	1.5	1.0	0.5

知识扩展　二次空气系统压力传感器

二次空气系统压力传感器安装在二次空气泵和二次空气阀之间。此压力传感器检测二次空气管路和环境之间的压差。

采用应变仪进行压力检测。施加压力时，传感器中装有应变仪的金属膜会发生变形。应变仪的电阻变化将通过一个检测电桥，以电子方式进行记录并分析。测得的电压作为实际值输出到发动机控制单元。

压力传感器通过一个3芯插头进行连接，该传感器由发动机控制系统提供5V的电压。

二次空气系统压力传感器的标准值见表2-13。

表2-13　二次空气系统压力传感器的标准值

项目	数值	项目	数值
供电/V	4.5～5.5	最大输出电流/mA	10
信号电压/V	0.5～4.5	温度范围/℃	-40～130
油轨压力检测范围/$\times 10^5$Pa	-0.5～4		

八、机油压力开关

1. 机油压力开关的结构

发动机机油压力开关通常安装在发动机缸体的主油道上,用于检测发动机有无机油压力,它由触点、弹簧及膜片组成,如图 2-92 所示。当无机油压力作用时,弹簧推动膜片,触点处于闭合(ON)状态;当机油压力达到规定值时,膜片克服弹簧作用力,使触点断开(OFF)。

2. 发动机机油压力开关的检测方法

点火开关接通后,机油压力指示灯不亮,其故障原因可能是机油压力指示灯线束脱落,或者是灯丝已熔断,或者是熔断已熔断。

发动机启动后,油压达到规定值,机油压力指示灯点亮,其故障原因是触点开关动作不良或线束搭铁。

九、发动机机油压力传感器

发动机机油压力传感器用于检测发动机机油压力的大小,它一般通过螺钉拧在缸体的油道里,其内部有一个可变电阻,一端输出信号,一端与搭铁的滑动臂相连。当油压增大时,油压通过润滑油道接口推动膜片弯曲,膜片推动滑动臂移动到低电阻位置,使电路中的输出电流增大;反之,油压降低时,膜片推动滑动臂移动到高电阻位置,使电路中输出电流减小,最终在机油压力表上将机油压力的大小以指针指示出来,如图 2-93 所示。

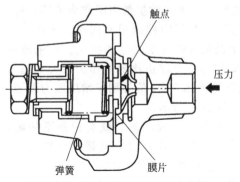

图 2-92 发动机机油压力开关结构

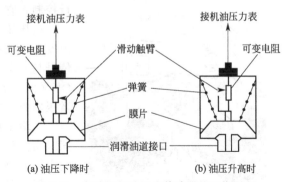

图 2-93 发动机机油压力传感器的工作原理

发动机机油压力传感器的检测方法如下。

检测时拔下机油压力传感器的插头,在发动机熄火后,用欧姆表检测机油压力传感器插头与搭铁线之间的电阻值;当发动机启动后,油压达到 20kPa 以上时,再测上述电阻值,该阻值应变小,否则应更换机油压力传感器。

知识扩展 机油压力温度传感器

机油压力温度传感器的作用是检测机油压力和温度,用于喷油修正和发动机保护。

机油压力信号范围为 0.2~4.8V,信号电压与油压成正比。机油温度信号为 0~5V,温度信号与机油温度成反比。机油压力温度传感器电路如图 2-94 所示。

当机油压力、机油温度过高时,将启用发动机保护功能,强制停机,防止诱发严重的机械故障。这时

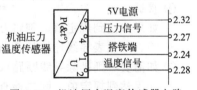

图 2-94 机油压力温度传感器电路

发动机将会进入跛行回家模式，发动机转速被限定在1500r/min以内。机油温度信号丢失时，默认为-20℃。

机油温度传感器在不同温度条件下的电阻值应符合表2-14标准。

表2-14 机油温度传感器阻值标准

温度/℃	标准值/Ω	最小值/Ω	最大值/Ω	温度/℃	标准值/Ω	最小值/Ω	最大值/Ω
-40	45303	43076	47529	50	833.8	810.5	857
-30	26108	24907	27309	60	595.4	579.7	611
-20	15458	14792	16124	70	435.6	424.9	446.4
-10	9395	9015	9775	80	322.5	315	329.9
0	5895	5671	6118	90	243.1	237.8	248.4
10	3791	3656	3927	100	186.6	182.9	190.3
20	2499	2416	2583	110	144.2	141	147.3
30	1706	1653	1760	120	112.7	110.1	115.2
40	1174	1139	1209	110	89.28	87.13	91.43

十、涡轮增压压力传感器

1. 涡轮增压压力传感器的结构

涡轮增压压力传感器用于检测涡轮增压器的增压压力，以便对修正喷油量和增压压力进行控制。它是用硅膜片上形成的扩散电阻作为传感元件。

增压压力传感器在节气门控制单元前面。该传感器由发动机电控单元提供5V电压供电和接地。传感器的信号是一个0~5V的与压力成正比的电压。在大气压力（海平面）下，电压约为2.5V。信号用于增压压力调节。增压压力传感器如图2-95所示。

当增压压力传感器出现故障时，就会记录下故障，同时切换到对应的传感器，或者切换到替代电控单元。这样就可使车辆尽可能地处于正确的状态来行驶，中断增压压力调节，中断废气再循环，从而防止出现不良后果。

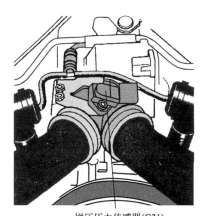

图 2-95 增压压力传感器

2. 涡轮增压压力传感器的检测

① 检查是否连接好 VAS 5053 查询发动机 ECU 故障存储器。如果显示 G31 有故障，则检查供电电压。

说明：增压压力传感器（G31、G447）及导线由发动机 ECU 监控。

② 拔下涡轮增压压力传感器插头。

③ 将万用表电压挡接到插头触点 2 和 4 之间，该传感器的连接电路如图 2-96 所示。

④ 接通点火开关，规定值约为 5V。

⑤ 如果未达到规定值，则将万用表接到发动机 ECU 线束上。

⑥ 检查万用表导线连接是否断路及搭铁/正极短路。

⑦ 如需要，则排除导线断路或短路故障。

⑧ 如果达到规定值，则再检查信号线。

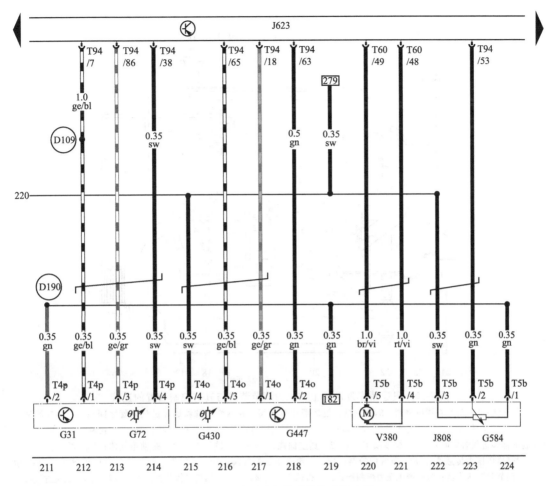

图 2-96 增压压力传感器的连接电路

G31—增压压力传感器;G72—进气管温度传感器;G430—进气管温度传感器2;G447—增压压力传感器2;G584—调整风门电位计;J623—发动机 ECU;J808—调节风门控制单元;T4o—4 芯 o 插头连接;T4p—4 芯 p 插头连接;T5b—5 芯 b 插头连接;T60—60 芯插头连接;T94—94 芯插头连接;V380—控制风门调节伺服电动机;220—搭铁连接(传感器搭铁,在发动机导线束中);D109—连接 7(在发动机舱导线束中);D190—连接 3(5V,在发动机预接线导线束中);
sw—黑色;bl—蓝色;br—棕色;ge—黄色;gr—灰色;gn—绿色;rt—红色;vi—粉紫色

⑨ 插上传感器 G31 的插头。
⑩ 将万用表电压挡接到 T4p1 和 T4p2 号插脚之间。
⑪ 启动发动机,使其怠速运转,规定值约为 1.90V。
⑫ 使发动机急加速,规定值为 2.00~3.00V。
⑬ 如果未达到规定值,则检查插头触点 1 与导线的连接是否断路或搭铁/正极短路。
⑭ 如需要,则排除导线断路或短路故障。
⑮ 如果导线正常,则更换增压压力传感器 G31。

3. 涡轮增压压力传感器检测示例

奥迪轿车发动机上的压力调节装置与真空控制装置的连接如图 2-97 所示。压力调节装置带废气涡轮增压器,增压空气冷却器附带增压压力传感器(G31),检查增压压力传感器(G31)必备的专用工具和车间设备是 X431 电眼睛或 VAG1551;检查条件是 VAS5051 或

VAG1551 已接好。

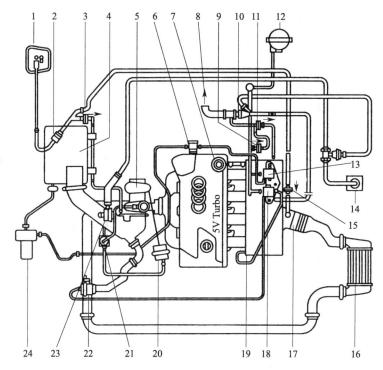

图 2-97 奥迪轿车发动机上的压力调节装置与真空控制装置的连接

1—活性炭罐；2—活性炭罐电磁阀；3,15—活性过滤器罐单向阀（在活性过滤器罐和进气软管之间）；4—空气滤清器（附带空气流量传感器）；5—废气涡轮增压器；6—二次进气组合阀；7—燃油压力调节器；8—到制动器；9,11—阀（在制动器和进气管之间）；10—抽吸喷射泵；12—真空储能；13—二次进气阀；14—曲轴箱气体；16—增压空气冷却器（附带增压压力传感器）；17—节气门控制；18—涡轮增压器换气阀；19—进气管（附带进气温度传感器）；20—增压压力调节装置压力器；21—增压压力限制阀；22—机械式换气阀；23—曲轴箱气体装置压力调节阀；24—二次进气泵

检查步骤如下。

① 查询发动机控制单元故障存储器。如果显示 G31 有故障，检查供电电压。

说明：增压压力传感器（G31）及导线由发动机控制单元监控。

② 拔下如图 2-98 中箭头所指的传感器插头。

③ 如图 2-99 所示，将万用表电压挡接到插头触点 1 和 3 之间。

④ 接通点火开关，规定值约为 5V。

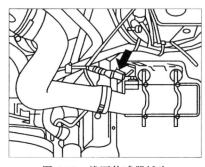

图 2-98 拔下传感器插头

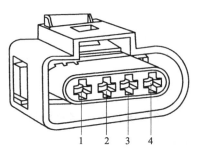

图 2-99 增压压力传感器插头
1~4—插头触点

⑤ 如果未达到规定值,将检测箱 VAG1598/31 接到发动机控制单元线束上,发动机控制单元也接上。

⑥ 检查导线连接是否断路及对地/正极短路,见表 2-15。

表 2-15 检查导线连接情况

插头触点	VAG1598/31 上插脚号
1(搭铁端子)	108
3(电源端子)	98
4(燃油压力信号端子)	101

⑦ 如需要,排除导线断路或短路。

⑧ 如果达到规定值,则检查信号线。

⑨ 插上传感器(G31)的插头。

⑩ 将万用表电压挡接到 VAG1598/31 转接盒上的 101 和 108 号插脚之间。

⑪ 启动发动机,使其怠速运转,规定值约为 1.90V。

⑫ 使发动机急加速,规定值为 2.00~3.00V。

⑬ 如果未达到规定值,则检查插头触点 4 与 VAG1598/31 转接盒上 101 号插脚间导线是否断路或对地/正极短路。

⑭ 如需要,则排除导线断路或短路。

⑮ 如果导线正常,则更换增压压力传感器(G31)。

知识扩展　进气温度/增压压力传感器

进气温度/增压压力传感器固定在增压空气管上。这一组合式传感器向发动机控制单元提供增压空气温度、增压压力信息。

增压压力传感器用于增压压力调节。利用进气压力传感器的信号,发动机控制单元还将对节气门的位置进行补偿。

进气温度传感器在进行温度记录时,使用的是与温度有关的电阻器。该电路包括一个分压器,可对其检测与温度有关的电阻值。通过一根传感器特有的特性线将电阻值转换成温度值。在进气温度传感器中安装有一个热导体(NTC),其电阻值随温度的上升而下降。此电阻值根据温度在 167kΩ~150Ω 的范围内变化,对应于 -40~130℃ 的温度。

增压压力的信息将通过一根信号线传输给发动机控制装置。增压压力的有效信号根据压力变化而波动。检测范围为 0.5~4.5V,对应于 20~250kPa(0.2~2.5bar)的增压压力。传感器特性曲线如图 2-100 所示。

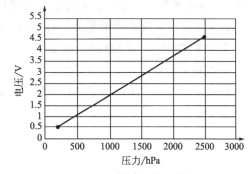

图 2-100　传感器特性曲线

进气温度传感器的电阻随着温度在 167kΩ 至 150Ω 的范围内变化,对应于 -40~130℃ 的温度。

十一、共轨压力传感器

1. 共轨燃油压力传感器的结构

共轨压力传感器应用于第三代柴油机电控燃油系统,该系统将喷油量和喷油时间控制融为一体，使燃油的升压机构独立，也就是燃油压力与发动机转速、负荷无关，具有可以独立控制压力的蓄压器共轨。喷油量、喷油时间等参数由装在各个气缸上的喷油器直接控制。共轨燃油压力传感器一般安装在共轨管上。它的作用是实时测定共轨管中的实际压力信号，把轨道内的燃油压力转换成电压信号传递给ECU，由ECU对压力控制阀（PCV）或者是进油计量阀实施反馈控制，通过对供油量的增减来调节油压使其稳定在目标值。该传感器的结构如图2-101所示，燃油经过一个小孔流向共轨燃油压力传感器，传感器的膜片将孔的末端封住。高压燃油经压力室的小孔流向膜片。膜片上装有半导体材料的敏感元件，可将压力转换为电信号。通过连接导线将产生的电信号传送到向ECU提供检测信号的求值电路。

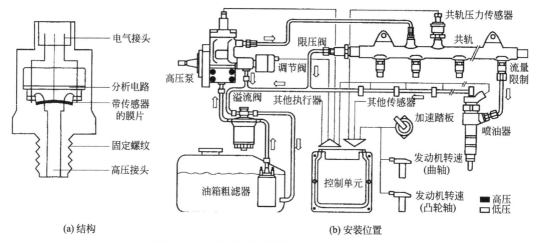

图2-101　电控柴油机共轨压力传感器的结构

油轨压力传感器为压敏效应式，有三个接线端子，端子1为搭铁线，端子2为信号线，端子3为5V电源线，当油轨压力传感器失效时，具有应急行驶功能的压力限制阀通过打开溢流阀来限制共轨中的压力。压力限制阀允许短时最大轨压为150MPa。

轨压信号范围为0.5~4.5V，打开点火开关时为0.5V，急速时为1.2~1.5V（34~45MPa）。该传感器一旦损坏，则按设定值替代，发动机将会进入跛行回家模式，转速限定在1500r/min以内。发动机正常工作时，轨压是变化的；如果轨压过低，发动机将无法启动。

2. 共轨燃油压力传感器的检测

现以长城GW2.8TC型车共轨压力传感器为例行，说明共轨压力传感器的检测方法。

长城GW2.8TC型车共轨压力传感器与ECU的电路连接如图2-102所示，共轨压力传感器有3个接线端子，其中1号端子为搭铁线、2号端子为信号线、3号端子为电源线（5V）。

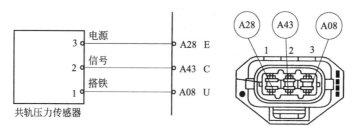

图2-102　长城GW2.8TC型车共轨压力传感器与ECU的电路连接

检测方法如下。

（1）外线路检查　用万用表的电阻挡，分别测量1号端子与A08端子、2号端子与A43

端子、3号端子与A28端子之间的电阻值,判断外线路是否存在短路及断路故障。

(2) 传感器电压值测量 关闭点火开关,拔下共轨压力传感器,打开点火开关,测量传感器侧插头3号端子与搭铁间的电压应为5V,2号端子与搭铁间的电压应为0.5V左右,1号端子与搭铁间的电压为0。

(3) 数据流检测 用"X-431故障诊断仪"读取柴油机系统数据流,涉及共轨压力的数据流共有4个:燃油系统共轨压力、共轨压力设定值、实际共轨压力最大值、共轨压力传感器输出电压。

当柴油机冷却液温度达到80℃、急速运转时,共轨压力传感器输出电压应为1V左右,燃油系统共轨压力及共轨压力设定值均为25.00MPa左右,共轨压力设定值与燃油系统共轨压力数值十分接近。

当逐渐踩加速踏板提高柴油机转速时,上述4个数据逐渐增加,燃油系统共轨压力、共轨压力设定值、实际共轨压力最大值等最大值为145.00MPa,共轨压力传感器输出电压的最大值为4.5V。实测共轨压力及共轨压力传感器输出电压数据流(部分)见表2-16。

表2-16 实测共轨压力及共轨压力传感器输出电压数据流(部分)

数 据 流	点火开关开	急速	加速1	加速2
燃油系统共轨压力/MPa	0.65	25	33.6	70.3
共轨压力传感器输出电压/V	0.45	1.06	1.24	2.06

十二、燃油压力传感器

1. 燃油压力传感器的结构原理

燃油压力传感器也叫燃油压力调节器,用于检测发动机实际燃油压力。它由印制电路板、传感器元件、隔离块和壳体等组成。其内有一个压力腔,腔内有一个具有溢流阀的膜片,膜片里侧为真空腔,且腔内有一个弹簧,如图2-103所示。其作是用来控制油路中的燃油压力,保持喷油器恒定的供油油压,并将多余的燃油送回油箱。

燃油压力传感器安装在燃油分配管上。燃油分配管是高压储存器,也是喷油阀、燃油压力传感器、压力限制阀的安装架以及高/低压系统之间的连接部分,燃油压力传感器、压力限制阀的安装架以及高/低压系统之间的连接部分,燃油分配管将一定的燃油压力分配到高压喷油阀,并且提供足够大的容积来补偿压力波动。

发动机ECU根据燃油压力传感器提供的信号,调节燃油压力调节阀来控制油轨内的燃油压力。

如果这个信号失效了,则燃油压力调节阀会在泵油行程也通电而处于常开状态,这时整个系统压力降低至低压端的5×10^5Pa,发动机的输出转矩和功率都会大幅下降。

2. 燃油压力传感器的检测

燃油压力传感器与ECU的连接电路如图2-104所示。

燃油压力传感器的检测方法如下。

① 检查燃油压力传感器和发动机线束与ECM连接器的端子有无损坏,若有则应进行

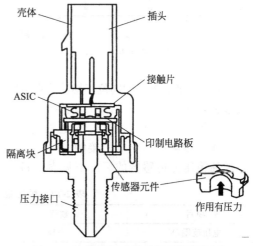

图2-103 燃油压力传感器的结构原理

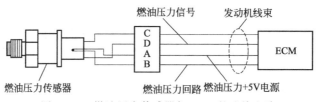

图 2-104 燃油压力传感器与 ECU 的连接电路

检修或更换线束或传感器。

② 监测燃油压力。在发动机运转期间,使用 INSITE 手提电脑检查传感器燃油压力,怠速时燃油压力为 34.47MPa,最大燃油压力为 103.42MPa。若不符合,则应更换燃油压力传感器。

3. 燃油压力传感器检测示例

大众直喷发动机燃油压力传感器检测方法如下。

燃油压力传感器与 ECU 的连接电路如图 2-105 所示。

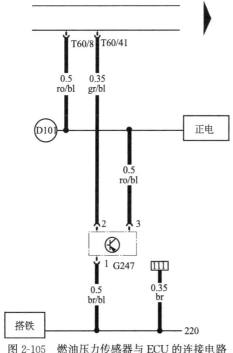

① 打开点火开关,检测燃油压力传感器插头 1 端子和 3 端子间的电压,该电压应为 5V。

② 传感器线束和发动机线束与 ECU 插接器端子相接处有无损坏,若有损坏,则应修复或更换传感器线束。

③ 当燃油压力随工况变化而变化时 ECU 认为有故障,并以故障码 268 的形式存储该故障。由于该故障的存在,直接导致发动机功率或转速降低,使发动机工作粗暴。启动发动机,怠速运转,连接诊断仪,确认是此故障码后清除。

十三、燃油箱压力传感器

燃油箱压力传感器用于检测燃油箱内的压力。在燃油箱压力传感器中还集成了一个温度传感器。该温度传感器同时还检测燃油箱内的温度。燃油箱压力传感器固定在电动燃油泵维修盖板的下面。

燃油箱压力传感器并非都可以单独更换,大多数汽车的燃油箱压力传感器只能连同电动燃油泵一起更换。

图 2-105 燃油压力传感器与 ECU 的连接电路
ro—红色;br—绿色;bl—蓝色;gr—灰色

燃油箱压力传感器的信号用于燃油箱单向阀控制的调节参数。该单向阀位于燃油箱和活性炭过滤器之间的排气管内。传感器信号还用于通过车载诊断系统进行的燃油箱单向阀监控。

燃油箱压力传感器通过 LIN 总线与发动机控制系统连接。燃油箱压力传感器由总线端供电。通过接触销建立电力接触。

燃油箱压力传感器的标准值见表 2-17。

表 2-17 燃油箱压力传感器的标准值

项目	数值	项目	数值
电压范围/V	9~16	耗电电流(不含 LIN)/mA	20
压力检测范围/×10^2Pa	300~1323	温度范围/℃	-40~85

十四、燃油压力/温度传感器

燃油温度和压力由一个在进油管路中直接安装在高压泵前的组合传感器负责检测。

燃油温度传感器检测高压泵前的燃油温度。燃油压力/温度传感器检测高压泵前燃油低压系统中的压力。数字式柴油机电子装置（DDE）利用燃油压力按需控制电动燃油泵。另外，此传感器还用于发动机过热保护和喷射量计算。

燃油压力传感器向DDE提供一个电压信号。燃油压力传感器中的一个膜片将燃油压力转换成一个行程。这个行程由4个压敏电阻转换成一个电压信号。

燃油压力/温度传感器包含一个与温度有关的电阻，此电阻置于燃油中并检测燃油温度。此电阻具有负温度系数（NTC）。电阻值随着温度上升而减小。此电阻值根据温度在75.5kΩ～87.6Ω的范围内变化，对应于－40～120℃的温度。

燃油压力/温度传感器通过一个4芯连接器连接进行连接，燃油压力传感器从DDE控制单元获得接地和5V供电电压。燃油温度传感器的电阻是一个由DDE控制单元提供5V供电的分压电路的部件。

电阻上的电压与燃油温度有关。在发动机控制单元中存储了一个表格，此表格说明了每个电压值的对应温度，借此可补偿电压和温度之间的非线性关系。燃油温度传感器特性曲线如图2-106所示。燃油压力传感器特性曲线如图2-107所示。

燃油压力/温度传感器的标准值见表2-18。

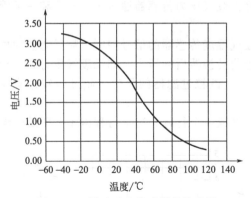

图2-106　燃油温度传感器特性曲线

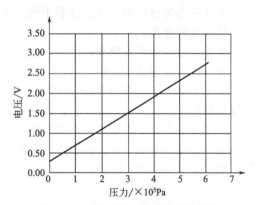

图2-107　燃油压力传感器特性曲线

表2-18　燃油压力/温度传感器的标准值

项目	数值	项目	数值
供电电压/V	5	燃油压力传感器响应时间/ms	5
压力检测范围/×10⁵Pa	0～6	燃油温度传感器响应时间/s	小于15
最大电流消耗/mA	15	温度范围/℃	－40～125

十五、燃油低压传感器

燃油低压传感器作用于总电动燃油泵控制系统（EKPS）。由发动机控制系统分析模拟输出信号。燃油低压传感器用螺栓连接在两个高压泵之间的燃油供油管中。利用燃油低压传感器检测供给管路中的燃油压力。

该传感器采用应变仪进行压力检测。施加压力时，传感器中装有应变仪的金属膜会发生

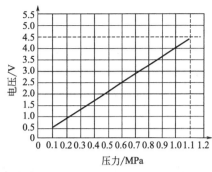

图 2-108 燃油压力传感器特性曲线

变形。应变仪的电阻变化将通过一个检测电桥,以电子方式进行记录并分析。然后,检测的电压作为实际值输入到电动燃油泵控制系统。

燃油低压传感器通过一个3芯连接器连接进行连接。该传感器由发动机控制系统提供5V的电压。燃油压力的信息将通过一条信号线传输给发动机控制装置。燃油压力的有效信号根据压力变化而波动。检测范围为0.5~4.5V,对应于0.1~1.1MPa(1~11bar)的燃油压力。传感器特性曲线如图2-108所示。

燃油低压传感器的标准值见表2-19。

表 2-19 燃油低压传感器的标准值

项目	数值	项目	数值
燃油低压传感器电压范围/V	0.5~4.5	最大输出电流/mA	8
燃油压力检测范围/$\times 10^5$Pa	1~11	温度范围/℃	-40~140

十六、废气压力传感器

废气压力传感器固定在发动机上的一个支架上。废气压力传感器通过一根软管和一条管道与排气歧管连接。

柴油机电子伺控系统利用废气压力传感器和废气温度传感器的信号控制微粒过滤器的再生。废气压力传感器检测排气系统中在氧化废气催化转换器后的压力。如果废气压力高于允许值 750×10^2Pa,则数字式柴油机电子伺控系统启动微粒过滤器的再生(超过微粒过滤器的加载量)。

在废气压力传感器中,一个膜片将废气压力转换成一个行程。这个行程由4个压敏电阻转换成一个电压信号。废气压力传感器的检测范围为 $(0.6 \sim 2.0) \times 10^5$Pa(绝),对应于1.875~4.5V的电压。

废气压力传感器通过一个3芯插头进行连接,该传感器由发动机控制系统提供5V的电压。

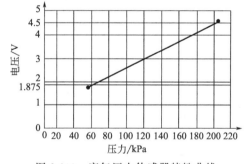

图 2-109 废气压力传感器特性曲线

废气压力的信息将通过一条信号线传输给发动机控制装置。废气压力的有效信号根据压力变化而波动。检测范围为1.875~4.5V,对应于60~200kPa(0.6~2bar)的废气压力。传感器特性曲线如图2-109所示。

废气压力传感器的标准值见表2-20。

表 2-20 废气压力传感器传感器的标准值

项目	数值	项目	数值
废气压力传感器电压范围/V	4.75~5.2.5	最大输出电流/mA	1.5
工作压力/$\times 10^5$Pa	0.6~2.0	温度范围/℃	-30~130
响应时间/ms	小于5		

第四节 位置传感器

用来检测元件运转或运动所处位置与角度的传感器称为位置与角度传感器。位置与角度传感器有很多类型,主要有曲轴位置传感器、节气门位置传感器、车高与转角传感器、液位传感器、溢流环位置传感器、超声波距离传感器、方位传感器、座椅位置传感器等。

一、曲轴位置传感器

曲轴位置传感器[CKP或CPS(crankshaft position sensor)],又称为发动机转速与曲轴转角传感器,其功用是采集曲轴转动角度和发动机转速信号,并输入ECU,以便确定喷射顺序、喷射正时、点火顺序、点火正时,然后根据信号监测到曲轴转角波动大小来判断发动机是否有失火现象。它是发动机集中控制系统最主要的传感器之一,是控制发动机燃油喷射和点火时刻以及确认曲轴位置的信号源,同时也是测量发动机转速的信号源。

曲轴位置传感器用来检测活塞上止点及曲轴转角的信号并将其输入发动机ECU,用来对点火时刻和喷油正时进行控制。在现代电控发动机上,曲轴位置传感器和发动机转速传感器制成一体,既可用于发动机曲轴位置、活塞上止点位置的测定,又可用于发动机转速的测定。

曲轴位置传感器按其工作原理的不同可分为磁脉冲式曲轴位置传感器、光电式曲轴位置传感器、霍尔式曲轴位置传感器等。曲轴位置传感器一般安装在曲轴前端、分电器内、靠近飞轮的变速器壳体,有的还安装在发动机缸体中部的下侧,如图2-110所示。

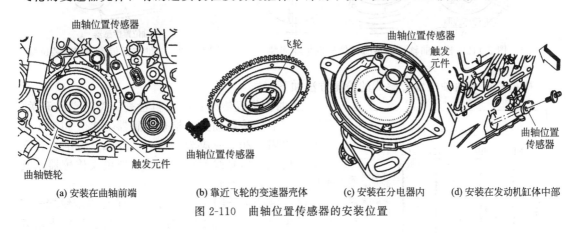

图 2-110 曲轴位置传感器的安装位置

1. 磁脉冲式曲轴位置传感器

(1) 磁脉冲式曲轴位置传感器的结构 磁电感应式曲轴位置传感器,又称为磁脉冲式传感器、可变磁阻式传感器。主要由导磁材料制成的信号转子、永久磁铁、信号线圈等组成,传感器的位置是固定的,软磁铁芯与信号转子齿间隙必须保持一定间隙,如图2-111所示。

传感器插头接线形式主要有二线制和三线制两种。二线制的两根线为信号回路线,信号正负交替变化;三线制中多出的一根线为屏蔽线。

(2) 磁脉冲式曲轴位置传感器的检测

① 检测传感器线圈电阻 检修时断开点火开

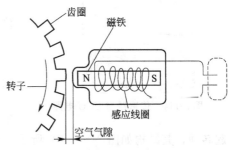

图 2-111 磁电感应式曲轴位置传感器的结构

关，拆下传感器线束插头，用万用表电阻挡检测各端子间的电阻值应当符合标准值。如果电阻值不符合标准，则应更换曲轴位置传感器。

② 检查曲轴位置传感器输出信号　断开点火开关，拆下曲轴位置传感器的导线连接器，当发动机转动时，用万用表的电压挡检测曲轴位置传感器上 G1-G—、G2-G—、Ne-G—端子间是否有脉冲电压信号输出。如没有脉冲电压信号输出，则需更换曲轴位置传感器。

③ 检查感应线圈与正时转子的间隙　用塞尺测量正时转子与感应线圈凸出部分的空气间隙，如图 2-112 所示，其间隙应为 0.2～0.4mm。若间隙不符合要求，则应更换分电器壳体总成。

（3）曲轴位置传感器的检测示例　新款凯美瑞轿车的曲轴位置传感器安装在曲轴正时护罩内，曲轴的正时转子由 34 个齿组成，带有 2 个齿缺。曲轴位置传感器每 10°输出曲轴旋转信号，齿缺用于确定上止点，曲轴位置传感器的安装位置如图 2-113 所示。

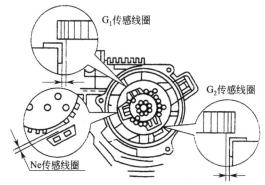

图 2-112　检查曲轴位置传感器信号发生器间隙

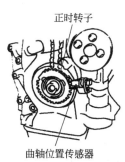

图 2-113　曲轴位置传感器的安装位置

磁电感应式曲轴位置传感器的检测方法如下。

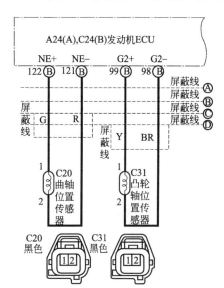

图 2-114　传感器与 ECU 电路

① 曲轴位置传感器的电阻检查。关闭点火开关，拔下传感器插接器插头，检查传感器上 122 和 121 端子间的电阻，20℃时应为 1850～2450Ω。若电阻为无穷大，则说明信号线圈存在断路，应更换传感器，其电路如图 2-114 所示。

② 检查传感器上 122 或 121 端子与屏蔽线端子 C 之间的电阻，阻值应为无穷大，如果阻值不是无穷大，则应更换传感器。

2. 光电式曲轴位置传感器

（1）光电式曲轴位置传感器的结构　光电式曲轴位置传感器的安装位置有两种：一是有分电器式点火系统，其曲轴位置传感器总成安装在分电器中；二是无分电器式点火系统，其曲轴位置传感器安装在凸轮轴左前部，如图 2-115(a) 所示。

该传感器由带缝隙、光孔的信号盘和信号发生器组成。信号盘安装在分电器轴上，和分电器轴随曲轴一起转动，其结构如图 2-115(b) 所示。它的外围均布有 360 条缝隙（即透光孔），用于产生 1°信号。对于六缸发动机，在信号盘外围稍靠内的圆上，均匀分布着 6 个间隔 60°的透光孔，分别产生 120°曲轴转角信号，其中有一个较宽的光孔是用于产生第一缸上止点对应的

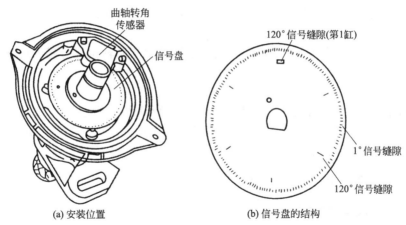

图 2-115 光电式曲轴位置传感器的安装位置及信号盘的结构

120°信号缝隙。

信号发生器安装在分电器壳体上,它由两个发光二极管、两个光电二极管和电子电路组成,如图 2-116 所示。两个发光二极管分别对正着两个光电二极管,信号盘在发光二极管和光电二极管之间。

(2) 光电式曲轴位置传感器的检测 现以韩国现代索纳塔轿车光电式曲轴位置传感器为例,说明光电式曲轴位置传感器的检测方法。

现代索纳塔轿车的光电式曲轴位置传感器总成安装在分电器中,对于无分电器式点火系统,曲轴位置传感器总成则一般安装在凸轮轴左前部。现代索纳塔轿车的光电式曲轴位置传感器信号盘的结构如图 2-117 所示。

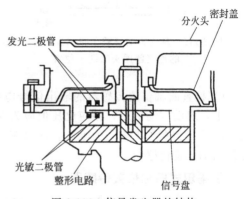

图 2-116 信号发生器的结构

现代索纳塔轿车的光电式曲轴位置传感器与 ECU 的连接电路如图 2-118 所示。在信号盘的上下侧分别设有相互正对的两个发光二极管和两个光电二极管,且以电路的形式相互连接。当发光二极管发出的光线透过信号盘光孔中的某一孔照射到光电二极管上时,光电二极管导通,产生一个正的电压脉冲信号;当发光二极管发出的光线被遮挡时,光电二极管截止,产生的电压脉冲信号为零。以上电压脉冲信号输入电子电路经放大整形后,即向 ECU 输入曲轴转角和第一缸上止点位置信号。

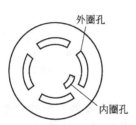

图 2-117 现代索纳塔轿车的光电式曲轴位置传感器信号盘的结构

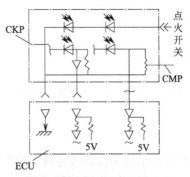

图 2-118 现代索纳塔轿车的光电式曲轴位置传感器与 ECU 的连接电路

对现代轿车曲轴位置传感器的检测应从连接线束、电源电压及信号电压几方面着手,具体方法如下。

① 检测传感器连接线束和电源电压。现代索纳塔轿车曲轴位置传感器的连接器插头的端子位置如图 2-119 所示。

检查时拔下曲轴位置传感器的连接器插头,接通点火开关,但不启动发动机。用万用表测量线束侧端子 4 与搭铁间的电压,该值应为 12V;测量线束侧端子 2 和端子 3 与搭铁间电压,该值应为 4.8~5.2V。用万用表的电阻挡测量线束侧端子 1 与搭铁间的电阻,该值应为 0。曲轴位置传感器各端子之间电压与电阻的检测如图 2-120 所示。

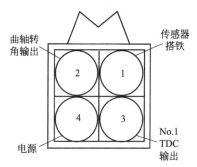

图 2-119　现代索纳塔轿车曲轴位置传感器的连接器插头的端子位置

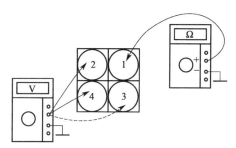

图 2-120　曲轴位置传感器各端子之间电压与电阻的检测

② 检查曲轴位置传感器的输出信号电压。将万用表电压挡连接在传感器侧端子 3 和端子 1 上,启动发动机后,相应电压值应为 0.2~1.2V;让发动机怠速运转,用万用表电压挡测量端子 2 和端子 1 之间的电压,该值应为 1.8~2.5V,如图 2-121 所示。若不符合,则应更换曲轴位置传感器。

3. 霍尔式曲轴位置传感器

霍尔式曲轴位置传感器是利用霍尔效应产生与曲轴转角相对应的电压脉冲信号的原理制成的,可分为触发翼片式和触发轮齿式两种。

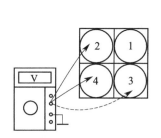

图 2-121　曲轴位置传感器输出信号电压检查
1~4—端子

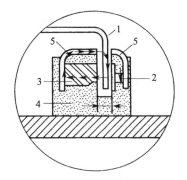

图 2-122　触发翼片式霍尔曲轴位置传感器的结构
1—触发叶轮;2—霍尔集成电路;3—永久磁铁;
4—底板;5—导磁钢片

触发翼片式霍尔曲轴位置传感器一般安装在分电器内,也有安装在曲轴前端的。

触发轮齿式霍尔曲轴位置传感器安装在飞轮壳上,在分电器内还设置凸轮轴位置传感器,用于协助曲轴位置传感器判定气缸的上止点位置。

(1) 触发翼片式霍尔曲轴位置传感器的结构　触发翼片式霍尔曲轴位置传感器主要由触发叶轮、霍尔集成电路、磁轭（导磁钢片）和永久磁铁组成，其结构如图 2-122 所示。其中触发叶轮安装在转子轴上，随转子轴一起转动，叶轮上制有翼片。

(2) 触发轮齿式霍尔曲轴位置传感器的结构　触发轮齿式霍尔曲轴位置传感器即差动霍尔式曲轴位置传感器，也叫双霍尔式曲轴位置传感器，其结构与磁脉冲式曲轴位置传感器相似，由带凸齿的信号转子和霍尔信号发生器组成，如图 2-123 所示。

(3) 霍尔效应式曲轴位置传感器的检测　霍尔式曲轴位置传感器的检修主要是检查电源电压、信号输出电压和连接导线电阻。

各型霍尔式传感器的检查方法基本相同，即主要通过测量有无输出电脉冲信号来判断其是否良好。其检测方法如下。

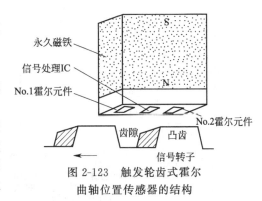

图 2-123　触发轮齿式霍尔曲轴位置传感器的结构

① 拔下传感器插头，接通点火开关，检查插头上电源端子与搭铁之间的电压应为 8V 或 12V（根据车型不同而不一样）。若无电压，则应检查霍尔式传感器到 ECU 之间的线路及 ECU 上相应端子上的电压，ECU 相应端子上如有电压，则为传感器至 ECU 之间的线路断路；如 ECU 相应端子上无电压，则为 ECU 有故障。

② 将拔下的传感器插头重新插好，启动发动机，测量霍尔式曲轴位置传感器输出端子的信号电压，正常值为 3~6V。若无电压，则为传感器本身有问题，应修理或检查更换。

③ 也可通过检查传感器信号输出端电压的波形来确认传感器本身是否损坏。如无信号或信号异常，均说明传感器有问题。

(4) 霍尔曲轴位置传感器检测示例　上海别克轿车触发叶片式霍尔曲轴位置传感器的检测方法如下

上海别克轿车的 24X 曲轴位置传感器属于触发叶片式曲轴位置传感器，是利用霍尔效应的原理制成的。24X 曲轴位置传感器的信号转子上有 24 个均匀的叶片和窗口，曲轴每转一次，24X 曲轴位置传感器产生 24 个通断脉冲信号，并将其输入 ECU。ECU 通过此信号来计算发动机低速运转时曲轴的位置和发动机的转速。24X 曲轴位置传感器安装在发动机右前部下侧，固接在铝质安装支架上，并用螺栓固定在发动机正时链条盖的前面，一部分位于曲轴平衡装置后，如图 2-124 所示。

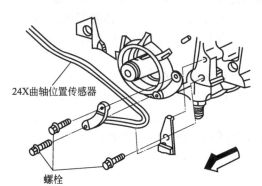

图 2-124　24X 曲轴位置传感器的安装位置

24X 曲轴位置传感器与 ECU 的连接电路如图 2-125 所示。24X 曲轴位置传感器的插头端子如图 2-126 所示，其中 A 端子为电源线，B 端子为信号线，C 端子为搭铁线。24X 曲轴位置传感器的检测方法如下。

① 检测传感器的输出信号。关闭点火开关，在曲轴位置传感器的信号线路上串接一个无源试灯（或发光二极管），启动发动机，观察灯（或发光二极管）的闪烁情况，试灯（或发光二极管）应有规律闪烁，否则表明曲轴位置传感器信号不良。

② 检测传感器的电源电压。关闭点火开关，拆下曲轴位置传感器的 3 芯插头，打开点

火开关，用万用表电压挡检测曲轴位置传感器插座上 A 孔与搭铁之间的电压值，应为 12V（蓄电池电压），否则表明曲轴位置传感器的电源线路不良。

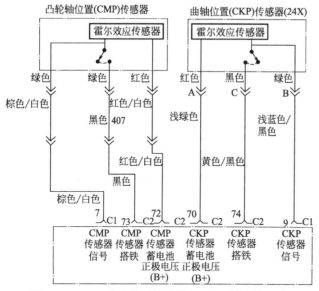

图 2-125　24X 曲轴位置传感器与 ECU 的连接电路

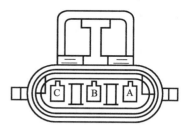

图 2-126　传感器的插头端子

二、凸轮轴位置传感器

凸轮轴位置传感器（camshaft position sensor，CMP）又称为凸轮轴转角传感器、相位传感器、同步信号传感器、缸位传感器（cylinder position sensor，CYP）、气缸识别传感器（cylinder identify sensor，CIS）、气缸位置传感器（CID），有的车上还称为 1 缸上止点传感器（No.1 top dead center sensor，No.1 TDC）。

凸轮轴位置传感器的作用主要是检测凸轮轴位置和转角，从而确定第 1 缸活塞的压缩上止点位置。在启动时，发动机 ECU 根据凸轮轴位置传感器和曲轴位置传感器提供的信号，识别出各个气缸活塞的位置和行程，控制燃油喷射顺序和点火顺序，进行准确的喷油和点火控制。

随着可变气门正时技术的不断发展，凸轮轴位置传感器除了在启动时用于压缩上止点判定外，在发动机正常工作后，还要起监控可变的进气或排气凸轮是否达到预定位置的作用。

按照工作原理不同，凸轮轴位置传感器可以分为磁电式凸轮轴位置传感器、光电式凸轮轴位置传感器、霍尔式凸轮轴位置传感器、磁阻元件式凸轮轴位置传感器。前三种传感器的检测原理与曲轴位置传感器相同，现只介绍磁阻元件式凸轮轴位置传感器。

对于有分电器的电控点火系统，霍尔式同步信号传感器一般安装在分电器内，对于无分电器的点火系统，霍尔式同步信号传感器则安装在凸轮轴上。

1. 磁阻元件式凸轮轴位置传感器

利用磁阻效应制成的磁敏电阻元器件叫作磁阻元件，简称 MRE（magneto resistance element）。

（1）磁阻元件式凸轮轴位置传感器的结构　MRE 凸轮轴位置传感器由信号发生器、磁铁和用树脂封装的信号处理电路的集成电路模块组成，如图 2-127(a) 所示。当传感器的磁头正对转子凹槽时，磁力线向两侧的翼片分布构成闭合磁路，此时磁阻元件电阻较小，通过磁阻元件的磁力线较少,磁场强度较弱,且磁力线与磁阻元件成一定角度,如图2-127(b)所示,此时磁阻元件输出5V高电平信号;当磁阻传感器的磁头正对转子翼片时,磁力线通过正对的翼片构成闭合磁路,此时磁阻元件电阻较大,通过磁阻元件的磁力线较多,磁场强度较强,且磁力线与磁阻元件垂直,如图2-127(c)所示,此时磁阻元件输出0V低电平信号。

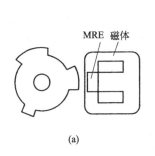 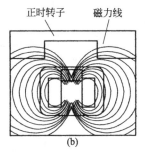 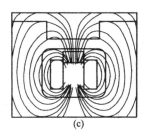

图 2-127　MRE 传感器的工作原理

因此,随着转子的旋转,翼片的凸起与凹槽交替变化,引起通过磁阻元件的磁力线的强弱和角度发生改变,由于磁阻效应的作用,磁阻元件的电阻也发生变化,通过 MRE 装置的电流也随之改变,这种电流的变化由信号放大电路、滤波电路和整形电路转换成二进制数字信号,并输送给发动机 ECU。发动机 ECU 根据此信号判断进、排气凸轮轴位置。

(2) MRE 凸轮轴位置传感器的检测　现以丰田新皇冠轿车发动机的 MRE 凸轮轴位置传感器为例,说明 MRE 凸轮轴位置传感器的检测方法。

丰田新皇冠轿车发动机智能可变气门正时系统(VVT-i)采用 MRE 凸轮轴位置传感器,在每一气缸组上的进/排气凸轮轴上都装有 1 个 MRE 凸轮轴位置传感器(也称为 VVT 传感器,共 4 个),传感器的安装位置如图 2-128 所示。

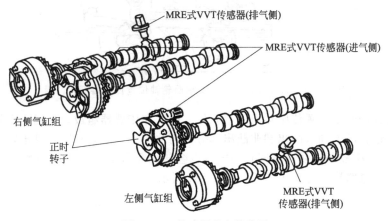

图 2-128　传感器的安装位置

MRE 传感器与 ECU 的连接电路如图 2-129 所示。

① 工作电压的检测。关闭点火开关,断开凸轮轴位置传感器,打开点火开关至"ON"位置,用万用表检查 VC 端子与 VV₋ 之间的电压,应为 5V,如果没有 5V 电压,应分别检查与 ECU 间线路的连接情况,如果线路正常,则说明发动机

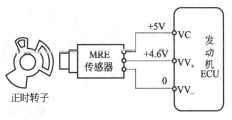

图 2-129　MRE 传感器与 ECU 的连接电路

ECU 有故障。

② 参考电压的检测。关闭点火开关，断开凸轮轴位置传感器，打开点火开关至"ON"位置，用万用表检查 VV_+ 端子与 VV_- 之间的电压，应为 4.6V，如果没有 4.6V 电压，应检查 VV_+ 与 ECU 间线路的连接情况，如果线路正常，则说明发动机 ECU 有故障。

（3）磁阻元件式凸轮轴位置传感器检测示例

① 结构原理。2016 年款丰田凯美瑞混合动力版 6AR-FSE 发动采用了磁阻元件式凸轮轴位置传感器。在进排气凸轮轴上都安装了一个位置传感器。利用固定到凸轮轴上的正时转子，曲轴每旋转 2 圈产生 3 个脉冲来检测各凸轮轴位置。各凸轮轴的正时转子为各自凸轮轴的一部分，如图 2-130 所示。

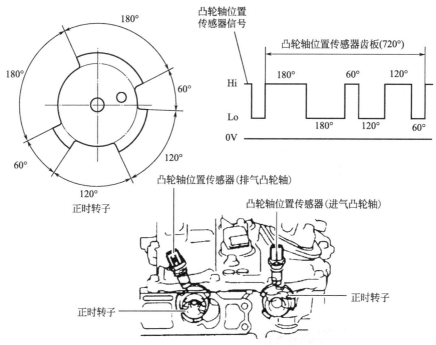

图 2-130　2016 年款丰田凯美瑞凸轮轴位置传感器安装位置

磁阻元件式凸轮轴位置传感器由磁阻元件、磁铁和传感器组成。磁场方向根据经过传感器的正时转子形状的不同（凸出和非凸出部分）而改变。因此，磁阻元件电阻发生变化，输出至 ECM（发动机控制模块，下同）的电压也会随之升高或降低。ECM 根据该输出电压检测凸轮轴位置。电路连接与输出波形如图 2-131 所示。

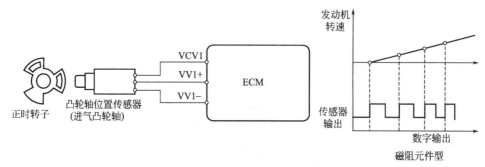

图 2-131　电路连接与输出波形

2016年款丰田凯美瑞混合动力版磁阻元件式凸轮轴位置传感器电路如图2-132所示。

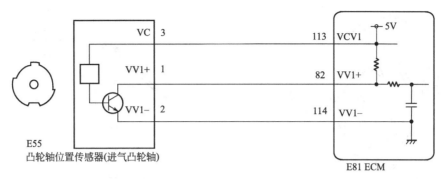

图2-132　2016年款丰田凯美瑞混合动力版磁阻元件式凸轮轴位置传感器电路

② 检测方法。

a. 检测传感器供电（以进气侧凸轮轴位置传感器为例）。断开凸轮轴位置传感器（进气侧）连接器，打开点火开关，用万用表直流电压挡检测3#端子与车身接地之间电压，应符合表2-21的规定，如不符合，则检查线束和连接器。

表2-21　标准电压值

检测仪连接	条件	规定状态/V
E55-3(VC)——车身接地	点火开关转到"ON"位置	4.5～5.5

b. 检查线束和连接器（凸轮轴位置传感器至ECM）。断开凸轮轴位置传感器（进气侧）和ECM连接器，按照表2-22所示检测连接器之间或与车身接地之间电阻值，应符合规定值，如不符合，则更换线束。

表2-22　标准电阻值

检测仪连接	条件	规定状态
E55-1(VV1＋)-E81-82(VV1＋)	始终	小于1Ω
E55-2(VV1＋)-E81-114(VV1－)	始终	小于1Ω
E55-1(VV1＋)-E81-82(VV1＋)-车身接地和其他端子	始终	10kΩ或更大
E55-2(VV1＋)-E81-114(VV1－)-车身接地和其他端子	始终	10kΩ或更大

2. 霍尔凸轮轴位置传感器

霍尔凸轮轴位置传感器又称同步信号传感器。汽车上采用的曲轴位置传感器，ECU根据其输出信号可以判断两个气缸的活塞在接近上止点位置，但并不清楚是哪个气缸，还需要有判定缸信号相配合，即需要有同步信号传感器向ECU提供信息，故同步信号传感器是一个提供气缸判别定位信号的传感器，它与曲轴位置传感器产生的曲轴位置和转速信号相配合，可以保证发动机正常的喷油和点火顺序。

(1) 结构

① 安装在分电器内的霍尔式同步信号传感器。霍尔式同步信号传感器安装在分电器内，由脉冲环和霍尔传感器组成，基本结构如图2-133和图2-134所示。脉冲环是一个半周环(180°)，通过环座安装在分电器轴上，随分电器轴与曲轴同步旋转，当脉冲环接近霍尔传感器时，同步信号传感器输出高电位（5V），当脉冲环离开霍尔传感器时，同步信号传感器输出低电位（0）。分电器转一周，高低电位各占180°（各相当于360°曲轴转角）。

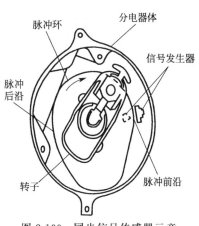

图 2-133 同步信号传感器示意

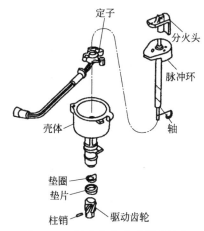

图 2-134 同步信号传感器的结构

当脉冲环的前沿进入霍尔传感器时,同步信号传感器输出 5V 高电位信号,对四缸发动机,表示正在向上止点运动的是第一缸、第四缸活塞,其中第一缸活塞为压缩行程,第四缸活塞为排气行程。对六缸发动机,表示下面将要到达上止点的是第三、第四缸活塞,其中第三缸活塞为排气行程,第四缸活塞为压缩行程。当脉冲环的后沿离开信号发生器时,同步信号传感器输出 0V 低电位信号,对四缸发动机,表示下面将要到达上止点的仍是第一、第四缸活塞,但工作行程相反,其中第一缸活塞为排气行程,第四缸活塞为压缩行程。对六缸发动机,则第三缸活塞为压缩行程,第四缸活塞为排气行程。

由上可知,同步信号传感器产生的高低电位信号输入 ECU 后,可以对第一、第四缸(四缸发动机)或第三、第四缸(六缸发动机)的活塞和正在进行的工作过程做出判定及定位。同步信号与曲轴位置(转速)信号相配合,ECU 就可以确定正确的喷油、点火正时和顺序。如当同步信号上升沿出现时,ECU 可以判定当前第四缸活塞(四缸发动机)或第三缸活塞(六缸发动机)处于排气行程,此时根据曲轴位置信号,当活塞行至上止点前 64°时 ECU 发出喷油信号,使第四缸或第三缸的喷油器喷油。同样,同步信号上升沿的出现,还标志着第一缸活塞(四缸发动机)或第四缸活塞(六缸发动机)处于压缩行程,此时 ECU 根据发动机的负荷和转速等输入信号,在活塞上行至压缩上止点前的适当时刻,发出点火信号,使该缸火花塞点火。同理,同步信号的下降沿出现时,这两缸活塞工作行程正好相反,ECU 以此为依据对这两缸进行正确的喷油和点火控制。

同样,利用同步信号提供的判缸信号,按照发动机的工作顺序(四缸机为 1-3-4-2,六缸机为 1-5-3-6-2-4),ECU 也能对其他相应气缸喷油和点火的正时进行精确的控制。

② 安装在凸轮轴上的霍尔式同步信号传感器。对于无分电器的电控汽油机,同步信号传感器通常安装在凸轮轴上,位于气缸盖前端凸轮轴链轮之后,如图 2-135 所示。霍尔式传感器的基本构造与安装在分电器内部的相同,由一个半周(180°)的脉冲环和霍尔式传感器组成,其工作原理也与安装在分电器内的传感器相同。

(2)霍尔式凸轮轴位置传感器检测示例 新款捷达轿车霍尔式凸轮轴位置传感器(简称霍尔传感器)又称为判缸传感

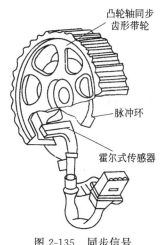

图 2-135 同步信号传感器的安装位置

器,它向 ECU J361 提供第 1 缸点火位置信号。霍尔传感器安装在气缸盖前端凸轮轴正时齿轮之后。霍尔传感器是一个电子开关,按霍尔原理工作。霍尔传感器隔板上有一个霍尔窗口,曲轴每转两周产生一个信号,根据霍尔传感器信号和发动机转速传感器的点火时间信号,ECU 识别出 1 缸点火上止点,其电路如图 2-136 所示。

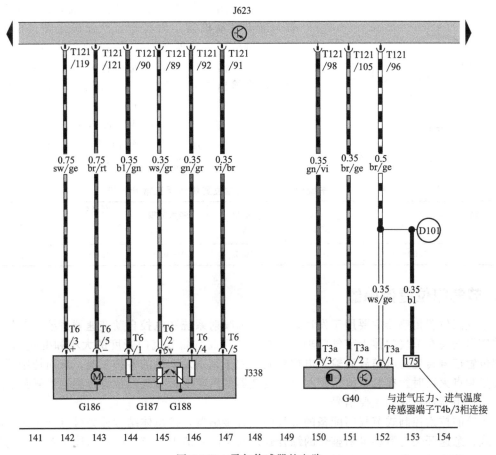

图 2-136 霍尔传感器的电路

G40—霍尔传感器;G186—电控加速操纵机构的节气门驱动装置;G187—电控加速操纵机构的节气门驱动装置角度传感器 1;G188—电控加速操纵机构的节气门驱动装置角度传感器 2;J338—节气门控制单元;J623—发动机控制单元;T3a—3 芯插头连接;T6—6 芯插头连接;T121—121 芯插头连接;D101—连接 1,在发动机舱导线束中;ws—白色;sw—黑色;br—棕色;gn—绿色;bl—蓝色;gr—灰色;ge—黄色

① 检测霍尔传感器的供电电压。关闭点火开关。拆下霍尔传感器的 3 芯插头。打开点火开关,用万用表的电压挡检测 3 芯插头的 T3a/1 与 T3a/3 两孔之间的电压,约为 5V。用万用表电压挡检测 T3a/2 与 T3a/3 两孔(之间)的电压值,约为 12V(蓄电池电压)。

② 检测霍尔传感器的线束导通性。关闭点火开关。拆下控制单元 J623 的连接插头,拆下霍尔传感器的 3 芯插头,用万用表电阻挡检测 3 芯插头的 T3a/1 端子与 ECU J623 的 T121/96 端子之间应导通。检测 3 芯插头上 T3a/2 端子与控制单元 J623 的 T121/105 端子之间应导通。

检测 3 芯插头上 T3a/2 端子与 T121/96 发动机控制单元 J623 线束内传感器搭铁之间应导通。

③ 霍尔传感器工作情况的检测。关闭点火开关。拆下燃油泵 G6 的 SC24 号熔丝

(15A)。释放燃油系统的压力。将二极管连接到传感器 T3a/1 与 T3a/3 之间。短暂启动发动机检测二极管,二极管应有规律地闪烁。

知识扩展　电控柴油机凸轮轴位置传感器

① 汽车柴油发动机使用的凸轮轴位置传感器多为单霍尔方式,基本结构如图 2-137 所示。其主要用于检测出凸轮的实际位置,以使 ECU 能够判断出发动机第 1 缸位置,从而确定喷油的时刻,其与曲轴位置传感器共同组成正时信号。靶轮上通常设置有 7 个槽(6+1),凸轮每转一周,凸轮轴位置传感器就会输出 7 个槽检测信号。其中 1~6 槽,每槽相差 120°曲轴转角,第 0 槽与第 6 槽相差 30°曲轴转角。

② 对柴油发动机凸轮轴位置传感器好坏的检测判断,可以采用万用表对其进行电阻和电压的检测,并与表 2-23 所列的正常值进行对比,以判断其好坏。

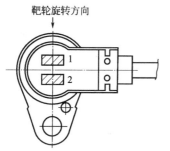

图 2-137　凸轮轴位置传感器的基本结构

表 2-23　汽车柴油发动机凸轮轴位置传感器正常参数值

检测参数	供电电压/V	绝缘电阻/MΩ	低电位/V	转速范围/(r/min)	与飞轮空气间隙/mm	脉冲信号幅度/V
正常值	5.00±0.25	>1	<0.2	0~4000	1.4±0.1	5.00±0.25

三、节气门位置传感器

节气门位置传感器主要用于发动机电子燃油喷射系统和电控自动变速器系统。节气门位置传感器安装在节气门体上节气门轴的一端,探测或监测节气门开度的大小和变化的快慢,并把位置信号转变为电信号后输入电控单元。用于判别发动机的各种工况,从而控制不同的喷油量和点火正时。在装备电子控制自动变速器的汽车上,节气门位置传感器信号是变速器换挡和变矩器锁止时的主要信号。

传统的拉索控制式节气门配备的节气门位置传感器,按总体结构分为触点开关式、滑动电阻式、怠速开关与滑动电阻整合的综合式。新型的智能电子节气门轴门控制系统所用的节气门位置传感器,常见的有双滑动电阻式和线性双霍尔式两种。

现代汽车发动机电控系统主要采用的节气门位置传感器有霍尔元件式和双滑动电阻器式。丰田凯美瑞、卡罗拉等采用了霍尔元件式;日产天籁、通用凯越汽车采用双滑动电阻器式。

1. 开关触点式节气门位置传感器

(1) 开关触点式节气门位置传感器的结构　触点开关式节气门位置传感器的结构如图 2-138 所示,其主要由节气门轴、全负荷触点、凸轮、怠速触点和接线插座组成。凸轮与节气门轴同轴转动,控制怠速触点和全负荷触点的开启与闭合。节气门轴随着加速踏板开度大小而变化转动。

(2) 触点开关式节气门位置传感器的检测　检修触点开关式 TPS 时,可用万用表测量传感器信号输出端子的输出电压和触点接触电阻进行判断。

① 检查电源电压。开关式节气门位置传感器的电源电压检查如图 2-139 所示。检测时应拔下传感器插头,用万用表电压挡测量线束连接器中 TL 端子的电源电压,应为 12V,否则应检查线路是否断路。

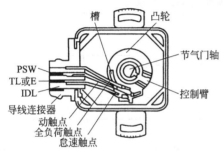
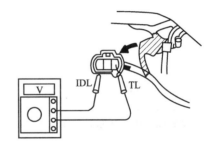

图 2-138 开关触点式节气门位置传感器的结构　　图 2-139 开关式节气门位置传感器的电源电压检查

② 检查输出信号电压。检查时，传感器应正常连接，接通点火开关，输出的信号电压应为高电平或低电平，并且随节气门轴的转动而交替变化（由低电平"0"变为高电平"1"或由高电平"1"变为低电平"0"）。

③ 检查端子电阻。主要检测发动机怠速端子电阻和功率端子电阻。

a.检查怠速端子电阻。如图 2-140 所示，拔下传感器的连接器，用万用表的欧姆挡测量怠速触点（IDL）与可动触点（TL）之间的电阻，其电阻值应为 0。转动节气门轴约 40°以下，其电阻值应为∞。

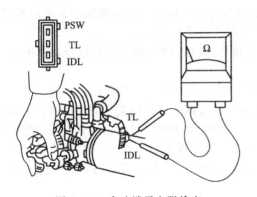
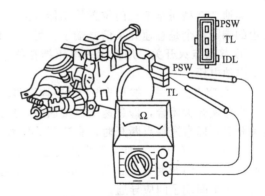

图 2-140 怠速端子电阻检查　　图 2-141 功率端子电阻检查

b.检查功率端子电阻。如图 2-141 所示，拔下传感器连接器，用万用表的欧姆挡测量传感器的功率接点（PSW）与可动触点（TL）之间的电阻值，其电阻值应为∞。转动节气门轴约 55°以上，电阻值应为 0。

各接点导通性的检查见表 2-24。

表 2-24　各接点导通性的检查

节气门开闭状态	测量的端子	
	TL-IDL	TL-PSW
全闭	0	—
稍稍打开	∞	—
从全闭打开 40°以下	—	∞
从全闭打开 55°以上	—	0

开关式节气门位置传感器的检查标准值见表 2-25。

表 2-25 开关式节气门位置传感器的检查标准值

检查条件	检测端子		标准值
点火开关在"ON"位置,节气门全关闭(IDL闭合)	IDL-E		>0.5V
	PSW-E(PSW触点未接触)		4.5~5V
点火开关在"ON"位置,节气门全开	IDL-E		4.5~5V
	PSW-E		>0.5V
点火开关在"ON"位置,节气门在全闭与全开之间(部分负荷)	IDL-E		不能同时小0.5V
	PSW-E		
关闭点火开关,拔下传感器导线连接器	节气门全关闭	IDL-E	<10Ω
		PSW-E	>1MΩ
关闭点火开关,拔下传感器导线连接器	节气门全开	IDL-E	>1MΩ
		PSW-E	<10Ω
关闭点火开关,拔下传感器导线连接器	节气门在全闭与全开之间时	IDL-E	不能同时低于10Ω
		PSW-E	

(3) 触点开关式节气门位置传感器检测示例　奥迪 200 型轿车节气门位置传感器的检测方法如下。

奥迪 200 型轿车节气门位置传感器线束连接器共有三个端子。中间的端子是供电端子,两边的端子一个是急速开关信号端子;另一个是大负荷开关信号端子。

① 接通点火开关,用万用表电压挡在线束侧检查连接器供电端子上的电压,其电压应为蓄电池电压。

② 关闭点火开关,拨开节气门线束连接器,用万用表电阻挡检查相关端子间的导通状况。

当急速开关闭合,即急速触点接通时,急速开关信号端子与中间端子应导通;当急速开关开启,即急速触点断开时,急速开关信号端子与中间端子间应导通;当节气门开度小于 57°,大负荷开关开启,即大负荷开关触点断开时,大负荷开关信号端子与中间端子间应不导通;当节气门开度大于 57°,大负荷开关闭合,即大负荷开关触点接通时,大负荷开关信号端子与中间端子间应导通。

如检查与上述规律不符,说明节气门位置传感器有故障,则应进行修理或更换。

2. 线性可变电阻型节气门位置传感器

滑动电阻式节气门位置传感器,又称为线性输出式节气门位置传感器、可变电阻式节气门位置传感器、电位计式节气门位置传感器。目前双可变电阻式节气门位置传感器正被大量应用到汽车中。

滑动电阻式节气门位置传感器为三线式传感器,其中两个针脚处于电阻的两端,并作为电源端子和搭铁端子由发动机 ECU 提供 5V 电压,第三个针脚连接于滑动触点。

(1) 线性输出型节气门位置传感器的结构　其结构如图 2-142 所示,由滑动触点 1、滑动触点 2、电阻器、节气门轴、连接器等组成。传感器的两个活动触点与节气门轴联动,分别用于测量节气门开度的活动触点 1 和用于确定节气门全闭位置时的活动触点 2。

当滑动触点随节气门的打开而改变电位器的电阻值时,其输出电压与节气门的开度成正比例增大(图 2-143)。

(2) 线性输出型节气门位置传感器检测　线性输出型节气门位置传感器主要由电位器、微动开关和外壳组成。电位器包括电阻片、芯轴和装在芯轴上的电刷;微动开关包括触点、触点臂等。其与 ECU 的连接电路如图 2-144 所示。

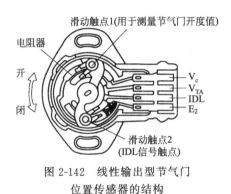
图 2-142 线性输出型节气门
位置传感器的结构

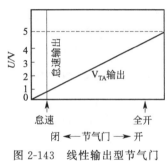
图 2-143 线性输出型节气门
位置传感器的特征曲线

线性输出型节气门位置传感器的检测方法如下。

① 开路检测。拔下传感器连接线束插座，可见插座上共有 4 个端子。其中：V_{cc}（有的图上标注为 V_c，含义一样）为电压输出接头，属电源端；V_{TA} 为节气门开度电压信号输出接头；IDL 为怠速触点信号接头；E_2 为搭铁线。

用万用表 $R \times 100$ 挡分别测量线束插件与传感器相连的各端子之间的电阻值应符合标准电阻值（车型不同可能有一些差异，但变化规律是相同的）。如果电阻值相差较大，则可能是节气门传感器已损坏。

② 在路检测。将上述节气门位置传感器插件重新插好。

接通点火开关，但不要启动发动机。

用万用表 10V 直流挡测线束插件各端子之间的电压，应符合规定值。如电压值相差较多，应检查线

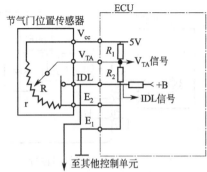
图 2-144 线性输出型节气门位置
传感器与 ECU 的连接电路

路、ECU 及节气门位置传感器。可先将节气门位置传感器拆下，测量其开路电阻是否正常。当确定节气门位置传感器无问题，且检查线路及供电均无故障后，再检查 ECU。

（3）线性输出型节气门位置传感器检测示例　上海通用君威 2.0L 轿车节气门位置传感器检测方法如下。

当节气门关闭时，输出电压较低，节气门全开时，输出电压大于 4.0V。电控单元根据节气门开度信号计算供油量、点火正时、怠速、废气再循环、燃油蒸发排放控制和空调切断控制等。该传感器的连接器端子及其连接电路如图 2-145 所示。

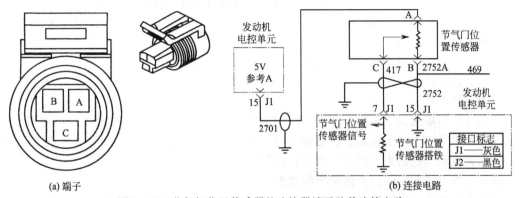
图 2-145 节气门位置传感器的连接器端子及其连接电路

检测方法如下。

① 检查供电电压。打开点火开关,测量端子 A 与搭铁间的电压,应为 5V。

② 检查传感器导通情况。检查传感器端子 B 与搭铁,应当导通。若检测结果与规定不符,则应更换节气门位置传感器。

3. 综合型节气门位置传感器

综合型节气门位置传感器是在线性可变电阻型节气门位置传感器的基础上设置一个发动机怠速触点而成,它有触点式和线性可变电阻型两种。

综合型节气门位置传感器与 ECU 的连接电路,如图 2-146 所示。

综合型节气门位置传感器的检修如下。

现以丰田皇冠 3.0 轿车为例,说明综合型节气门位置传感器的检测方法。与 ECU 的连接电路如图 2-147 所示。

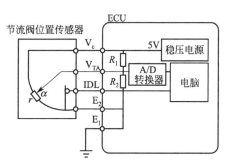

图 2-146 综合型节气门位置传感器与 ECU 的连接电路

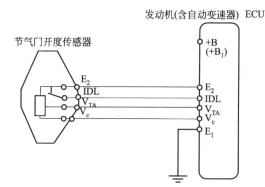

图 2-147 节气门位置传感器与 ECU 的连接电路

(1) 传感器电阻的检测 拆下传感器的连接器,用塞尺测量节气门限位螺钉与止动杆间的间隙。用手拨动节气门,用万用表电阻挡测量此传感器导线插孔上端子间的电阻(图 2-146),其电阻值应符合规定。V_{TA}-E_2 端子间电阻值随节气门开度的增大而增加,电阻值成正比增加,而且不应出现中断现象。

(2) 电压的检测 当点火开关置于"ON"位置时,用电压表测量 V_c-E_2、IDL-E_2、V_{TA}-E_2 端子间的电压值,应符合规定,如不符合,则应更换节气门位置传感器。

4. 双可变电阻式节气门位置传感器

在电子节气门系统和电控柴油机系统中,一般使用双可变电阻式节气门位置传感器。两个传感器一般都是组合安装,当一个传感器发生故障时能及时被识别,增加了系统的可靠性。从两个传感器输出信号的变化关系来看,双可变电阻式节气门位置传感器有反相式和同相式两种类型,其中同相式双可变电阻式节气门位置传感器又可分为同斜率线性变化和不同斜率线性变化两种类型。

日产天籁车系双可变电阻式传感器电路如图 2-148 所示。

发动机控制单元 ECM 通过 72# 端子向传感器 1# 端子提供 5V 参考电压;传感器 4# 端子通过电控单元 36# 端子接地。传感器 2# 端子和 3# 端子输出 TPS1 及 TPS2 节气门位置信号分别送到发动机控制系统的 33# 端子、36# 端子。

双可变电阻式节气门位置传感器的检查(以日产天籁为例)如下。

打开点火开关,将换挡杆换到 D 挡(A/T)或 1 挡(M/T),使用万用表电压挡分别检

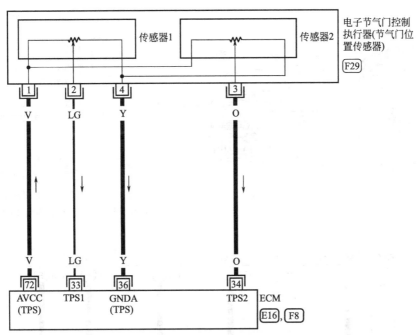

图 2-148 日产天籁车系双可变电阻式传感器电路

查 ECM 的端口 33（节气门位置传感器 1#端子的信号）、34（节气门位置传感器 2#端子的信号）在加速踏板不同状态时与接地之间的电压，检查结果应符合表 2-26 的规定。如不符合，则更换节气门体总成。

表 2-26 节气门位置传感器输出电压标准值

端口	加速踏板	电压/V
33（节气门位置传感器 1#端子）	完全释放	大于 0.36
33（节气门位置传感器 1#端子）	完全踩下	小于 4.75
34（节气门位置传感器 2#端子）	完全释放	小于 4.75
34（节气门位置传感器 2#端子）	完全踩下	大于 0.36

5. 霍尔式节气门位置传感器检测示例

（1）结构原理 2016 年款丰田凯美瑞混合动力车型（发动机型号 6AR-FSE）采用了非接触式双霍尔元件式节气门位置传感器，其结构如图 2-149 所示。它主要由霍尔元件和磁铁组成，其中磁铁安装在节气门轴上，并可以绕霍尔元件转动。

2016 年款丰田凯美瑞混合动力车型节气门位置传感器与 ECU 的连接电路如图 2-150 所示。

节气门位置传感器有两个传感器电路：VTA1 和 VTA2，各自发射一个信号。VTA1 用来检测节气门开度，VTA2 用来检测 VTA1 的故障。传感器信号电压与节气门开度成比例，在 0～5V 之间变化，并且传送到 ECM 端子 VTA1 和 VTA2。

节气门关闭时，传感器输出电压降低；节气门打开时，传感器输出电压升高。ECM 根据这些信号计算节气门开度，并控制节气门执行器来响应驾驶员输入。这些信号同时也用来计算空燃比修正值、功率提升修正值和燃油切断控制。

2016 年款丰田凯美瑞混合动力版节气门位置传感器电路如图 2-151 所示。

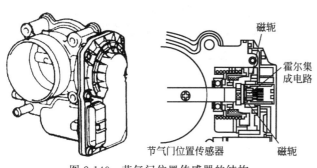

图 2-149 节气门位置传感器的结构

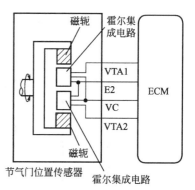

图 2-150 2016 年款丰田凯美瑞混合动力车型节气门位置传感器与 ECU 的连接电路

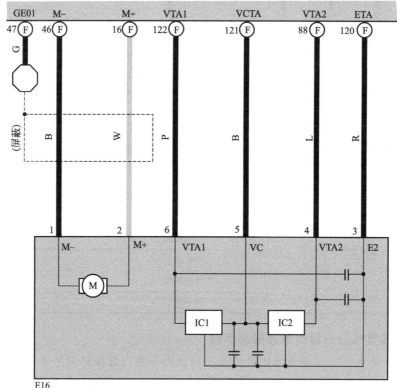

图 2-151 2016 年款丰田凯美瑞混合动力版节气门位置传感器电路

节气门位置传感器集成在节气门体总成 E16 内。E16 有 6 个插脚。插脚 1 和 2 为节气门执行电动机控制端口。插脚 6 和 4 分别输出节气门位置信号 VTA1 和 VTA2 到发动机控制单元端口 E81（F）的 122# 和 88#。插脚 5 是来自发动机控制单元 121# 提供的 VCTA%V 参考电压；插脚 3 通过发动机控制单元 120# 接地。

（2）检测方法

① 检查传感器供电。点开节气门体连接器 E16，用万用表检测 E16/5 和 E16/3 之间的电压，应为 4.5～5.5V。否则，检查 ECU 电源电路。如果 ECU 电源电路正常，则更换 ECU。

② 检查传感器的信号电压。连接故障诊断仪，打开点火开关，踩动加速踏板，并读取节气门位置传感器数据 VTA1 和 VTA2 读数，数值应符合表 2-27 所示。

表 2-27　传感器输出电压标准值　　　　　　　　　　　　　　　单位：V

完全松开加速踏板时		安全踩下加速踏板时（发动机运转）		故障部位
VTA1	VTA2	VTA1	VTA2	
0～0.2	0～0.2	0～0.2	0～0.2	VCTA 电路存在开路
4.5～4.98	4.5～4.98	4.5～4.98	4.5～4.98	ETA 电路存在开路
0～0.2 或 4.5～4.98	2.1～3.1（失效保护）	0～0.2 或 4.5～4.98	2.1～3.1（失效保护）	VTA1 电路存在开路或对接地短路
0.6～1.4（失效保护）	0～0.2 或 4.5～4.98	0.6～1.4（失效保护）	0～0.2 或 4.5～4.98	VTA2 电路存在开路或对接地短路
0.5～1.1	2.1～3.1	3.2～4.8（非失效保护）	4.6～4.98（非失效保护）	节气门位置传感器电路正常

③ 检查传感器线束与连接器。断开节气门体连接器 E16 和发动机控制单元 ECM 连接器 E81，按照表 2-28 所示检查连接器之间或连接器与车身接地之间的电阻值。电阻值应符合表中规定，如不符合，则应更换或检查线束。

表 2-28　线束检查

检测仪连接	条件	规定状态
E16-5(VC)—E81-121(VCTA)	始终	小于 1Ω
E16-6(VTA1)—E81-122(VTA1)	始终	小于 1Ω
E16-4(VTA2)—E81-88(VTA2)	始终	小于 1Ω
E16-3(E2)—E81-120(ETA)	始终	小于 1Ω
E16-5(VC)或 E81-121(VCTA)—车身接地和其他端子	始终	10kΩ 或更大
E16-6(VTA1)或 E81-122(VTA1)—车身接地和其他端子	始终	10kΩ 或更大
E16-4(VTA2)或 E81-88(VTA2)—车身接地和其他端子	始终	10kΩ 或更大

知识扩展　怠速电机位置传感器

在一些低端发动机上使用的拉索直动式节气门上安装有怠速电动机，怠速电动机位置传感器信号用于 ECU 控制怠速时的节气门开度。目前采用电子节气门的发动机上取消了怠速电动机，也没有怠速电动机位置传感器。

怠速电动机位置传感器用于检测电动机的实际位置，并向发动机 ECU 提供反馈信号，以判断电动机是否正常工作。

怠速电动机位置传感器一般安装在节气门体内，与怠速电动机连在一起。

(1) 怠速电动机位置传感器的结构　三菱太空 4G 发动机采用了双向直流可逆电动机怠速控制系统（ISC 系统），双向直流可逆电动机采用 5V 电压的可逆式直流电动机，直流 ISC 电动机不是直接推动节气门打开，而是控制怠速旁通空气道的大小。该发动机的怠速电动机位置传感器由两个霍尔效应传感器组成，其结构如图 2-152 所示。

怠速电动机位置传感器与 ECU 的连接电路如图 2-153 所示。

(2) 怠速电动机位置传感器的检测　ISC 电动机有故障时会导致发动机怠速不稳，怠速过高、怠速过低、加速或减速熄火，开空调和开大灯、转向时发动机不提速等现象。

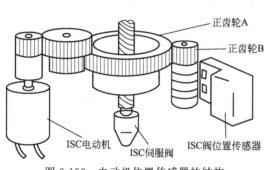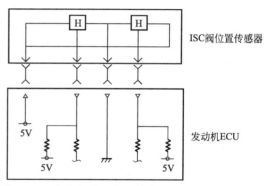

图 2-152　电动机位置传感器的结构　　图 2-153　急速电动机位置传感器与 ECU 的连接电路

① 滑动电阻式电动机位置传感器。电动机位置传感器位于节气门体前端,用于验证和检测直流可逆伺服电动机伸长和收缩的长度位置。电动机位置传感器把感测到的急速控制伺服电动机头伸缩位置转化为电压信号,并把它输送到电子控制装置,电子控制装置根据此输入信号反馈控制急速直流电动机,由发动机 ECU 对急速进行反馈控制电动机的伸长与收缩,从而控制急速和急加速、急减速以及开空调时的旁通进气量。

电动机位置传感器一般使用滑动电阻式,其工作原理和检测方法类似于节气门位置传感器,这里不再赘述。

② 霍尔式电动机位置传感器。霍尔式电动机位置传感器由两个霍尔传感器组成,发动机 ECU 为两个霍尔传感器提供 5V 参考电压。当电动机旋转时,正齿轮 B 上的磁体在齿轮转动下也旋转并为传感器提供脉冲。电磁脉冲由霍尔传感器接收,根据电动机位置的变化将 5V 参考电压接地或不接地时,转化为 5V 或 0 脉冲信号。正齿轮 B 每旋转一周,每个霍尔效应传感器产生 4 个 5V 方波输入脉冲,被输送至发动机 ECU。由于两个霍尔效应传感器存在相位上的差异,因此第一个被触发的霍尔效应传感器使发动机 ECU 能够确定电动机的方向,如图 2-152 所示。

霍尔式电动机位置传感器的检测方法如下。

① 直观检查。在打开和关闭点火开关时,应能在急速电动机处听到动作响声,然后停止。这是急速电动机在找寻开度最大和最小位置。如果无反应,则电动机有故障。

② 供电电压的检测。根据电路图检查发动机 ECU 为霍尔传感器提供的 5V 参考电压。若电压不正常,则应检查线束或者 ECU。

四、加速踏板位置传感器

加速踏板位置传感器,简称 APP（accelerator pedal position sensor）。它是随着智能电子节气门、柴油共轨系统而出现的一种新的位置检测装置。其功用是将驾驶员踩下加速踏板的速度和移动量转换成电子信号输入发动机 ECU。ECU 根据此信号进行计算,结合其他运行条件,控制节气门伺服电动机进行节气门开度的非线性调节。

加速踏板位置传感器一般安装在加速加速踏板总成上。加速踏板位置传感器常见的有电位计式加速踏板传感器、线性双霍尔式加速踏板传感器和电磁感应式加速踏板位置传感器 3 种。

1. 加速电位计式加速踏板位置传感器

（1）踏板位置传感器的检测　2004 年款三菱 V73 发动机使用了安装在加速踏板总成内部的加速踏板位置传感器,传感器为双电位计式传感器,如图 2-154(a) 所示。两个电位器输出信号为同相,当电子加速踏板位置发生变化时,其电阻同时线性增加或减小。传感器由控制单元供 5V 参考电压,这样就能将电阻值变化转变为电压输出信号。加速踏板位置传感器的线路连接如图 2-154(b) 所示。

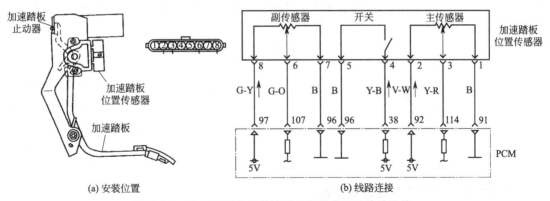

图 2-154　加速踏板位置传感器的安装位置及线路连接

① 电阻检测。关闭点火开关,断开加速踏板位置传感器,用万用表电阻挡测量元件侧,端子间电阻值应符合表 2-29 的规定。

表 2-29　标准电阻值

端　　子		标准电阻值
1-2		3.5～6.5kΩ
7-8		
2-3		将加速踏板由怠速位置完全踏下,其电阻值
6-8		应随加速踏板的踏下而平稳光滑的变化
5 与搭铁间电阻		2Ω 以下
4-5	放松加速踏板	0
	踏下加速踏板	∞

② 电压检测。关闭点火开关,断开加速踏板位置传感器,打开点火开关,用万用表电压挡检测线束侧 2 与搭铁间的电压、线束侧 8 与搭铁间的电压,应在 4.9～5.1V 范围内,线束侧 4 与搭铁间电压应在 4V 以上。

③ 输出信号初始值检测。关闭点火开关,连接加速踏板位置传感器,打开点火开关,用万用表电压挡检测线束侧 3 与搭铁、线束侧 6 与搭铁间的电压,其值应在 0.905～1.165V 之间。

(2) 双可变电阻式加速踏板位置传感器检测示例　日产天籁、骐达/颐达车系加速踏板位置传感器为双可变电阻式。该传感器与天籁、骐达/颐达车系气门位置传感器结构原理相同,其电路如图 2-155 所示。

检测方法如下。

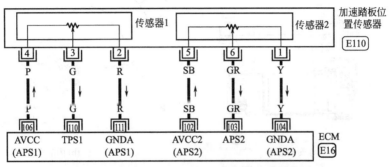

图 2-155　日产骐达/颐达汽车加速踏板位置传感器的电路

打开点火开关,使用万用表直流电压挡在加速踏板不同状态下检查 ECM 端口 110 (APP 传感器 1# 端子信号)、103(APP 传感器 2# 端子信号)与接地之间的电压。检查结果应符合表 2-30 的规定。

表 2-30 传感器输出电压标准值

端口	加速踏板	电压/V
110(加速踏板位置传感器 1# 端子)	完全释放	0.6~0.9
	完全踩下	3.9~4.7
103(加速踏板位置传感器 2# 端子)	完全释放	0.3~0.6
	完全踩下	1.95~2.4

2. 双霍尔式加速踏板位置传感器

在三菱格兰迪轿车电子节气门系统中,使用的是双霍尔式线性节气门位置传感器。位于该轿车节气门体上的节气门位置传感器的功能是测量节气门的位置,向发动机 ECU 输出与节气门轴转角成正比的电压信号。根据该传感器的输出电压,发动机 ECU 控制节气门控制伺服电动机进行反馈控制。

(1) 双霍尔式加速踏板位置传感器的结构 非接触式霍尔传感器包括一个固定在节气门轴轴上的永磁铁,一个输出电压与磁通量成正比的线性霍尔 IC,以及一个能有效地将永磁铁的磁通量转入线性霍尔 IC 的定子。双霍尔式线性节气门位置传感器的安装位置及内部构造如图 2-156 所示。

(2) 双霍尔式加速踏板位置传感器的检测

① 输入电压检测。关闭点火开关,拔下节气门位置传感器插头,打开点火开关,用万用表电压挡测量线束侧 5 端子,检查是否有 5V 电压输入。如果没有,则应检查传感器线束侧 5 端子与 ECU C-113 中的 106 端子是否导通,如果不导通,则检查线路线束;如果导通,则说明 ECU 没有 5V 电压输出,应更换 ECU。节气门位置传感器与 ECU 的连接电路如图 2-157 所示,依据线路连接图进行检测。

② 输出电压检测。由于在使用万用表检测传感器的输出电压时,需要配备专用线束三通插头,或刺破信号线,因此,三菱公司推荐使用其专用解码器 MUT-Ⅲ,通过读取数据流从而进行输出电压的检测。观察将点火开关置于"ON"(副)位置时和 79 项——节气门位置传感器(主)的电压值是否可以随节气门的打开而同步变大,如果变化不同步或中间有断

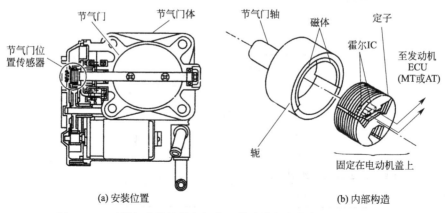

图 2-156 双霍尔式线性节气门位置传感器的安装位置及内部构造

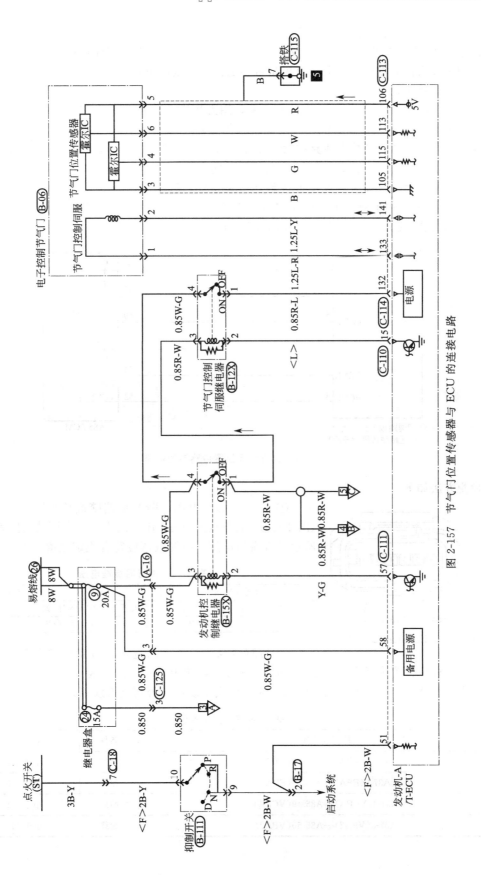

图 2-157 节气门位置传感器与 ECU 的连接电路

点，则说明节气门位置传感器线路或本身有故障。

③ 搭铁检测。关闭点火开关，拔下节气门位置传感器插头，打开点火开关，用万用表电压挡测量线束侧 3 端子与蓄电池负极是否导通。正常情况下，应该导通，如果不导通，则应检查线路、接头、ECU。

④ 节气门伺服控制检测。打开点火开关，用万用表电压挡测量线束侧 1 端子与搭铁之间是否有 12V 电压输入。如果没有，则应检查传感器 1 端子与 ECU C-113 中的 133 端子是否导通，如果不导通，则检查线路线束；如果导通，则说明 ECU 没有 12V 电压输出，应更换 ECU。ECU C-113 中的 133 端子和 141 端子间应有 12V 电压，否则更换 ECU。

（3）双霍尔元件式加速踏板位置传感器检测示例　2016 年款丰田凯美瑞混合动力车型 5AR-FSE 发动机使用了双霍尔元件式加速踏板位置传感器。结构原理与该款发动机霍尔元件式节气门位置传感器相同。其电路如图 2-158 所示。

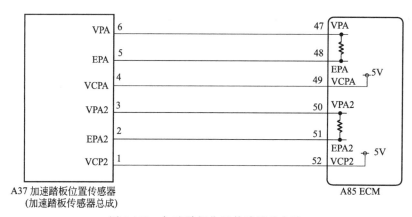

图 2-158　加速踏板位置传感器的电路

检测方法如下。

① 检查传感器电源。断开加速踏板传感器连接器 A37（图 2-159），打开点火开关，用万用表直流电压挡按照表 2-31 所示检查端口电压，检测数值应符合规定数值。

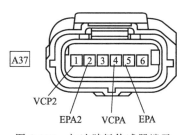

图 2-159　加速踏板传感器端子

表 2-31　传感器标准电压

检测仪连接	条件	规定数值/V
A37-4(VCPA)—A37-5(EPA)	点火开关转到"ON"位置	4.5～5.5
A37-1(VCP2)—A37-2(EPA2)	点火开关转到"ON"位置	4.5～5.5

② 传感器线束检查（加速踏板位置传感器至 ECM）。断开加速踏板位置传感器连接器 A37 和发动机 ECM 端子 A85，按照表 2-32 所示检查连接器之间或连接器与车身接地之间的电阻，应符合表中规定，否则更换线束。

表 2-32　线束电阻标准值

检测仪连接	条件	规定状态
A37-6(VPA)—A85-47(VPA)	始终	小于 1Ω
A37-5(EPA)—A85-48(EPA)	始终	小于 1Ω
A37-4(VCPA)—A85-49(VCPA)	始终	小于 1Ω
A37-3(VPA2)—A85-50(VPA2)	始终	小于 1Ω

续表

检测仪连接	条件	规定状态
A37-2(EPA2)—A85-51(EPA2)	始终	小于1Ω
A37-1(VCP2)—A85-52(VCP2)	始终	小于1Ω
A37-6(VPA)或 A85-47(VPA)—车身接地和其他端子	始终	10kΩ 或更大
A37-4(VCPA)或 A85-49(VPA)—车身接地和其他端子	始终	10kΩ 或更大
A37-3(VPA2)或 A85-50(VPA2)—车身接地和其他端子	始终	10kΩ 或更大
A37-1(VCP2)或 A85-52(VCP2)—车身接地和其他端子	始终	10kΩ 或更大

3. 加速踏板位置传感器检测示例

以广州丰田凯美瑞轿车智能电子节气门控制系统加速踏板位置传感器的检测为例。智能电子节气门控制系统 ETCS-i 如图 2-160 所示。

(1) 加速踏板位置传感器的结构　如图 2-161 所示为无触点型加速踏板位置传感器，该传感器使用了安装在加速踏板臂上的霍尔 IC，由两块磁铁及其中间的霍尔 IC 组成的磁轭安装在加速踏板臂的底座上。磁轭根据施加在加速踏板上的作用力，绕霍尔 IC 旋转，霍尔 IC 将磁通量变化转化为电信号，并以加速踏板位置传感器输出信号的形式，将其输送至发动机 ECU。加速踏板位置传感器与发动机 ECU 的连接电路如图 2-162 所示。

霍尔集成电路含有两个电路：一个用于检测主信号；另一个用于检测副信号。它将加速踏板位置（角度）转化为具有不同特性的电信号，并将其输送至发动机 ECU。

(2) 加速踏板位置传感器的电压检测

① 测量 ECM 插接器端子 VCPA 和 EPA、VPA2 和 EPA2 之间的电压，该电压值为 4.5~5.5V。

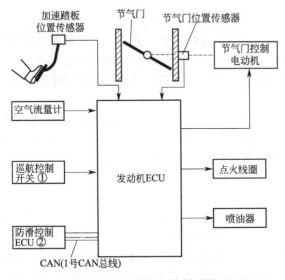

图 2-160　智能电子节气门控制系统 ETCS-i
①仅适用于带巡航控制系统的车型；
②仅适用于带有制动控制系统的车型

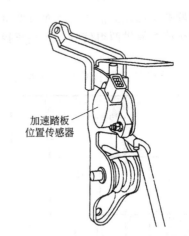

图 2-161　无触点型加速踏板位置传感器

② 测量 ECM 插接器端子 VCP 和 EPA、VPA2 和 EPA2 之间的动态电压，见表 2-33。

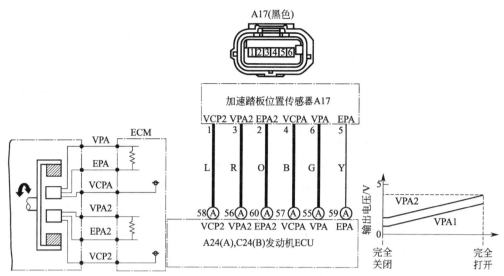

图 2-162 加速踏板位置传感器与发动机 ECU 的连接电路

表 2-33 加速踏板位置传感器的动态电压

加速踏板	电压/V	
	EPA	VPA2
松开	0.5～1.1	0.9～2.3
踩下	3.0～4.6	3.4～5.0

维修提示：检查方法不同于常规加速踏板位置传感器，因为此传感器使用了霍尔集成电路。

知识扩展

（1）电动汽车整车控制器与加速踏板位置传感器的连接　整车控制器根据加速踏板位置传感器获得加减速信息，从而改变电动机转矩，控制电动机转速，进而改变车速。加速踏板位置传感器提供两组信号，让整车控制器进行对比。整车控制器与加速踏板位置传感器的连接电路如图 2-163 所示。

① 检测加速踏板传感器 1 信号：节气门开度从 0～100% 变化，用万用表直流电压挡检测插件 4 号端子与搭铁（或 3 号端子）之间应有 0.74～4.8V 的电压；否则检查传感器电源和搭铁线，如果传感器输入电源和搭铁线正常，则为传感器内部故障。

② 检测加速踏板传感器 2 信号：节气门开度从 0～100% 变化，用万用表直流电压挡检测插件 6 号端子与搭铁（或 5 号端子）之间应有 0.37～2.4V 的电压；否则检查传感器电源和搭铁线，如果传感器电源和搭铁线正常，则为传感器内部故障。

（2）电磁感应式加速踏板位置传感器　在大众的某些车型（如速腾轿车）上使用的是电磁感应式加速踏板位置传感器。它是采用电磁感应原理制成的，主要包括加速踏板、踏板限位块、用于转换移动方向的

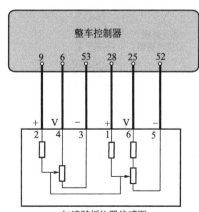

图 2-163 整车控制器与加速跳板位置传感器的连接电路

机械部件和两个加速踏板位置传感器。为安全起见，两个传感器彼此独立工作。

感应式加速踏板位置传感器与感应式节气门位置传感器的基本工作原理是一样的。结构上的不同之处在于，节气门位置传感器采用的是旋转结构，而加速踏板位置传感器采用直线位移动结构。感应式浮动传感器无摩擦，使用寿命长。

五、齿杆位置传感器

齿杆位移传感器用于电控直列泵燃油系统中，其功用是检测喷油泵调节齿杆的位置。齿杆位置传感器安装在电控直列泵系统中电子调速器内，喷油泵齿杆罩上，如图 2-164 所示。

齿杆位置传感器主要有差动变压器式、差动自感式和电涡流式三种类型。

1. 差动变压器式齿杆位置传感器

差动变压器式齿杆位置传感器的结构和工作原理与变压器类似，只不过它的铁芯是可以移动的，使在二次线圈上感应的电压随铁芯的位移成线性增加，其典型结构如图 2-165 所示。它由一次线圈、二次线圈、衔铁和线圈骨架组成。

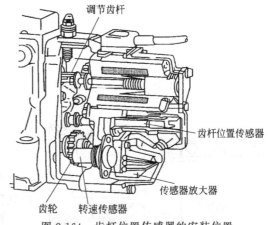

图 2-164 齿杆位置传感器的安装位置

2. 差动自感式齿杆位置传感器

差动自感式齿杆位置传感器的实质是按变压器线圈的互感原理工作。若将差动变压器式电感位移传感器中的一次线圈取消，只保留一次线圈两边的二次线圈，则变成了差动自感式齿杆位移传感器。差动自感式齿杆位移传感器是变磁式位移传感器。

如图 2-166 是变磁式位置传感器的结构，它由线圈、铁芯和衔铁所组成。

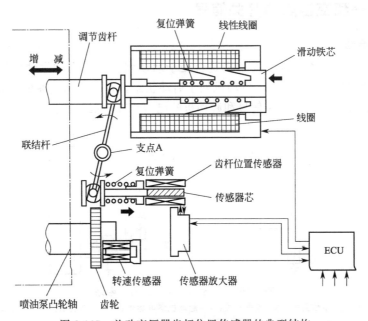

图 2-165 差动变压器齿杆位置传感器的典型结构

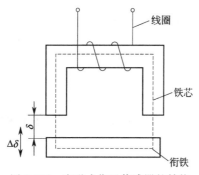

图 2-166 变磁式位置传感器的结构

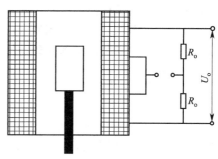

图 2-167 差动自感式位置传感器

利用两个完全对称的单个自感传感器,合用一个活动衔铁构成差动式螺管自感传感器。差动自感式位置传感器如图 2-167 所示。

3. 电涡流式齿杆位置传感器

电涡流式齿杆位置传感器主要可分为高频反射式涡流传感器和低频投射式涡流传感器两类。高频反射式涡流传感器的应用较为广泛。

典型的电涡流式齿杆位置传感器的结构如图 2-168 所示。

电涡流式齿杆位移传感器设置在调速器上部,相对于目标位置检测出调节齿杆是否位于正确的位置。齿杆位移传感器由 E 字形芯片、两组线圈及铜板组成。一个铜板安装在调节齿杆的端部,另一个铜板固定在 E 形芯片上。

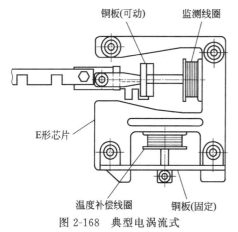

图 2-168 典型电涡流式齿杆位置传感器的结构

六、启动信号和空挡启动开关信号

1. 启动信号

启动信号(STA)用来判断发动机是否处于启动状态。在启动发动机时必须使混合气加浓。ECU 利用 STA 信号,确认发动机处于启动状态,自动增加喷油量。皇冠 3.0 轿车的启动电路如图 2-169 所示。STA 信号和起动机的电源连在一起,由空挡启动开关控制。

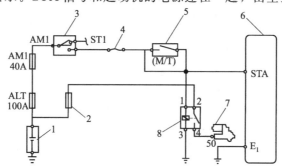

图 2-169 皇冠 3.0 轿车的启动电路

1—蓄电池;2—主熔断器;3—点火开关;4—起动机继电熔丝;5—空挡启动开关(自动变速器);
6—发动机(含自动变速器)ECU;7—起动机;8—起动机继电器

启动信号的检测。当点火开关位于启动位置"STA"时，用万用表电压挡检测ECU的STA与E_1端子间的电压，如图2-170所示，其标准电压值应为6～14V。否则，应进行检修。

2. 空挡启动开关信号（NSN）

在装有自动变速器（A/T）的汽车中，ECU利用这个信号区别变速器是处于P或N状态（停车或空挡），还是处于L、2、D或R状态（行驶状态）。NSW信号主要用于发动机怠速系统的控制，其电路如图2-171所示。

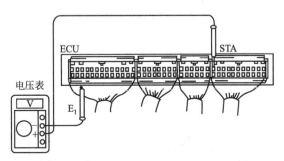

图2-170 检测启动信号

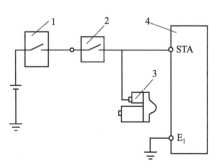

图2-171 空挡启动开关信号电路
1—点火开关；2—空挡启动开关；
3—启动机；4—ECU

当点火开关在ST位置时，空挡启动开关NSW端与蓄电池正极相连。若自动变速器处于L、2、D或R等行驶挡时，空挡启动开关断开，NSW端是高电位；若自动变速器处于P或N挡位时，空挡启动开关接通，由于起动机的阻抗很小，因此NSW端是低电位。

空挡启动开关的检测如下。

① 在检测空挡启动开关信号时，可用万用表电压挡测量NSW与E_1端子的电压。当点火开关位于ST位置，变速器操纵手柄置于L、2、D或R挡位时，NSW-E_1端子之间的电压降低，说明空挡启动开关损坏。

② 可用万用表电阻挡测量空挡启动开关两端子间的导通性，在变速操纵手柄置于P或N位时，应导通；在变速操纵手柄置于L、2、D或R挡位时，应不导通。否则，应更换空挡启动开关。

七、EGR位置传感器

1. EGR位置传感器的结构

废气再循环控制系统是在保证发动机动力性能不降低的前提下，根据发动机的温度及负荷大小将发动机排出的废气的一部分再送回进气管，和新鲜空气或新鲜混合气混合后再次进入气缸参加燃烧，使燃烧反应的速率减慢，从而降低NO的排放量（图2-172）。

废气再循环控制系统中一个关键的部件就是EGR阀，EGR阀中有一个与其制成一体的EGR阀位置传感器，该传感器是电位计式位移传感器，用于检测EGR阀的实际位置，输出相应电压信号给控制器，控制器据此判断阀门是否对ECU的指令做出正确响应。同时，它的信号输出也是

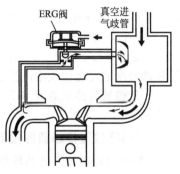

图2-172 废气再循环控制系统

发动机 ECU 计算废气再循环流量的依据。

EGR 位置传感器位于 EGR 阀的上部，一般使用电位计式传感器来检测 EGR 阀阀杆的上下移动位置，发动机 ECU 以此确定阀门开度的大小。

EGR 位置传感器的结构如图 2-173 所示，EGR 阀阀针与电位计的滑动触点臂相连，占空比控制的 EGR 阀随着占空比的变化，控制的真空吸力也不同，引起 EGR 阀阀门开启的大小也不一样，阀杆上升的位移也不同。阀杆上升，推动与其相连的滑动触点臂的位置发生变化，从而使滑动触点在滑动电阻上滑动，产生不同的电压信号，这个信号会传递到发动机控制 ECU，发动机控制 ECU 以此监视 EGR 阀的位置，确保阀门对 ECU 的指令作出正确的响应，从而调整和修正 EGR 阀的开启时刻及占空比，精确控制再循环量的大小，以减小排放，改善性能。

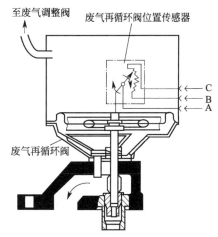

图 2-173 EGR 位置传感器的结构

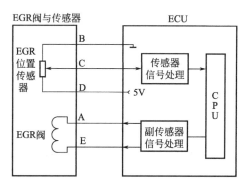

图 2-174 电位计式 EGR 阀传感器与 ECU 之间的连接电路

2. EGR 位置传感器的检测

电位计式 EGR 阀传感器与 ECU 之间的连接电路如图 2-174 所示。

（1）供电的检测　在拆下电位计式 EGR 阀传感器连接器的情况下，打开点火开关，采用数字式万用表电压挡检测传感器 D 端脚与搭铁之的 5V 供电是否正常。

断开点火开关，采用万用表电阻挡，检测 B 端脚与搭铁之间的电阻值，该电阻值应近于 0，否则说明搭铁不良。

（2）输出电压的检测　在连接好电位计式 EGR 阀传感器连接器的情况下，打开点火开关，采用万用表电压挡检测传感器 C 端脚与搭铁之间的电压，该电压在 EGR 阀全关闭时应在 0.14~1.2 之间（车型不同而不一样，以下均同）；采用手动打开 EGR 阀时，该信号电压会随着 EGR 阀开度的变化而改变，全开时在 4.5~5V。

（3）电阻的检测　在拆下电位计式 EGR 阀传感器连接器的情况下，采用万用表电阻挡单独检测传感器 B 与 D 端脚之间的电阻值应为 4.7~5.5Ω，B 与 C 端脚之间的电阻值应随 EGR 阀开度的变化而发生改变。

EGR 位置传感器通常与 EGR 阀制成一体，不可单独维修，如有问题只能随 EGR 阀一起更换。

3. EGR 位置传感器的检测示例

上海别克轿车废气再循环系统 EGR 位置传感器的电路连接如图 2-175 所示。废气再循环真空控制电磁阀和废气再循环 EGR 位置传感器共用一个 5 针插头，灰色连接的端子 A、白色连接的端子 E 分别和发动机控制单元 PCM 连接，采用正极驱动器和 PCM 中的搭铁电路控制，用于废气再循环真空控制电磁阀的驱动，另外 3 条供电位计式废气再循环 EGR 位置传感器使用，它能够监视 EGR 阀的位置，确保阀门对 PCM 的指令作出正确的响应。电位计的 D 端子为 5V 参考电源，B 端子为搭铁端子，C 端子为信号输出端子。

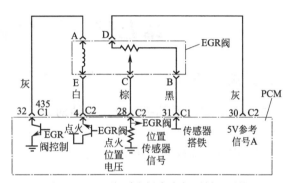

图 2-175　上海别克轿车废气再循环系统 EGR 位置传感器的电路连接

检测方法如下。

(1) 故障征兆判断法　当发动机在急速、低速小负荷及冷机时，发动机控制单元控制废气不参与再循环，避免发动机性能受到影响。因此，一旦发动机的 EGR 系统出现故障，特别是在发动机急速、低速、小负荷及冷机工况时，使得废气参与再循环，将会影响发动机混合气的正常燃烧，导致发动机急速不稳、加速不稳、汽车行驶无力等故障现象，从而影响发动机力性。

(2) 电阻检测　电阻检测时，首先关闭点火开关，拔掉 EGR 位置传感器线束插头，对传感器本体进行电阻测量：插座端子"B"与"D"之间的电阻应为 4.92kΩ；插座端子"B"与"C"之间的电阻应随 EGR 阀开度的变化而变化。

(3) 外部电压和信号电压检测　在检查传感器外部供电电压时，打开点火开关至"ON"位置，断开 EGR 位置传感器线束插头，用数字式万用表电压挡检查端子"D"与搭铁端电压，应有 5V 参考电压，检查端子"B"与搭铁端电压，应为 0。连接 EGR 位置传感器线束插头，测量端子"C"信号电压，在 EGR 阀全关闭时为 0.14~1.0V，用手动打开 EGR 阀，其信号电压随着 EGR 阀开度的变化而变化，全开时为 4.5~4.8V。如果测量结果不符合要求，则应更换 EGR 阀。

八、转子位置传感器

电动机转子位置传感器用于探测转子的准确位置。然后根据转子位置依次为定子内的各线圈提供高电压，以便产生旋转磁场。

转子位置传感器的工作原理以转子的磁特性变化为基础。转子外侧采用正弦结构。转子位置传感器以感应方式扫描该结构。电动机电子伺控系统由此确定转子的准确位置。

转子位置传感器由 2 个通过交流电压驱动的线圈组成。转子转动时，线圈内感应电压和电流强度根据磁特性发生变化。

电动机电子伺控系统（EME）为转子位置传感器供电。传感器信号读入电动机电子伺控系统内并在此进行分析。

转子位置传感器的标准值见表 2-34。

表 2-34　转子位置传感器的标准值

项目	数值	项目	数值
电压范围/V	4.9~5.1	温度范围/℃	-40~140
电流消耗/mA	小于 30		

第五节 发动机转速传感器

一、舌簧开关式发动机转速传感器

1. 舌簧开关式发动机转速传感器的结构

舌簧开关式发动机转速传感器可用于检测发动机转速,传感器可以装在组合仪表内,也可以安装在分电器内部,如图 2-176 所示。

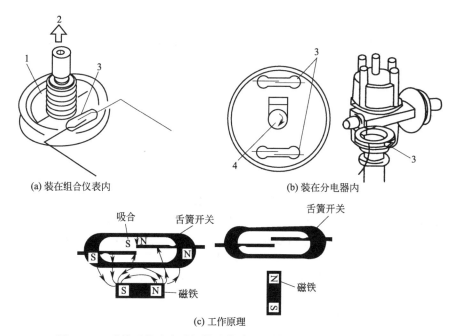

图 2-176 舌簧开关式发动机转速传感器安装位置、结构及工作原理
1—磁铁;2—至转速传感器;3—舌簧开关;4—分电器轴

舌簧开关触点由强磁体制成,在装于分电器轴上的磁铁的作用下动作,舌簧开关触点不直接与大气接触,其容器内充有惰性气体。

舌簧开关式发动机转速传感器安装在分电器内部。

发动机转速传感器与发动机 ECU 之间的连接电路如图 2-177 所示。

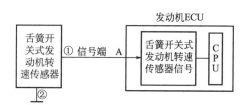

图 2-177 发动机转速传感器与发动机 ECU 之间的连接电路

2. 舌簧开关式发动机转速传感器的检测

舌簧开关式发动机转速传感器的检测如图 2-178 所示,主要检查其信号输出端子是否有脉冲信号产生。

首先将分电器从发动机上拆下，然后用万用表电压挡进行检测。把表笔接在舌簧开关式发动机转速传感器插头的信号输出端，用手转动分电器轴，观察电压表指针是否有脉冲电压指示。如无电压指示，则应更换该舌簧开关式发动机转速传感器。

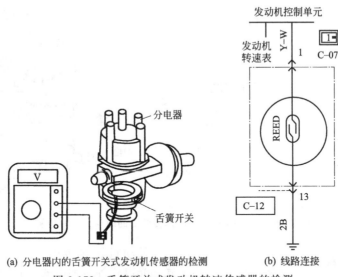

(a) 分电器内的舌簧开关式发动机传感器的检测　　(b) 线路连接

图 2-178　舌簧开关式发动机转速传感器的检测

二、电磁感应式发动机转速传感器

电磁感应式发动机转速传感器的检查主要有检查气隙、检查感应线圈的电阻和检查传感器输出信号三项。

1. 检查气隙

检查导磁转子（或齿轮）与线圈铁芯（定子）之间的气隙，如图 2-179 所示。如果气隙不合适，可用与调整触点式分电器触点间隙类似的方法来调整，但有的间隙是不可调的，只能更换发动机转速传感器总成。

2. 检查感应线圈的电阻

用万用表欧姆挡测量感应线圈的电阻，若电阻为∞，则说明线圈断路；若电阻为零，则说明线圈短路，过大或过小都需要更换发动机转速传感器总成。

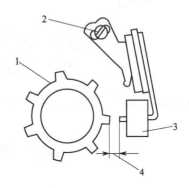

图 2-179　电磁感应式发动机转速传感器间隙的检查与调整
1—转子（式齿轮）；2—感应元件总成固定螺钉；3—感应线圈；4—检查间隙

3. 检查传感器输出信号

在发动机转动（或用手转动分电器轴）时，用万用表电压挡或示波器测量电磁感应式发动机转速传感器输出电压情况。用电压表测量时，指针应在一定范围内摆动；用示波器检查时，波形应均匀无缺陷。

三、柴油发动机用转速传感器

不管柴油机采用什么供油方式，其发动机转速传感器均是相似的，均用于检测发动机转速和曲轴的位置。ECU 根据此信号计算出喷射始点和喷油量。

1. 柴油发动机用转速传感器的结构

发动机转速传感器一般安装在缸体上或喷油泵上,其结构与安装位置如图2-180所示。

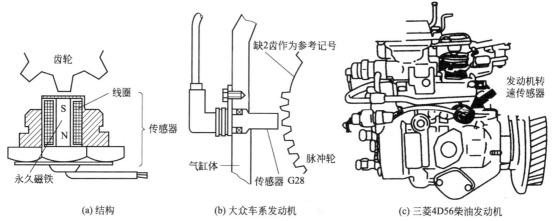

图 2-180 柴油发动机用转速传感器的结构与安装位置

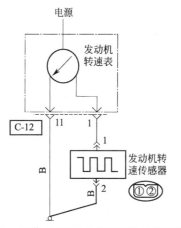

图 2-181 三菱 4D56 柴油发动机转速传感器电路

发动机转速传感器有电磁感应式、霍尔式、光电式等多种型式,其中电磁感应式应用广泛,以此为例进行介绍。

2. 磁感应式发动机转速传感器的检测

磁感应式发动机转速传感器的检测,可以参照磁感应式曲轴位置传感器的检测方法来进行,用万用表测阻法是最简单、实用的方法。三菱 4D56 柴油发动机转速传感器电路如图 2-181 所示,其线圈电阻在 20℃ 时测量值应为 1.3～1.9Ω。

第六节 气体浓度传感器

目前在汽车上使用的气体浓度传感器主要有氧传感器、稀薄混合气传感器、全范围空燃比传感器和烟尘浓度传感器等。

氧传感器是用于电子控制燃油喷射装置进行反馈控制的传感器,它安装在发动机排气管上,其功能是检测排放气体中氧气的含量、空燃比的浓稀,并将检测结果转变为电压或电阻信号,反馈给电控单元(ECU)。ECU 根据氧传感器的输入信号不断地对喷油脉宽进行修正,使混合气体在理想范围内实现空燃比反馈控制(即闭环控制)。当监测到的氧气浓度较浓时,提供给发动机 ECU 的电压较高;监测到的氧气浓度较稀时,提供给发动机 ECU 的电压较低。目前汽车上采用的氧传感器有氧化钛(TiO_2)式和氧化锆(ZrO_2)式两种。氧化锆式氧传感器又分为加热型氧传感器和非加热型氧传感器两种。氧化钛式氧传感器本身带有一个电加热器。汽车上大部分使用加热型氧传感器。

在稀燃发动机的空燃比反馈控制系统中,采用了稀燃传感器,这种传感器能够在混合气极稀薄的领域中，连续地测出稀薄燃烧区的空燃比，实现稀薄领域的反馈控制。

全范围空燃比传感器（又称宽域空燃比传感器）能连续检测混合气从浓到稀的整个范围的空燃比。与普通的氧传感器相比，这样的传感器可以在发动机的整个运转范围内实现空燃比的反馈控制，在各个区域上实现最佳油耗、最佳排放及最佳运转性能。

烟尘浓度传感器用于空气净化装置中，该传感器通过检测烟尘浓度，可使空气净化器运转或停止，从而达到净化驾驶室的目的。

为了降低柴油发动机排出的黑烟导致周围空气的污染，在柴油发动机的电子控制系统中，采用一种能检测发动机排气中形成的炭烟或未燃烧炭粒的烟度传感器，并将其信号反馈给电控单元，以自动调节空气与燃油的供给，达到接近完全燃烧，以避免形成过多的炭烟。

一、氧传感器

1. 二氧化锆式氧传感器

（1）二氧化锆式氧传感器的结构

① 气体浓度传感器的锆管固定在带有安装螺纹的固定套中，锆管内、外表面都覆盖着一层多孔性的透气铂膜作为电极，氧传感器安装在排气管上，其内表面与大气接触，外表面与废气接触，为了防止废气中的杂质腐蚀铂膜，在锆管外表面的铂膜上覆盖着一层多孔的氧化铝保护层，并加装了一个防护套管，套管上开有通气槽。这样既可以防止废气烧蚀电极，又可保证废气渗进保护层和电极接触。氧传感器的接线端有一个金属护套，其上开有一孔，用于锆管内表面与大气相通，导线将锆管内表面电极经绝缘套从传感器引出。二氧化锆式传感器的基本元件是专用陶瓷体，即二氧化锆（ZrO_2）固体电解质，如图 2-182 所示。

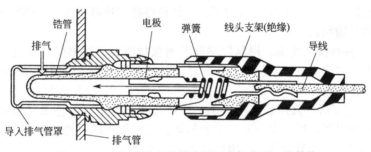

图 2-182　二氧化锆式氧传感器（非加热型）的结构

② 加热型二氧化锆式氧传感器输出信号的强弱与工作温度有关，只有在 300℃ 以上时该传感器才能正常工作。目前，大部分汽车使用带加热器的氧传感器，这种传感器在原来传感器的基础上，增加了一个陶瓷加热元件用于加热传感器，可在发动机启动后的 20～30s 内迅速将氧传感器加热至工作温度，扩大了空燃比闭环控制的工作范围，故又称为加热型氧传感器。

氧传感器有一线制、二线制、三线制、四线制 4 种类型，其结构如图 2-183 所示。一线制氧传感器只有一根信号线与发动机 ECU 连接，传感器的另一极直接搭铁。二线制氧传感器的两根线均与 ECU 相连，一根为信号线，另一根进入 ECU 后搭铁。二线制氧传感器、四线制氧传感器均属于加热型氧传感器，由于添加了两根加热电阻的接线，和氧传感器信号线组合成为三线制或四线制。加热电阻的两根接线，一根直接接控制继电器或主继电器，接收 12V 加热电源，一根由 ECU 控制搭铁端，控制加热电阻加热时间。氧传感器加热器是正比例系数热敏元件，在传感器与线束断开的情况下，可以通过检测加热器的阻值来对加热元件进行检测。

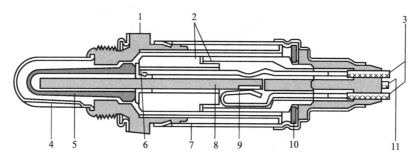

图2-183 加热型二氧化锆式氧传感器的结构
1—壳体；2—陶瓷管支承；3—加热电阻电缆；4—带槽的保护套；5—二氧化锆；6—接触元件；
7—外保护套；8—加热元件；9—电加热触头；10—弹簧垫圈；11—氧传感器信号

（2）氧传感器的检测　如果氧传感器输出电压变化过缓（每10s内少于8次）或电压保持不变（无论保持在高电位或低电位），则表明氧传感器本体或线路有故障，需检查线路或更换传感器。

检测氧传感器好坏的方法较多，通常可用万用表对其进行检查，也可用专用仪器对其检测。

① 万用表测电压法。采用万用表测压法检查氧化锆式氧传感器时，应先使氧传感器处于工作状态，也就是使ZrO_2处于400℃以上的温度。

检测方法如下。使发动机转速在2500r/min运行约90s，用万用表测氧传感器信号输出端电压，该电压正常值应为：当发动机尾气浓时，氧传感器输出电压为0.9～1V；当发动机尾气稀时，氧传感器输出电压为0～0.1V；当氧传感器工作温度低于360℃时，氧传感器呈开路状态，无信号输出。

② 氧传感器检测仪检测法。用氧传感器检测仪检测氧传感器时，检测方法同上，仅是用氧传感器检测仪代替上述的万用表。由氧传感器检测仪上指示灯的闪和灭情况，即可知其是否处于正常工作状态。

③ 万用表测电阻法。万用表测阻法是利用氧传感器的电阻特性来判断其在暖机状态和非暖机状态下的电阻值，以此来判断其是否损坏。正常氧传感器的电阻值为：充分暖机状态电阻值约在300kΩ；不在暖机状态时电阻值为无穷大。

④ 用汽车万用表检测法。将汽车万用表（以美国OTC公司300型万用表为例）功能开关置于4V量程，按动DC/AC按钮于DC状态，万用表COM插孔中的黑色测试线搭铁，红色测试线接氧传感器的信号线。

将汽车发动机置于快怠速（2000r/min），预热发动机，使氧传感器工作温度达360℃以上。当排出的废气浓时，氧传感器输出电压为0.8～0.9V；排出的废气稀时，输出电压为0.1～0.2V。在氧传感器工作温度低于360℃时，呈开路状态，无信号输出。

如果测得的电压符合要求，则说明氧传感器正常；反之则说明该传感器已损坏，应更换。

（3）氧传感器检测示例　新款捷达二氧化锆式氧传感器的检测方法如下。

新款捷达轿车使用的二氧化锆式氧传感器，部件代号为G39、G130，其接线和端子布置如图2-184所示，T4c/1、T4c/2端为加热元件插头，T4c/1端供电来自J519经燃油泵继电器J17的端子87r提供蓄电池电压，T4c/2端为搭铁端，接ECU，由ECU控制加热时间；T4c/3、T4c/4端为氧传感器信号端，其中，T4c/3为信号电压正极，T4c/4为信号电压负极（即搭铁端）。

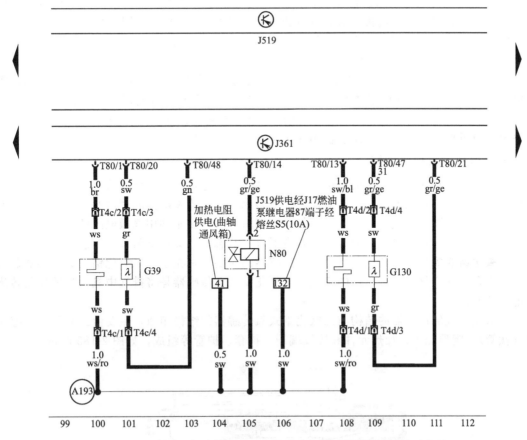

图 2-184　新款捷达轿车使用的二氧化锆式氧传感器的接线和端子布置

G39—氧传感器；G130—尾气催化净化器后的氧传感器；J361—Simos 发动机 ECU；J519—E-BOX 电控单元；N80—活性炭罐电磁阀；T4c—4 芯 C 棕色插头连接；T4d—4 芯 D 黑色插头连接；T80—80 芯黑色插头连接；A193—车身线束内的连接（87a）；ws—白色；sw—黑色；ro—红色；br—棕色；gn—绿色；bl—蓝色；gr—灰色；ge—黄色

① 故障现象判断。氧传感器对汽车电子控制燃油喷射发动机正常运转和尾气排放起着至关重要的作用，一旦氧传感器或其连接线路出现故障，不但会使排放超标，还会出现回火、放炮、急速熄火、发动机运转失准、油耗增大等各种故障，使发动机工况恶化。

② 检测加热元件的电阻。在室温下，可用万用表进行检测。检测时，拔下氧传感器线束插头，检测插头上端 T4c/1 与 T4c/2 之间的电阻，在常温下该阻值应为 1~5Ω。如果常温下该阻值为无穷大，则说明加热元件断路，应更换氧传感器。

③ 检测传感器加热元件的电源电压。氧传感器加热元件的电压为蓄电池电压，当点火开关接通使燃油泵继电器触点接通时，加热元件的电源即被接通。检测加热元件的电压时，拔下氧传感器插头，启动发动机，检测插接器插座上的端子 T4c/1 与 T4c/2 之间的电压，电压值应不低于 11V。如果该电压值为零，则说明熔丝 S5（10A）断路或燃油泵继电器触点接触不良，分别检修即可。

④ 检测传感器的信号电压。由于当氧传感器工作温度低于 300℃时，氧传感器没有达到正常工作温度，无信号输出，因此应在二氧化锆式氧传感器处于 300℃以上的工作状态时测量其输出电压。采用汽车万用表测压法检查二氧化锆式氧传感器的具体方法是：使发动机转

速在2500r/min运行约90s，插头与插座连接，将数字式万用表连接到氧传感器端子T4c/3与T4c/4连接的导线上，当供给发动机浓混合气（加速踏板突然踩到底）时，信号电压应为0.7~1.0V；当供给发动机稀混合气（拔下空气流量传感器至发动机之间的真空管）时，信号电压应为0.1~0.3V；否则说明氧传感器失效，应予以更换。

⑤检测氧传感器的信号变化频率。可将一个发光二极管和一个300Ω的电阻串联接在传感器T4c/3与T4c/4端子连接的导线之间进行检测。二极管正极连接到3端子上，二极管负极经300Ω电阻连接到插接器4端子上。发动机怠速或部分负荷运转时，发光二极管应当闪亮。闪亮频率每分钟应不低于10次，如果二极管不闪亮或闪亮频率过低，则说明氧传感器失效，应更换传感器。用万用表检测在10s内摆动的次数为8次或更多。

2. 二氧化钛式氧传感器

（1）二氧化钛式氧传感器的结构　二氧化钛式氧传感器与二氧化锆式氧传感器在测量氧气浓度的原理上有很大的不同：二氧化锆式氧传感器是以浓差电池原理为基础，通过浓度差异产生电压，判断混合气的稀与浓。二氧化钛式氧传感器则是利用气敏电阻的原理，通过氧气浓度引起的二氧化钛电阻值的改变来判定混合气状态，故又称电阻型氧传感器。

二氧化锆式氧传感器和二氧化钛式氧传感器的主要区别在于：二氧化锆式氧传感器是将排气中氧含量的变化转化为电压的变化；二氧化钛式氧传感器是将排气中氧含量的变化转化为电阻的变化。

二氧化钛式氧传感器的结构与二氧化锆式氧传感器的结构相似，主要由二氧化钛传感元件（钛管）、钢质壳体、加热元件和接线端子、护套、护管等组成，如图2-185所示。

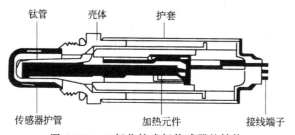

图2-185　二氧化钛式氧传感器的结构

目前使用较多的二氧化钛传感元件有芯片式和厚膜式两种。芯片式是将铂金属线埋入二氧化钛芯片中，金属铂兼作催化剂用；厚膜式是采用半导体封装工艺中的氧化铝层压板工艺制成的。此外还有利用热敏电阻进行温度补偿的二氧化钛式传感器等。

二氧化钛式氧传感器有两种形式：一种是早期使用的由发动机ECU提供5V基准电压的传感器，如图2-186所示；另一种是改良后的由发动机ECU提供1V基准电压的传感器。

（2）二氧化钛式氧传感器的检测　当氧传感器出现故障、输出信号异常时，电控单元会自动切断氧传感器的反馈作用，使发动机进入开环控制工作状态。二氧化钛式氧传感器加热电阻的检测与二氧化锆式氧传感器的基本相同。其不同于二氧化锆式氧传感器的检测方法如下。

①万用表测阻法。万用表测阻法是利用二氧化钛式氧传感器的电阻特性来判断其在暖机状态和非暖机状态下的电阻值，以此来判断其是否损坏。正常氧传感器在充分暖机状态下的电阻值约在300kΩ（不同厂家此值不同）；拆下传感器并暴露在空气中冷却后测量其电阻值，若阻值很大，则说明传感器良好；反之，则说明传感器已损坏，应予以更换。

②检测氧传感器的参考电压。关闭点火开关，取下氧传感器的连接器后，再打开点火开关，如图2-187所示，检测氧传感器的参考电压，采用1V参考电压的二氧化钛式氧传感器的标准值应为1V。

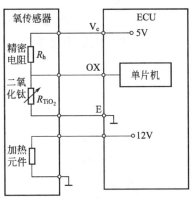

图 2-186　5V 基准电压的二氧化钛式氧传感器

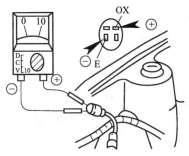

图 2-187　检测氧传感器的参考电压

③ 二氧化钛式氧传感器波形检测法。对于采用 1V 参考电压的二氧化钛式氧传感器，其测试方法、波形图等和二氧化锆式氧传感器相同。对于采用 5V 参考电压的二氧化钛式氧传感器，需要注意的是：良好的二氧化钛式氧传感器的输出端电压应以 2.5V 为中心上下波动。

知识扩展　双氧传感器系统

现代汽车大都在三元催化转化器的前、后端分别安装了氧传感器，称为双氧传感器系统，一个在三元催化转化器之前，称作主氧传感器或上游氧传感器，用于混合气反馈控制，发动机 ECU 根据主氧传感器的反馈信号，增加或减少喷油量，将实际空燃比控制在理论空燃比附近；另一个位于三元催化转化器之后，称作副氧传感器或下游氧传感器，用于监测三元催化转化器的催化净化效率。

二、可变电阻型传感器

在没装气体传感器的 D-jetronic 汽车喷射系统中，一般是使用可变电阻器改变混合气的浓度。旋转发动机怠速混合气调整螺钉使可变电阻器内触点移动，VAF 端输出的电压变化。顺时针旋转该螺钉时，VAF 电压升高，ECU 便会使喷油量稍有增加，混合气变浓。皇冠 3.0 轿车可变电阻型传感器与 ECU 的连接电路如图 2-188 所示。

可变电阻型传感器的检测方法如下。

1. 检测电阻

点火开关置于"OFF"位置，拆下可变电阻型传感器的连接器，用万用表电阻挡测量 V_c 端子和 E_2 端子之间的电阻，如图 2-189 所示，标准电阻值应为 4~6kΩ。

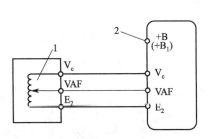

图 2-188　皇冠 3.0 轿车可变电阻型传感器与 ECU 的连接电路
1—可变电阻；2—发动机 ECU

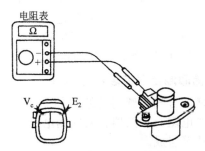

图 2-189　检测 V_c-E_2 的电阻

满度逆时针转动发动机怠速混合气调整螺钉,连接万用表电阻挡于 V_{AF} 和 E_2 端子之间,如图 2-190 所示,然后再顺时针方向转动怠调整螺钉,此时 V_{AF} 和 E_2 端子之间的电阻值应从约 5kΩ（4～6kΩ）变到 0。如果电阻值不符,则应更换可变电阻型传感器。

2. 检测电压

点火开关置于"ON"位置,用万用表电压挡测量 V_c 端子和 E_2 端子间的电压,应是 4.5～5.5V,如图 2-191 所示。

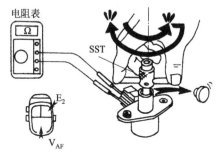

图 2-190 检查电阻的变化

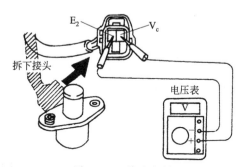

图 2-191 检查电压

点火开关置于"ON"位置时,用专用工具转动可变电阻,用万用表电压挡测量 ECU 连接的 V_{AF} 和 E_2 端子之间的电压,如图 2-192 所示,V_{AF} 和 E_2 端子间的电压应为 0～5V（不允许有突然跳跃 5V 或跌落到 0 的现象）,否则,则应换可变电阻型传感器。

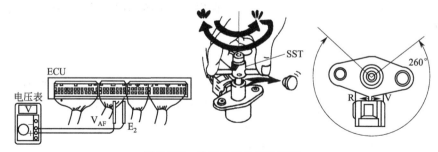

图 2-192 检查电压的变化范围

三、稀薄混合气传感器

稀薄混合气传感器应用在发动机稀薄燃烧空燃比反馈控制系统中。与氧传感器相似,稀薄混合气用传感器采用了二氧化锆固定电解质,测定排气中的氧浓度,从而来测定空燃比,它是在超稀薄燃烧领域进行空燃比的反馈控制,与氧化催化剂结合,达到降低燃料消耗的目的。

1. 稀薄混合气传感器的结构

稀薄混合气传感器的结构如图 2-193 所示,主要由检流电阻、加热器、大气侧电极、二氧化锆固体电解质等组成。

稀薄燃烧系统采用了稀薄混合气传感器,用于对稀薄混合气状态下的空燃比进行反馈控制。稀薄

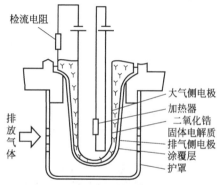

图 2-193 稀薄混合气传感器的结构

混合气传感器一般安装在排气歧管上，如图 2-194 所示。

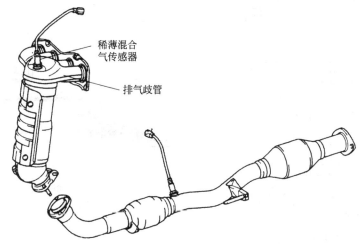

图 2-194　稀薄混合气传感器安装位置

稀薄混合气传感器的基本特性如图 2-195 所示。

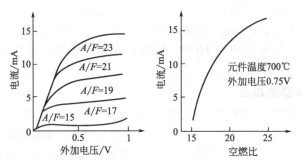

图 2-195　稀薄混合气传感器的基本特性

2. 稀薄混合气传感器的检测

（1）检查传感器的加热器电阻　将点火开关置于"OFF"位置，拔下氧传感器的导线连接器，用万用表欧姆挡测量氧传感器接线端中加热器端子与搭铁端子间的电阻，其电阻值应符合标准值（一般为 4～40Ω）。如不符合标准，则应更换氧传感器。

（2）检查传感器输出电流信号　用万用表的电流挡测试传感器的输出电流信号，电流值应随空燃比的增大而增大。

四、全范围空燃比传感器

宽域型氧传感器，又称为宽量程氧传感器、宽带氧传感器、全范围空燃比传感器。汽车发动机电控系统全范围空燃比检测传感器的作用，是用来检测混合气从过浓状态到理论空燃比再到稀薄状态整个过程。

1. 全范围空燃比传感器的结构

全范围空燃比氧传感器由一个氧气泵单元、普通窄范围浓度差电压型二氧化锆式氧传感器、加热器构成，如图 2-196 所示。

宽域型氧传感器为五、六线制，属于线性、电流型氧传感器，在全空燃比范围内（λ＝0.7～4.0）起作用。它由一个普通窄范围浓度差电压型氧传感器（能斯特元件）、氧气泵单

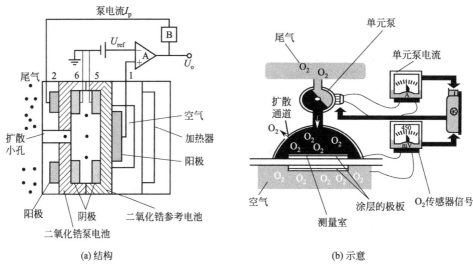

(a) 结构　　　　　　　　　　　　　　　(b) 示意

图 2-196　全范围空燃比传感器的结构

元（ZrO_2）、加热线圈、传感器控制器及扩散小孔、扩散室等构成。

一般来讲，宽域型氧传感器只用于催化转化器之前，催化转化器之后必为普通氧传感器。后氧传感器只负责校验，当前氧传感器出现故障时，发动机进入开环紧急运行状态。查看发动机盖下的标识，如果标识为 HOS，则为普通氧传感器；如果标识为 A/FS，则为宽域型氧传感器。

2. 宽带式氧传感器的检测

宽带式氧传感器一般有 6 个端子，包括加热线圈电源端子、加热线圈搭铁端子、两个 5V 电源端子、信号端子、泵电流输入端子（图 2-197）。有些宽带式氧传感器在内部将两个 5V 电源端子合并，故只有 5 个端子。

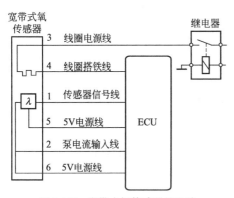

图 2-197　宽带式氧传感器的电路

宽带式氧传感器的检测方法如下。

① 关闭点火开关，拆下传感器线束连接器，在传感器侧检测加热线圈电源端子与搭铁端子间的电阻值，一般为 4～40Ω（具体值查阅车型维修资料）。电阻值如为无穷大，说明加热线圈烧断，应更换氧传感器。

② 打开点火开关，在线束侧检测加热线圈电源端子与搭铁端子间的电压，正常情况下应为蓄电池电压。

③ 宽带式氧传感器的电源信号只能由 ECU 转化为电压值显示出来，只能通过读取数据块检测其信号电压。宽带式氧传感器的电压规定值为 1.0～2.0V，电压值大于 1.5V 时说明混合气过稀，电压值小于 1.5V 时说明混合气过浓，电压值为 0、1.5V、4.9V 的恒定值时都说明氧传感器线路的故障。

3. 全范围空燃比传感器的检测

现以宝来轿车为例，说明全范围空燃比传感器的检修方法，其电路如图 2-198 所示。

全范围空燃比传感器性能的检查可采用三种方法：一是观察氧传感器外观的颜色；二是

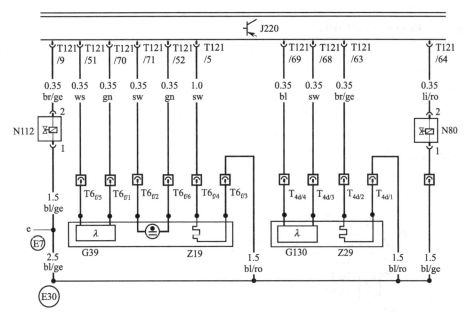

图 2-198 宝来轿车全范围空燃比传感器的电路

G130—尾气催化净化器后氧传感器；Z29—尾气催化净化器后氧传感器 1 的加热装置；
Z19—氧传感器加热装置；G39—氧传感器；J220—发动机控制单元

检查氧传感器加热电阻；三是测量氧传感器电压输出信号。

(1) 外观颜色检查 通过观察氧传感器顶部的颜色，可以判断故障的原因。氧传感器顶部的正常颜色为淡灰色，如果发现氧传感器顶部颜色发生变化，则预示着氧传感器存在故障或故障隐患。氧传感器顶部呈黑色，是由于积炭污染造成的，可拆下氧传感器后清除其上的积炭。氧传感器顶部呈红棕色，说明氧传感器受铅污染。

(2) 检查氧传感器加热器电阻 当发动机温度达到正常后，拔下氧传感器的连接器，用万用表的电阻挡检测传感器端子之间的电阻值。前氧传感器加热器电阻，即 3-4 针脚的电阻为 $2.5 \sim 10\Omega$；后氧传感器加热器电阻，即 1-2 针脚的电阻为 $6.4 \sim 47.5\Omega$，否则应更换氧传感器。

(3) 检查单元泵电阻 用万用表欧姆挡检测前氧传感器单元泵电阻，即 2-6 针脚的电阻为 77.5Ω。

(4) 检查二氧化锆参考电池输出电压 用万用表直流电压挡检测 1-5 针脚，氧传感器电压应保持在 $0.4 \sim 0.5V$ 附近。

(5) 检查全范围空燃比传感器输出电压 全范围空燃比传感器输出电压不能用万用表直接测量，而应通过专用解码器读取数据流。发动机控制单元将全范围空燃比传感器的电流信号转化为电压值显示出来，其规定电压值为 $1.0 \sim 2.0V$，发动机运转时宽域氧传感器的输出电压应在 $1.0 \sim 2.0V$ 之间波动。电压值大于 $1.5V$ 时表示混合气过稀；电压值小于 $1.5V$ 时表示混合气过浓。当电压值为 0、$1.5V$、$4.9V$ 的恒定值时，表明氧传感器本身或其线路有故障。

五、柴油机烟度传感器

柴油机烟度传感器可以连续测量柴油机的烟度，用它来检测发动机排放气体中形成的炭烟和未燃烧的炭粒，并把表示炭烟存在的电信号输入电控单元（ECU）。ECU 根据烟度信号调节空气和柴油的供给量，以达到完全燃烧减少炭烟。

1. 柴油机烟度传感器的结构

柴油机烟度传感器的结构如图 2-199 所示，主要由传感器感应头本体、催化剂、金属体等组成。传感器的整体类似于汽油机的火花塞，感应头装在金属体中，通过中间体与接线盒相连，金属体的下端有螺纹，可以方便地安装在排气管上。传感器感应头的本体一般制成陶瓷体，暴露在烟气中的电极一定要用贵金属铂或铂合金材料等做成；为了节省贵金属，降低制成本，电极常可采用组合结构，即用 15mm 左右长的铂丝和其他金属丝在焊点处点焊在一起。

2. 柴油机烟度传感器的检测

采用万用表对烟度传感器进行检测时，可先按如图 2-200 所示的方法将万用表、蓄电池与传感器连接好后，在汽车上观察万用表的电流值。

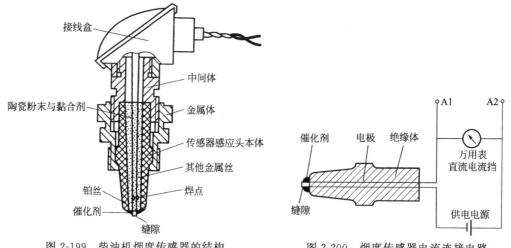

图 2-199 柴油机烟度传感器的结构　　图 2-200 烟度传感器电流连接电路

随柴油机负荷变化的排温、烟度和传感器电流值的变化情况，应符合相关要求，见表 2-35（发动机转速保持在 2000r/min，传感器用 24V 直流电源）。随着柴油机负荷的增加，排温、烟度传感器的电流都相应增加，烟度与传感器电流间的关系，应满足下列关系式，即

$$R = KI$$

式中　R——波许烟度；

　　　I——传感器电流值；

　　　K——比例常数。

表 2-35　随柴油机负荷变化的排温、烟度和传感器电流值的变化

功率/kW	排温/℃	烟度/BSU	传感器电流/μA
0	0	0	1.0
5.00	190	0.3	2.5
5.74	200	0.5	3
7.79	240	0.8	5.5
8.75	260	1.1	7
9.04	290	1.3	10
9.41	300	1.5	12
9.71	325	1.8	15
10.29	350	2.0	19
11.47	390	2.7	33
11.84	405	3.0	42
12.13	420	3.4	50
12.35	430	4.3	65
12.57	440	5.0	80

六、氮氧化物传感器（NO_x 传感器）

NO_x 是可燃混合气在高温、高压下燃烧后的产物，是 NO 和 NO_2 总称。为了降低汽车尾气中 NO_x 的排放量，在汽车上加装 NO_x 传感器。NO_x 传感器确定废气中氮氧化物和氧气的残留量并把此信号传给氮氧化物控制单元，其作用如下。

① 识别和检查三元催化转化器的功能是否正常。

② 识别和检查三元催化转化器前端宽域型氧传感器调节点是否正常或是否需要修正。

③ 检测 NO_x 传感器产生的信号被传送至 NO_x 传感器控制单元。

④ NO_x 传感器感测到 NO_x 存储式催化转化器的存储空间达到饱和时，就会启动一个氮氧化物再生周期，即提供给 ECU 信号，使发动机在短时间内生成更浓的混合气体，使排气温度升高，转化器涂层便开始释放氮氧化物，氮氧化物会随之被转化为无害氮气。

⑤ 失灵的影响。如果 NO_x 传感器的信号发生故障，则发动机仅能在均质充气模式中运行。

NO_x 传感器的结构如下。

NO_x 传感器包含两个腔室、两个泵室、4 个电极和一个加热器，如图 2-201 所示。NO_x 传感器的传感元件是用二氧化锆制成的，该元件的典型特点是：如果对它施加电压，它就能使负的氧离子从负电极迁移到正电极，相当于气泵将氧气从一侧泵入另一侧。因此，习惯上也被称为氧气泵。

NO_x 传感器的检测原理也是以氧气检测为基础，并且可以从一个宽带 λ 探针上检测到氧气含量。NO_x 传感器一般安装在排气管的催化转化器之后。

NO_x 传感器控制单元常安装于汽车底板外部，在 NO_x 传感器的附近位于车外部底板下部，在 NO_x 传感器附近对传感器信号进行预加工，然后将该信息经 CAN 总线传至发动机 ECU，发动机 ECU 通过这个信息来识别所存储的氮氧化物的饱和程度，NO_x 传感器控制单元如图 2-202 所示。

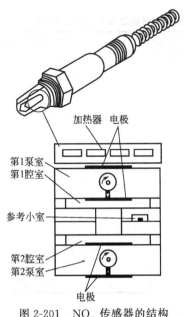

图 2-201 NO_x 传感器的结构

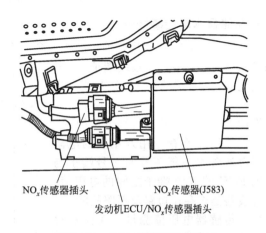

图 2-202 NO_x 传感器控制单元

第七节 其他传感器

一、燃油含水率传感器

1. 燃油含水率传感器的结构

燃油含水率传感器安装在柴油发动机油水分离器的下方,它是用来探测燃油滤清器中油的含水量的,燃油中的含水量信息被该传感器传送给 ECU,一旦燃油含水量超过传感器的两电极高度时,就会进行报警,提示驾驶员防水。含水率传感器能够在启动后立即向 ECU 触发一个约 1s 的高电平,否则需考虑该传感器是否已损坏。

2. 燃油含水率传感器的检测

柴油机含水率传感器出现故障,一般会出现报警灯闪烁、不熄灭的现象。燃油含水率传感器的典型连接电路图 2-203 所示。其检测方法如下。

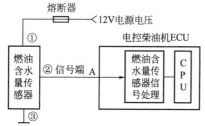

图 2-203 燃油含水率传感器的典型连接电路

（1）检测电阻　采用万用表电阻挡,检测燃油含水率传感器②脚到 ECU 的 A 端脚之间的电阻值,以检查外连接线路是否有断路或短路现象。

（2）供电电压的检测　在拆卸燃油含水率传感器连接件的情况下,打开点火开关,采用万用表直流电压挡,检测传感器线束侧①脚与搭铁之间的电压是否为 12V。

（3）搭铁的检测　在断开燃油含水率传感器连接件的情况下,采用万用表电阻挡检测燃油含水率传感器线束侧的③脚与蓄电池负极之间的导通性,正常的电阻值应小于 1Ω。

（4）电阻值的检测　采用万用表电阻挡,检测燃油含水率传感器三个端脚之间的电阻值,各端脚之间的正常电阻值见表 2-36。

表 2-36　采用万用表电阻挡检测燃油含水率传感器三个端脚之间的电阻正常值

检测的端脚	①与②端脚之间	②与③端脚之间	①与③端脚之间
电阻值/kΩ	∞	约为 4	1.5～2.5

3. 燃油含水率传感器示例

长城汽车 GW2.8TC 型柴油机的燃油含水率传感器与 ECU 的电路连接如图 2-204 所示。燃油含水率传感器有 3 个接线端子,1 号端子接电源,2 号端子接 ECU 的 K40 端子（信号）。

燃油含水率传感器的检测方法如下。

（1）外线路检查　用万用表的电阻挡测量燃油含水率传感器的 2 号端子与对应的 ECU 的 K40 端子之间的电阻值,判断外线路是否存在短路及断路故障。

（2）传感器电压值测量　关闭点火开关,拔下燃油含水率传感器,打开点火开关,测量线束侧插头 1 号端子与搭

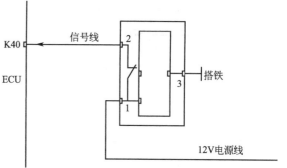

图 2-204　长城汽车 GW2.8TC 型柴油机的燃油含水率传感器与 ECU 的电路连接

铁之间电压值，应为12V电压，3号端子电压为0。

（3）传感器电阻值测量　1号与2号端子之间电阻应为无限大，2号与3号端子之间电阻值应为4MΩ左右，1号与3号端子之间电阻值应为1.5~2.5MΩ。

故障指示灯常亮，故障码含义为"燃油含水率传感器故障"。可能的故障原因：插拔过程中传感器针脚弯曲、传感器线路虚接，导致信号端子输出电压信号偏差过大；燃油中含水量过大，使两个电极长期处于导通状态，系统便会一直点亮故障指示灯。

二、光电式燃油流量传感器

1. 光电式燃油流量传感器的结构

光电式燃油流量传感器主要由光电耦合元件、叶轮、透光板组成。当叶轮旋转时，透光板也随叶轮在光电耦合件之间旋转，光敏晶体管就一会儿导通，一会儿截止，根据导通的次数就可以检测出燃油量。光电式燃油流量传感器的结构与电路如图2-205所示。

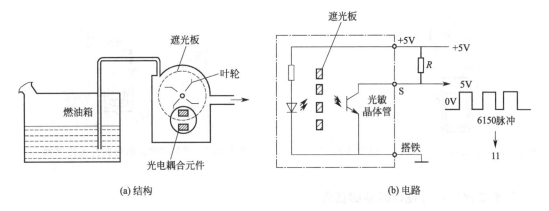

图2-205　光电式燃油流量传感器结构与电路

2. 光电式燃油流量传感器的检测

（1）供电电压检测　点火开关置于"ON"位置，首先检查供电电压，应为5V。

（2）输出信号电压检测　在发动机处于怠速运转状态时，用万用表电压挡测量光电式燃油流量传感器信号输出端子间的电压变化情况。电压应该以脉冲形式发生，并且脉冲的时间间隔均匀，当发动机转速升高时，脉冲传感器的电压频率应明显加快。

如果检测不符合，说明被测传感器性能良好；反之则说明其不良或损坏，则应修理或更换。

三、喷油器针阀升程传感器

喷油器针阀升程传感器主要用于电控分配泵或柴油机中，用来确定喷油器喷油始点，可作为判缸信号；感知喷油持续时间；通过检测针阀升程来换算循环喷油量，间接检测柴油机负荷。它安装在喷油器内部，用于电控分配喷式燃油系统中。喷油器针阀升程传感器主要有差动式和霍尔式两大类型。

1. 喷油器针阀升程传感器的结构

① 差动式喷油器针阀升程传感器如图2-206所示，主要由传感器线圈、传动杆等组成。当喷油器有高压燃油时，喷油器针阀传动杆上升，改变电磁线圈的磁阻和输出信号电压，从

而反馈喷油器的喷油始点给 ECU。

② 霍尔式喷油器针阀升程传感器如图 2-207 所示，霍尔元件装在针阀弹簧座的上方，弹簧座上固定着一块永久磁铁。霍尔元件通电后，弹簧座随针阀运动时，因永久磁铁的运动，使通过霍尔元件的磁感应强度发生变化，造成近似地与针阀升程成正比地输出信号电压的变化，故可由信号电压的变化测出喷油始点。针阀升程传感器由固定在顶杆内的磁铁和进行检测的霍尔元件构成，非常紧凑地布置在喷油器体内。

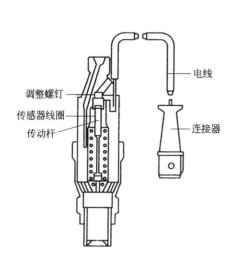

图 2-206 差动式喷油器针阀升程传感器

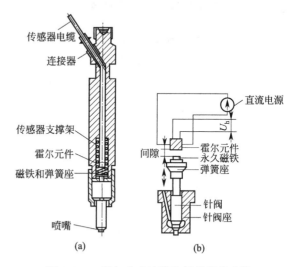

图 2-207 霍尔式喷油器针阀升程传感器

2. 喷油器针阀升程传感器的检测

如果传感器失效，喷油器喷油始点信号转换到开环控制（根据发动机转速与发动机负荷）。在正常操作过程中，喷油器喷油始点信号由闭环功能控制（根据发动机转速、发动机负荷与温度）。针阀升程传感器主要检测项目有供电电压测量、输出信号测量、波形测试、相关线路检测等。

现以捷达 SDI 发动机为例，说明针阀升程传感器的检测方法。

① 关闭点火开关，拔下针阀升程传感器插头（以捷达 SDI 发动机为例）。

② 测量插头两端子间的电阻值。标定值为 80~120Ω，若达不到标定值，则更换带针阀升程传感器的 3 缸喷油器。

③ 若达到标定值，连接 VAG1598/31 至控制单元线束，根据电路图检查接线盒与插座间导线是否断路。检测点为：端子 1 与插口 109，端子 2 与插口 101，导线电阻最大为 1.5Ω。

④ 检测导线间是否彼此短路。

⑤ 对地短路或正极短路。若未发现故障，则更换柴油机控制单元（J248）。

四、电容式液位传感器

电容式液位传感器的原理是利用在两电极之间油液面的高度不同会引起电容值的不同。电容两极不是导电材料，当电容式液位传感器浸在燃油中时，电容量与电容两极浸入油液的深度有关，即与液位高低有关。利用电容量的变化可将液位高低转换成电信号的高低电平，以此制成电容式液位传感器。

电容式液位传感器常用作燃油、机油和冷却液液位的测量。如图 2-208 所示，将电容式液位传感器放入燃油或冷却液中，随着燃油或冷却液液面高度 h 发生变化，导致电容电极间的电介质不同，从而引起电容的变化，电容的变化引起振荡周期的变化，通过计算振动频率，就能获知液面状态。

现以帕萨特 1.8L ANQ 发动机为例，说明电容式液位传感器的结构与检测方法。

1. 电容式液位传感器的结构

机油状态传感器是大众车系和奥迪车系所配备的反映机油状况的一个重要传感器，主要作用是随时监控机油液位、机油品质、机油温度。

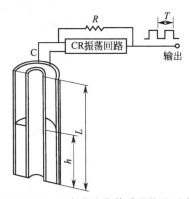

图 2-208　电容式液位传感器构造示意

如图 2-209 所示，机油状态传感器 G1 安装于发动机油底壳上，该传感器由两个重叠安装的筒形电容器组成。两根金属管 2、3 作为电容器电极嵌套安装在电极之间，发动机机油 4 作为电介质。机油状态通过下面的机油状态传感器 6 测得，作为电介质的机油因磨损碎屑不断增加以及添加剂的分解而使介电常数发生变化，相应的电容值将在传感器电子装置 7 中被处理成数字信号，并作为发动机机油状态信息被传送给仪表电脑。机油液位传感器 5 在状态传感器的上部，它测量机油液位这一部分的电容值，该电容值会随着机油液位的变化而发生变化，并将由传感器电子装置处理成的数字信号再传送到仪表电脑。在机油状态传感器的底座上装有一个铂温度传感器 9，该传感器检测机油温度，并将检测到的温度信号传送到仪表电脑，再输出到机油温度表显示。只要在输出信号端连续测量，即可测得机油液位、温度和发动机机油状态信号的变化。

2. 机油状态液位传感器的检测

机油状态传感器 G1 是一个三线式数字信号传感器，其连接电路如图 2-210 所示。检测方法如下。

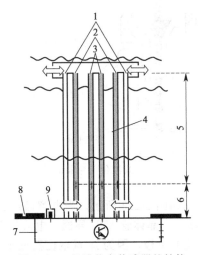

图 2-209　机油状态传感器的结构
1—壳体；2—外部金属管；3—内部金属管；4—发动机机油；5—机油液位传感器；6—机油状态传感器（G1）；7—传感器电子装置；8—油底壳；9—铂温度传感器

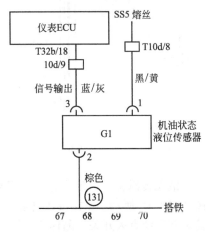

图 2-210　机油状态传感器 G1 的连接电路

(1) 供给电源检测　用数字式万用表对传感器 1 号端子进行工作电压检查。用数字式万用表直流 20V 挡检测机油状态传感器 1 号端子,点火开关打开时,其电源端电压应是蓄电池电压。

(2) 搭铁线检测　检测 2 号线与搭铁间电阻,正常值应为 0,否则说明搭铁不正常。

(3) 信号线参考电压检测　检测 3 号线信号电压,应在 9.8～10.5V 范围内,在怠速时测量电压值应基本不变化。

五、电热式液位传感器

电热式液位传感器是利用电阻率温度系数大的材料制成电阻,在其两端施加电压来检测液位的变化。温度越高,电阻温升越高,电阻阻值越大。当把电阻浸入油液中时,其温度会下降,电阻阻值也随着下降,通过检测出电阻的变化即可获得燃油液位的变化。如图 2-211 所示,这种传感器是在金属箔上附着 Fe-Ni 薄膜做成薄膜电阻,制成电热式液位传感器。

东风汽车有限公司生产的 DCI-11 发动机采用电热式机油液位传感器,液位的测量只在发动机停机时进行。机油液位探针安装在机油箱底部,停机时,ECU 每间隔 15s 在 1.75s 内送出 200mA 电流,热电阻的阻值会随着温度上升而发生变化。由于探针在机油和空气中散热能力的不同,所以热电阻的温度变化又与热金属丝探针浸在机油油液中的深度有关系,即与机油油面位置有关。ECU 根据阻值的变化即可确定发动机机油液位。

六、电极式液位传感器

1. 电极式液位传感器的结构

蓄电池液面报警系统利用电极式液面高度传感器测量液面高度,当蓄电池液面下降低于规定量时,蓄电池液面报警灯点亮,向驾驶员报警,以便对蓄电池进行维护。其结构如图 2-212 所示,主要结构是装在蓄电池盖上的铅棒,铅棒起电极作用。当蓄电池电解液液面低于规定值时,报警灯亮,向驾驶员报警,以便对蓄电池进行维护。

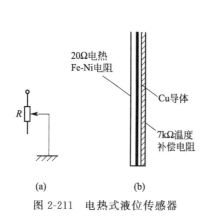

图 2-211　电热式液位传感器

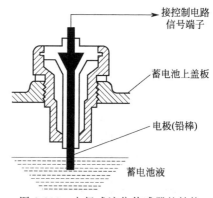

图 2-212　电极式液位传感器的结构

蓄电池液位传感器、控制电路与报警灯的电路原理如图 2-213 所示。当电解液液位正常时,如图 2-213(a) 所示,铅棒浸在电解液中而产生电动势,晶体管 VT_1 导通,电流从蓄电池正极沿箭头方向经点火开关、晶体管 VT_1 再回到蓄电池的负极,因为 A 点电位接近于 0,所以晶体管 VT_1 截止,报警灯不亮。当电解液液位不足时,如图 2-213(b) 所示,铅棒不能浸在电解液中,其上没有电动势产生,所以晶体管 VT_1 截止。这时,A 点电位上升,晶体管 VT_2 的基极中有箭头方向所示的电流通过,晶体管 VT_2 导通,报警灯亮,通报电解液已不足。

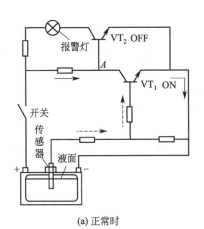
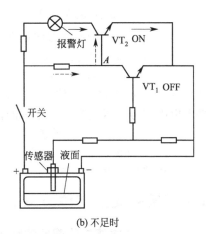

(a) 正常时　　　　　　　　　　　　　(b) 不足时

图 2-213　蓄电池液位传感器、控制电路与报警灯的电路原理

2. 电极式液位传感器的检测

当怀疑电极式液位传感器有故障时，应将检测的传感器安装在液量正常的蓄电池上，对其进行性能试验。此时如试验灯不亮，则说明电极式液位传感器组件的性能良好。

首先检查蓄电池液面，如果液面正常，可以用下述方法对传感器和线路哪一部分损坏进行判定：拔掉传感器单线插头，将通向控制电路的线束侧接头与蓄电池正极直接相连，如果蓄电池液面报警灯熄灭，说明传感器有故障，应更换。

七、半导体型液位传感器

1. 半导体型液位传感器的结构

现以别克 G/GL/GS 系列轿车的传感器为例，介绍半导体型液位传感器的结构。

别克 G/GL/GS 系列轿车的传感器使用半导体型发动机冷却液液位传感器，其电路连接如图 2-214 所示。

当点火钥匙处于"RUN"位置时，水位传感器的 B 端有蓄电池电压供给，传感器电极浸入发动机冷却液中，而发动机冷却液作为电介质被传感器电路视为电阻。

发动机冷却液液位传感器的内部电路类似于三极管的工作原理，水位传感器的 B 端"+"电压不仅是发动机冷却液液位警告灯电路的一部分，同时也是水位传感器的内部电路的工作电压，C 端为搭铁端。

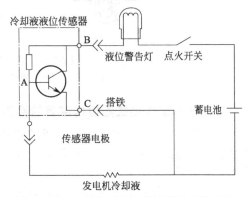

图 2-214　半导体型液位传感器的电路连接

当发动机冷却液液位正常时，发动机冷却液导电能力相对较强，电阻较小，根据分压原理，基极电位（A 端电位）较低，三极管截止，水位传感器的内部电路将使 C 端处于开路状态，则液位警告灯不亮。

反之，当发动机冷却液液位较低时，发动机冷却液电阻较大，根据分压原理，A 端电位较高，三极管导通，水位传感器的内部电路使水位传感器的 B 端和 C 端导通，则液位警告灯点亮。

2. 半导体型液位传感器的检测

半导体型液位传感器的检测方法如下。

① 检测时，关闭点火开关，断开水位传感器接头，打开点火开关，首先检测 B 端是否有蓄电池电压，检查 C 端搭铁是否正常。如果不正常，则应检查线路。

② 检查发动机冷却液液位传感器 B 端与 C 端的线路是否有短路现象。传感器的 B、C 端之间并非电阻信号，因此在水位正常的情况下，传感器本体的 B、C 间不应导通。拔出水位传感器，则 B、C 间应导通，检测时应注意表笔的正负极不要接反。

③ 在发动机冷却液液位正常的情况下，发动机液位警告灯仍然点亮，此时应检查液位警告灯至液位传感器 B 端的线路是否有短路现象。

八、浮子舌簧开关式液位传感器

1. 浮子舌簧开关式液位传感器的结构

浮子舌簧开关式液位传感器由树脂圆管制成的轴和可沿其上下移动的环状浮子组成，如图 2-215 所示。在管状轴内装有舌簧开关（强磁性材料制成的触点），浮子内嵌有永久磁铁。舌簧开关内部是一对很薄的触点，随浮子位置的不同而闭合或断开，从而可以判定液量是多于规定值还是少于规定值。

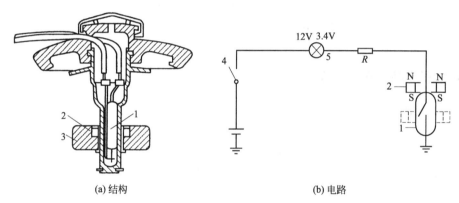

图 2-215 浮子舌簧开关式液位传感器

1—舌簧开关；2—永久磁铁；3—浮子；4—点火开关；5—报警灯

2. 浮子舌簧开关式液位传感器的检测

浮子舌簧开关式液位传感器常见故障是浮子损坏，舌簧弹性丧失，不能工作。可用万用表测量传感器的两接线端子的电阻，当浮子上下移动时，确认开关是否随其通断变化。具体检修方法如下。

用万用表欧姆挡表笔接浮子舌簧开关式液位传感器的两端。当浮子向下移动时，两端子之间导通（电阻值为 0），如图 2-216 所示。

当浮子向上移动时，两端子之间不导通（电阻值为∞）。若不符合要求，则应更换浮子舌簧开关式液位传感器。

九、浮子可变电阻式液位传感器

1. 浮子可变电阻式液位传感器的结构

浮子可变电阻式液位传感器的结构如图 2-217 所示。浮子可变电阻式液位传感器由浮子、内装滑动电阻的电位器以及连接浮子和电位器的浮子臂组成。浮子可随液位上、下移动，这时滑动臂就在电阻上滑动，从而改变搭铁与浮子之间的电阻值，即改变了回路的电阻值。利用这一电阻值变化来控制回路中电流的大小并在仪表上显示出来。这种传感器可用于油量的测量，即可表示液位高低。

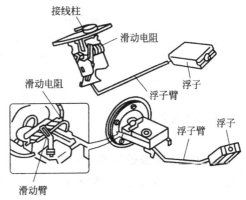

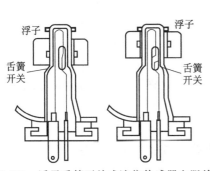

图 2-216 浮子舌簧开关式液位传感器电阻检测　　图 2-217 浮子可变电阻式液位传感器的结构

汽车汽油油量表中使用的浮子可变电阻式液位传感器如图 2-218 所示。仪表与浮子可变电阻式液位传感器串联，当满油箱时，浮子升到最高位置，滑动臂滑向低电阻方向，此时通过回路中的电流增大，使双金属片弯曲增大，指针指向 F 侧；当油箱内油量较少时，浮子降到较低的位置，滑动臂滑向高电阻方向，汽油表电路中电流减小，仪表内双金属片弯曲变小，指针指向 E 侧。这样就可以通过指针的位置来判断油量的多少。

2. 浮子可变电阻式液位传感器的检测

用在汽油量表中的浮子可变电阻式液位传感器的检查如图 2-219 所示。

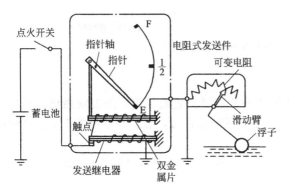

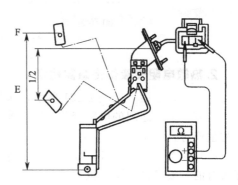

图 2-218 汽车汽油油量表中使用的
浮子可变电阻式液位传感器
注：1/2 浮子的 E 位时，正好离
燃油箱顶的距离为燃油箱深度的一半

图 2-219 用在汽油量表中的浮子
可变电阻式液位传感器的检查

用万用表欧姆挡测量浮子位于不同位置时两端子 F 与 E 间的电阻。当燃油箱里的浮子由低部位移至高部位时，用万用表测量传感器插头 1、3 端子间的电阻，测量时变化要特别均匀，不得有接触不良和跳变现象。当 E 处电阻值大于 F 处电阻值，且从 E 处到 F 处变化过程中，阻值连续变化，说明传感器良好。若测量的电阻值不符合规定，则应更换浮子可变电阻式液位传感器。

十、热敏电阻式液位传感器

热敏电阻式液位传感器是利用热敏电阻在空气中和液体中耗散系统的不同,电流流入热敏电阻产生的热量向周围传递散发,在某个温度时达到平衡。因为热耗系统不同,在液体和空气中,液体的平衡温度也就不同。

热敏电阻式液位传感器可用于检测汽油、柴油的液面高度。当给热敏电阻加以电压时,就有电流通过,在电流的作用下,热敏电阻就要发热。当热敏电阻浸于油液中,因为散热良好,热敏电阻的温度不上升而使电阻值增加;而当燃油量减少时,热敏电阻露在空气中,散热性变差,温度升高,电阻值下降。热敏电阻的阻值下降到一定值时,线路中流过的电流增大到可以使继电器触点闭合,而使低油面报警灯发亮报警。这样通过指示灯电路电流大小变化,灯光或亮或灭来判断燃油量的多少。

1. 热敏电阻式液位传感器的结构

如图 2-220 所示,使用热敏电阻和指示灯组成的电路,通过指示灯的亮、灭,就可判断燃油量的多少。

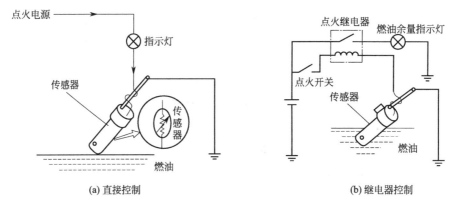

图 2-220 热敏电阻式液位传感器燃油报警电路

2. 热敏电阻式液位传感器检测

(1) 检查电阻 如图 2-221 所示,从上至下改变浮筒位置时,用万用表欧姆挡检查燃油端子与搭铁端子之间的电阻变化情况。当浮筒处于不同位置时,燃油端子与搭铁端子之间的电阻值应符合规定。

(2) 检查液位报警灯 如图 2-222 所示,从燃油表上拔下插头,然后闭合点火开关,把报警灯的一端搭铁,这时报警灯应该点亮。

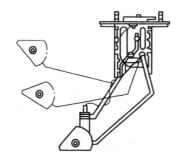

图 2-221 热敏电阻式液位传感器电阻检查

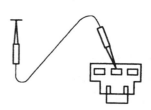

图 2-222 液位报警灯检查

（3）检查燃油液位报警开关　检查时，取下燃油油量表的外壳，然后在报警端与搭铁端接入一个12V、3.4W的灯泡作为报警灯。当接上蓄电池时，报警灯应该点亮，如图2-223所示。将液位传感器放入水中，报警灯应该熄灭。

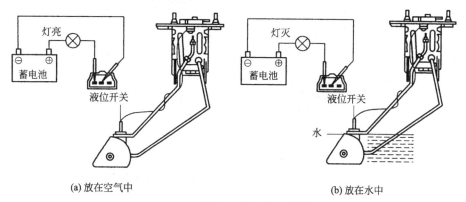

图 2-223　燃油液位报警开关检查

若检查不符合规定，则应更换液位传感器。

十一、液流环位置传感器

液流环位置传感器在电子控制式VE型分配式喷油泵的柴油机上广泛应用。目前应用较广泛的是可调电感式液流环位置传感器。

1. 溢流环位置传感器的结构

溢流环位置传感器用在电子式柴油喷射装置上，用来检测溢流环的位置，实现电子控制喷油量的控制。ECU根据节气门开度位置和发动机转速计算出基本喷油量，然后再根据其他信号进行修正，向溢流控制电磁阀发出动作信号，实现电子控制。溢流控制电磁阀和溢流环位置传感器如图2-224所示。

2. 溢流环位置传感器的检测

溢流环位置传感器的常见故障是线圈断路或短路，检测时可用万用表欧姆挡测量端子间的电阻值来判断其是否良好，标准电阻值可参考有关维修手册。若电阻为0或∞，则需更换该传感器。

十二、智能型蓄电池传感器

智能型蓄电池传感器（IBS）是电源管理系统的一个组成部分，它由机械、硬件和软件三部分功能元件组成。IBS的机械部分由蓄电池负极接线柱及接地线组成。IBS内部安装的智能芯片通过电源线B+给其供电，同时提供蓄电池电压信号。其工作时可以连续检测蓄电池电压、蓄电池充电/放电

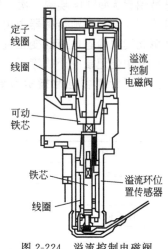

图 2-224　溢流控制电磁阀和溢流环位置传感器

电流、蓄电池电解液温度。智能芯片内部的软件还负责控制相关流程和与发动机ECU的通信，通过数据接口将数据传送至发动机ECU。智能型蓄电池传感器安装在蓄电池负极上。

为了进行数据传输，智能型蓄电池传感器通过LIN总线与数字式发动机电子伺控系统（DME）或数字式柴油机电子装置（DDE）连接，如图2-225所示。

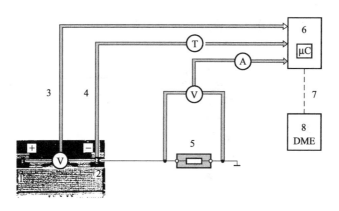

图 2-225 智能型蓄电池传感器的控制原理

1—蓄电池正极；2—蓄电池负极；3—蓄电池电压检测；4—蓄电池温度检测；5—电流检测（分流器上的电压降）；6—IBS 中的微控制器；7—串行数据接口；8—DME

在行驶模式下和在车辆处于静止状态时查询检测值。

1. 行驶模式

计算蓄电池状态，用作蓄电池充电状态（SOC：充电状态）和蓄电池状态（SOH：健康状态）的基础。平衡蓄电池的充电和放电电流。

计算车辆启动时的电流变化，以便确定蓄电池状态。

智能型蓄电池传感器中的软件控制与发动机控制单元的通信。

2. 车辆静止

在车辆处于静止状态时周期性地检查检测值，以便识别能量损失。智能型蓄电池传感器已被编程为每 14s 唤醒一次，以便通过重新测量更新测量值。测量持续时间约为 50ms。测量值记录到蓄电池传感器中用于记录静态电流的存储器中。在发动机重新启动后，发动机控制单元读取静态电流的变化过程。如果与定义的静态电流变化过程存在偏差，则在发动机控制单元中便记录一个故障码。

为了计算蓄电池指示参数，还要同时对蓄电池的充电状态 SOC 进行检测计算，见表 2-37。

表 2-37 蓄电池的 IBS 检测范围

项目	IBS 检测范围	项目	IBS 检测范围
电压/V	6~16.5	启动电流/A	0~1000
电流/A	−200~+200	温度/℃	−40~105
休眠电流/A	0~10		

十三、柴油颗粒传感器

柴油颗粒传感器安装在 SCR 废气催化转换器（如宝马 F30 系列车型）后排气装置内，可用于诊断柴油微粒过滤器。柴油颗粒传感器的功能以电阻检测为基础。

传感器的安装位置取决于排气装置。柴油颗粒传感器由一个检测用探针和一个电子分析装置组成。

沉积的炭烟颗粒构成了电极之间的导电路径，从而有电流流过。这个信号由电子分析装置进行分析。电子分析装置据此确定柴油微粒过滤器的存储微粒功能。

电子分析装置将这些信号转发给数字式柴油机电子伺控系统（DDE）。柴油颗粒传感器的电子分析装置通过局域 CAN 总线与发动机控制系统通信。

通过加热定期使检测用探针再生，烧掉沉积的炭烟颗粒。

柴油颗粒传感器由一个检测用探针和一个电子分析装置组成。这两个部件通过电缆彼此相连接且不可分离。电子分析装置连接在局域 CAN 总线上。前部配电器利用总线端 K1.15N 为氮氧化物传感器供电。

柴油颗粒传感器的标准值见表 2-38。

表 2-38 柴油颗粒传感器的标准值

项　目	数　值
电压范围/V	9～16.5
供电电压/V	12
温度范围/℃	100～800

知识扩展　着火正时传感器

着火正时传感器的结构如图 2-226 所示，燃料燃烧发出的光通过石英棒导入光敏三极管转为电信号，ECU 根据实际着火时刻修正喷油提前角。通过对点火提前角的修正可以减小因大气压力变化对发动机的影响，减小因不同十六烷值对发动机的影响，减小因喷油泵机械结构差异及其他因素对发动机的影响。

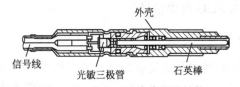

图 2-226　着火正时传感器的结构

第三章

汽车发动机电控系统执行器的万用表检测

　　汽车发动机电控系统的执行器主要有电动燃油泵及其控制系统；继电器；燃油压力调节器；电磁喷油器；排放控制系统；点火系统执行器；节气面开度控制装置。

　　执行器执行电控系统发送的信息，并按指令调节喷油量和喷油正时，从而调节发动机运行状态。

　　当执行器发生故障时，ECU 会采取安全措施。为了安全措施的实施，在 ECU 控制系统中专门设计了故障保障系统。由于 ECU 对执行器进行控制操作，控制信号是输出信号。所以，对执行器的工作情况诊断，需要有故障诊断电路，也就是 ECU 向执行器发出控制信号，执行器通过专用电路向 ECU 反馈信号。

一、电动汽油泵及其控制系统

　　电动汽油泵的作用是供给燃油系统足够的具有规定压力的汽油。电子控制汽油喷射系统的电动汽油泵是一种由小型直流电动机驱动的油泵。电动机和油泵做成一体，密封在一个泵壳内。有些车型的电动汽油泵安装在油箱外，但大部分车型的电动汽油泵安装在油箱内，还有少数车型在油箱内和油箱外各安装一个电动汽油泵，两者串联在油路中。

　　常见的电动汽油泵有两种类型：滚柱式和平板滑片式。

1. 电动汽油泵的检测

　　（1）电动汽油泵电阻的检测　　用万用表电阻挡测量电动汽油泵上两个接线端子间的电阻，即为电动汽油泵直流电动机线圈的电阻，其阻值应为 2～3Ω（20℃时）。如果阻值不符合规定，则应更换电动汽油泵。

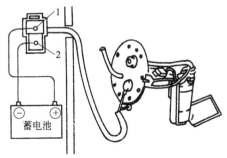

图 3-1　检测电动汽油泵工作状态
1,2—端子

　　（2）电动汽油泵工作状态的检查

　　① 单件检查。如图 3-1 所示。拆下电动汽油泵的导线连接器，从车上拆下电动汽油泵进行检查。将电动汽油泵与蓄电池相接（正负极不能接错），并使电动汽油泵尽量远离蓄电池，每次接通时间不超过 10s（时间过长会烧坏电动汽油泵电动机的线圈）。如电动汽油泵不转动，则应更换电动汽油泵。

　　② 就车检查。

　　a.用连接线将电动汽油泵连接器上的两个端子连接起来。

b. 再使点火开关位于"ON"位置，但不要启动发动机。

c. 检查来自燃油滤清器的进油软管处是否可用手指感觉到的油压。注意，可听到燃油的回流声音。

d. 断开点火开关（位于"OFF"位置）。

从检查连接器上取下连接线。

如果没有油压，则检查以下元件：燃油喷射（EFI）的主继电器熔断器；EFI的熔断器；EFI的主继电器；燃油泵的ECU；燃油泵；发动机的ECU；各线束连接器。

（3）电动汽油泵电量的检测　拆下电动汽油泵的电源线，串上电流表，启动发动机，观察耗电量应不大于7A，如果耗电量过大，说明电动汽油泵电机存在短路、阻塞、卡滞等现象，这时会使供油压力不足。

（4）电动汽油泵最大压力和保持压力的检测

① 释放燃油系统压力。按规定程序释放燃油系统的油压，启动发动机，在发动机运转中拆下电动汽油泵继电器（或拆下电动汽油泵电源插头），待发动机自行熄火后，再转动启动开关，启动发动机2～3次，燃油压力即可完全释放。

② 拆下蓄电池负极电缆。

③ 将油压表接在燃油管路上，并将出油口塞住，如图3-2所示。

④ 接上蓄电池负极电缆。用一根导线将电动汽油泵的两个检测插孔短接。

⑤ 打开点火开关，持续10s左右（不要启动发动机），使电动汽油泵工作，同时读出油压表的压力。该压力称为电动汽油泵的最大压力，应比发动机运转时的燃油压高200～30kPa。通常可达490～640kPa。如不符合标准值，应检查真空管和油压调节器或更换电动汽油泵。

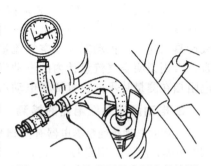

图3-2　电动汽油泵最大压力的检测

⑥ 关闭点火开关，5min后再观察油压表压力，此时的压力称为电动汽油泵的保持压力，其值应大于340kPa。如不符合标准值，应检查油压调节器和喷油器或更换电动汽油泵。

⑦ 释放燃油系统的燃油。拆下蓄电池负极电缆。拆下油压表，接好燃油管道。接上蓄电池负极电缆，预置燃油系统的油压。

各种车型不同，其最大压力和保持压力均有所不同。

（5）电动汽油泵系统漏油的检查

① 用导线将检查连接器的两个端子连接起来。

② 将点火开关转到"ON"位置，不启动发动机。

③ 用钳子夹紧回油管，不能弯折，否则会撕裂油管，高压管内的油压会上升到大约392kPa。在这种状态下，检查燃油系统各个部位，应不漏油。

2. 电动汽油泵控制系统的检测

（1）ECU控制的电动汽油泵控制系统的检测　在检查电动汽油泵控制系统时，首先应判别是ECU内部故障，还是ECU外部的控制电路故障，其检测方法如下。

① 打开油箱盖，将点火开关置于"ON"位置（但不要启动发动机），在油箱口处倾听有无电动汽油泵运转的声音。如果在打开点火开关后，能听到电动汽油泵运转3～5s又停止，说明控制系统各部分工作正常。

② 若打开点火开关后听不到电动汽油泵运转的声音，可用一根短导线将故障检测插座内两个检测电动汽油泵的插孔（如丰田汽车故障检测插座内的Fp、+B两插孔）短接。此

时，打开点火开关，如果能听到电动汽油泵运转的声音，说明 ECU 外部的电动汽油泵控制电路工作正常，故障在 ECU 内部，应更换 ECU；若仍然听不到电动汽油泵运转的声音，则为 ECU 外部的控制电路故障，应检查熔丝、继电器有无损坏，各电路有无断路或接触不良。若上述检查都正常，则应进一步拆检电动汽油泵。

（2）不受 ECU 控制的电动汽油泵控制电路的检测　以波许 L 型汽油喷射系统为例，该系统的电动汽油泵不受 ECU 控制，其检测方法如下。

① 释放燃油管路内的油压，拆下分配油管上的进油管接头，将油管插入容器内。

② 将点火开关转至启动挡，在启动发动机的同时应有汽油从进油管内喷出；若无油喷出，说明电路有故障，应进一步检查熔丝、继电器、空气流量计内的电动汽油泵开关、点火开关和线路。

③ 用一根导线将故障检测插座内电动汽油泵的两个插孔短接，然后打开点火开关（不要启动发动机），打开油箱盖，并倾听有无汽油泵运转的声音。若有运转声音，说明控制电路工作正常；若无运转声音，说明控制电路有故障，则应检查电路中的熔断器、继电器有无损坏，线路有无接触不良或折断。

④ 若上述检查中电动汽油泵控制电路正常，但启动发动机时电动汽油泵不工作，则应检查翼片式空气流量计内的电动汽油泵开关触点。拆下空气滤清器，打开点火开关，用手指或旋具（起子）推动翼片式空气流量计的测量片。此时，在汽油箱口应能听到油泵运转的声音，否则说明空气流量计内的电动汽油泵开关损坏，应更换空气流量计；也可通过用万用表电阻挡在测量片不同位置测量电动汽油泵开关两端子的导通性进行判断。

3. 电动汽油泵继电器的检测

常用的电动汽油泵继电器有四脚及五脚两种。ECU 控制的电动汽油泵控制系统通常采用四脚继电器，波许 L 型或 D 型（由开关和 ECU 共同控制）的汽油喷射系统采用五脚继电器。

（1）四脚电动汽油泵继电器的检测　四脚电动汽油泵继电器中有两脚接继电器的电磁线圈，另外两脚接继电器常开触点。用万用表电阻挡测量，继电器电磁线圈两脚之间应能导通，常开触点两脚之间应不导通。在电磁线圈两接脚上施加 12V 电压，同时用万用表电阻挡测量常开触点两脚，应能导通，如图 3-3 所示。若检测结果不符合要求，则应更换电动汽油泵继电器。

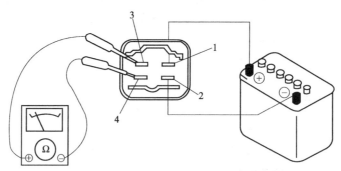

图 3-3　四脚电动汽油泵继电器的检测
1,2—电磁线圈接脚；3,4—常开触点接脚

（2）五脚电动汽油泵继电器的检测　五脚电动汽油泵继电器内有两组电磁线圈。其中一组由启动开关控制，另一组由 ECU 或空气流量计内的电动汽油泵开关触点控制 [图 3-4(a)]。用万用表电阻挡测量这两组线圈，均应导通；测量常开触点两端（+B 和 F_p），应不导通 [图 3-4(b)]；分别在两组线圈端施加 12V 电压，同时测量常开触点两端，应导通 [图 3-4(c)、(d)]。否则，应更换电动汽油泵继电器。

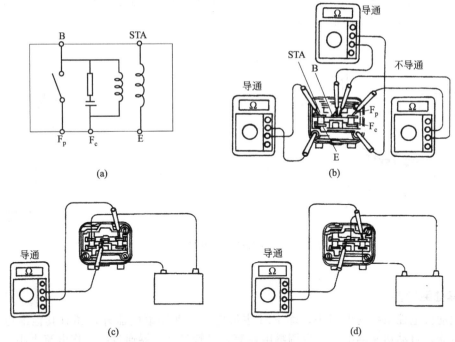

图 3-4 五脚电动汽油泵继电器的检测

4. 燃油泵 ECU 的检查

拆下燃油泵 ECU 的导线连接器,用万用表电阻挡测量连接器上 E、D_1 端子的接地电阻时应导通,如不导通,则应检查其连接线路。

插好燃油泵 ECU 的导线连接器,在各种条件下用电压表测量燃油泵 ECU 上 +B、F_p、F_{pc} 端子(皇冠 3.0 轿车)的搭铁电压,其电压值应符合要求。如不符合,则需检查连接线路或更换燃油泵 ECU。

二、继电器

汽车电控系统上使用的继电器主要有电动汽油泵、断路继电器、EFI 主继电器、启动继电器、空调继电器和灯光继电器等。

1. EFI 主继电器

EFI 主继电器用于控制 ECU(除随机存储器 RAM 电路外)的电源电路。

EFI 主继电器一般多采用滑阀型。当接通点火开关时,电流通过主继电器线圈,滑阀被吸引,触点接通,于是电源向 ECU(+B 或 B_1)供电;当断开点火开关时,主继电器触点打开,切断 ECU 的电源电路。

现以皇冠 3.0 轿车为例,说明 EFI 主继电器的检测方法。

皇冠 3.0 轿车 EFI 主继电器的电路如图 3-5 所示,具体检测方法如下。

① 拆下 EFI 主继电器,用万用表电阻挡测量,如图 3-6(a) 所示。1 脚与 2 脚端子应导通(线圈电阻值为 0),3 脚与 5 脚端子应不导通(阻值为 ∞)。

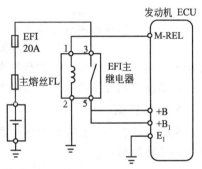

图 3-5 皇冠 3.0 轿车 EFI 主继电器的电路

② 在 1 脚和 2 脚端子间施以 12V 电压，用万用表电阻挡测量，如图 3-6(b) 所示，3 脚与 5 脚端子间应导通（电阻值为 0）。

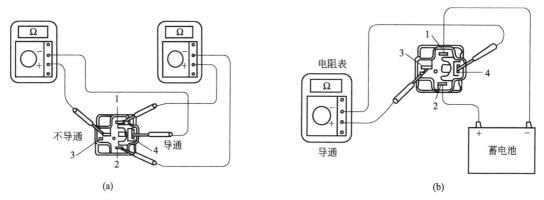

图 3-6　检测 EFI 主继电器导通情况
1～4—端子

2. 其他继电器

在发动机电控系统的电路中，除 EFI 主继电器和断路继电器外，还有其他继电器，如启动继电器、自动切断继电器、空调继电器等。尽管各继电器通过的工作电流大小不一定相同，但它们的基本结构是相同的，都由电磁线圈、电阻和触点组成。

继电器的检测方法如下。

（1）检测继电器的电阻　用万用表电阻挡直接测量。导通时应符合电阻参考值，不导通时应为∞，否则应更换继电器。

（2）检测继电器工作通断情况　用连接导通线将继电器电源端子与额定电压对应极性相连。在正常情况下，继电器应工作，并能听到继电器的"咔嗒"吸合声。此时用万用表测量吸合的两端子应导通（阻值为零），断开的两端子应不导通（即值为∞），否则，应更换继电器。

三、燃油压力调节器

燃油压力调节的作用就是根据进气歧管真空度的变化来调节进入喷油器的燃油压力，使燃油压力与进气歧管压力之差保持不变，保持喷油压力在不同的节气门开度下不变的特定值（一般为 250kPa）。这样喷油的喷油量便唯一地取决于喷油时间的长短，ECU 就能通过控制喷油时间的长短来精确地控制喷油量。

电控汽油喷射系统中的燃油压力调节器一般安装在供油总管的一端。一般采用膜片式结构，一个进油口和供油总管相通，下方的出油口接回油管，上方的进气歧管负压接口通过一根软管和进气歧管相通。

也有的车型将燃油压力调节器与电动燃油泵一起安装在燃油箱内，由于没有引入进气歧管负压的调节作用，燃油压力将随发动机负荷的变化而变化。而混合气浓度依靠氧传感器进行调节。如北京切诺基汽车就是把燃油压力调节器与汽油泵一起安装在燃油箱内的。

燃油压力调节器的检测方法如下。

1. 单件检测

在常压状态下，检查燃油压油调节器的进油口和出油口之间应不相通；否则，说明燃油压力调节器泄漏，应更换。

2. 就车检测

（1）燃油压力调节器工作状况的检查

① 测量发动机运转时的燃油压力，发动机怠速运转时的燃油压力应为 250kPa 左右。

② 拆下燃油压力调节器的真空软管，并检查燃油压力，此时的燃油压力应比发动机怠速运转时的燃油压力高 50kPa 左右。如压力变化不符合要求，说明供油系统存在故障，应进行检修。如果油压过高，可能的原因是调节器损坏；如果油压过低，可能的原因是油管或接头处漏油、燃油滤清器堵塞、蓄电池电压过低、油压调节器已损坏。

（2）燃油压力调节器保持压力的检测 当燃油系统保持的压力低于 147kPa 时，不符合标准值，应检查燃油压力调节器，保持压力，其检查方法如下。

① 将油压表接入燃油管路。

② 用一根跨接线将故障诊断插座内的电动汽油泵的两个检测插孔短接。

③ 接通（ON）点火开关，保持 10s，电动汽油运转。

④ 断开点火开关，拔去检测插孔上的短接导线。

⑤ 用包上软布的钳子将燃油压力调节器回油夹紧。

⑥ 5min 后观察燃油压力，该压力称为燃油压力调节器保持压力。如果该压力仍然低于燃油系统保持压力的标准（147kPa），说明燃油系统保持压力过低的故障不在燃油压力调节器；反之，若此时压力大于 147kPa，则说明燃油压力调节器有泄漏，应更换。

四、燃油压力控制阀

燃油压力控制阀又称为燃油压力调节电磁阀、燃油计量比例阀，其作用是控制共轨管内燃油的压力。一般安装在发动机高压燃油泵上，是一个常开电磁阀，只有当电流通过时才闭合，其电流的大小由 ECM 控制。

康明斯 ISBe 发动机采用的燃油压力控制阀的电路如图 3-7 所示，燃油压

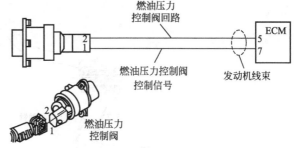

图 3-7 康明斯 ISBe 发动机采用的燃油压力控制阀的电路

力控制阀与 ECM 通过 2 根导线连通，其中控制阀接线端子 1 与发动机电控模块（ECM）的接线端子 7 连通；控制阀接线端子 2 与 ECM 的接线端子 5 连通。

检测方法如下。

1. 检查燃油压力控制阀的工作情况

检查时可先将点火开关置于打开"ON"位置 5s 后，再将点火开关置于"OFF"位置，此时倾听燃油压力控制阀的声音。如能听到"咔嗒"声，说明燃油压力控制阀的工作正常；如不能听到"咔嗒"声，说明燃油压力控制阀的工作不正常，需要检修燃油压力控制阀及其电路。

2. 检测燃油压力控制阀的电阻

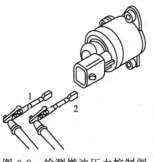

图 3-8 检测燃油压力控制阀端子 1 与端子 2 间的电阻

如图 3-8 所示，取下燃油压力控制阀的连接器，用万用表电阻挡检测燃油压力控制阀端子 1 与端子 2 之间的电阻，其阻值应为 1.0～2.2Ω。用万用表电阻挡检测传感器端子 1（或端子 2）与车身之间的电阻，其阻值应大于 100kΩ。如果检测阻值不符合规定，则应更换燃油压力控制阀。

3. 检测线束是否断路或短路

(1) 检测线束是否断路　用万用表电阻挡检测燃油压力控制阀端子 1 与 ECM 连接器端子 7，如图 3-9 所示；燃油压力控制阀端子 2 与 ECM 连接器端子 5 之间的电阻，其阻值应小于 10Ω。如果检测阻值不符合规定，则应检修或更换导线。

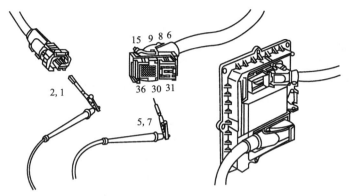

图 3-9　检测燃油压力控制阀的线束是否断路

(2) 检测线束是否短路　如图 3-10 所示，用万用表电阻挡检测 ECM 连接器端子 5、端子 7 与其他端子之间的电阻，其阻值应大于 10kΩ。如果检测阻值不符合规定，则应检修有关导线。

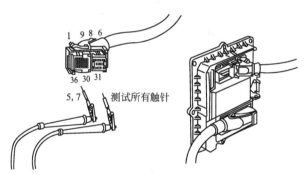

图 3-10　检测燃油压力控制阀的线束是否短路

五、电磁喷油器

1. 汽油机电磁喷油器

电控汽油喷射式发动机所使用的喷油器都是电磁喷油器，它由 ECU 控制喷油脉冲信号，精确计量燃油喷射量。电控燃油喷射系统使用的电磁喷油器有轴针式、球阀式和片阀式三种类型。多点式汽油喷射系统的喷油器安装在各缸进气歧管上，喷嘴朝向进气门；单点式汽油喷射系统的喷油器安装在节气门体上。

电压驱动式是指 ECU 驱动喷油器喷油的脉冲电压是恒定的。这种回路中使用的喷油器又可分为低电阻和高电阻两种，低电阻型喷油器是指电磁线圈的电阻值为 2~3Ω 的喷油器，在电压驱动回路中有 5~6V 的驱动电压，它不能直接和 12V 电源连接，否则会烧坏电磁线圈。这种喷油器与电压驱动方式配合使用时，应在驱动回路中加入附加电阻。

高电阻型喷油器是指电磁线圈的电阻值为 12~16Ω 的喷油器，在电压驱动回路中用 12V 驱动电压，由于其电磁线圈的电阻值较大，在检修时可直接与 12V 电源连接，在电路中不需串接附加电阻。

电流驱动式是指示 ECU 开始以一个较大的电流使电磁线圈产生较大的吸力,以打开针阀,然后再以较小的电流使针阀保持在开启状态。这种驱动方式一般用于低电阻型喷油器。低阻型喷油器线圈的阻值为 $2\sim3\Omega$。

而单点电控汽油喷射系统是将一个或两个电磁喷油器、压力调节器和传感器等安装在节气门体上。单点式电磁喷油器的结构与多点式电磁喷油器结构略有不同。

现以皇冠 3.0 轿车发动机的电磁喷油器为例,说明其检测方法。

皇冠 3.0 轿车发动机电磁喷油器的电路如图 3-11 所示。

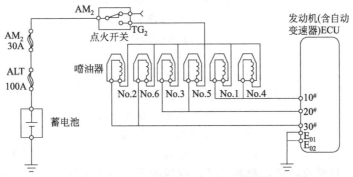

图 3-11 皇冠 3.0 轿车发动机电磁喷油器的电路

(1) 喷油器电路电压检测 如图 3-12 所示,当点火开关置于"ON"位置时,发动机 ECU 的端子 $10^\#$、$20^\#$、$30^\#$ 与端子 E_{01} 间应有 $9\sim11.2V$ 的电压。如无电压,可按如图 3-13 所示程序查找故障。

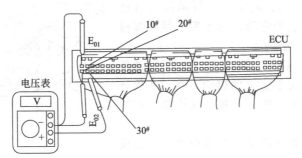

图 3-12 检查喷油器电路的电压

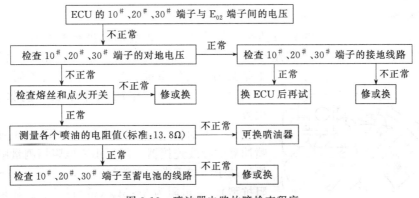

图 3-13 喷油器电路故障检查程序

(2) 喷油器的工作情况检查

① 测听工作声音。

图 3-14 喷油器工作声音测听

a. 热车后发动机怠速运转时，用旋具（螺丝刀）或听诊器（触杆式）接触喷油器，通过测听各缸喷油器工作的声音（图 3-14）来判断喷油器是否工作。在发动机运转时，应能听到喷油器有节奏的"嗒嗒"声——喷油器在电脉冲作用下喷油的工作声。若各缸喷油器工作声音清脆均匀，则说明各喷油器工作正常。

b. 若某缸喷油器的工作声音很小，表明该缸喷油器的工作不正常，可能是针阀卡滞导致的，应做进一步检测；若听不见某缸喷油器的工作声音，表明该缸喷油器不工作，应检查喷油器及其控制线路。

c. 检查电磁喷油器是否正常开闭，也可以把 3～4V 电压加到喷油器接线座的一个端子上，另一个端子和搭铁间不断地接通、断开，如果每次搭铁时，喷油器都能发出"嗒"声，说明喷油器工作良好，开、闭正常，否则说明喷油器存在故障需要更换。在对喷油器进行开闭试验时，不能用 12V 电压，以免烧损喷油器电磁线圈。

d. 检查每个电磁喷油器连接线路是否有故障，可用一个 12V 试灯连接在喷油器连接器的两个端子之间，启动发动机，观察试灯，应当闪烁。如果试灯不闪烁，说明线路有故障，应进一步检查喷油器电源和搭铁线路。

② 利用转速表检测。通过检查喷油的工作声音和发动机转速是否相符合，来检查喷油器的工作情况。具体方法如下。

a. 发动机热机时，按如图 3-15 所示接好转速表，用蓄电池做转速表的电源，转速表的触杆接检查连接器的 IG（－）端子。

b. 当发动机转速达 2500r/min 以上，听喷油器的工作声音，这时可用手感觉到震动。然后在放开油门的短时间内，喷油声停止，接着又恢复，恢复转速为 1400r/min。

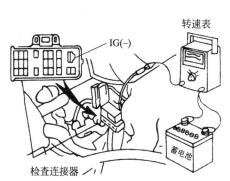

图 3-15 转速表的接法

如果喷油器的声音不正常，则应检查喷油器或 ECU 的喷油信号。

③ 断缸检查

a. 发动机热车后使其发动机怠速运转。

b. 依次拆下各缸喷油器的线束插头，使喷油器停止喷油，进行断缸检查，若拆下某缸喷油器线束插头后，发动机转速有明显下降，则说明该喷油器工作正常；相反，若拆下某缸喷油器线束插头后发动机运转无明显下降，则说明该喷油器不工作或工作不良，应做进一步的检查。

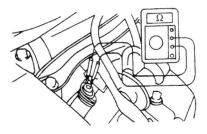

图 3-16 检测喷油器电阻

(3) 喷油器电磁线圈检测 如图 3-16 所示，拆下喷油器的导线连接器，用万用表电阻挡测量喷油器两接线柱端子，如正常，应能导通，电阻应为 12～16Ω（高阻抗型），或电阻为 3～5Ω（低阻抗型）。如果电阻值不符合要求，则应更换喷油器。

(4) 喷油器的测试

如图 3-17 所示,连接喷油器、燃油压力调节器、进油管、检查用的软管以及专用的软管接头等。先拆下各喷油器的导线连接器(拆下和插上喷油器线插头或者测试导线,必须断开点火开关),从车上拆下主输油管,再从主输油管上拆下喷油器。

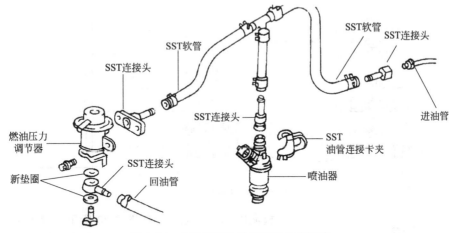

图 3-17 丰田车喷油器测试的油路连接

① 喷油器油量的检查。

a. 直观检查。检查喷油器喷射状态时,如喷射呈"柱状"而不呈锥形,或四个喷油器在同一条件下喷射出的燃油量相差太多(大于 5mL),则应更换喷油器。检查喷油器喷嘴是否有胶体状物质,若有,可用化油器清洗剂浸泡并喷洗,否则将导致喷油量不足或加速不良等。

b. 如图 3-18 所示,将蓄电池与喷油器连接好。用连接线连接检查连接器的端子 +B 与 F_p,通电 15s,用量筒测出喷油器的喷油量,并观察燃油雾化情况。每个喷油器测试 2~3 次。

标准喷油量为 70~80cm³ (15s),各喷油器间的喷油量允差为 9cm³。如果喷油量不符合标准,则应清洗或更换喷油器。

② 检查漏油。在进行喷油量的检测后,脱开蓄电池与喷油器的连接。检查喷油器喷嘴处有无漏油,要求每分钟漏油不允许大于一滴。

③ 喷油器的清洗。若喷油器线圈烧毁,一般只能更换喷油器。但是若车辆发动机怠速不稳定、加

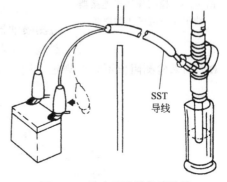

图 3-18 检查喷油器的喷油量

速不稳定等,可能是由喷油器喷口脏引起的,可通过清洗排除故障。清洗时注意以下问题。

a. 切忌将喷油器浸泡在清洗剂中,这样做不仅不会清除脏物,还会损坏喷油器。

b. 切忌使用钢丝刷、管式清洁器、牙签或其他清洁工具捅挖喷油器喷口。喷油器的计量孔非常精确,不得刮削或铰削计量孔。

c. 清洗装置及清洁剂一定要符合维修手册的规定。

d. 若车辆上有冷启动喷油器,清洗时要一并清洗。

从发动机上拆下喷油器后,连好清洗装置,打开溶剂罐上的控制阀并用电子激发或手动激发喷油器,直到喷油器的喷雾形状与正常情况相同为止。

2. 电控柴油机电磁喷油器

喷油器的电路如图 3-19 所示，康明斯 ISBe 发动机采用了 6 个喷油器，每个喷油器与 ECM 通过 2 根导线连通。现以 1 缸喷油器为例，介绍其检修方法，其他缸喷油器的检修方法基本相同。

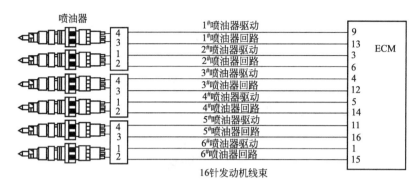

图 3-19　喷油器的电路

图 3-20　检测喷油器连接器端子 3 与端子 4 的电阻

（1）检测喷油器的电阻　如图 3-20 所示，取下 1 缸和 2 缸的连接器，用万用表电阻挡检测喷油器端子 3 与端子 4 之间的电阻，即为一缸喷油器电磁线圈的电阻，或直接检测喷油器两个接线端子之间的电阻（图 3-21），其阻值应为 0.5Ω 左右。如阻值不符合规定，说明喷油器损坏，则应更换。

（2）检测喷油器是否搭铁　如图 3-22 所示，用万用表电阻挡检测任何一个接线端子与车身之间的电阻，其阻值应大于 100 kΩ。如果检测阻值不符合规定，则更换喷油器。

（3）检测线束是否断路　如图 3-23 所示，用万用表电阻挡检测喷油器连接器端子 3 与 ECM 连接器端子 13；喷油器连接器端子 4 与 ECM 连接器端子 9 之间的电阻，其阻值应小于 10Ω。如果检测阻值不符合规定，则应检修导线。

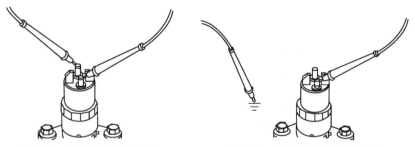

图 3-21　检测喷油器的电阻　　　　图 3-22　检测喷油器是否搭铁

（4）检测线束是否短路　如图 3-24 所示，用万用表电阻挡检测 ECM 连接器端子 9、端子 13 与其他端子之间的电阻，其阻值应大于 100 kΩ。如果检测阻值不符合规定，则应检修或更换有关导线。

（5）喷油器的检查　检查时先拆下喷油器的导线及喷油器压板螺栓，再使用喷油器拆卸工具拆下喷油器。用溶剂和清洁软布清洁喷油器端部及喷油器体。

检查喷油器端部是否存在积炭或腐蚀，接线端子是否损坏。检查喷油器进油口、高压燃油连接件端部和进油口是否损坏。检测喷油器密封垫圈的厚度，其标准为3mm。

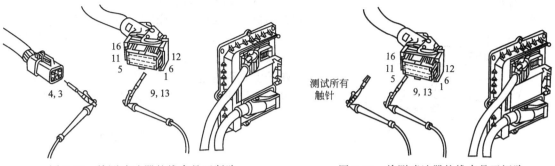

图3-23　检测喷油器的线束是否断路　　　　图3-24　检测喷油器的线束是否短路

3. 冷启动喷油器

（1）静态检测冷启动喷油器电阻　从线路上拆下冷启动喷油器，测其两端的电阻应在1.5～5Ω范围内。如电阻值为0或为∞，都说明冷启动喷油器有问题，则应重换新件。

（2）静态检测定时开关电阻

① 切断定时开关的连接线，用万用表电阻挡测其STJ（定时开关非接地端）与STA（35～65Ω）及STJ与接地间的电阻，均应很小或为0；如为∞，则说明该开关内的触点接触不良或已损坏。

② 检测STA端（定时开关线圈非接地端）与地间的电阻值，正常值应在35～65Ω；如为∞，说明定时开关内加热线圈已开路，应重换新件。

（3）检测冷启动喷油器及定时开关电压

① 将冷启动喷油器及定时开关均与电路连接好，剥开接线端的橡胶皮，以便于万用表笔插入各接触点检测电压。

② 启动发动机工作，用万用表检测STJ端与车身搭铁间以及STA端与车身搭铁间的电压，均应约为蓄电池电压，如不对，应检查线路及连接器。

六、排放控制系统

电控发动机常用的减轻排放污染的装置有曲轴箱强制通风系统、燃油蒸发控制系统、废气再循环（EGR）系统、减速废气净化装置、三元催化转化器等。

曲轴箱强制通风系统的工作由曲轴箱强制通风阀控制，它可将窜入曲轴箱的废气重新引入气缸燃烧；三效催化转化器直接安装在排气管中，能使废气中的HC、CO、NO_x经催化反应后生成无害的CO_2、N_2和H_2O气体。燃油蒸发控制系统及废气再循环的工作在化油器式发动机及少数汽油喷射式发动机中是由进气管的真空度来控制的。下面介绍电子控制汽油喷射式发动机中的微机（ECU）控制的燃油蒸发控制系统、微机控制废气再循环系统和减速废气净化装置。

1. 燃油蒸发控制系统

燃油蒸发控制系统的作用是防止汽车油箱内蒸发的汽油蒸气排入大气。它由蒸气回收罐（也称活性炭罐）、控制电磁阀、蒸气分离及其相应的蒸气管道和真空软管等组成。

燃油蒸发控制系统的故障，微机一般不能自行诊断，只能采用就车检测和单件检测方法。

（1）就车检测

① 将发动机预热至正常工作温度，并使发动机怠速运转。

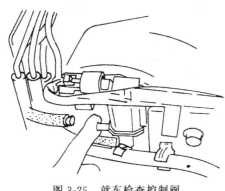

图 3-25 就车检查控制阀

② 拆下蒸气回收罐上的真空软管,检查软管内有无真空吸力。若燃油蒸发控制系统工作正常,在发动机怠速运转中电磁阀关闭,真空软管内无真空吸力,如图 3-25 所示。如果此时真空软管内有真空吸力,则用万用表电压挡检查电磁阀线束连接器端子上是否有电压。若电磁阀线束连接器端子上有电压,说明微机有故障;若无电压,说明电磁阀有故障(卡死在开启位置)。

③ 踩下加速踏板,当发动机转速大于 2000r/min 时,检查上述真空软管内有无真空吸力。若真空软管内有真空吸力,则说明该系统工作正常;若真空软管内无真空吸力,则用万用表电压挡检查电磁阀线束连接器端子上是否有电压。若电压正常,说明电磁阀有故障;若电压异常,则说明微机或控制线路有故障。

(2)单件检测

① 检查线圈电阻,点火开关置于"OFF"位置,拆下电磁阀线束连接器,用万用表电阻挡测量电磁阀电磁线圈的电阻值。电阻值应符合规定,否则应更换电磁阀。

② 检查电磁阀工作状态。拆下电磁阀,首先向电磁阀内吹气,电磁阀应不通气;然后将蓄电池电压加到电磁阀连接器的两端子上,并同时向电磁阀内吹气,此时电磁阀应通气。如电磁阀的状态与上述情况不符,则电磁阀有故障,应更换。

2. 微机控制废气再循环系统

普通微机控制废气再循环系统由废气再循环阀、废气调整阀、废气再循环控制电磁阀及相应的废气管道和真空管道组成。

废气再循规环控制电磁阀由微机控制。微机根据空气流量传感器、节气门位置传感器、冷却液温度传感器、发动机转速传感器等输送的信号,在一定条件下断开废气再循环控制电磁阀的电源,切断真空管路,让空气进入废气调整阀,使废气再循环阀关闭(取消废气再循环)。

微机控制废气再循环系统类型主要有:普通微机控制废气再循环系统;可变 EGR 废气再循环系统;闭环控制式废气再循环系统;具有废气再循环阀位置传感器的废气再循环系统。

普通微机控制废气再循环系统的检测方法如下。

(1)就车检查

① 启动发动机,使发动机怠速运转。

② 如图 3-26 所示,将手指按在废气再循环阀上,检查废气再循环阀有无动作。

③ 在冷车状态下踩下加速踏板,使发动机转速上升至 2000r/min 左右,此时手指上应感觉不到废气再循环阀膜片动作(废气再循环阀不工作)。

④ 在发动机热车(水温高于 50℃)后再踩下加速踏板,使发动机转速上升至 2000r/min 左右,此时手指应能感觉到废气再循环阀膜片的动作(废气再循阀开启)。

图 3-26 就车检查废气再循环控制系统

若废气再循环阀不能按上述规律动作,说明废气再循环控制系统工作不正常,应检查系统的各零部件。

(2) 检查废气再循环控制电磁阀

① 将点火开置于"OFF"位置,拆下废气再循环电磁阀线束连接器,用万用表电阻挡测量电磁阀电磁线圈的电阻值,其电阻值应符合规定(一般为20~50Ω);否则,应更换废气再循环控制电磁阀。

② 拆下与废气再循环控制电磁阀相连的各真空软管,从发动机上拆下废气再循环控制电磁阀。

③ 在废气再循环控制电磁阀的电磁线圈不接电源时,检查各管口之间是否通气。此时,电磁阀上管接口A与B、A与C之间应不通气,但管接口B与C之间应通气;否则说明废气再循环控制电磁阀损坏,应更换。

④ 如图3-27所示,给废气再循环控制电磁阀线圈上接电源,此时,电磁阀管接口A与B之间应通气,而管接口A与C、B与C之间应不导通;否则,说明废气再循环控制电磁阀损坏,应更换。

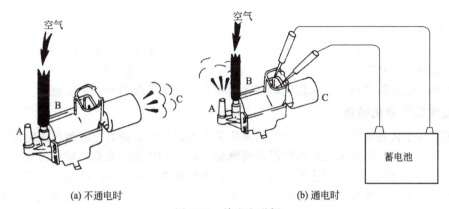

图3-27 检查电磁阀

(3) 检查废气再循环阀

① 启动发动机,使发动机怠速运转。

② 拆下连接废气再循环阀与废气调整阀的真空软管。

③ 如图3-28所示,用手动真空泵对废气再循环阀真空室施加19.95kPa的真空度。若此时发动机怠速运转情况变坏甚至熄火,说明废气再循环阀工作正常;若发动机运转情况无变化,则说明废气再循环阀损坏,应更换。

④ 对设有位置传感器的废气再循环阀,可在发动机停机情况下拆下废气再循环阀位置传感器的导线连接器,用万用表电阻挡测量连接器端子间的电阻,其电阻值应符合规定。然后

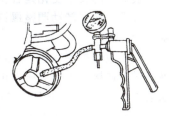

图3-28 检查废气再循环阀

拆下连接废气再循环阀与废气调整阀的真空软管,并在用手动真空泵对废气再循环阀真空室施加真空的同时,用万用表电阻挡测量废气再循环阀位置传感器的连接器端子之间的电阻值。电阻值应随着真空度的增大而连续增大,不允许有间断现象(电阻值突然变为∞后又回落);否则,说明废气再循环阀损坏,应更换。

(4) 废气调整阀的检查

① 启动发动机,并将其预热至正常工作温度。

② 拆下连接废气调整阀与废气再循环阀的真空软管,用手指按住真空管接口[图3-29 (a)],然后检查管接口内是否有真空吸力。在发动机怠速运转时,管接口内应无真空吸力;

当踩下加速踏板使发动机转速上升至2000r/min左右时，管接口内应有真空吸力。如废气调整阀的状态与上述情况不符，则为废气调整阀工作不正常，应拆下该阀做进一步检查。

③ 拆下废气调整阀，在连接废气再循环控制电磁阀的接口处接上手动真空泵，再用手指堵住连接废气再循环阀真空的接口[图3-29(b)]。

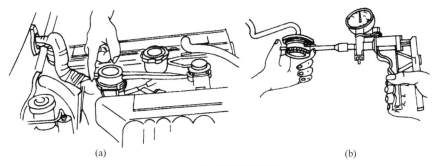

图3-29 检查废气调整阀

④ 向连接排气管的管接口内泵入空气，与此同时，用手动真空泵向废气再循环控制电磁阀的接口内抽真空。此时，在连接废气再循环阀真空管的管接口处应能感到有真空吸力；在停止抽真空后，真空吸力应能保持住，无明显下降；释放连接排气管的管接口内的压力后，真空吸力也应随之消失。如废气调整阀的状态与所述情况不符，则应更换。

3. 减速废气净化装置

减速废气净化装置的作用是当节气门突然关闭而进气歧管的真空度超过限定值时，供给气缸额外的混合气，以帮助气缸内的混合气燃烧，降低HC的排放量。常见的减速废气净化装置有三种：混合比加浓式减速废气净化装置；进气管真空控制阀；减速断油控制。

混合比加浓减速废气净化装置在汽车停车状态时不起作用。混合比加浓式减速废气净化装置的检测方法如下。

(1) 就车检查 将混合比加浓式减速废气净化装置的混合比加浓电磁阀线束连接器断开，然后把真空表接于通进气歧管的真空气管上。启动发动机，加速后松开加速踏板，检查真空表显示的真空变化是否相符。如果不符，可以拆下混合比加浓式减速废气净化装置下部的橡胶帽，通过转动调整螺钉来调整该装置的调定值[顺时针旋转时调定值增大，正常的真空度为(76.0±0.7)kPa]。

(2) 检查控制电路 将点火开关置于"ON"位置，用万用表电压挡测量混合比加浓电磁阀线束连接端子的电压。正常情况为：变速器处于N或P挡位时，电压值为12V（蓄电池电压）；变速器在其他挡位时，电压值为0。

(3) 检查混合比加浓电磁阀

① 检查混合比加浓电磁阀线圈的电阻值。拆下混合比加浓电磁阀线束连接器，用万用表电阻挡测量电磁阀线圈的电阻，其电阻值应符合规定；否则，应更换电磁阀。

② 检查混合比加浓电磁阀的动作。如果给混合比加浓电磁阀施加12V电压，在正常情况下应能听到电磁阀动作发出的"咔哒"声。否则，说明电磁阀有故障，应进行检修。

七、点火系统执行器

控制汽车点火线圈工作的点火控制器俗称点火模块，点火线圈按发动机管理系统ECU的指令，在指定的时刻、对应的工况下进行点火。有的点火模块还提供给ECU反馈信号，供ECU判断点火线圈工作是否正常，还有的反馈信号供ECU计算下一个导通脉冲宽度。

点火模块实际是一个功率电子开关,控制点火的信号为方波或磁脉冲信号,输送到点火模块的信号输入端,通过整形来驱动功率电子开关。用脉宽来控制功率电子开关到导通时间,导通后,点火线圈电流近似指数特性上升,导通时间长,断电电流就大,以此来控制线圈的点火能量,用脉冲信号的后沿时刻控制功率电子开关的关断时刻,即控制点火时刻。

现代汽车上使用的电子点火系统主要有有分电器式无触点电子点火系统和无分电器式电子点火系统两种类型。

1. 有分电器式无触点电子点火系统

在现代汽车分电器式无触点电子点火系统中,分电器中用脉冲信号发生器代替了机械式断电器触点,只保留有分火头等配电器,而离心式和真空点火提前装置早已取消,由 ECU 根据发动机的转速和负荷信号等确定点火提前角。

有分电器无触点电子点火系统的检测方法如下。

(1) 点火信号电路检测 接通 ECU 的自我诊断系统,如果点火电路有故障,则会显示故障码,可根据故障码显示的故障原因,进一步进行检修。

(2) 点火系统部件的检修 现以雷克萨斯 LS400 轿车的点火系统部件为例,说明其检测方法,其点火系统原理如图 3-30 所示。

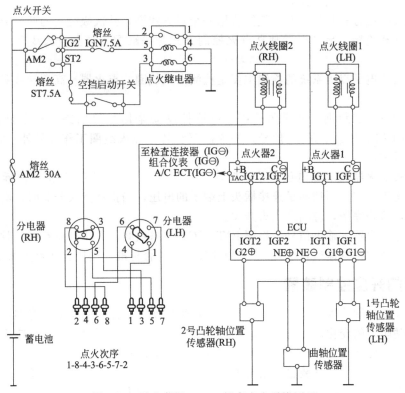

图 3-30　雷克萨斯 LS400 轿车点火系统原理

① 检查火花塞。从车上拆下火花塞,检查火花塞电极是否有损伤,螺纹是否有损伤,以及绝缘体是否破损。若有损伤,则应更换。

检查火花塞电极,普通火花塞电极间隙为 0.8mm;钩顶型火花塞最大电极间隙为 1.3mm,新火花塞电极间隙应为 1.1mm。火花塞拧紧力矩为 18N·m。

② 检查高压导线。检查每根高压导线的电阻,其值不应超过 25kΩ。

③ 检查点火线圈。

a. 将欧姆表置于 RX1 挡，测试初级线圈是否断路，欧姆表读数为∞时，表明初级绕组断路；若低于规定值，表明初级绕组短路。大多数初级绕组为 0.5～2Ω，不同车型的电阻值有所不同。

b. 将欧姆表置于 $R \times 1000$ 挡，测试次级绕组是否有短路或断路，若欧姆表读数为∞时，表明次级绕组断路；若低于规定值，表明次级绕组短路。多数次级绕组的电阻值为 8000～20000Ω。为了检测磁线圈的绝缘层是否损坏漏电，还应将电源、火花塞配合，在人为切断初级电流时，观察与次级绕组相连的火花塞是否正常跳火。

④ 传感器的检查。1 号凸轮轴位置传感器的电阻值应为 835～1400Ω；2 号凸轮轴位置传感器的电阻值应为 835～1400Ω。曲轴位置传感器的电阻值应为 835～1400Ω。

⑤ 点火正时检查。发动机怠速运转时，检查发动机的点火正时角度为上止点前的 8°～12°。

⑥ 点火继电器的检查。用欧姆表检查点火继电器的 3 与 6 端子之间应导通，4 与 5 端子之间应导通；1 与 2 端子之间应不导通。

2. 无分电器式电子点火系统

无分电器式电子点火系统完全取消了传统的分电器，没有分电器盖和分火头。主要有同时点火控制方式和独立点火控制方式两种。

同时点火控制方式是指每两个气缸合用一个点火线圈，其次级绕组的两端分别与两个气缸上的火花塞相连接，无分电器独立点火控制方式是每缸配备独立点火线圈，并进行独立点火。

无分电器式电子点火系统的检测主要是检测点火线圈、点火器、高压导线和火花塞。现介绍点火器的检测。

点火器内有气缸判别、接通角控制、恒流控制安全信号等电路，其主要功能是接收 ECU 发出的 IGT、IG_{dA}、IGd_B 信号，并依次驱动各个点火线圈工作。另外，它还向 ECU 输出安全信号 IGF。

(1) 检查点火器的电源电压　检查时，将点火开关置于"OFF"位置，拆下点火控制组件插头，用万用表电压挡测量连接插头上端子的电压，当接通点火开关时，电压应大于或等于 11.5V，检查完毕，应断开点火开关。

(2) 检查点火器的输出信号　检测 IGT、IGF 与搭铁间的电压，应有电压脉冲信号（在发动机启动或发动机怠速运转时）。若检测的数值不符合标准，则应更换点火器或 ECU。

八、节气门开度控制装置

节气门开度控制装置主要在汽车巡航（自动恒速状态）控制中应用，能够根据道路坡度和风力等行驶阻力的变化，自动调节发动机的动力即节气门的开度，保持车速不变。主要有真空式节气门开度装置和电动机式节气门开度控制装置两种。

真空式节气门开度控制装置采用由进气歧管真空控制的活塞式结构，通过改变控制阀振动周期内上下位的时间比例，就可自动控制节气门开度的大小。

而电动机式节气门开度控制装置是利用电动机的转动并带动控制摇臂摆动，使节气门的开度变化。

现以丰田佳美轿车的车速自动控制系统的执行器为例，说明其检修方法。

1. 检测电动机

① 断开点火开关，脱开电动机与电控单元之间的导线（插头插座）连接器，连接器端子如图 3-31 所示。

② 如图3-32所示,将蓄电池(电源)的正极接到连接器端子5,蓄电池的负极接到连接器端子4,使电磁离合通电。

③ 将蓄电池的电压加到其余的两个端子之间时,电动机应转动,控制臂应摆动,且摆动平稳。

④ 电动机转动,使控制臂摆动到加速或减速的限位点时,电动机应能自动停止转动,并且控制摆臂停止摆动。

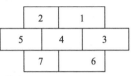

图3-31 连接器端子

能够顺利出现上述过程的电动机,状态为良好,否则应更换电动机。

2. 电磁离合器及电路的检修

(1) 测量电磁离合器的线圈电阻　断开点火开关,脱开与电控单元的配线连接器,用万用表电阻挡测量接线端子3与车身(称搭铁或接地)之间的电阻值。电阻值约40Ω为正常;电阻为0说明电磁阀短路;如果电阻值为∞,说明电磁线圈断路;如果电阻值明显小于规定值,表明电磁线圈有匝间短路。

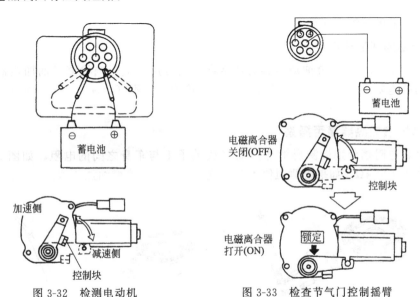

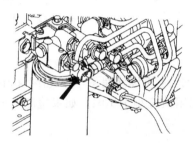

图3-32 检测电动机

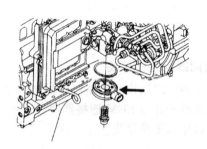

图3-33 检查节气门控制摇臂

(2) 检查控制摇臂　脱开与电控单元连接的配线连接器,在电磁离合器断电时,控制摇臂能用手自由转动,在电磁离合器通电时,控制臂用手不能转动,同时符合以上两种情况,电磁离合器为正常(图3-33),否则,说明电磁离合器有故障,应进行检修。

九、燃油加热器

燃油加热器一般安装在燃油滤清器上,如图3-34和图3-35所示。

图3-34 燃油加热器的连接器　　图3-35 燃油加热器位置

如图 3-36 所示为燃油加热器与 ECU 的连接电路。燃油加热器有 2 个接线端子，其中燃油加热器接线端子 1 与 ECM 的接线端子 18 连通；燃油加热器接线端子 2 与 ECM 的接线端子 2 连通。

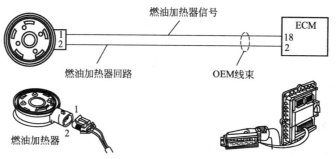

图 3-36　燃油加热器与 ECU 的连接电路

燃油加热器的检测方法如下。

1. 检测燃油加热器的电阻

如图 3-37 所示，取下燃油加热器的连接器，用万用表电阻挡检测燃油加热器端子 1 与端子 2 之间的电阻，其阻值应为 2.5Ω 左右。如检测阻值不符合规定，说明加热器损坏，应更换。

2. 检测燃油加热器是否搭铁

用万用表电阻挡分别检测燃油加热器接线端子 1 与车身之间的电阻，如图 3-38 所示，其阻值应大于 100kΩ。如果检测阻值不符合规定，则应更换燃油加热器。

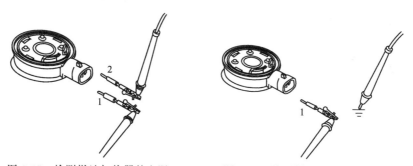

图 3-37　检测燃油加热器的电阻　　　图 3-38　检测燃油加热器是否搭铁

3. 检测燃油加热器的电源电压

拆下燃油加热器连接器，将点火开关置于"ON"位置，发动机不运转。用万用表电压挡检测线束侧燃油加热器端子 1 与车身之间的电压，如图 3-39 所示。其电压值应为 21～27V（12V 系统为 9～15V）。否则应检查燃油加热器与 ECM 之间的导线中 ECM 的电源电路。

4. 检测线束是否断路

用万用表电阻挡检测加热器连接器端子 1 与 ECM 连接器端子 18，如图 3-40 所示，加热器连接器端子 2 与 ECM 连接器端子 2 之间的电阻值应小于 10Ω。如果检测阻值不符合规定，则应检修或更换导线。

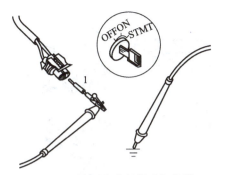

图3-39 检测线束侧燃油加热器
端子1与车身之间的电压

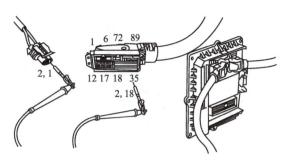

图3-40 检测燃油加热器的
线束是否断路

5. 检测线束是否短路

用万用表电阻挡检测ECM连接器端子2、端子18与其他端子之间的电阻，如图3-41所示，其阻值应大于100kΩ。如果检测阻值不符合规定，则应检修或更换有关导线。

十、排气制动电磁阀

排气制动电磁阀安装在发动机排气管上，其功用是关闭发动机排气通道，使车速下降。排气制动阀主要由排气电磁阀控制，排气电磁阀又由ECM控制。

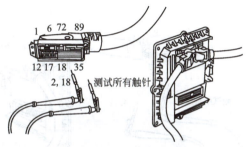

图3-41 检测燃油加热器的线束是否短路

如图3-42所示为排气电磁阀的电路。排气电磁阀有2个接线端子，其中排气电磁阀接线端子1与ECM的接线端子11连通；排气电磁阀接线端子2与EXM的接线端子4连通。

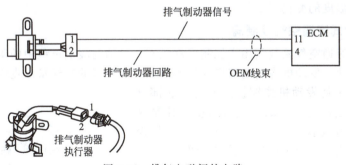

图3-42 排气电磁阀的电路

排气制动电磁阀的检测方法如下。

1. 检测排气电磁阀是否搭铁

用万用表电阻挡分别检测排气电磁阀接线端子1和2与车身之间的电阻，如图3-43所示，其阻值应大于100kΩ。如果检测阻值不符合规定，则更换排气电磁阀。

2. 检测线束是否断路

用万用表电阻挡检测电磁阀连接器端子1与ECM连接器端子11，如图3-44所示，电磁阀连接器端子2与ECM连接器端子4之间的电阻值应小于10Ω。如果检测阻值不符合规定,则应检修导线。

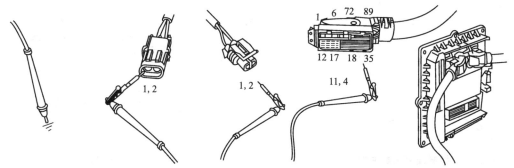

图 3-43 检测排气电磁阀是否搭铁　　图 3-44 检测排气电磁阀的线束是否断路

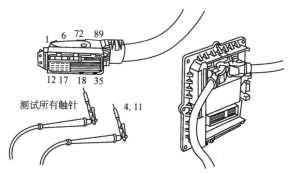

图 3-45 检测排气电磁阀的线束是否短路

3. 检测线束是否短路

用万用表电阻挡检测 ECM 连接器端子 4、端子 11 与其他端子之间的电阻,如图 3-45 所示,其阻值应大于 100 kΩ。如果检测阻值不符合规定,则应检修有关导线。

十一、怠速控制阀

现在大多数电控发动机上,均已设有不同形式的怠速转速控制装置,控制发动机以最佳的怠速转速运转。

1. 石蜡式怠速旁通空气控制阀

按照发动机的冷却液温度控制旁通空气道的截面积。控制力来自热敏石蜡的热胀冷缩,而热胀冷缩随着温度的变化而变化。

2. 双金属片式旁通空气控制阀

双金属片式旁通空气控制阀用来控制发动机在冷启动与暖机过程中的附加空气量,进而调整发动机的转速。发动机冷启动和启动后的暖机需要较多的空气量以克服发动机较大的摩擦,同时也是为了使发动机能够快速升温,这部分额外的空气量就是借助双金属片式旁通空气控制阀绕过节气门进入进气管的。双金属片式旁通空气控制阀由绕有电热线的双金属片与旁通空气道等组成。

3. 步进电动机式怠速空气控制阀

步进电动机式怠速空气控制阀安装在发动机进气总管内,从而使电动机转子顺转或反转,使阀芯轴向移动,改变阀芯与阀座之间的间隙,就能够调节流过旁通空气道的空气量。间隙小,进气量少,怠速低;间隙大,进气量多,怠速高。

(1)步进电动机式怠速控制阀的结构　步进电动机式怠速控制阀如图 3-46 所示,主要由永磁转子、定子绕组、把旋转运动变成直线运转的进给丝

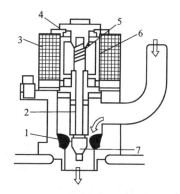

图 3-46 步进电动机式怠速控制阀的结构
1—阀座;2—阀轴;3—定子绕组;4—轴承;
5—进给丝杠;6—永磁转子;7—阀门

杠及阀门等组成。它是利用步进转换控制，使转子可正转，也可反转，从而使阀芯沿轴向（上、下）移动，以达到调节旁空气通道截面的目的。步进电动机常见的有 6 线式和 4 线式 2 种。

（2）步进电动机式怠速控制阀检测　丰田皇冠 3.0 轿车 2JZ-GE 发动机怠速控制装置所用的 6 线式步进电动机电路图如图 3-47 所示。其检测方法如下。

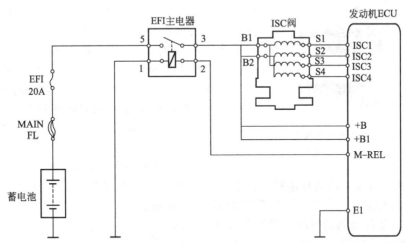

图 3-47　步进电动机电路（丰田 3.0 轿车 2JZ-GE 发动机）

① 就车检查。当发动机熄火时，怠速控制阀会"咔嗒"响一声。如果没有响声，应检查步进电机发动机的 ECU。

② 检测步进电机的电阻。脱开步进电动机的导线连接器，用电阻表检查步进电动机的导线插孔上 B_1-S_1、B_1-S_3、B_2-S_2、B_2-S_1 端子间的电阻，其电阻值应为 10～30Ω，如果电阻值不符，则须更换步进电动机。

③ 检查步进电动机的工作情况。将步进电动机从节气门体上拆下。第一步，B_1 和 B_2 端子与蓄电池正极相接，然后依次将 S_1、S_2、S_3、S_4、S_1…与蓄电池负极相接，阀应逐渐关闭，如图 3-48(a) 所示。第二步，B_1 和 B_2 端子与蓄电池负极相接，然后依次将 S_4、S_3、S_2、S_1、S_1…与蓄电池负极相接，阀应逐步开启如图 3-48(b) 所示。如果按上述检查时，阀不能关闭或开启，则应更换步进电动机。

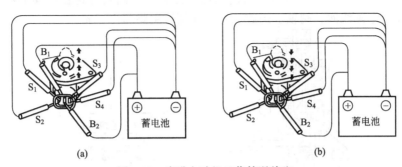

图 3-48　步进电动机工作情况检查

④ 检测步进电动机的工作电压。装好步进电动机，连接好步进电动机的导线连接器。当点火开关位于"ON"位置时，ECU 的 ISC_1、ISC_2、ISC_3、ISC_1 与 E_1 端子之间应有电压，其电压应为 9～14V。

4. 旋转滑阀式怠速控制阀

(1) 旋转滑阀式怠速控制装置的结构 旋转滑阀式怠速控制阀的结构如图3-49所示。旋转滑阀固装在电枢轴上，与电枢轴一起转动，用于控制流过旁通道的空气量。永久磁铁固装在外壳上，其间形成磁场。电枢位于永久磁铁的磁场中，电枢铁心上绕有两组绕向相反的线圈L_1和L_2。L_1和L_2的两端与电枢上的滑环相连接，经电刷和电刷引线引出与发动机ECU相连接。电枢轴上的电刷滑环，类似电机换向器结构，它由三段滑片围合而成，其上各有一个电刷与之接触。

(2) 旋转滑阀式怠速控制阀的检测 如图3-50所示为TU5JP/K型发动机的怠速控制阀的电路。其检测方法如下。

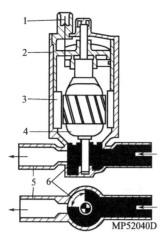

图3-49 旋转滑阀式怠速控制阀的结构
1—接线连接器；2—外壳；3—永久磁铁；
4—电枢；5—空气旁通道；6—旋转滑阀

① 检测怠速控制阀的电阻。关闭点火开关，取下怠速控制阀的连接器，检测怠速控制阀上的端子1与端子2以及端子3与端子2之间的电阻，应符合标准阻值。否则为怠速控制阀损坏，则应更换。

② 检测怠速控制阀的电压。关闭点火开关，取下怠速控制阀的连接器后，再打开点火开关，检测怠速控制阀接线连接器端子2与搭铁之间的电压，其标准值应为12V。否则应检查熔断器、主继电器以及它们之间的导线。

③ 检测怠速控制阀的控制信号。关闭点火开关，插上怠速控制阀的连接器，当发动机启动后，用示波器检测怠速控制阀的接线端子1和搭铁、端子3和搭铁之间应有脉冲信号，且脉冲信号随着发动机温度的变化而变化。

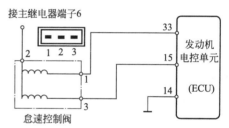

图3-50 TU5JP/K型发动机的
怠速控制阀的电路

5. 占空比控制电磁阀式怠速控制阀 VSV

(1) 占空比控制电磁阀式怠速控制阀的结构 占空比（占空比是指发动机控制模块的控制信号在一个周期内通电时间和通电周期之比）控制电磁阀式怠速控制阀的结构如图3-51所示，其主要由电磁线圈、阀轴、阀芯、复位弹簧等主要部件组成。

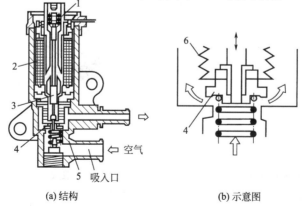

(a) 结构　　　　　(b) 示意图

图3-51 占空比控制电磁阀式怠速控制阀的结构
1—复位弹簧；2—电磁线圈；3—阀轴；4—阀芯；5—壳体；6—波纹管

占空比怠速控制阀安装在进气歧管上,通过来自发动机控制模块的占空比信号控制经过节气门旁通空气道的进气量。

(2) 占空比控制电磁阀式怠速控制阀的检测 占空比控制电磁阀式怠速控制阀连接有两条导线:其中一条是电源线;另一条是电磁线圈的控制线。其电路如图 3-52 所示。

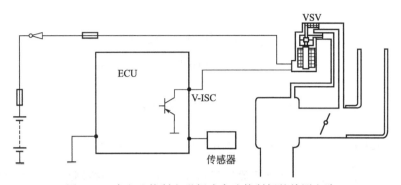

图 3-52 占空比控制电磁阀式怠速控制阀的检测电路

① 就车检查。当发动机怠速运转时,用手触摸怠速控制阀应当具有明显地振动感。如无振动感或怠速转速过高(低),说明怠速控制阀失效。为了进一步检查怠速控制阀的工作状况,可在发动机怠速运转中拆下怠速控制阀线束连接器,观察发动机的转速是否有变化。如此时发动机转速有变化,说明怠速控制阀工作正常;否则,说明怠速控制阀或控制电路有故障。

② 检测电磁线圈的电阻。关闭点火开关,取下怠速控制阀连接器,用万用表电阻挡检测插座上两个端子之间的线圈电阻值,应当符合规定。占空比控制电磁阀式怠速控制阀只有一组线圈,阻值应为 10~15Ω。如阻值为无穷大,说明电磁线圈断路,应予以更换新品。

③ 检测 ECU 的控制电压。取下怠速控制阀的连接器,用万用表电压挡检测其端子(线束侧)电压。在发动机运转过程中,应有脉冲电压输出。如无脉冲电压输出,可打开空调开关后再测试。如仍无脉冲电压输出,说明怠速控制系统不工作,应检查 ECU 与怠速控制阀之间的线路(是否有接触不良或断路故障);如怠速系统的线路无故障,说明 ECU 有故障,应更换 ECU。

④ 检查怠速控制阀的工作情况。从节气门体上拆下怠速控制阀,用导线将其一个端子连接蓄电池正极,另一个端子连接蓄电池负极时,阀芯应当移动。如阀芯不能移动,说明怠速控制阀失效,应予以更换新品。当断开一根导线时,阀芯应迅速复位,如阀芯卡滞或不能迅速复位,说明控制阀故障或复位弹簧失效,则应予更换新品。

6. 节气门直动式怠速控制系统

(1) 节气门直动式怠速控制装置的结构 节气门直动式怠速控制系统取消了旁通通道,通过控制节气门的开启程度控制怠速时的进气量,实现怠速转速的控制。ECU 控制直流电动机,直流电动机旋转并通过减速齿轮调节节气门的位置,从而调节节气门处空气通道截面积,进而实现怠速转速的控制。

节气门直动式怠速控制系统主要由节气门位置传感器、怠速节气门位置传感器、怠速开关以及执行器(怠速直流电动机)、一套齿轮驱动机构组成。

(2) 节气门直动式怠速控制装置的检测 桑塔纳(2000Gsi、3000)、捷达(AT、GTX)、红旗(CA7220E)轿车怠速转速的控制方式为节气门直动式,由节气门控制组件 J338 对发动机的怠速转速进行综合控制。节气门控制组件 J338 的电路如图 3-53 所示。

检测方法如下。

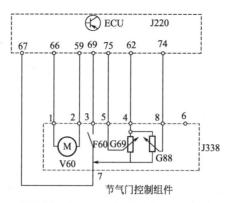

图 3-53 节气门控制组件 J338 的电路

F60—怠速开关；G88,G69—节气门位置传感器；V60—怠速伺服电动机；J220—发动机电控单元

① 就车检查工作情况。当点火开关打开和关闭时，节气门控制组件会"咔嗒"响一声。如果没有响声，说明节气门控制组件 J338 没有工作。

② 检测电阻。关闭点火开关，取下节气门控制组件的连接器。将万用表拨到电阻挡，两个表笔分别连接节气门控制组件插座上 1、2 端子，检测怠速伺服电动机 V60 绕组电阻值应为 3～200Ω（发动机型号不同，阻值有所不同，采用电子油门发动机时其阻值较小）。如果阻值不符合规定，说明电动机有故障，则应更换节气门控制组件。

第四章

汽车底盘车身电控系统传感器的万用表检测

第一节 热敏电阻式温度传感器

一、车内、外空气温度传感器

1. 车内空气温度传感器

在汽车全自动空调系统中安装有车内空气温度传感器，用于精确感知车内空气的温度。由车外温度传感器、阳光强度传感器等传感器来决定鼓风机转速和混合门进气门、模式门的位置。在制冷工况，车内温度越高，混合门调节到越冷位置，鼓风机转速就越高，模式门位于吹脸位置。

（1）车内空气温度传感器 车内空气温度传感器的结构如图 4-1 所示。它的传感元件采用负温度系数热敏电阻制成。有一根抽风管连接车内温度传感器与空调管路，当鼓风机工作时，空气快速流过产生负压。这样就会有少量的空气流过车内温度传感器，从而使车内温度传感器快速、准确地检测出车内温度。当车内空气温度发生变化时，电阻值发生变化，温度升高时，电阻值下降；温度降低时，电阻值升高。

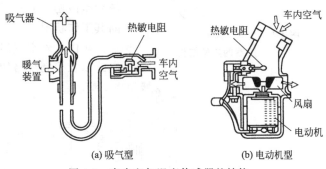

图 4-1 车内空气温度传感器的结构

如图 4-2 所示，车内空气温度传感器一般安装在车内仪表板下部。有些车型安装多个车内温度传感器，后部的车内温度传感器安装在车内后挡风玻璃下部，以精确感知车内的温度。

（2）车外空气温度传感器 车外空气温度传感器，又称环境温度传感器、外界空气温度传感器或大气温度传感器。车外温度传感器包在一个塑料树脂壳内，以免对环境温度的突然变化做出反应。这将使其准确地检测到车外的平均温度。它能影响出风口空气的温度、鼓风机的转速、进气门的位置、模式门的位置以及压缩机的工作状态。

车外温度传感器一般都安装在前保险杠或水箱之前,如图4-3所示。

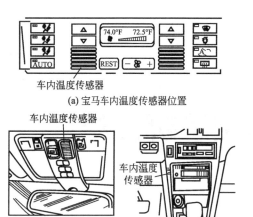

(a) 宝马车内温度传感器位置

(b) 奔驰车内温度传感器位置　(c) 日产车内温度传感器位置

图4-2　车内温度传感器的安装位置

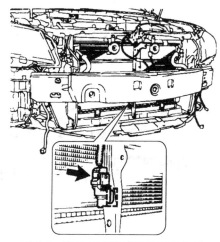

图4-3　车外温度传感器的安装位置

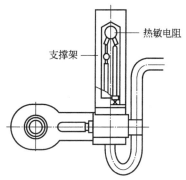

图4-4　汽车空调系统室外温度传感器的典型结构

车外温度传感器的阻值也随着环境温度的变化而变化,并把这种变化信号输入给空调控制系统的ECU,使ECU启动空调压缩机运转,从而保持车内的温度在恒定的范围内。其结构如图4-4所示。

2. 车内、外空气温度传感器的检测

当车内或车外空气温度传感器连接电路发生断、短路故障时,空调控制系统将不能按车内、外空气温度信息控制空调器的工作,车内温度不能保持恒定,空调系统发生故障,这时应检查车内、外空气温度传感器,判断其工作状况。

车内、外空气温度传感器的接头端子与ECU的连接电路以及控制线路如图4-5和图4-6所示。

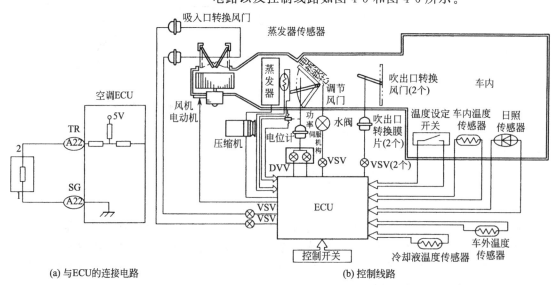

(a) 与ECU的连接电路　　　　　　　　　　(b) 控制线路

图4-5　车内空气温度传感器与ECU的连接电路及控制线路

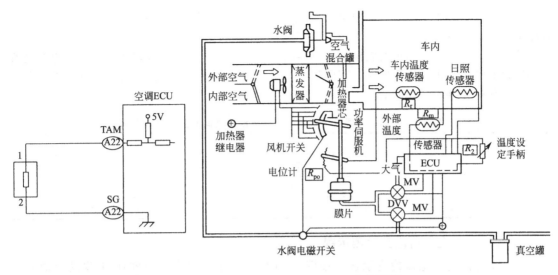

图 4-6 车外空气温度传感器与 ECU 的连接电路及控制线路

(1) 车外空气温度传感器的检查

① 传感器与 ECU 之间的线束检查。拆下传感器的接头，在线束侧两端子间应能检测到 5V 的直流电压，否则说明线束不良或空调 ECU 存在故障。

② 拆下汽车散热器护栅，拔下传感器的连接器接头，将车外温度传感器边加热，边测量其电阻值，用万用表测量传感器的连接器接头端子之间的电阻。当温度升高时，其电阻值应下降。检测电阻值应符合特性曲线变化规律，否则应更换传感器。车外温度传感器特性曲线如图 4-7 所示。

③ 实际观察。有些车型会在仪表或空调面板显示屏上显示环境温度，如显示的环境温度与实际的环境温度不一样时，则表明车外温度传感器存在故障。

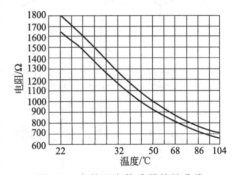

图 4-7 车外温度传感器特性曲线

(2) 车内空气温度传感器的检查

① 把欧姆表连接在传感器导线上，并用吹风机吹热风，检查传感器电阻值的变化情况，如图 4-8 所示。车内温度传感器变化规律应符合规定要求，否则更换传感器。其特性曲线如图 4-9 所示。

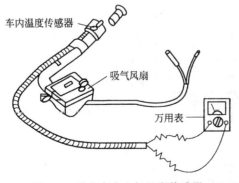

图 4-8 检查车内空气温度传感器

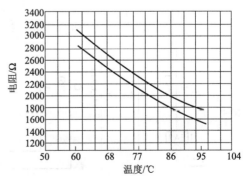

图 4-9 车内空气温度传感器的特性曲线

② 电源电压的检测。拆下车内温度传感器的接头，在线束侧两端子上应能检测到 5V 的直流电压，否则说明线束不良或空调 ECU 存在故障。

注意：如果一时不知道所测温度传感器的特性曲线，也可以参考表 4-1 中所列的电阻值与温度之间的关系进行检测判断，不同型号的室内温度传感器检测到的电阻值可能不完全一样，但变化规律基本是相同的。

表 4-1 室内、外温度传感器电阻值与温度之间的关系变化规律

温度/℃	−15	−10	−5	0	5	10	15
电阻值/kΩ	12.75	9.9~11.5	7.8	6.1~6.5	4.95	3.99~4.1	3.24
温度/℃	20	25	30	35	40	45	
电阻值/kΩ	2.5~2.65	2.19	1.5~1.81	1.51	1~1.27	1.07	

3. 车内、外温度传感器检测示例

（1）车外温度传感器检测示例　如图 4-10 所示为丰田凯美瑞（2016 年款混合动力车型）车外温度传感器电路，车外温度传感器 A3 为热敏电阻式，传感器 2# 端子通过 IA8 连接器的 13# 端子与空调放大器总成 I77（A）的 5# 端子相连；传感器 1# 端子从接线连接器 A70（A）、B76（B）的 12# 端子进入，从接线连接器的 13# 端子、21# 端子、22# 端子输出分别至 A55 空调压力传感器的 1# 端子、空调压缩机 B90（C）的 2# 端子、空调压缩机 B75

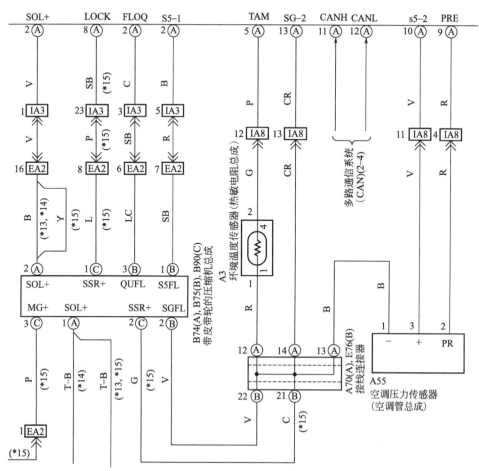

图 4-10　丰田凯美瑞车外温度传感器电路

(B) 的 2# 端子。

检测方法如下。

① 直观检查。检查车外温度传感器连接器有无松动、线路有无破损或烧焦等。如有，则应予以修复。

② 检测车外温度传感器的电源电压。拆下车外温度传感器 A3 连接器，检测 A3 插头（线束测）电源端子 2# 端子与搭铁之间的电压，应为 5V 左右。如果电压低或无电压，应检查车外温度传感器与 ECU 之间的线路。如线路良好，则需更换汽车空调放大器总成。

③ 检测车外温度传感器的电阻。拆下汽车散热器护栅，拆下传感器连接器接头，拆除车外温度传感器。将车外温度传感器边加热、边检测其电阻值，用万用表检测传感器连接器接头端子 1、2 之间的电阻，如图 4-11 所示。当温度升高时，其电阻值应下降。检测电阻值应符合特性曲线变化规律，如果不符合，则应更换传感器。

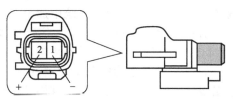

图 4-11 车外温度传感器电阻的检测

(2) 车内温度传感器检测示例 如图 4-12 所示为高尔夫 A6 轿车车内温度传感器电路，其检测方法如下。

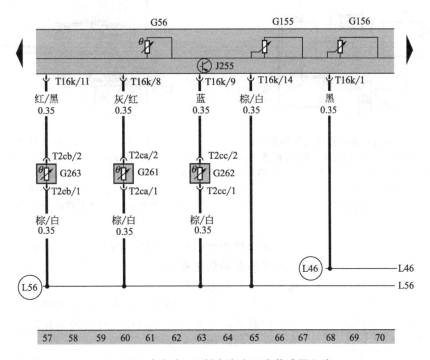

图 4-12 高尔夫 A6 轿车车内温度传感器电路

G56—仪表板温度传感器，在空调控制面板上；G155—左侧出风口温度调节器；G156—右侧出风口温度调节器；G261—左侧脚部空间出口温度传感器，在空调器左侧上部；G262—右侧脚部空间出风口温度传感器，在空调器右侧上部；G263—蒸发器出风口温度传感器；J255—控制单元，在仪表板中部；T2ca—2 针插头，黑色，左侧脚部空间出风口温度传感器插头；T2cb—2 针插头，黑色，蒸发器出风口温度传感器插头；T2cc—2 针插头，黑色，右侧脚部空间出风口温度传感器插头；T16k—16 针插头，黑色，在 Climatronic 控制单元上 B 号位；L46—连接线，在空调线束中，L56—连接线，在空调线束中

① 电压检测。拆下汽车散热器护栅，但连接线不断开，接通点火开关，用万用表检测

传感器 T36/33 和 T36/36 两端子之间的电压,检测时电压会随温度的升高而下降,在 25℃ 时电压应为 1.4～1.8V,在 40℃ 时电压为 0.9～1.3V。

② 电阻检测。拆下车外温度传感器,检测连接器的端子之间的电阻。电阻应随温度的升高而减小。在 25℃ 时阻值为 1.65～1.75kΩ,在 40℃ 时阻值为 0.55～0.65kΩ。如果出现故障,替代值 10℃ 阻值为 2kΩ。

知识扩展　空调温度控制器

在汽车空调系统中,为了保持驾驶室的温度相对稳定,并且能够按照外界气温和制冷负荷的大小进行调节,制冷系统中加装有温度控制器。当蒸发器的表面温度低于 0℃ 时,温度控制器将切断压缩机的电路,当蒸发器的表面温度高于 0℃ 时,它将打开压缩机的电路(图 4-13),这样就起到调节车内温度、防止蒸发器结霜及避免压缩机产生液击的作用。

如图 4-14 所示为空调温控器的结构。它主要由感温装置、调温机构和触头开关组成。感温装置主要由毛细管和波纹管构成。在密封的空腔内充满处于饱和状态的感温剂,感温毛细管一端用钢丝固定在蒸发器尾端的翅片之间,以感受蒸发器出风口的空气温度。

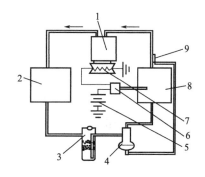

图 4-13　离合器循环控制的制冷系统
1—压缩机;2—冷凝器;3—储液干燥器;
4—内平衡膨胀阀;5—蓄电池;6—温控器;
7—电磁线圈;8—蒸发器;
9—毛细管温控器

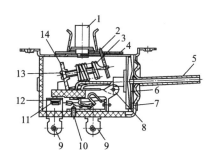

图 4-14　空调温控器的结构
1—调温轴;2—控温板;3—主弹簧;4—调温凸轮;
5—毛细管;6—感温剂;7—膜盒;8—杠杆;
9—接线柱;10—温差调节螺钉;11—动触头;
12—静触头;13—调温螺钉;14—固定架

调温机构由凸轮、转轴、调节螺钉等组成。其功能是使温控器能在最低至最高温度范围内动作。通过调温螺钉可实现不同的温度断开值。

触头开关主要由触头、弹簧、杠杆等组成,其功能是执行由控制机构传来的动作信号。通过触头开闭来打开或断开电磁离合器电路,实现恒温控制。

通过温控器调温旋钮预设温度后,如果蒸发器表面温度高于设定值,则触点开关闭合,打开电磁离合器电路,压缩机工作。随着蒸发器表面温度不断下降,毛细管内感温剂压力下降,波纹管收缩,当降至设定温度值时,在弹簧的拉力下,活动触点与固定触点快速分离,压缩机停止运转。压缩机停转后,在鼓风机的作用下,蒸发器表面温度重新上升,毛细管内感温介质温度随之升高,管内压力不断增大,波纹管伸长,克服预置弹簧力,推动杠杆移动,使活动触点与固定触点闭合,电磁离合器线圈通电,压缩机工作,如图 4-15 所示。

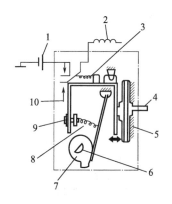

图 4-15　温度控制器工作过程
1—蓄电池;2—离合器线圈;3—弹簧;
4—毛细管;5—毛细管波纹管总成;
6—轴;7—凸轮;8—调节弹簧;
9—调温螺钉;10—触点开关

知识扩展　电控辅助加热器温度传感器

① 在电控辅助加热器中,以电动方式将加热循环回路内的冷却液加热到合适的温度。冷却液温度传感器监控该温度。

电控辅助加热器是一个单独的部件,工作原理与电动直通式加热器一样。电控辅助加热器借助加热螺旋体按需加热循环回路中的冷却液,并以间歇方式控制加热螺旋体。

该冷却液温度传感器检测冷却液出口的温度。该温度信号将通过单独导线传送至电控辅助加热器。

通过数据总线,电控辅助加热器将出口的冷却液温度以及电流消耗输出至冷暖空调的控制单元。

② 电控辅助加热器连接在高压车载网络上。加热螺旋体是并联的。冷暖空调的控制单元控制电控辅助加热器。

电控辅助加热器的标准值见表 4-2。

表 4-2　电控辅助加热器的标准值

参数	值	参数	值
低压侧供电电压/V	9~18	额定电压 280V 时的电功率/kW	5.50±0.55
高压接口供电电压/V	180~430	主动式加热运行温度/℃	不超过 105

二、空调蒸发器出口温度传感器

1. 空调蒸发器出口温度传感器结构

蒸发器出口温度传感器用以检测蒸发器表面温度的变化,可以修正混合门位置、控制压缩机工作状况,并在蒸发器表面温度低于一定值时,使压缩机停止工作,以防止蒸发器表面结冰。有些车型有两个蒸发器温度传感器,其中一个用来修正混合门的位置;另一个用来防止蒸发器结冰。

蒸发器温度传感器安装在蒸发器传热片上或出风口,如图 4-16 所示。

蒸发器出口温度传感器仍采用负温度系数的热敏电阻为检测元件,工作温度为 20~60℃,其结构与特性曲线如图 4-17 所示。

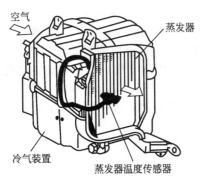

图 4-16　蒸发器温度传感器的安装位置

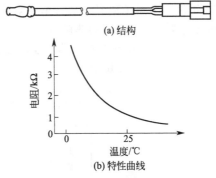

图 4-17　汽车空调蒸发器出口温度传感器的结构与特征

蒸发器出口温度传感器与 ECU 的连接及控制电路如图 4-18 所示。

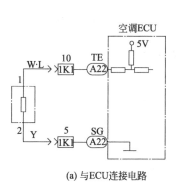
(a) 与ECU连接电路

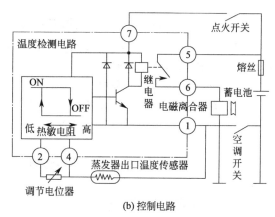
(b) 控制电路

图 4-18 蒸发器出口温度传感器与 ECU 的连接及控制电路

2. 空调蒸发器出口温度传感器的检测

空调蒸发器出口温度传感器连接电路出现断、短路故障时，将不能检测蒸发器冷媒出口温度，这时在蒸发器的冷媒出口即高压管路上容易出现结冰现象；同时，空调温度控制系统也无法正常控制压缩机的工作，空调系统会发生故障。这时应对空调蒸发器出口温度传感器进行检修。

① 检查蒸发器温度传感器和空调控制器总成之间的连接器及导线连接情况，检查空调控制器总成的状况。

② 检查蒸发器出风口温度传感器的电阻。

拆下传感器的连接器，用万用表欧姆挡测量传感器 L-L 两端子之间电阻值，如图 4-19 所示。其电阻值在 4.85～5.15kΩ 之间为良好，否则，说明传感器损坏，应更换。

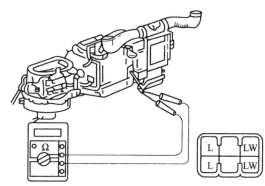
图 4-19 检查空调蒸发器出风口温度传感器电阻

3. 空调蒸发器出口温度传感器检测示例

2016 年款丰田凯美瑞混合动力车型空调系统蒸发器温度传感器电路如图 4-20 所示。蒸发器温度传感器（1号冷却器热敏电阻）安装在空调单元内的蒸发器上，以检测通过蒸发器的空气温度，并用于控制空调。蒸发器温度传感器将信号发送至空调放大器总成。蒸发器温度传感器（1号冷却器热敏电阻）的电阻随通过蒸发器的冷却空气温度的变化而变化。随着温度的降低，电阻增大；随着温度的升高，电阻减小。空调放大器总成将电压（5V）施加到蒸发器温度传感器（1号冷却器热敏电阻）上，根据蒸发器温度传感器（1号冷却器热敏

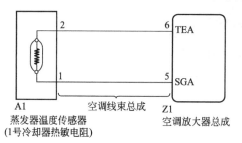
图 4-20 2016 年款丰田凯美瑞混合动力车型空调系统蒸发器温度传感器电路

电阻）电阻的变化来读取电压的变化。该传感器用于防冰。

（1）检查传感器电阻　断开蒸发器温度传感器（1号冷却器热敏电阻）连接插头A1，用万用表欧姆挡（$R \times 1000$）检测插头$1^\#$端子、$2^\#$端子之间的电阻，加热传感器电阻应随着温度的升高而降低，如图4-21所示，检测结果应符合表4-3的规定。如正常，则检查空调线束；如不正常则更换蒸发器温度传感器。

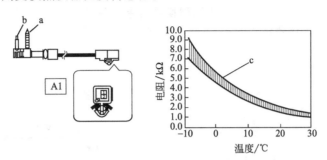

图4-21　蒸发器温度传感器检测

a—未连接线束的组件［蒸发器温度传感器（1号冷却器热敏电阻）］；b—感应部分；c—允许范围

表4-3　蒸发器温度传感器标准阻值

检测仪连接	条件/℃	规定状态/kΩ	检测仪连接	条件/℃	规定状态/kΩ
A1-1—A1-2	-10	7.30～9.10	A1-1—A1-2	15	2.14～2.58
A1-1—A1-2	-5	5.65～5.95	A1-1—A1-2	20	1.71～2.05
A1-1—A1-2	0	4.40～5.35	A1-1—A1-2	25	1.38～1.64
A1-1—A1-2	5	3.40～4.15	A1-1—A1-2	30	1.11～1.32
A1-1—A1-2	10	2.70～3.25			

（2）检查线束连接　断开空调线束连接器Z1和蒸发器温度传感器连接器A1，分别检查连接器Z1端子$6^\#$、$5^\#$和A1端子$2^\#$、$1^\#$以及Z1端子$6^\#$、$5^\#$与车身搭铁之间的电阻，端子Z1和A1外观如图4-22所示。检测结果应符合表4-4的规定。

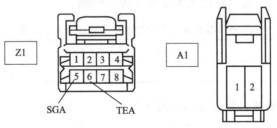

图4-22　端子视图

表4-4　标准阻值

检测仪连接	条件	规定状态	检测仪连接	条件	规定状态
Z1-6(TEA)—A1-2	始终	小于1Ω	Z1-6(TEA)—车身接地	始终	10 kΩ或更大
Z1-5(SGA)—A1-1	始终	小于1Ω	Z1-5(SGA)—车身接地	始终	10 kΩ或更大

检测结果如符合表4-4中的规定，则更换空调放大器总成；如不符合，则更换空调线束总成。

三、液压油温度传感器

液压油温度传感器内部是一个半导体热敏电阻,它具有负的温度电阻系数,温度越高,电阻越低。电控单元根据其电阻的变化测出自动变速器液压油的温度。它装在自动变速器油底壳内的阀板上,如图4-23所示。它用于检测自动变速器液压油的温度,以作为电控单元进行换挡控制、油压控制和锁止离合器控制换挡控制、油压控制和锁止离合器控制的依据,液压油温度传感器的连接器接头端子与ECU的连接电路,如图4-24所示。

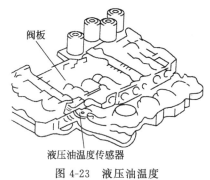

图4-23 液压油温度传感器的安装位置

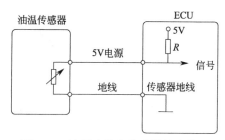

图4-24 液压油温度传感器的连接器接头端子与ECU的连接电路

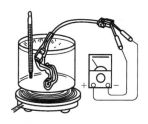

图4-25 液压油温度传感器的检测

液压油温度传感器的检测方法如下。

当液压油温度传感器连接线路发生断、短路故障时,电控单元将无法获得液压油温度信息而控制自动变速器换挡,使控制系统出现故障。当故障指示灯点亮时,通过人工方法或使用专用仪表器可以读取故障码。

当确认液压油温度传感器出现故障时,可拆下传感器,放在有水的热杯中,如图4-25所示,加热杯中的水,测量不同温度下的电阻值,其标准值见表4-5。若检测的电阻值与标准值相差较大,则应更换液压油温度传感。

表4-5 液压油温度传感器电阻与温度对应关系

温度/℃	0	20	40	60	80
电阻/kΩ	4～7	2～3	0.9～1.5	0.5～0.8	0.2～0.4

知识扩展 冷却液压力温度传感器与热泵回路温度传感器

(1)冷却液压力温度传感器 冷却液压力温度传感器是热泵的一个组成部分。热泵非单个部件,而是一个系统。

制冷剂将根据所要求的操作模式(加热和/或冷却)相应地由热泵回路系统组件进行导流。在某些系统组件上制冷剂的流动方向也按照操作模式相应变化。

在热泵回路中安装了冷却液压力温度传感器、热泵回路温度传感器、电调节式膨胀阀、热泵回路单向阀等多种零件,以便调节和控制制冷剂的流通量和流动方向。

热泵回路的冷却液压力温度传感器安装在高压蓄电池单元和冷凝器的低压管路中。

使用热泵进行冷却运行时,低压管路中的制冷剂压力和制冷剂温度将通过冷却液压力温度传感器进行感测,并在热泵控制器中进行分析。中央控制功能则由经局域互联网总线连接的冷暖空调控制单元来负责("IHKR"意思是"手动恒温空调","IHKA"意思是"自动恒温空调")。

车身域控制器（BDC）将根据冷却液压力温度传感器的信号按照冷暖空调控制单元的要求关闭电动空调压缩机。

冷却液压力温度传感器由热泵控制器供给5V的电压并负责接地。

冷却液压力温度传感器的标准值见表4-6。

表4-6 冷却液压力温度传感器的标准值

参数	数值	参数	数值
电压范围/V	4.5~5.5	工作压力/×10⁵Pa	1~7
电流消耗/mA	小于15	温度范围/℃	-40~135

（2）热泵回路温度传感器 热泵回路温度传感器是热泵的一个组成部分。热泵非单个部件，而是一个系统。它共安装了三个热泵回路温度传感器。一个安装在热泵热交换器和电调节式膨胀阀之间；一个安装在热泵回路的单向阀和高压蓄电池单元之间；还有一个安装在热泵回路中的蒸发器附近。

传感器信号均在热泵控制器中进行分析。进行温度记录时，使用的是与温度有关的电阻器。该电路包括一个分压器，可对其检测与温度有关的电阻值。通过一条传感器特有的特性线将电阻值转换成温度值。温度传感器中安装有一个热敏电阻（NTC），其电阻值随温度的上升而下降。

每个热泵回路温度传感器都通过一根2芯插头与车载网络相连接。

该传感器特性曲线如图4-26所示。

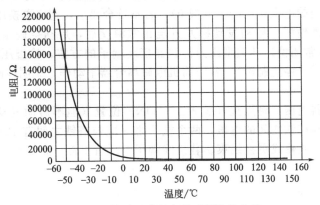

图4-26 热泵回路温度传感器特性曲线

热泵回路中温度传感器的标准值见表4-7。

表4-7 热泵回路中温度传感器的标准值

参数	数值	参数	数值
25℃时的额定电阻/Ω	2252.00±33.78	温度分辨率/℃	±1
电流消耗/mA	1	最大输出电流/mA	20
响应时间/s	15	温度范围/℃	-40~90

第二节 压力传感器

一、空调制冷剂压力传感器

1. 空调制冷剂压力传感器的作用及安装位置

在制冷剂管路中设置了开关型压力传感器,目的是使汽车空调(制冷)系统运行安全。开关型压力传感器有高压和低压两种,安装在制冷系统高压侧管路或低压侧管路上。当制冷系统由于某种原因而导致管路内制冷剂压力出现异常时,开关型压力传感器便会向控制电路发出信号,控制电路做出判断,进而切断空调压缩机电磁离合器电路使压缩机停止工作,保护制冷系统不损坏。

高压侧压力传感器一般安装在制冷系统高压侧管路上或储液干燥器上,用来监测高压侧压力是否过高或过低,高压侧过高的制冷剂压力会使压缩机过载或系统管路(破裂)损坏。

高压侧压力传感器有触点常闭型和触点常开型两种。触点常开型高压侧压力传感器一般用来控制冷凝器冷却风扇的高速挡电路。低压侧压力传感器均为开关型,也包括触点常闭和触点常开型两种。压力传感器一般装在集液器上。

2. 压力传感器检测方法

(1) 传感器电阻检测 空调压力开关的检查主要是用万用表的电阻挡检查电阻值。测量高压压力开关的电阻值应为0,否则说明高压开关损坏。

用万用表的电阻挡测量低压开关的电阻值,应为∞,否则说明低压开关已损坏。

断开点火开关,拆下压力传感器上的接线,用万用表欧姆挡检查常开型(常闭型)传感器两个接线端子之间的电阻,应为∞(或0),若不符合要求,则应更换压力传感器。

(2) 传感器功能检测 启动发动机并升至正常温度后,启动空调制冷系统。通过短接(常开型)或断开(常闭型)开关型压力传感器接线端子的方法,检查压缩机电磁离合器能否随之分离(空调系统停止制冷),若压缩机电磁离合器不动作,说明线路或传感器有故障,应继续检查。

(3) 检测传感器电压 将点火开关置于"ON"位置(但不启动发动机),用万用表检测传感器接线端子与搭铁之间的电压,两个端子之一应与搭铁之间有12V或5V的电压值,否则为线路故障,应检修或更换线束。若接线端子电压值正常,而传感器不能正常工作,则应更换传感器。

二、空调压力开关

空调的高压压力开关用于防止制冷系统在异常的高压下工作,以保护冷凝器和高压管路不会爆裂,压缩机的排气阀不会折断,以及压缩机其他零件和离合器不损坏。低压压力保护开关的功能是感测制冷系统高压侧的制冷剂压力是否正常。当高压侧的压力低于0.423MPa时,低压保护开关便将离合器电路断开,保护压缩机不受到损坏。

空调高压压力开关如图4-27(a)所示,它由膜片、感温包、储液器、制冷剂等组成。低压压力保护开关的结构和高压保护开关一样,不过是将动、定触点的位置调动一下。它也是用螺纹接头直接安装在储液器上,如图4-27(b)所示。

空调压力开关的检查:主要是用万用表的欧姆挡检查电阻值,测量高压压力开关的电阻值,应为0;否则,说明高压开关损坏。

用万用表的欧姆挡测量低压开关的电阻值,应为∞;否则,说明低压开关已损坏。

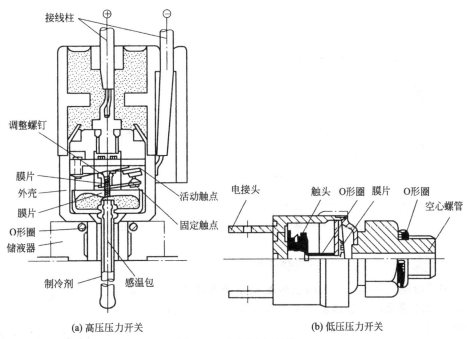

图 4-27 空调压力开关

三、制动油压力传感器

制动主油缸压力传感器是一个常开型的压力传感器，用于检测主油缸的输出压力、向外输出油泵接通与断开及油压异常时报警信号，一般安装在制动主油缸下部。

如果车辆上安装置悬架自动控制系统，当车辆的制动力达到比较大的程度时，为防止车辆在制动过程中出现"点头"，需要提高悬架的刚度（悬架变硬）。这时对应的制动压力传感器不再是"制动灯开关"，只要踩制动踏板，制动灯便接通发亮。而作为悬架控制的制动压力传感器只有在压力达到预定的数值（2758kPa）后，传感器内的触点才接通，并不是只要施加制动传感器就有信号输出，检修时需注意。

制动主缸压力传感器的检修方法与上述开关型压力传感器的检修方法相似。

1. 制动主缸油压力传感器

安装在制动主缸的下部，如图 4-28 所示。其作用是控制制动系统的油压助力装置中的油液压力，检测储压器压力、向外输出油泵接通与断开及油压异常时的报警信号。油压传感器由基片、半导体应变片、传感元件及壳体组成，如图 4-29 所示。传感器工作时，在油压作用下基片变形，应变片的电阻值将发生变化，通过桥式电路的连接后转变成电信号向外输出。

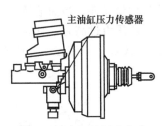

图 4-28 主缸油压传感器的安装位置

2. ESP 制动压力传感器

ESP 制动压力传感器安装在电子稳定程序（ESP）系统的调节液压泵中，该压力传感器不能从液压泵中拆出，要和液压泵一起更换。它向电控单元传送制动管路的实际制动压力，电控单元据此计算出车轮制动力及作用在车辆上的轴向力，如需要 ESP 起作用，电控单元会利用上述数值计算侧向力。

ESP 制动压力传感器通过三根导线与电控单元相连（图 4-30），一根为 5V 电源线，另一根为信号线，还有一根为搭铁线。

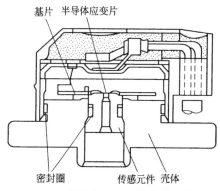

图 4-29　制动主缸油压传感器的结构

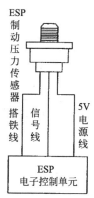

图 4-30　ESP 制动压力传感器与 ECU 的连接电路

知识扩展　制动系统低气压报警开关

对采用气压制动的汽车，为防止因制动系统气压不足造成制动不灵或失效的情况，一般都装有低气压报警开关，该报警开关多装于储气筒上。

制动系统低气压报警开关的结构如图 4-31 所示。制动系统的气压作用在膜片上，当气压正常时，膜片带动与其连在一起的动触点克服弹簧的弹力向上移，与静触点断开，报警灯不亮；当气压低于一定值时，膜片在复位弹簧的作用下下移，使动触点与静触点闭合，打开报警灯电路，报警灯点亮。

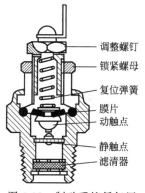

图 4-31　制动系统低气压报警开关的结构

四、蓄压器压力传感器

1. 蓄压器压力传感器的结构

蓄压器压力传感器用于检测牵引力控制系统（TRC）蓄压器油液压力，它一般安装在油压控制组件的上方，如图 4-32 所示。

蓄压器的压力传感器由压力检测部分和电路部分等组成，压力检测部分以半导体压敏元件为测量元件。当油液压力低时，它向 ECU 输入低油压信号，以便启动油泵，使其运转；当油液压力过高时，它向 ECU 输入一个高油压信号，使油泵停止运转。蓄压器的压力传感器与 ECU 的电路连接如图 4-33 所示。

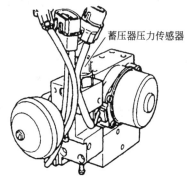

图 4-32　蓄压器压力传感器的安装位置

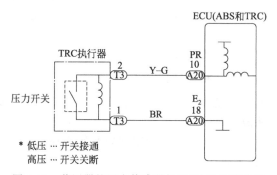

图 4-33　蓄压器的压力传感器与 ECU 的电路连接

2. 蓄压器压力传感器的检测

现以雷克萨斯 LS400 轿车上的蓄压器压力传感器为例介绍其检测方法，具体如下。

（1）检查电源电压

① 拆下 ABS 和 TRC 的 ECU，使连接器仍连着。

② 启动发动机，使其怠速运转 30s，使 TRC 执行器油压升高到一定的数值。

③ 关闭发动机，使点火开关转至"ON"位置，用万用表测量 ECU 连接器端子 PR 与 E_2 间电压，该值应为 5V。其测量过程如图 4-34 所示。检查后应向储油室内加油。

（2）检查压力开关

① 拆下压力开关导线连接器，测量压力开关（传感器）连接器端子 1 与端子 2 之间的电阻值，该值应为 0，如图 4-35 所示。

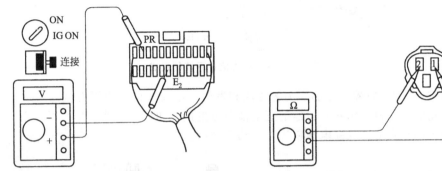

图 4-34　蓄压器压力传感器电源电压的测量过程　　图 4-35　蓄压器压力传感器电阻值的测量

② 接好连接器，启动发动机，使其怠速运转 30s，以使 TRC 执行器压力升高到一定的数值。

③ 关闭发动机，接通点火开关，测量连接器端子 1 与端子 2 之间的电阻，该值应为 1.5kΩ。若经检测不符合上述结果，则应更换 TRC 执行器。

五、轮胎压力传感器

汽车轮胎压力监控系统（TPM）作用是，在汽车行驶时实时对轮胎气压进行自动监测，对轮胎漏气和低气压进行报警，最大限度地减小或消除高压爆胎和低压碾胎造成的轮胎早期的损坏，延长轮胎的寿命，以保障行车安全。

汽车轮胎压力监控系统分为间接式和直接式两种类型。间接式是通过汽车 ABS 或 ESP 系统的轮速传感器来比较轮胎之间的转速差别，以达到监视胎压的目的。直接式是利用安装在每一个轮胎里的压力传感器和温度传感器来直接检测轮胎的压力和温度，并对各轮胎气压进行显示及监控。

直接式 TPMS 使用的轮胎压力传感器安装在每一个轮胎里，轮胎压力监控系统由轮胎压力传感器、轮胎压力监控天线、轮胎压力监控控制单元、组合仪表、功能选择开关组成，如图 4-36 所示。

1. 轮胎压力传感器的组成

如图 4-37 所示，轮胎压力传感器由轮胎压力警告阀和发射器、密封垫、轮胎气门芯、锂电池、传感器和发射器等组成。轮胎压力警告阀和发射器集成于轮胎气门。各轮胎压力警告阀和发射器由锂电池、传感器等组成。发射器直接检测轮胎充气压力和温度，以检查车辆是否可以继续行驶，发射器以 314.98MHz 的频率将检测的轮胎充气压力和温度值发送至轮

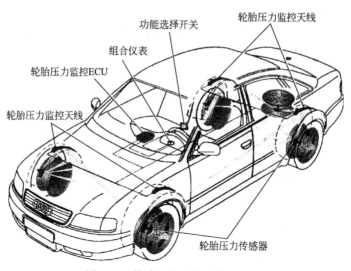

图 4-36 轮胎压力监控系统的组成

胎压力警告 ECU 和接收器。轮胎压力警告阀和发射器接收来自轮胎压力监控引发器的轮胎定位电波。轮胎压力警告阀和发射器的锂电池不可更换。如果锂电池电量耗尽，则必须更换轮胎压力警告阀和发射器（锂电池使用寿命约 10 年）。

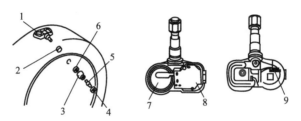

图 4-37 轮胎压力传感器的安装位置及结构

1—轮胎压力警告阀和发射器；2—密封垫；3—螺母；4—盖；5—轮胎气门芯；6—垫圈；
7—锂电池；8—传感器和发射器；9—识别码（7 位十六进制）

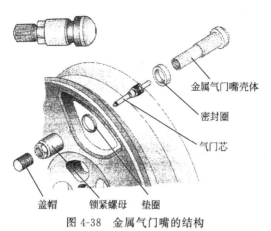

图 4-38 金属气门嘴的结构

轮胎压力传感器将轮胎的实时压力信息（绝对压力检测）发送给轮胎压力监控 ECU，用以评估压力情况，以检查车辆是否可以继续行驶。温度信号用于补偿因温度改变而引起的压力变化，同时还用于自诊断。当温度高于某一限定值时，传感器就停止发送无线电信号。温度补偿由轮胎压力监控 ECU 来进行，测出的轮胎压力以 20℃时的值为标准值。

轮胎压力传感器拧在金属气门嘴上，轮胎压力监控系统所用的气门嘴是新设计的，以前使用的是橡胶气门嘴，现在用的是金属气门嘴，其结构如图 4-38 所示。

为了避免轮胎的充气压力调整不当，应特别注意：必须在轮胎冷态时检查并校正储存轮胎的充气压力。

2. TPMS系统使用时应注意的事项

每个轮胎压力传感器都有一个专用的识别码（ID-Code），用于"轮胎识别"。为了避免接收到错误信息，当轮胎压力传感器接收到的温度达到120℃时，它就不再发送无线电信号（数据电报）。在发射电子装置马上切断轮胎压力传感器前，轮胎压力控制单元得到"温度切断"信息，于是"故障内容"就被记录在故障存储器内。

当温度低于某一值时，轮胎压力传感器又能恢复无线电通信。

注意：即使安装了轮胎压力监控系统，驾驶员也必须定期检查轮胎充气压力。

在更换车轮或轮辋时，如果传感器没有损坏，仍可使用。每次轮胎充气压力改变和每次更换轮胎后都必须触发轮胎压力监控系统初始化设置。借此将各轮胎充气压力存储为标准值。

更换车轮时必须注意，初始化设置之前必须满足至少8min的车辆停放时间。

第三节　位置传感器

一、离合器位置传感器

1. 结构

目前在一些高档轿车上都加装有离合器位置传感器，当踩下离合器时，喷油量会短时降低并借此防止换挡过程中发动机转速迅速提高。另外，定速巡航也需要离合器开关提供信号，踩下离合器，巡航解除。

大众离合器位置传感器G476（图4-39）能切断定速巡航的控制，使换挡时减少喷油，保证换挡平顺，此外还能识别离合器的接合状态。

离合器位置传感器用卡箍固定在离合器主缸上，主缸通过一个卡口连接件固定在支撑座上。当踩下离合器踏板时，推杆推动主缸内的活塞，借此可以识别是否踩下了离合器踏板。离合器位置传感器G476内部原理如图4-40所示。

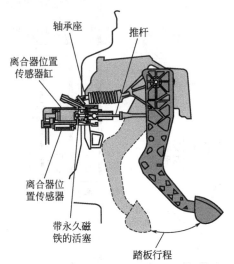

图4-39　大众离合器位置传感器G476

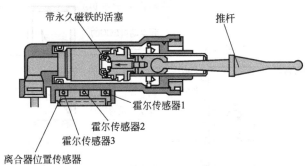

图4-40　离合器位置传感器G476内部原理

① 霍尔传感器1是一个数字传感器，它将电压信号发送到发动机ECU，该信号用于关闭巡航控制系统。

② 霍尔传感器2是一个模拟传感器，它将一个频宽可调脉冲信号（PWM信号）发送到电控机械驻车制动控制单元，这样就可监测到离合器踏板的准确位置，控制单元可在动态起步时，计算出驻车制动的最佳解除时间点。

③ 霍尔传感器 3 是一个数字传感器，它将电压信号发送到车载电网控制单元。控制单元监测是否踩下了离合器踏板，仅在踩下离合器踏板的状态下可启动发动机（互锁功能），如图 4-41 所示。

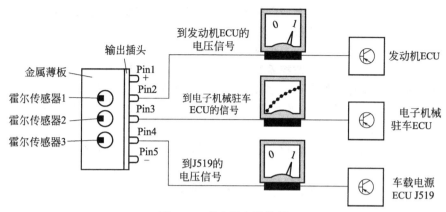

图 4-41 离合器电路控制

2. 离合器位置传感器的检测

如图 4-42 所示，正常情况下检测离合器开关的 2、3、4 号脚的电压是否正常。如果检测不符合规定，则应更换离合器位置传感器。

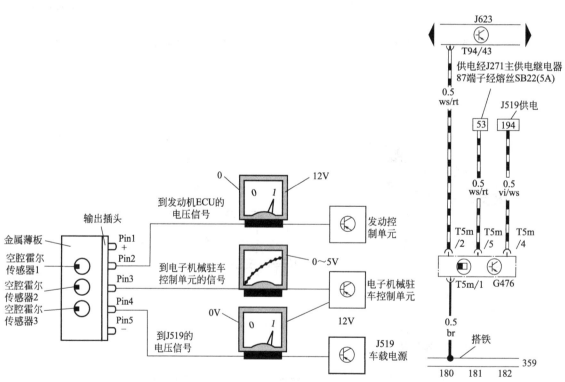

图 4-42 正常的离合器各端子的电压
G476—离合器位置传感器；T94—94 芯插头连接；T5m—5 芯 M 插头连接；
ws—白色；rt—红色；vi—紫色；br—棕色

二、自动变速器控制系统节气门位置传感器

1. 节气门位置传感器

用于自动变速器控制系统的节气门位置传感器除了有发动机控制系统中使用的 IDL、PSW、E 端子外，还有 L_1、L_2、L_3 三个端子，用以输出节气门的开度信号。

电控单元根据节气门开度、车速、变速杆位置、水温、制动器及方式选择开关等的信号进行运算处理，以确定变速点、锁止点，并把信号输出到 3 个电磁阀上，从而完成自动变速系统的精细控制。节气门位置传感器一般安装在节气门体上。

2. 节气门位置传感器的检测

节气门位置传感器的检测，主要是检测节气门在全关至全开时的输出电压、踏下制动踏板时输出电压及变速器在不同挡位时的电压。

现以丰田 A43DE 自动变速器控制系统的节气门位置传感器为例，说明节气门位置传感器的检修方法。

丰田 A43DE 自动变速器系统电路如图 4-43 所示。

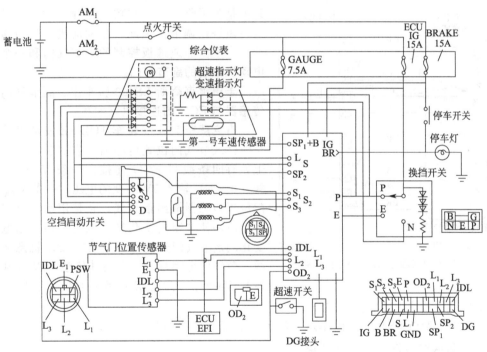

图 4-43　丰田 A43DE 自动变速器控制系统电路

① 检查节气门从全关到全开时，节气门位置传感器的输出电压。

接通点火开关（发动机不启动，用万用表的正表笔接 DG 插头端子，负表笔接搭铁），缓慢踏下加速踏板，使节气门从全关闭到全开，检查电压应从 0 逐渐上升到 8V。

② 检查踩下踏板时，节气门位置传感器的输出电压

当节气门全开时，DG 端子电压为 8V，踩下制动踏板时，检查电压值，应为 0；不踩制动踏板时，检查电压值，应为 8V。

③ 检查不同挡位时，节气门位置传感器的输出电压。

对自动变速器进行道路试验，在不同挡位时，DG 端子电压应符合表 4-8 的规定。根据

DG 端子电压确定升挡情况。

表 4-8 自动变速器（丰田 A43DE）不同挡位时节气门位置传感器输出电压值

挡位	DG 端子电压/V	挡位	DG 端子电压/V
1	0	3 挡锁定	5
2	2	4	6
2 挡锁定	3	4 挡锁定	7
3	4		

在试验过程中应注意车速必须高于 9km/h，当车速低于 9km/h 时，DG 端子电压将在 0～8V 之间变化。在升挡过程中，如果电压连续从 0 升到 7V，表示自动变速器控制系统工作良好。若无 3V、5V、7V 电压，表示液力变矩器锁定离合器不起锁定作用。

三、防滑制动系统（ABS/TRAC）主、副节气门位置传感器

现以丰田雷克萨斯 LS400 轿车装用的 ABS/TRAC 防滑制动系统为例，说明节气门位置传感器的检测方法。

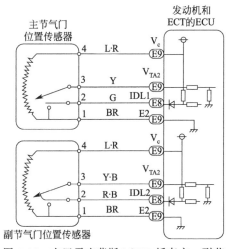

图 4-44 丰田雷克萨斯 LS400 轿车主、副节气门位置传感器与 ECU 的连接电路

丰田雷克萨斯 LS400 轿车装用的 ABS/TRAC 系统是为了驱动防滑转控制过程中对发动机输出的转矩进行调节。因此，在发动机节气门体上设置了一个由加速踏板控制的主节气门和一个步进电动机控制的副节气门。

丰田雷克萨斯 LS400 轿车主、副节气门位置传感器与 ECU 的连接电路如图 4-44 所示。

雷克萨斯 LS400 轿车 1UZ-FE 发动机使用的是线性式节气门位置传感器，它安装在节气门体上，有四条线与 ECU 连接。一条 V_c 线为电源线，由 ECU 输入 5V 不变的电压；一条 V_{TA} 节气门位置传感器输出信号线，它是用动触点在电阻体上滑动使电阻的变化转换成电压值。用电压值变化测定节气门开度；一条 IDL 发动机怠速端子线，节气门全闭时动触点与其接触，ECU 利用它控制断油和点火提前角；另一条 E 线是搭铁线。

节气门位置传感器的检测方法如下。
丰田雷克萨斯 LS400 轿车 ABS/TRAC 防滑系统电路如图 4-45 所示。

1. 主节气门位置传感器的检测

当节气门位置传感器出现故障时，TRAC 系统自动关闭，同时，电控单元记录下故障码，可利用高阻抗万用表进行检测判断。

① 检查主节气门位置传感器电路电压。打开点火开关，用万用表测量电压，检查插接器端子 V_c 和 V_{TA2} 间电压。当节气门从全关闭到全开位置，在逐渐踩加速踏板时，端子 V_{TA2} 的电压应从 0 到 8V，呈阶梯形变化。但在检查时，不能踩制动踏板，否则电压将停留在 0 状态。

② 根据读取故障码提示的内容进行检修，例如，主节气门位置传感器故障码 45 的诊断检测。当踩下加速踏板时，测量 ECU 的 VTH 端子电压为 1.45V 或更高，说明发动机怠速开关一直处于接通状态，这时 ECU 记录下故障码 45。这时应检查发动机怠速开关；检查

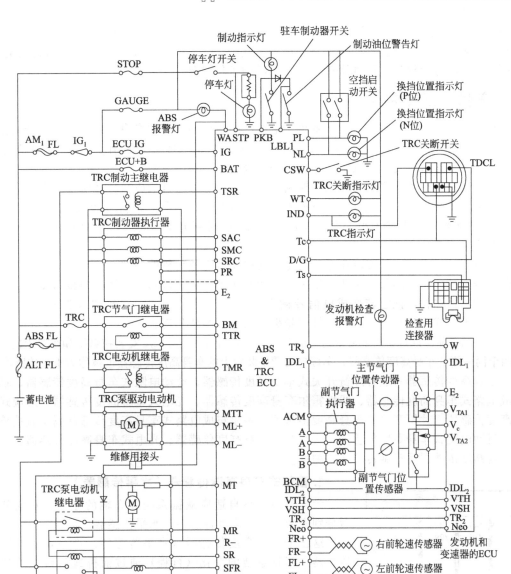

图 4-45 丰田雷克萨斯 LS400 轿车 ABS/TRAC 防滑系统电路

ABS 和 TRAC ECU 与发动机及 ECT ECU 之间的连接电路是否存在短、断路；检查 ECU 的工作状况。

2. 副节气门位置传感器的检测

副节气门位置传感器用于检测副节气门开启角度，并把信号输入 ECU。如果副节气门位置传感器出现故障，ECU 将关闭 TRAC 控制系统，电控单元记录下故障码，应对传感器进行检修。

例如，诊断仪显示副节气门位置传感器故障码 47 的诊断检修。

当发动机诊断仪显示故障码 47 时，表明副节气门全关闭时发动机怠速开关不随其动作，发动机怠速开关在"ON"位置时 ECU 的 VSH 端子电压为 1.45V 或更高。应检查发动机怠速开关是否处在打开位置；检查副节气门位置传感器、ABS/TRAC ECU 之间的连接电路、IDL_2 连接线路是否存在断、短路；检查 ECU 的工作状况。

四、车辆高度传感器

在高档轿车上加装有电控悬架系统。电控悬架系统能够根据车身高度、车速、转向角度及速率、制动等信号，由悬架 ECU 控制悬架的执行机构，使悬架的刚度、减振器的阻尼力及车身高度等参数改变，使汽车具有良好的乘坐舒适性和操作稳定性。

车身高度传感器主要应用在电子控制悬架、主动悬架或自适应减振系统中。车身高度传感器用来感应悬架摆臂元件与车身间在垂直方向上的关系，其信号可使悬架电控单元（ECU）根据汽车载荷的大小，通过有关执行元件随时调节车身高度，维持车身高度基本不随载荷变化而变化。

车身高度传感器一般安装在左右前轮胎的挡泥板上或后桥的中部，一般是将车身高度的变化（悬架的位移变形量）转变成传感器轴的转角的变化并检测出此轴的旋转角度，类似于节气门传感器结构，把它转变成电信号输入 ECU。固定部件固定在车架（非承载式车身）或车身（承载式车身）上，活动部件与悬架下摆臂或车桥相连。

在装配有前照灯自动调平装置的车辆上，车灯自动调平装置采用安装在悬架和车身上的一个或两个同一侧的车身高度传感器。车灯自动调平装置上的车身高度传感器也被称为水平传感器。

车身高度传感器一般有片簧开关式车身高度传感器、滑动电阻式车身高度传感器、霍尔集成电路式车身高度传感器、线性霍尔车身高度传感器、光电式车身高度传感器、感应式车身高度传感器。片簧开关式车身高度传感器、霍尔集成电路式车身高度传感器属于直接检测型；滑动电阻式车身高度传感器、线性霍尔车身高度传感器、光电式车身高度传感器、感应式车身高度传感器属于旋转转换检测型。

1. 霍尔式车身高度传感器（水平传感器）

大众奥迪车系自适应减振系统在车辆的左前、右前和左后分别安装了一个高度传感器（水平传感器）。

这三个车身高度传感器（水平传感器）都是霍尔效应式传感器。车轮悬架的变化（行程）通过前桥或后桥上的控制臂的运动以及传感器连杆的运动传给传感器，并转换成转角。

这种传感器采用双腔结构。一面（第 1 腔）有转子；另一面（第 2 腔）有带定子的电路板。转子和定子各自都是密封安装的。

转子有一个非磁性高级合金钢轴，该轴内粘接有一块稀土磁铁。使用稀土磁铁可以尽可能小的尺寸获得极强的磁场。

转子通过操纵杆与连接杆相连并由该连接杆来推动。转子是通过一个径向密封圈安装在操纵杆上的，这样可使结构免受环境影响。定子就是一个霍尔传感器，它安装在电路板上。由于电路板是包在聚氨酯块中的，因此也可免外界环境影响。

悬架位置发生变化时，转子在操纵杆的作用下发生转动并带动磁极运动，霍尔元件传递并放大磁通，电路板上的芯片会对这些信号进行转换，以便电子调节减振系统控制单元识别出车身水平变化。

奥迪 Q5 汽车全自动减振系统车身高度传感器（水平传感器）电路如图 4-46 所示。

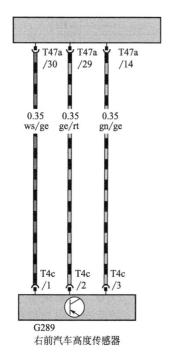

图 4-46　奥迪 Q5 汽车全自动减振系统车身高度传感器电路

2. 光电式车辆高度传感器

(1) 光电式车辆高度传感器的结构　光电式车辆高度传感器的结构与外形如图 4-47 所示。该传感器主要由传感器轴、光电元件及透光板组成，其中传感器轴通过导杆与拉紧螺栓的一端铰连（拉紧螺栓的另一端与后悬架臂相连），其安装位置如图 4-48 所示。

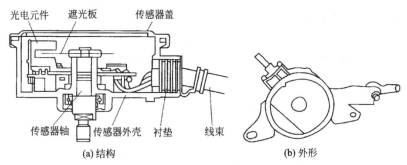

图 4-47　光电式车辆高度传感器的结构与外形

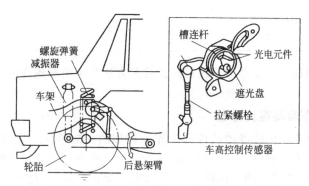

图 4-48　传感器的安装位置

(2) 光电式车辆高度传感器的检测

① 外观检测。先检查光电耦合器（发光二极管和光敏三极管）表面是否脏污、线路连接是否良好、遮光板是否变形、遮光板上的透光槽中是否夹杂脏物。

② 电源的检测。拔下传感器插头，接通点火开关，检测线束连接器上的电源端子电压应为 12V。

③ 信号电压的检测。拔下车辆高度传感器连接插头，用导线将插头两端的电源连接起来，使传感器外壳搭铁，接通点火开关，慢慢转动传感器轴，用万用表测量插头上信号插孔输出的电压。如果电压在 0～1V 之间变化，说明传感器工作性能良好；否则，应更换车高传感器。

④ 信号电压波形的检测。用汽车专用示波器检测，其输出信号应为矩形方波。

(3) 光电式车辆高度传感器检测示例　三菱轿车前车高传感器的电路如图 4-49 所示，其检测方法如下。

① 就车检测传感器的端子间电压值。当车辆高度传感器的连接器处于连接状态时，在 ECU 的连接器部位测出 ECU 的电压，以判定传感器是否良好。在图 4-49 中，端子

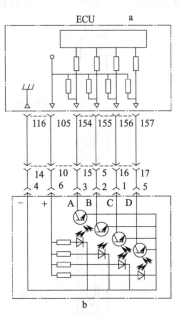

图 4-49　三菱轿车前车高度传感器的电路
a—前车高判别；b—前车高传感器

105是传感器的电源端子，当ECU工作时，该端子电压值应为4~8V。端子154~157是车辆高度信号端子，当传感器内的光电元件接通（ON）时，信号电压值应为0；当光电元件断开（OFF）时，信号电压值应为4~8V。端子116处于搭铁状态，平时其电压值应为0。

② 单体检测传感器端子电压值。把车辆高度传感器单体与车辆侧电线束连接，当点火开关处于接通（ON）时，旋转传感器的环形板，在不同位置测量各端子（与搭铁间）的电压，这些值应符合表4-9的规定。

表4-9 传感器各端子电压值 单位：V

车高标准	传感器导杆位置	端子编号			
		3	2	1	5
最高标准	①	0~0.5	4.5~5	0~0.5	4.5~5
较高	②	0~0.5	4.5~5	0~0.5	0~0.5
高	③	0~0.5	4.5~5	4.5~5	0~0.5
比正常高	④	0~0.5	4.5~5	4.5~5	0~0.5
正常车高	⑤	0~0.5	0~0.5	4.5~5	0~0.5
比正常低	⑥	4.5~5	0~0.5	4.5~5	0~0.5
低	⑦	4.5~5	0~0.5	0~0.5	0~0.5
较低	⑧	4.5~5	4.5~5	0~0.5	0~0.5
最低标准	⑨	4.5~5	4.5~5	0~0.5	0~0.5

三菱轿车后车辆高度传感器的连接电路及检测方法与车前车辆高度传感器的连接电路及检测方法基本相同。

3. 舌簧开关式车身高度传感器

舌簧开关式车身高度传感器的结构和工作原理如图4-50所示。舌簧开关式车身高度传感器有四组触点式开关，它们分别与两个晶体管相连，构成四个检测回路。用两个端子作为输出信号与悬架ECU连接，两个晶体管均受ECU"输出"端子的控制。该传感器将车身高度组成四个检测区域，分别是低、正常、高、超高。

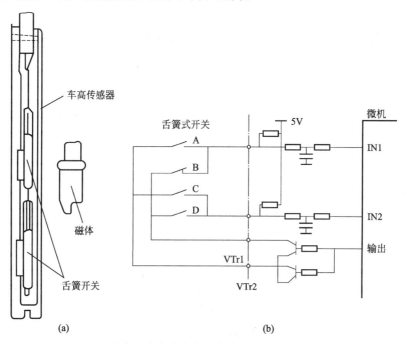

图4-50 舌簧开关式车身高度传感器的结构和工作原理

当车身高度调定为正常高度时，因乘员数量的增加而使车身偏离正常高度，此时舌簧开关式车身高度传感器的另一对触点闭合，产生电信号输送给 ECU，ECU 随即做出车身高度偏低的判断，从而输出电信号到车身高度控制执行器，促使车身恢复正常高度状态。

舌簧开关式车身高度传感器在福特车型上应用较多。检测时，可以根据舌簧开关的特性，在不同的位置，使用万用表，检验四组舌簧开关的导通和断开。

4. 滑动电阻式车身高度传感器

雷克萨斯 LS400 采用的是滑动电阻式车身高度传感器，其结构和原理与可变电阻式节气门位置传感器相同。

雷克萨斯 LS400 采用的滑动电阻式车身高度传感器电路如图 4-51 所示。

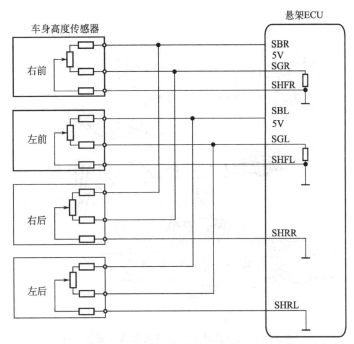

图 4-51　雷克萨斯 LS400 采用的滑动电阻式车身高度传感器电路

检测方法如下。

① 检查传感器供电电压（以前部车身高度传感器为例）。拆下仪表板盒，将点火开关旋到"ON"位置，将电压表正极、负极分别接到传感器的端子 2 和端子 3 之间，电压表的读数应约为 5V。如读数不符合要求，应检查悬架的 ECU 和线路。

② 检查传感器信号电压（以前部车身高度传感器为例）。拆下车身高度传感器，在端子 2 与端子 3 之间施加约 4.5V 的电压，使控制杆缓慢地上、下移动。检查端子 1 和端子 3 之间的电压，正常位置时，电压为 2.3V；低位置时为 0.5～2.3V；高位置时为 2.3～4.1V。后部车身高度传感器与前部车身高度传感器检查方法相同。

五、转向角度传感器

转向角度感器又称转向传感器或转向盘位置传感器，它主要用于车辆稳定控制系统、电子助力转向系统和电子悬挂系统中，用于检测转向盘的中间位置、转动方向、转动角度和转动速度等转向信息，从而使相关控制单元实施不同的控制策略。转向盘转角传感器主要有滑动电阻式、磁感应式、霍尔式、光电式、各向异性磁阻式，应用最广泛的是光电式转角传感器。

1. 光电式转角传感器

(1) 光电式转角传感器的结构　光电式转角传感器的结构与安装位置如图 4-52 所示。转向圆盘（透光盘）安装在转向轴上，圆盘的圆周上均匀地开有很多小槽，圆盘随着转向主轴的旋转而旋转。加在圆盘两侧的是两组光电元件（由发光二极管和光电晶体管组成），光电元件套在转向柱管上。用于检测转向盘的中间位置、转动方向、转动角度和转动速度，即转向轮的偏转方向和偏转角度，并将所检测的信号输入电子悬架控制系统 ECU，使电子悬架控制系统 ECU 根据转角传感器输入的信号和车速传感器输入的车速信号判断汽车转向时侧向力的大小，从而对车身的侧倾进行控制。

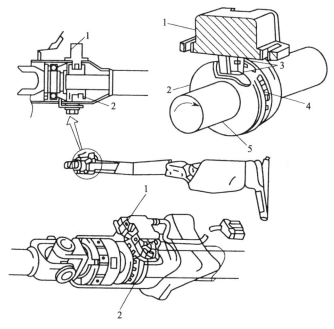

图 4-52　光电式转角传感器的结构与安装位置
1—转角传感器；2—转向圆盘（透光盘）；3—光电耦合元件；4—槽；5—转向轴

(2) 光电式转角传感器检测
① 将转向盘置于汽车直线行驶位置。
② 将模式选择开关切换到 NORMAL 位置。
③ 短接诊断连接器的端子 16（TS）和 3（E$_1$）。
④ 接通点火开关，此时指示灯 S 和 F 应闪烁；否则，修理或更换模式选择开关、诊断连接器或 ECU。
⑤ 向右转动转向盘，此时，指示灯 F 闪烁，指示灯 S 熄灭。
⑥ 重复以上步骤并向左转动转向盘，此时，指示灯 S 闪烁，指示灯 F 熄灭。否则应对转角传感器进行检查。

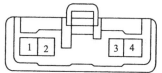

图 4-53　转角传感器的连接器
1～4—端子

⑦ 转角传感器的连接器如图 4-53 所示，端子 1 和端子 2 之间的电压应为 3.5～4.2V，否则应修理或更换。
⑧ 缓慢转动转向盘，用电压表检查连接器端子 3、端子 4 与端子 2 之间的电压，应在 5～10V 变化（正极接端子 3、端子 4）；否则，应修理或更换控制装置到转角传感器之间的

电路。

⑨ 检查转角传感器的窄槽圆盘是否弯曲变形或表面上是否有杂质。

(3) 光电式转角传感器检测示例　雷克萨斯 LS400 轿车装用的光电式转角传感器检测方法如下。

① 输出信号检测。接通点火开关，用跨接线 SST 连接诊断连接器上的 TS 与 E_1 端子，如图 4-54(a) 所示，转动转向盘，若转角小于 45°，仪表板上的 NORM 灯亮，说明转向信号输出正常。

转角传感器信号是否输入悬架 ECU 的检查方法：接通点火开关，慢慢转动转向盘，如图 4-54(b) 所示，在转动的同时分别用万用表测量 ECU 的 SS1、SS2 端子与搭铁间的电压，应为 0~5V，否则说明转角传感器信号未输入悬架 ECU 或转角传感器信号出现故障。

② 转角传感器故障诊断与排除。对于转角传感器未输入信号故障，诊断方法为：拆下传感器连接器，接通点火开关，测量连接器 1 号端子和 2 号端子间的电压，如图 4-54(c) 所示，正常值应为蓄电池电压，否则应检查悬架 ECU 的 IG 熔丝是否良好，转角传感器与熔丝盒之间的连线是否存在断路、短路。

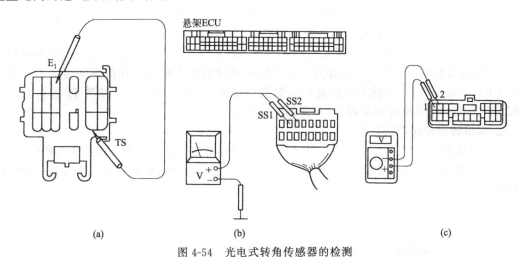

图 4-54　光电式转角传感器的检测

转角传感器故障排除方法：拆下传感器连接器，在转角传感器 1 号、2 号端子间施加蓄电池电压，在慢慢转动转向盘时，用万用表测量传感器的 10 号、11 号端子和 2 号端子间的电阻，应在正常值之间变化，否则说明转角传感器存在故障，应当更换。

2. 霍尔式转向盘转角传感器

(1) 结构　随着可变电子泵助力转向系统的发展，使用了霍尔式转向盘转角传感器，与使用遮蔽板的霍尔式曲轴位置传感器原理相似，霍尔式转向盘转角传感器也是利用遮蔽转盘旋转时遮蔽或通过磁场，使霍尔 IC 产生或不产生霍尔电压的办法来计量转向角的大小。转向盘转角传感器需要使用一根 12V 工作电压线，一根搭铁线和两根用于转向盘转动信号 S_1 和 S_2 的信号线。转向盘角度信息以两个波信号传给助力转向 ECU，ECU 通过这两个信号确定转向盘转动的速度和方向。霍尔式转向盘转角传感器的结构如图 4-55 所示。

由于霍尔式转向盘转角传感器产生的也是脉冲方波信号，如图 4-56 所示，因此判断转向盘转角的方式和光敏式相似。两个霍尔传感器从相位上错开 90°±30°，能够确定转向盘的旋转方向，转向时，控制器可根据 S_1 信号和 S_2 信号的相对位置确定旋转方向，其检测方法也可参照霍尔式传感器来进行。

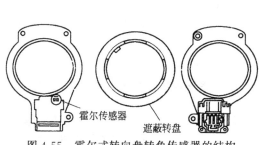

图 4-55 霍尔式转向盘转角传感器的结构

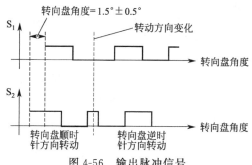

图 4-56 输出脉冲信号

(2) 转矩传感器检测

① 本田 EPS 电感式转矩传感器的结构。广州本田飞度轿车 EPS 系统采用电感式转矩传感器,其安装在转向器小齿轮轴上,用来检测转向盘操作力矩的大小和方向,并把它转换为电压值传给 ECU。助力电动机的助力大小与转矩传感器的转矩大小成正比,即转矩传感器转矩越大,助力电动机助力作用越大。该传感器的结构如图 4-57 所示,扭杆 2 穿在中空的输入轴 1 内,扭杆的输入端通过固定销钉 3 和输入轴固连在一起,扭杆的另一端和输出轴 8 固连在一起。在输入和输出轴的外面套有阀芯 4,阀芯为中空结构,通过其下端内部的滑动平键 12 和输出轴连在一起,阀芯相对于输出轴可沿轴向上下移动。在阀芯的表面上开有斜槽 5(上、下各一个),与输入轴固连在一起的固定销 13 穿在斜槽中。弹簧 11 通过其弹力将阀芯向上推,用来消除固定销 13 和斜槽之间的间隙。

② 本田转矩传感器的检测。

a. 电压检测。在点火开关打开、EPS ECU 的接线端进行电压测量、插头连接的情况下,利用数字式万用表,采用背插法对广州本田飞度轿车进行检测,转矩传感器与 EPS ECU 的线路连接如图 4-58 所示。

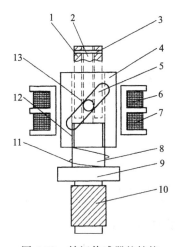

图 4-57 转矩传感器的结构

1—输入轴;2—扭杆;3—固定销钉;4—阀芯;5—斜槽;
6—线圈1;7—线圈2;8—输出轴;9—涡轮;10—小齿轮;
11—弹簧;12—滑动平键;13—固定销

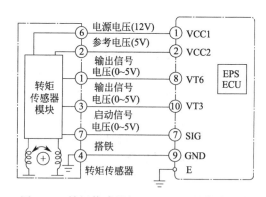

图 4-58 转矩传感器与 EPS ECU 的线路连接

b. 广州本田飞度轿车转矩传感器标准电压值见表 4-10。

表 4-10 广州本田飞度轿车转矩传感器标准电压值

端子编号	导线颜色	端子符号	说明	测量(断开 ABS/TCS 控制装置的 47P 插接器)		
				端子	条件	电压值/V
1	棕	V_{CC1}(12V)电压(公共 1)	转矩传感器电源	1-接地	启动发动机	蓄电池电压
					点火开关 OFF	0
2	红	V_{CC2}(5V)电压(公共 2)	转矩传感器参考电压	2-接地	启动发动机	约 5V
					点火开关 OFF	0
6	黄	IG1(点火 1)	系统激活电源	6-接地	点火开关 ON	蓄电池电压
					点火开关 OFF	0
7	灰/蓝	SIG(转矩传感器 F/S 信号)	检测转矩传感器信号	7-接地	启动发动机	短暂出现 5V
8	黄	VT6	转矩传感器信号	8-接地	启动发动机	0~5V
9	白	GND(转矩传感器接地)	转矩传感器接地	9-接地	—	—
10	蓝	VT3	转矩传感器信号	10-接地	启动发动机	0~5V

3. 各向异性磁阻式转向盘转角传感器

磁性薄膜在平行于膜面的外磁场作用下达到饱和磁化时,薄膜的电阻率将随外磁场方向和电流方向的变化而变化,这种效应就是各向异性磁阻(anisotropic magneto resistance, AMR)效应。

(1) 结构 别克荣御 ESP 系统中使用了各向异性磁阻式转向盘转角传感器,转向盘转角传感器位于转向盘下面,其内部结构如图 4-59 所示,传感器框图如图 4-60 所示。

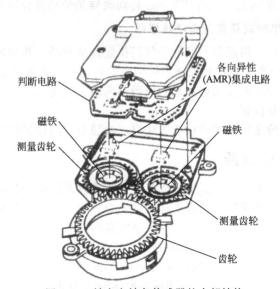

图 4-59 转向盘转角传感器的内部结构

图 4-60 各向异性磁阻式转向盘转角传感器框图

(2) 检测 别克荣御转向盘转角传感器的线路连接和各端子功用如图 4-61 所示。

检测方法如下。

① 检测供电电压。关闭点火开关,脱开传感器插头,再将点火开关置于"ON"位置,使用万用表检测 5 号与 6 号端子电压,应该为 12V,否则应检查线路。

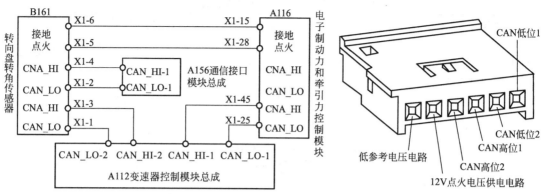

图 4-61 别克荣御转向盘转角传感器的线路连接和各端子功用

② 解码器读取故障码。由于传感器信号通过 CAN 总线输出，因此通过解码器的自诊断检测是比较准确和快捷的方法。转向盘转角传感器出现故障，则会显示故障码 C0460。

③ 校准转向盘转角传感器。电子控制单元监测并判断转向盘转角传感器的输出信号，当车辆沿直线行驶了 15min 或以上时，电子控制单元将该行驶方向设定为正前方向。可使用 Tech2 进行转向盘转角传感器校准，初始化传感器的具体操作步骤如下。

a. 将转向盘置于车辆笔直前的正中位置。

b. 将 Tech2 连接到车辆上，执行"Tech2 转向盘转角传感器校准程序"即可。

知识扩展 滑动电阻式转向盘角度传感器

滑动电阻式转向盘角度传感器与线性节气门位置传感器的工作原理相同，在电阻器的两端施加 5V 直流电压，一个滑动接触点随着转向盘的转动在电阻器两端内运动，转向盘转动到两个端点位置时，滑动接触点刚好运动到电阻器两端。检测接触点和电阻器一端的电压即可求得转向盘的绝对转角位置。

滑动电阻式转向盘角度传感器的检测方法可以参照节气门位置传感器的检测方法。

六、制动踏板位置传感器

在某些高端车型的电子制动控制系统或行驶动态管理系统中安装有制动踏板位置传感器或制动踏板行程传感器，位于制动踏板上部制动助力装置前，用来精确感应驾驶人踩踏制动踏板的力度，从而对制动系统或行驶动态管理系统做出响应。

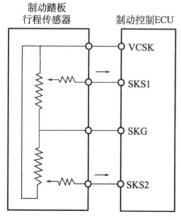

图 4-62 制动踏板位置传感器电路

制动踏板位置传感器一般使用双滑动电阻传感器，滑动触点跟随制动踏板的摆动而旋转，使输出电压发生变化。根据输出电压的大小和变化的速率，可以反映驾驶员所需求的制动强度和制动速率。双滑动变阻器式制动踏板位置传感器的工作原理和检测方法与双滑动电阻器式节气门位置传感器、加速踏板位置传感器相同，这里不再赘述。

丰田雷克萨斯 RX400h 的电子制动控制（ECB）系统中安装有制动踏板位置传感器，位于制动踏板上部。

新型的制动踏板位置传感器采用两路滑动变阻电路，主传感器与副传感器输出反向，制动踏板位置传感器电路如图 4-62 所示。两个传感器共用一个电源和搭铁回路，中间的 SKS1 和 SKS2 为信号输出。其检测方法可参照双滑动电阻式节气门位置传感器持检测方法。

知识扩展　制动行程传感器

制动行程传感器用于 BAS（制动辅助系统）中，当驾驶人在紧急制动的情况下，BAS 控制模块根据传感器的信号控制制动系统制动压力，增加制动行程，使之在紧急制动时更加安全。

制动踏板位置传感器和制动行程传感器主要不同点如下。

（1）安装位置的不同　制动踏板位置传感器安装于制动踏板处，制动行程传感器安装于制动主缸处的真空助力器内，用于感测膜片的运动。

（2）感测的运动部位不同　制动踏板位置传感器感测制动踏板的位置和运动，而制动行程传感器检测的制动主缸的动作。

BAS 制动行程传感器 b1 可感测膜片的运动，因此也称为膜片行程传感器，它使用滑动电阻式传感器，需要输入 5V 参考工作电压，滑动触点根据制动助力器膜片的移动而滑动，因此滑动电阻的输出信号就反映了制动主缸动作的幅度和速度。制动行程传感器的位置和电路如图 4-63 所示。

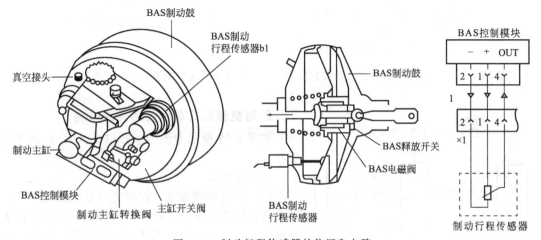

图 4-63　制动行程传感器的位置和电路

第四节　车速传感器

车速传感器（vehicle speed sensor，VSS）用于测量车辆的行驶速度，并将信号传送到车速里程表，以电子式或指针式显示出来。对于电控自动变速器，车速信号还用于确定变速器的换挡时刻和变矩器锁止离合器的锁止控制，在巡航控制系统中，车速信号是巡航 ECU 控制设定车速的重要参考依据。但要注意，车速传感器并不是在任何情况下都反映车辆的实际行驶速度，如车轮打滑时、车辆倒退时车速传感器便不能反映车辆的实际行驶状况。

对于装设自动变速器的汽车，车速传感器也叫变速器输出轴转速传感器，用于检测汽车的车速信号，并将该信号输入 ECU，实现 ECU 对变速器的换挡控制及对发动机的控制；同时将车速信号提供给车速里程表，用以指示汽车行驶速度，记录汽车的行驶里程。而对于装设手动变速器的汽车，车速传感器仅仅将检测到的车速信号提供给车速里程表，用于指示汽车的行驶速度，记录汽车行驶里程。

车速传感器一般安装在变速器输出轴附近的壳体上或速度表内。常用的有舌簧开关式、可变磁阻式、电磁感应式、光电式和霍尔式几种。

一、可变磁阻式车速传感器

1. 可变磁阻式车速传感器的结构

可变磁阻式车速传感器安装在变速器的壳体上,由变速器齿轮驱动,其安装位置如图 4-64 所示。可变磁阻式车速传感器的结构主要由磁阻元件、转子、弹簧、印制电路板和磁环等构成,如图 4-65 所示。它是利用磁阻元件的阻值变化检测出磁环旋环旋转引起的磁通变化。阻值的变化引起其上电压的变化,将电压的变化输入比较器中进行比较,再由比较器输出信号控制晶体管的导通和截止,这样就可以检测出车速。

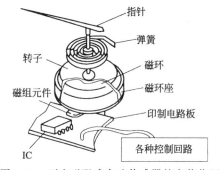

图 4-64 可变磁阻式车速传感器的安装位置

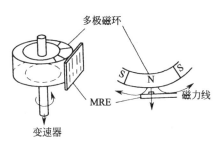

图 4-65 可变磁阻式车速传感器的结构

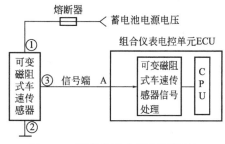

图 4-66 可变磁阻式车速传感器与 ECU 之间的连接电路

2. 可变磁阻式车速传感器的检测

如图 4-66 所示为该传感器与 ECU 之间的连接电路

检测方法如下。

(1) 供电检测方法 在断开可变磁阻式车速传感器连接件的情况下,打开点火开关,采用万用表直流电压挡检测与传感器断开的连接件①与②脚之间的蓄电池电压是否正常。如该电压为 0,应检查熔断器以及相关连接导线。

(2) 输出电压的检测 采用万用表直流电压挡,两表笔连接在传感器的③与②脚之间,然后用手转动传感器轴,同时观察万用表是否有脉冲电压信号输出。如万用表指针不动,则应更换新的传感器,否则应检查与传感器连接的导线及其连接件。

(3) 搭铁情况的检测 采用万用表电阻挡检测传感器②端脚与车身搭铁之间的电阻值,该电阻值近似于 0,否则说明传感器搭铁不良。

3. 可变磁阻式车速传感器检测示例

三菱 V73 轿车使用磁阻元件式车速传感器的检测方法如下。

三菱 V73 轿车使用磁阻元件式车速传感器,其安装在变速器上。磁环上共有两对磁极,N 极和 S 极交替排列,因此,在车速传感器轴旋转一周时,应输出 4 个脉冲信号。这些脉冲信号被输入车速表,车速表计算输入的脉冲信号,促进指示器显示车速,同时车辆的行驶里程也被计算出来。其电路与实际接线如图 4-67 所示。

(1) 工作电源电压检测 磁阻元件传感器属于无源传感器,因此需要工作电源,点火开关(IG1)电路通过 11 号熔丝为车速表和车速传感器提供电源。检测传感器的工作电源电压如图 4-68 所示。

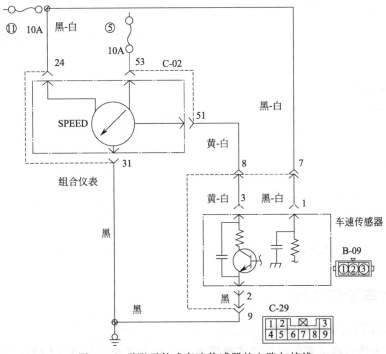

图 4-67　磁阻元件式车速传感器的电路与接线

① 不要断开车速传感器的插接器 B-09。
② 将点火开关转到"ON"位置。
③ 用万用表电压挡测量线束侧 1 端子与接地之间的电压。
电压应为蓄电池正极电压，约为 12V。

（2）搭铁电路的检查　如图 4-69 所示，断开 B-09 插头，用万用表测量线束侧 2 端子与地的导通性。正常情况下，其电阻应小于 2Ω。

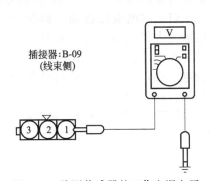

图 4-68　检测传感器的工作电源电压

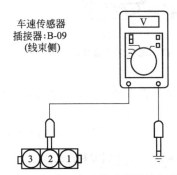

图 4-69　检查车速传感器搭铁电路

（3）检查车速传感器参考电压
① 断开车速传感器的插接器 B-09。
② 将点火开关转到"ON"位置。
③ 用万用表电压挡测量线束侧 3 端子与搭铁间电压。
正常情况下，车速传感器输出信号参考电压约为 9V 或更高，如图 4-70 所示。

(4) 输出信号检测　拆掉车速传感器，如图 4-71 所示，在 1、3 端子间串入 3～10kΩ 电阻，同时 1 端子接蓄电池正极，2 端子接蓄电池负极，用手转动传感器轴，在转动的同时，用万用表的电压挡测量 2、3 端子间的电压，观察是否有脉冲电压信号输出。一般情况下，轴每转一周，输出 4 个脉冲，说明传感器良好，若无脉冲信号产生，说明传感器已损坏，则应更换传感器。

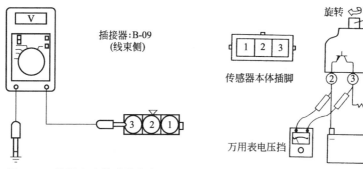

图 4-70　检测车速传感器参考电压　　　图 4-71　检测车速传感器输出信号

二、光电式车速传感器

1. 光电式车速传感器的结构

光电式车速传感器主要用于数字式速度表上，它由发光二极管（LED）、光电晶体管以及装在速度表驱动轴的透光板构成，其结构如图 4-72 所示。车速传感器输出的脉冲信号传入车速表通过荧光显示屏显示车速，并把其信号输入里程表、燃油表、温度表等。

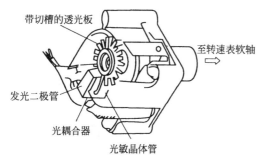

图 4-72　光电式车速传感器的结构

2. 光电式车速传感器的检测

光电式车速传感器的检修方法与光电式曲轴位置传感器相似，只是检测数据不同，数据可参阅维修手册。具体检测方法如下。

（1）供电电压检测　因为光电式车速传感器为主动式传感器，只有在提供工作电压的情况下才能正常工作，因此可以使用万用表电压挡，在点火开关打开的情况下，测量光电式车速传感器的供电电源和搭铁端子间的电压，正常应为 5V。

（2）输出信号用万用表检测　打开点火开关，利用背插法，用万用表的电压挡测量信号端与搭铁端的电压，在转速很慢的情况下，应能够看到电压在 0～5V 之间波动。

三、电磁感应式车速传感器

1. 电磁感应式车速传感器的结构

电磁感应式车速传感器主要由永久磁铁和电磁感应线圈组成，如图 4-73 所示。它安装在自动变速器输出轴附近，如图 4-74 所示。

电磁感应式车速传感器用于检测自动变速器输出轴的转速，电控单元（ECU）根据该车速传感器的信号计算车速，作为换挡控制的依据。在自动变速器上除了输出车速传感器外，还有输入转速传感器，即涡轮转速传感器。它安装在行星齿轮变速器的输入轴或输出轴连接的离合器鼓附近的壳体上。变速器上的传感器一般都是电磁感应式的。

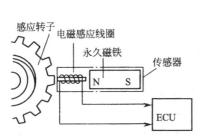 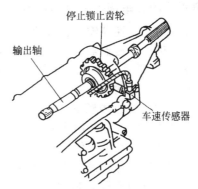

图 4-73　电磁感应式车速传感器的结构　　　图 4-74　电磁感应式车速传感器的安装位置

在部分装有自动变速器的汽车上，变速器的输入轴转速传感器也采用电磁感应式转速传感器，以用来检测变速器的输入轴转速，并将检测的信号输入 ECU，使 ECU 更精确地控制换挡过程。此外，ECU 还将该信号和来自发动机控制系统的发动机转速信号进行比较，计算出液力变矩器的传动比，使油路压力控制过程和锁止离合器的控制过程得到进一步的优化，以改善换挡感觉，提高汽车的行驶性能。

2. 电磁感应式车速传感器的检测

电磁感应式车速传感器的检修方法与电磁感应式发动机转速传感器相同。电磁感应式车速传感器的检测方法有电阻检测、输出信号检测和单件检测三种。

（1）电阻检测　断开车速传感器连接器接头，用万用表测量传感器两接线端子间的电阻，如图 4-75 所示。不同自动变速器的车速传感器感应线圈的电阻值不同，一般为几百到几千欧姆，如果偏大或偏小，都应该根据电路图检查线路。

（2）输出信号检测　将车支起，用手转动悬空的驱动车轮，同时用万用表测量车速传感器的两个接线端子间有无脉冲感应电压。若万用表指针有摆动，说明传感器有输出的脉冲电压，传感器工作正常；否则说明传感器有故障，应进一步检查传感器转子及感应线圈是否脏污。若脏污，应进行清洁后再进行测试。若传感器仍无脉冲电压产生，说明传感器已经损坏，则应及时更换。

（3）单件检测　拆下车速传感器，用一根铁棒或一块磁铁迅速靠近或离开传感器，同时用万用表测量传感器两接线端子间有无脉冲电压产生，如图 4-76 所示。如果没有感应电压或感应电压很微弱，说明传感器有故障，应进一步检查。在试验确认有故障后，应更换传感器。

 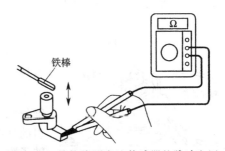

图 4-75　车速传感器电阻的检测　　　图 4-76　单件检测车速传感器的脉冲电压

而对于变速器输入轴电磁感应式车速传感器，检测方法与电磁感应式车速传感器的检测方法基本相同,在此不再叙述。

3. 电磁感应式车速传感器检测示例

广州本田轿车变速器输入轴转速传感器的检测方法如下。

广州本田轿车变速器输入轴转速传感器又称为主轴转速传感器,安装在变速器主轴上末端处,如图 4-77 所示。其电路如图 4-78 所示。

主轴转速传感器的检测方法如下。

(1) 检测主轴转速传感器的电阻值　将点火开关置于"OFF"位置,断开主轴转速传感器的 2 芯插头,测量 2 芯插头的 1、2 号端子之间的电阻值,该值应在 400~600Ω 之间,如果电阻偏大或偏小都说明传感器有故障,应更换传感器。

(2) 检测主轴转速传感器是否短路　将点火开关置于"OFF"位置,拆下主轴转速传感器 2 芯插头,分别测量 2 芯插头的 1、2 号端子与车体搭铁之间的电阻值,该值应为∞;否则说明传感器有故障,应更换传感器。

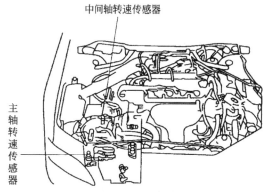

图 4-77　主轴转速传感器的安装位置

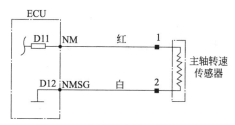

图 4-78　主轴转速传感器的电路

(3) 检测主轴转速传感器线束是否断路　重新连接传感器的 2 芯插头,拔下 ECU 上 D 插头(16 芯),测量 D 插头上 11、12 两端子之间的电阻值,该值应在 400~600Ω 之间,如果电阻偏大或偏小都说明传感器有故障,则应更换传感器。

(4) 检测主轴传感器线束是否短路　分别测量 ECU 的 D 插头上 11、12 两端子与车体搭铁之间的电阻值,该值应为∞。否则应更换传感器。

四、舌簧开关式车速传感器

舌簧开关式车速传感器是车速报警装置中常用的信息传感器。其结构与舌簧开关式发动机转速传感器不完全相同,但工作原理相同。

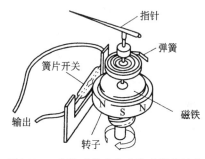

图 4-79　舌簧开关式车速传感器的结构

1. 舌簧开关式车速传感器的结构

舌簧开关式车速传感器用于旧式汽车的车速报警系统中,在新型的轿车中很少用到,其结构如图 4-79 所示。舌簧开关(图中的簧片开关)是一个内装两个细长触点的小玻璃管,触点由铁、镍等容易被磁铁吸引的强磁性材料制成。舌簧开关传感器置于车速表的转子附近,当车速表驱动轴转动时,带动转子和永久磁铁旋转,使磁铁的 N、S 极靠近或远离舌簧开关的触点。在变化的磁场作用下,舌簧开关的两触点有时互相吸引而闭合,有时相互排斥而断开,从而形成了触点的开关作用,其工作原理如图4-80所示。

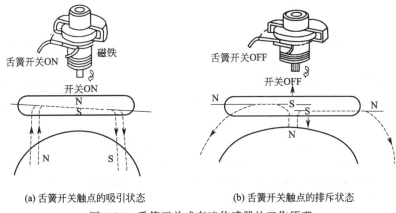

(a) 舌簧开关触点的吸引状态　　(b) 舌簧开关触点的排斥状态

图4-80　舌簧开关式车速传感器的工作原理

2. 舌簧开关式车速传感器的检测

其结构与舌簧开关式发动机转速传感器不完全相同,但工作原理相同,检测修理方法也基本相同,主要是检测传感器的脉冲电压。

可用指针式万用表电压挡检测舌簧开关式车速传感器,可将表笔接在舌簧开关式车速传感器的插头的信号输出端,转动传感器的磁环转子的同时,检查万用表指针是否有脉冲电压输出。若无(脉动)电压显示,说明传感器有故障,应更换该转速传感器。

五、霍尔式车速传感器

1. 霍尔式车速传感器的结构

霍尔式车速传感器的外形与内部结构如图4-81所示。该传感器主要由触发轮(与车轮或传动系统旋转元件在一起)、带导板的永久磁铁、霍尔元件及集成电路组成。车速传感器有3个接线端子,其中1号端子为蓄电池的供电端子;2号端子为信号输出端子;3号端子为搭铁。

霍尔式轮速传感器需输入12V电源电压,其输出信号电压为11.5～12V,即使车速下降至0也不改变。

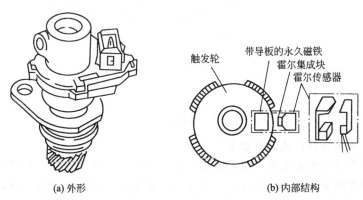

(a) 外形　　(b) 内部结构

图4-81　霍尔式车速传感器的外形与内部结构

2. 霍尔式车速传感器的检测

对于霍尔式车速传感器，可用检测其输出信号电压或波形的方法来判断其是否工作良好。

(1) 车速传感器的电源电压检测　关闭点火开关，取下车速传感器的插头后，再接通点火开关，检测车速传感器插头端子 1 与 2 的电压，其标准值应为 12V。否则应检查熔断器、点火开关以及它们之间的连接导线。

(2) 传感器输出信号的检测　当汽车行驶时，用示波器检测车速传感器插座端子 3 和 2 之间应有方波信号输出（注意：测试时，车速传感器的插头不能取下），否则为车速传感器损坏，或相应的连接电路发生故障。

(3) 检测传感器线束的导通性　关闭点火开关，拔下车速传感器的连接插头，然后拔下发动机控制单元的连接插头，用万用表的电阻挡测量，传感器连接插头的端子与发动机控制单元的端子之间的电阻值及传感器连接插头的端子与搭铁之间的导通性均应小于 1Ω，若相差很大或为∞，则说明线束的连接有故障。

3. 霍尔式车速传感器检测示例

桑塔纳 2000GSi 型轿车霍尔式车速传感器的检测如下。

桑塔纳 2000GSi 型轿车霍尔式车速传感器安装在主减速器输出轴的端盖上，由霍尔元件和触发轮等组成，如图 4-82(a) 所示，端子插脚如图 4-82(b) 所示，该传感器与 ECU 的连接电路如图 4-82(c) 所示。其中 1 号端子为电源端子；2 号端子为信号输出端子，与 ECU 的 20 号端子相连；3 号端子为搭铁端子。

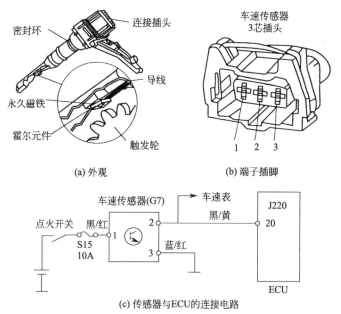

图 4-82　霍尔式车速传感器结构及传感器与 ECU 的连接电路

霍尔式车速传感器的检测方法如下。

(1) 检测传感器的电源电压　关闭点火开关，拔下车速传感器的 3 芯插头，然后接通点火开关，用万用表测量传感器 3 芯插头上 1 号与 3 号端子之间的电压值，该值应为 12V（蓄电池电压），若不符合要求，说明电源线路有断路或短路故障，或熔断丝损坏，应根据电路图及时检测或更换传感器。

(2) 检测传感器线束的导通性 关闭点火开关，拔下车速传感器的 3 芯插头，然后拔下发动机控制单元（J220）的连接插头，用万用表的电阻挡测量传感器 3 芯插头的 1 号端子与 15 号熔断丝之间的电阻值，如图 4-83（a）所示，用万用表测量传感器 3 芯插头的 2 号端子与 J220 的 20 号端子之间的电阻值，如图 4-83（b）所示，用万用表测量传感器 3 芯插头的 3 号端子与搭铁之间的电阻值，如图 4-83（c）所示。其电阻值均应小于 1Ω，若相差很大甚至为∞，则说明线束的连接有故障，则应根据电路图及时检测或更换传感器。

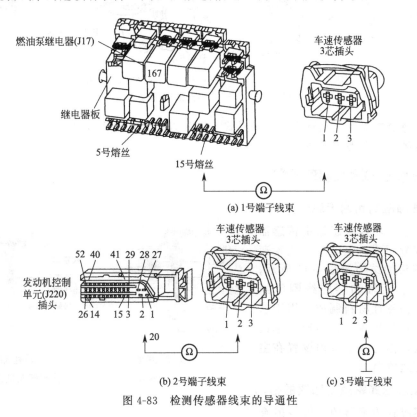

图 4-83 检测传感器线束的导通性

第五节 轮速传感器

汽车轮速传感器即车轮速度传感器，用于检测车轮旋转的速度，并将其转化为电信号输入 ECU。现在，在制动防抱死系统（ABS）、牵引力控制系统（TCS）、电子制动力分配系统（EBD）、电子稳定程序（ESP）等系统中，各个控制单元根据轮速传感器的信号，通过和车速传感器信号的对比，确定车辆是否发生抱死和滑移，从而决定执行器是否作出制动干预。

另外，智能网联汽车的导航系统、车道偏离报警系统、车道保持辅助系统、自适应巡航控制系统等，也需要将采集到的车轮转速信号根据预设的车速计算公式换算成车速信号发送到 CAN 总线，通过 CAN 总线获取车速信号。车速信号的准确与否直接关系到智能网联汽车行驶的安全性及可靠性。

轮速传感器的数目和通道的数目不同，则感应齿圈的安装位置也不同。一般来讲，感应齿圈安装在随车轮或传动轴一起转动的部件上，如驱动车轮、从动车轮、半轴、轮毂或制动盘、主减速器或变速器的输出轴；传感器本体安装在车轮附近不随车轮转动的部件上，如半轴套管、转向节、制动底板等位置，如图4-84所示。

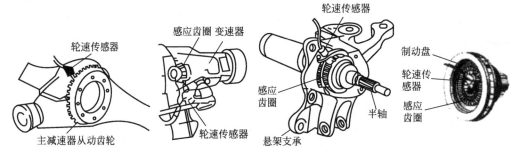

图4-84 轮速传感器的安装位置

轮速传感器主要有电磁感应式、励磁式、霍尔效应式、电涡流式、磁阻元件式等几种，主要是电磁感应式和霍尔式两种。

一、电磁感应式轮速传感器

1. 电磁感应式轮速传感器的结构

电磁感应式轮速传感器由传感器和齿圈两部分组成。电磁感应式轮速传感器传感头的结构如图4-85所示，它由永磁体、极轴和感应线圈等组成，齿圈由铁磁性材料制成。用于感测非驱动车轮的轮速传感器通常也设置在车轮处，但有些车型则设置在主减速器或变速器中。

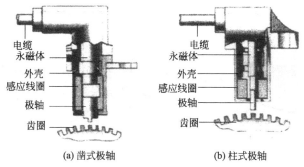

图4-85 电磁感应式轮速传感器传感头的结构

2. 电磁感应式轮速传感器的检测

电磁感应式传感器的一般故障有传感器感应电路（感应线圈）断路或短路；传感器头或齿圈沾染油污；传感器消磁；传感器松动等。检修时主要检查传感器的电阻和输出信号电压。

检测方法如下。

一般汽车上装有四个轮速传感器。如图4-86所示为桑塔纳2000GSi轿车的轮速传感器与ECU的连接电路。

（1）检查外观 检查传感器安装有无松动；传感头和齿圈是否吸有磁性物质和污垢；传感器导线是否破损、老化；连接器是否连接牢固和接触良好，如有锈蚀、脏污应清除，并涂少量防护剂，然后重新将导线插入连接器，再进行检测。

（2）检查传感器的电阻 将点火开关

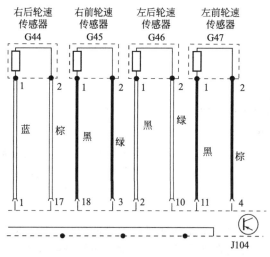

图4-86 桑塔纳2000GSi轿车的轮速传感器与ECU的连接电路

处于"OFF"位置,将ABS电子控制单元连接器拆下,查出各传感器与电子控制单元连接的相应端子,在相应端子上用万用表电阻挡检测传感器线圈与其连接电路的电阻值是否正常。如阻值为∞,说明传感器线圈或连接电路有断路故障;如阻值很小,表明有短路故障。为了区分故障是在电磁线圈还是在连接电路,应拆下传感器连接器,用万用表电阻挡直接测试电磁线圈的阻值。如果所测阻值正常,说明传感器连接电路或连接器有故障,则应修复或更换。

（3）检查传感器输出电压　使被检车轮离地,松开驻车制动器,以30r/min的轮速转动车轮,用万用表检测传感器的输出电压,该值应符合标准规定,如相差太大,应继续检测,如发现传感器损坏,则应及时更换。

（4）检查传感头与齿圈的间隙　如图4-87所示,选择规定厚度的无磁性塞尺,放入齿圈与传感头之间,来回拉动塞尺,其阻力应合适。如阻力较小,说明间隙过大;如阻力较大,说明间隙过小。如果不符合标准,则应进行调整。

（5）模拟检查　使车轮离开地面,将示波器测试线接于ABS电子控制单元（ECU）连接器的被测传感器对应端子上,用手转动被测车轮,观察信号电压及其波形是否与车轮转速相当,以及波形是否残缺变形,以判定传感头或齿圈是否脏污或损坏。

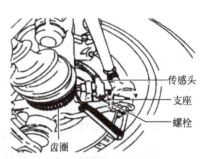

图4-87　传感头与齿圈之间间隙的检测

3. 电磁感应式轮速传感器检测示例

2011年款别克凯越车系采用了电磁式轮速传感器。前轮速传感器安装在前转向节上,后轮速传感器安装在底板上。

轮速传感器检测方法如下。

别克凯越车系轮速传感器电路如图4-88所示。

（1）外观检查　关闭点火开关,检查轮速传感器、连接器、线束和齿环是否有外观损伤以及传感器与脉冲轮之间气隙是否过大。

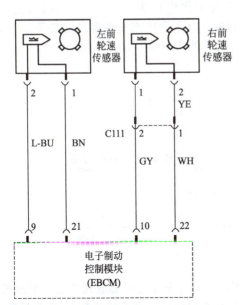

图4-88　别克凯越车系轮速传感器电路

（2）输出电压检查　关闭点火开关,举升车辆,断开传感器线束。在传感器端子1和2之间连接电压表,选择交流电毫伏挡,转动车轮的同时观察电压表,电压应随车轮转速增加而增加,正常电压应大于等于100mV。若不符合规定,则更换轮速传感器。

（3）电阻检查　关闭点火开关,断开传感器线束,检测传感器两个端子之间的电阻,标准阻值为800～1600Ω。若电阻不在正常范围内,则更换轮速传感器。

（4）线束检查　断开控制单元端子和轮速传感器端子（以左前轮速传感器为例）,分别检测电子控制单元端子9、21与传感器端子2和1之间的电阻,电阻值应小于2Ω。若检测结果不符合规定,应检查或更换线束。

注意:该车轮速传感器不能维修,气隙也无法调节,只能更换。前轮速传感器环被压装到驱动轴上；后轮速度传感器环与后轮轮毂合为一体。前轮速传感器环包括 47 个等间距齿；后轮速度传感器环包括 34 个等间距齿。

二、霍尔效应式轮速传感器

霍尔效应式轮速传感器是利用霍尔效应原理制成的，霍尔效应式轮速传感器的优点是：传感器产生数字信号，电脑可以直接使用，不用进行转换；传感器电压不受车轮转速影响；传感器不易受外界干扰。

按照信号检出形式，可以分为三线制和两线制霍尔效应式轮速传感器两种。三线制传感器为一根电源线、一根搭铁线、一根信号线；两线制传感器为一根电源线、一根信号兼搭铁线。

1. 霍尔效应式轮速传感器的结构

霍尔效应式轮速传感器主要由传感器头和齿圈组成，传感器头由永久磁铁、霍尔元件和电子电路等组成，如图 4-89 所示。

当齿圈转动到齿缝正对传感器头时，永久磁铁的磁力线穿过霍尔元件通向齿圈的磁力线较为分散，磁场也相对较弱，如图 4-89(a) 所示；齿圈转动到凸齿正对传感器头时，永久磁铁的磁力线穿过霍尔元件通向齿圈的磁力线较为集中，磁场也相对较强，如图 4-89(b) 所示。这样在齿圈的转动过程中，由于通过霍尔元件的磁力线密度发生变化，因而引起霍尔元件上霍尔电压的变化，使霍尔元件向外输出一个正弦波电压信号。

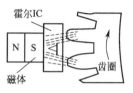

(a) 霍尔元件磁场较弱

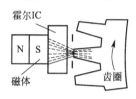

(b) 霍尔元件磁场较强

图 4-89　霍尔效应式轮速传感器的结构

霍尔元件在齿轮的运动下产生并向外输出一个 mV 级的正弦波霍尔电压，经放大器放大为 V 级电压，然后送至施密特触发器输出标准的脉冲信号，并产生一定回差以提高稳定性，最后送至输出级再放大输出。

霍尔效应式轮速传感器电路如图 4-90 所示，它的工作电压为 8～15V，负载电流为 100mA，工作频率为 20kHz，输出电压幅值为 7～14V。为了适应汽车在各种温度下工作，霍尔效应式轮速传感器的结构采用封闭式，将齿圈与传感器密封在一起，以保证在恶劣的环境中能可靠地工作。

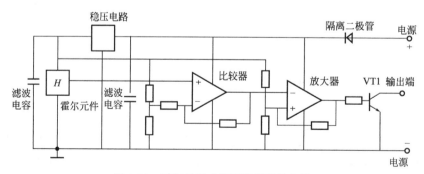

图 4-90　霍尔效应式轮速传感器的电路

霍尔效应式轮速传感器是一种主动式轮速传感器，因此克服了电磁感应式轮速传感器的输出信号幅值会变化、频率响应不高、抗电磁干扰能力差的缺点，具有输出信号幅值不变、频率响应高、抗电磁干扰能力强的优点，因此在一些新型汽车的 ABS 中越来越广泛地使用此类型的轮速传感器。

2. 霍尔效应式轮速传感器的检测

霍尔效应式轮速传感器的检修，主要检查输出电压信号。

① 关闭点火开关，将车支起，使每个轮胎离地 10cm 左右，然后拔下轮速传感器的导线插接器插头，并用导线将线束插头与轮速传感器插头的电源端子相连，用万用表（打开交流电压挡）的两表笔分别搭在轮速传感器的信号输出端子间，测量传感器的输出电压。

接通点火开关，用手转动车轮，万用表应显示在 7～14V 范围内波动的交流电压，若电压不在此范围内，则应检查传感器与齿圈之间的间隙，该间隙的标准值应在 0.2～0.5mm 范围内，否则应进行调整或更换传感器。

② 检测传感器磁头与齿圈的间隙，用厚薄规片测量传感器头与齿圈之间的间隙，如图 4-91 所示，间隙值应符合标准值，否则应进行调整或更换。

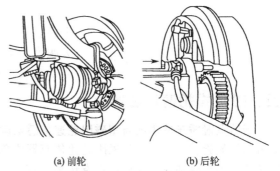

(a) 前轮　　　　(b) 后轮

图 4-91　轮速传感器与齿圈之间间隙的测量

3. 霍尔效应式轮速传感器检测示例

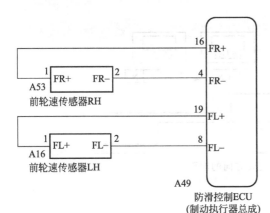

图 4-92　2016 年款丰田凯美瑞混合动力车系轮速传感器电路

2016 年款丰田凯美瑞混合动力车系轮速传感器电路如图 4-92 所示。

传感器的检测方法如下。

(1) 外观检查　检查传感器的安装是否稳固。检查传感器顶部和传感器转子上有无划痕、机油或异物。如有，应清理干净。如果没有发现传感器顶部损坏，不要轻易更换轮速传感器。

(2) 检查传感器供电　现以图 4-92 电路中所示 A53 右前轮速传感器为例。传感器 1 脚为防滑控制 ECU A49 提供 12V 电压，传感器 2 脚为轮速信号输入端。关闭点火开关，断开传感器 A53 连接器，将万用表调到电压挡，红表笔接 A53 端子 1，黑表笔接车身接地。打开点火开关，标准电压应为 8～14V。如电压不在此范围内，则检查修理线束或更换防滑控制 ECU。

(3) 线束检查　以图 4-92 电路中所示 A53 右前轮速传感器为例。断开防滑控制 ECU 和右前轮速传感器连接器，根据表 4-11 所示检测电阻值，检测结果应符合规定状态。如不符合，则应修理或更换线束。

表 4-11　右前轮速传感器线束检测

仪器连接	条件	规定状态	仪器连接	条件	规定状态
A19/16-A53/1	始终	小于 1Ω	A49/4-车身接地	始终	10kΩ 或更大
A49/4-A53/2	始终	小于 1Ω	A49/4-车身接地	始终	10kΩ 或更大

三、励磁式轮速传感器

目前，励磁式轮速传感器在东风牌 EQ1090E 型载货汽车的 FKX 型 ABS 系统中使用，其电路如图 4-93 所示。

晶体三极管 VT、电阻 R_1、R_2 以及电容 C_1 组成恒流电路给电磁式传感器提供约 40mA 的直流电流，以便使传感器铁芯建立起工作磁通。当车轮转动时，引起磁阻变化，线圈中便产生感应电动势。由于恒流电路具有较高的动态阻抗，因此使感应信号幅度不致大幅度衰减。电容 C_2 用来旁路高频成分，以便衰减点火系统的干扰。

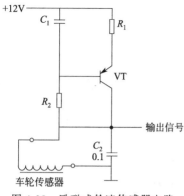

图 4-93 励磁式轮速传感器电路

四、磁阻式轮速传感器

新款皇冠轿车使用的新型磁阻轮速传感器除具备主动型轮速传感器的功能外，还能够检测出车轮的旋转方向。新型磁阻轮速传感器内部有两个磁阻，在车轮转动时产生两个信号，把这两个信号叠加在一起后，再发送到电脑。由于车辆向前或者向后行驶时，两个磁阻发出的信号是不同的，所以电脑可以根据传感器信号来判断车轮的旋转方向和车辆的实际行驶方向，如图 4-94 所示。

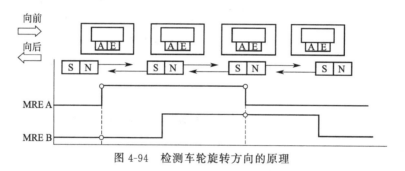

图 4-94 检测车轮旋转方向的原理

1. 磁阻式轮速传感器的结构

丰田新皇冠的轮速传感器采用磁阻型半导体传感器，简称 MRE 传感器。磁性转子是由内置带磁性粒子的橡胶制成南北共 48 极，磁极按圆周方向均匀分布的环状垫片，镶嵌在后轮轴承内圈上，与车轮同速度旋转。MRE 传感器则安装在轮毂上固定不动，与磁性转子间存在 0.5～0.8mm 的空气间隙。其安装位置如图 4-95 所示。

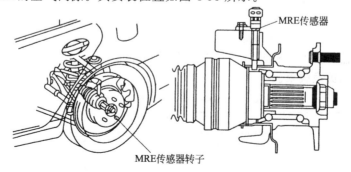

图 4-95 新皇冠轿车轮速传感器安装位置

2. 磁阻式轮速传感器的检测

新款皇冠轿车轮速传感器与 ABS 及牵引力执行器总成（制动防滑控制 ECU）的连接电路图如图 4-96 所示。

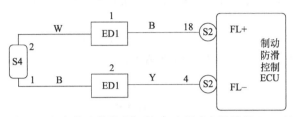

图 4-96　新款皇冠轿车轮速传感器与 ABS 及制动防滑控制 ECU 的连接电路

（1）线路导通性检测　关闭点火开关，断开轮速传感器的连接器和制动防滑控制 ECU 的连接器，用万用表测量左前速度传感器 S4 的 2 号端子与防滑 ECU 的 18 号端子、左前速度传感器 S4 的 1 号端子与防滑 ECU 的 4 号端子之间的电阻值，其阻值应小于 1Ω。

（2）绝缘性检测　关闭点火开关，断开制动防滑控制 ECU 连接器，用万用表测量防滑 ECU 的 4 号端子 FL－与搭铁之间、防滑 ECU 的 18 号端子 FL＋与搭铁之间的电阻，其值应大于 10kΩ。

（3）输入电压检测　关闭点火开关，断开轮速传感器的连接器，打开点火开关，用万用表检测左前速度传感器 S4 的 2 号端子与车身搭铁的电压，其值应在 7.0～12V 之间。

3. 轮速传感器检测示例

日产新阳光的轮速传感器采用磁阻型半导体传感器（MRE 传感器），该传感器由电磁组元件、放大电路、壳体等组成。传感器转子为磁环式，转子上的北极（N）和南极（S）充当脉冲轮的齿及齿隙。

日产新阳光前轮速传感器安装在转向节上，传感器转子集成在轮毂总成中；后轮速传感器安装在后制动器的底板上，传感器转子安装在后制动鼓上，如图 4-97 所示。

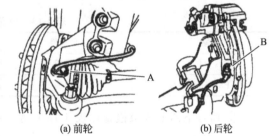

(a) 前轮　　(b) 后轮

图 4-97　日产新阳光前后轮速传感器的安装位置

A—前轮速传感器；B—后轮速传感器

日产新阳光前后轮速传感器电路如图 4-98 所示。ABS 控制单元通过端子 34、18、33、19 分别向左前轮速传感器 E22 的 1# 端子、右

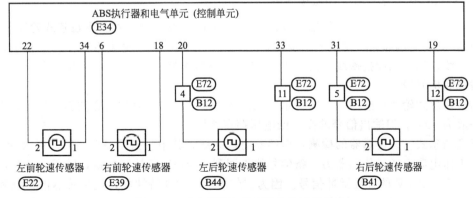

图 4-98　日产新阳光前后轮速传感器电路

前轮速传感器 E39 的 1# 端子、左后轮速传感器 B44 的 1# 端子、右后轮速传感器 B41 的 1# 端子提供传感器所需的 12V 电压。传感器的 1# 端子为信号输入端子。

轮速传感器的检测方法如下。

注意：由于磁阻式轮速传感器内部有集成电路，因此检测时请勿直接检测传感器端子电压或电阻。

（1）传感器外观检查　关闭点火开关，断开 ABS 控制单元和传感器插头，检查 ABS 控制单元线束插头和接地之间的导通性，检查结果应如表 4-12 所示。如不符合规定，则修理或更换线束。

表 4-12　线束检查

插头	端子	导通性
E34	34/22-车身接地	不导通
	16/6-车身接地	
	33/20-车身接地	
	19/31-车身接地	

（2）检查线束（线速之间）　关闭点火开关，断开 ABS 控制单元和轮速传感器插头。在向左和向右转动转向盘或移动轮罩中的中心线束时，检查 ABS 控制单元与轮速传感器线束插头之间的导通性。

① 电源电路的线束检查如表 4-13 所示。如不符合规定，则检查或更换线束。

表 4-13　电源电路线束检查

端子	导通性	端子	导通性
E34/34-E22/1	导通	E34/33-B44/1	导通
E34/18-E39/1	导通	E34/19-B41/1	导通

② 信号电路的线束检查如表 4-14 所示。如不符合规定，则检查或更换线束。

表 4-14　信号电路线束检查

端子	导通性	端子	导通性
E34/22-E22/2	导通	E34/20-B44/2	导通
E34/6-E39/2	导通	E34/31-B41/2	导通

知识扩展　新型霍尔式轮速传感器

为降低汽车生产成本，近年来，越来越多的汽车 ABS 采用一种新型霍尔式轮速传感器，例如奥迪 A8、奇瑞风云、雪铁龙新爱丽舍等车型。普通霍尔式轮速传感器有 3 根引线，分别为电源线、信号线和搭铁线；而新型霍尔式轮速传感器（图 4-99）只有两根引线，分别为电源线和信号线。

新型霍尔式轮速传感器与普通霍尔式轮速传感器的输出信号均为方波脉冲信号，占空比范围一般为 50%，但输出信号的高、低电压存在差异。

新型霍尔式轮速传感器的检测：传感器有两条线，其中一条是 ABS ECU 提供的 8V 或 12V 的工作电源，通过传感器另一条信号线再回到 ABS ECU 控制搭铁，转子旋转时，传感器产生 0.75~2.5V 的方波脉冲信号。因为霍尔传感器的独特性能，使传感器的搭铁和信号线共用一条线，如图 4-100 所示。

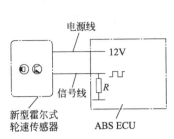
图 4-99 新型霍尔式传感器电路

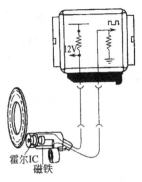
图 4-100 轮速传感器电路

第六节 加速度与减速度传感器

加速度可以分为速度增加的正加速度（加速度）和速度减小的负加速度（减速度）。加速度传感器用于检测汽车的加速度，并转换成电信号输入给电控单元（ECU），以便 ECU 判断路面状况，采取相应的措施。加速度传感器的内部装有增幅电路和温度补偿电路，属于线性输出加速度传感器。

按照测量原理的不同，减速度传感器可以分为光电式、水银式、差动变压器式、惯性压阻式、开关式等几种。安装位置依车型不同而有所不同，有的安装在后备厢内（如丰田赛利卡和佳美），有的安装在发动机室内。

一、光电式减速度传感器

光电式减速度传感器的结构如图 4-101 所示，由两个发光二极管（LED）、两个光电晶体管（即光敏三极管）、一块透光板和信号处理电路等组成。

二、水银式减速度传感器

水银式减速度传感器主要由水银和玻璃管组成，这种传感器应用在日产 4×4 全轮驱动汽车上，安装在排挡杆的后部，其外形如图 4-102(a) 所示，安装位置如图 4-102(b) 所示。水银式减速度传感器的结构如图 4-103 所示，主要由玻璃管和水银组成。

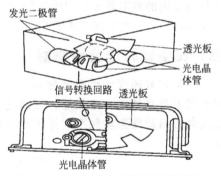
图 4-101 光电式减速度传感器的结构

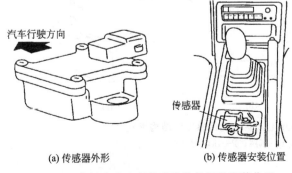
图 4-102 水银式减速度传感器的外形及安装位置

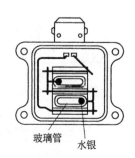
图 4-103 水银式减速度传感器的结构

三、差动变压器式减速度传感器

差动变压器式传感器是利用耦合变压原理获得加速度信号。该传感器由固定的线圈和可移动的铁芯构成,铁芯在制动减速惯性力的作用下沿线圈轴向移动,可导致传感器电路中感应电量的连续变化。

差动变压器式减速度传感器的构造如图4-104(a)所示,日本的三菱汽车上装有这样减速度传感器。

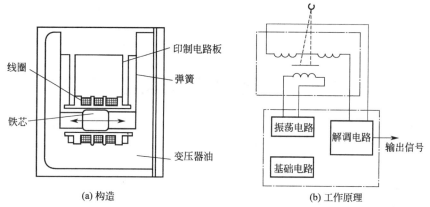

图4-104 差动变压器式减速度传感器的构造与工作原理

差动变压器式减速度传感器的工作原理如图4-104(b)所示。汽车正常行驶时,差动变压器线圈内的铁芯处于线圈中部位置,当汽车制动减速时,铁芯受惯性力作用向前移动,从而使差动变压器内的感应电流发生变化,以此作为输出信号来控制ABS系统工作。

四、压电式减速度传感器

压电式减速度传感器又称压电式减速度计。它也属于惯性式传感器,它是利用某些物质如石英晶体的压电效应,在减速度传感器受振时,质量块加在压电元件上的力也随之变化。当被测振动频率远低于减速度传感器的固有频率时,则力的变化与被测减速度成正比。

常用的压电式减速度传感器的结构形式如图4-105所示。

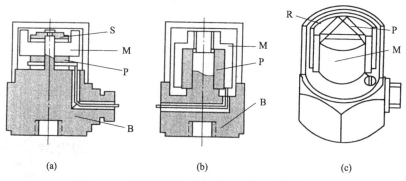

图4-105 常用的压电式减速度传感器的结构形式
S—弹簧;M—质块;B—基座;P—压电元件;R—夹持环

五、压阻式减速度传感器

压阻式减速度传感器也称为惯性压阻式减速度传感器、应变计式减速度传感器,由惯性压阻元件组成的电桥、恒压电路、抗干扰及温度补偿电路等组成。紧急制动时,传感器上的质量块随减速度的大小产生相应的惯性力,施加在压阻元件上,从而改变电桥的电阻,打破了电桥电路的平衡,使传感器输出的电压信号发生变化,即输出一个随减速度变化的电压差。

现以三菱汽车 V31、V33 车型使用的应变计的半导体型减速度传感器为例,介绍其结构和检测方法。

1. 应变计的半导体型减速度传感器的结构

三菱汽车的减速度传感器由塑料壳、配重块及包含放大电路、降噪电路和其他元件的复合集成电路组成。壳内装有硅油,以确保最佳动态性能,如图 4-106 所示。

配重块悬挂在硅板上一端,硅板上贴有应变片。当车辆加速或减速时,惯性力作用在配重块上,配重块的运动使硅板上的应变片向其中一方拉长或压缩,引起应变片电阻发生变化,通过桥式电路,将电阻的变化转化为电压的变化,代表纵向的加速度或减速度的大小。其内部电路如图 4-107 所示,输出特性如图 4-108 所示。

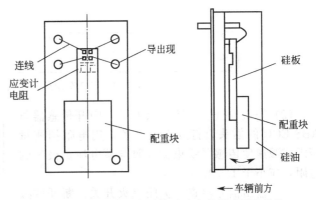

图 4-106 应变计的半导体型减速度传感器的结构

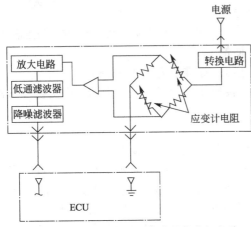

图 4-107 压阻式减速度传感器的内部电路

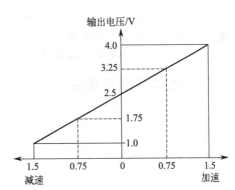

图 4-108 压阻式减速度传感器的输出特性

2. 压阻式减速度传感器的检测

三菱 V31、V33 车用压阻式减速度传感器的电路连接如图 4-109 所示。

(1) 供电电压的检查 关闭点火开关,断开传感器与 ABS ECU 的插头,打开点火开关,用电压测量压阻式减速度传感器线束侧 1 脚与蓄电池负极间的电压,应为蓄电池电压。

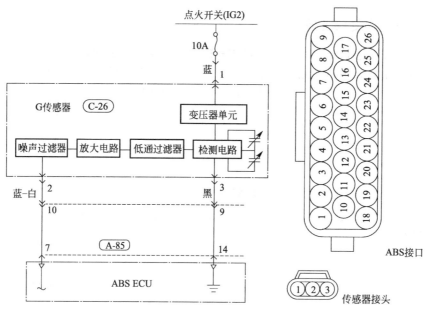

图 4-109 三菱 V31、V33 车用压阻式减速度传感器的电路连接

（2）搭铁检查 关闭点火开关，断开传感器与 ABS ECU 的插头，打开点火开关，用电阻挡测量压阻式减速度传感器线束侧 3 脚与蓄电池负极间的电阻，应小于 1.5Ω。

（3）输出信号检查 关闭点火开关，断开传感器插接器，连接专用工具 MB991348（即专用三通插头）测试线束组，在断开的插接器端子间测量，如图 4-110 所示。

使点火开关转到"ON"的位置，读取在端子 2 和端子 3 之间的电压，标准值为 2.4～2.6V。

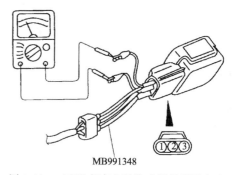

图 4-110 压阻式减速度传感器的测量方法

在连接专用工具 MB991348 情况下转动，使箭头面朝下，读取在端子 2 和端子 3 之间的输出电压，标准值为 3.4～3.6V。

如果电压值偏离标准值，确认电源供给线和接地线有无问题，若无问题则更换传感器。

六、开关式加速度传感器

波许公司 ABS 2S 系统采用的开关型加速度传感器，又称为横向加速度开关，它用于感测汽车的横向加速度。在横向加速度开关中，串联有两对开启方向相反的开关触点，当汽车的横向加速度低于限定值时，两对触点都处于闭合状态，插头两端子通过开关内部构成通路；当汽车的横向加速度超过限定值时，开关中的一对触点在自身惯性力的作用下处于开启状态，插头两端子之间在开关内部形成断路。

开关式加速度传感器检测：将点火开关置于"OFF"位置，将横向加速度开关线束插头卸下，将欧姆表搭接在横向加速度开关的两个端子上，欧姆表的读数应该为零，如果欧姆表的读数不等于零，则说明横向加速度开关有故障，则应更换，如图 4-111 所示。

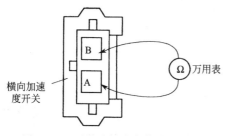

图 4-111 开关式加速度传感器的检测

第七节 横摆角速度传感器与组合传感器

一、横摆角速度传感器

横摆角速度传感器一般安装在车辆中部变速杆旁、后备厢上方、后座椅下方、转向柱下方偏右侧。横摆角速度传感器可以单独安装，也可以与侧向加速度传感器合为一体。

横摆角速度传感器识别车辆绕垂直于地面轴线方向的旋转角度，记录汽车绕垂直轴线的运动，监测车辆后部因侧滑发生的甩尾，识别车辆实际运动方向，偏转角的大小代表汽车的稳定程度。它的作用类似飞机陀螺，时刻监视着汽车方向的稳定性，确定汽车是发生侧滑或者甩尾，从而使 ESP 产生作用，确保汽车保持相对于垂直轴线的稳定性。没有此信号，控制单元不能识别车辆是否发生转向，ESP 功能将失效。

宝马公司在 DSC-Ⅲ中使用单独的横摆角速度传感器。横摆角速度传感器安装在驾驶座椅下面，检测车辆绕中间轴的旋转信号（横摆率信号）并发送到 DSC 控制电脑，DSC 控制电脑提供 5V 电压到传感器，传感器在车辆发生横摆时产生一个 $0.25 \sim 4.65V$ 的电压。

二、组合传感器

组合式加速度传感器，又称为横摆率传感器、侧滑传感器、翻转角速度传感器、偏摆率传感器、旋转率传感器、偏航率传感器、旋转传感器等。最常见的组合传感器为横向加速度传感器、偏转率传感器、纵向加速度传感器的组合。

组合传感器安装在驻车制动杆的左侧，由横向加速度传感器与横摆角度传感器组合而成，用以探测车辆横摆率（车辆转向角速度）以及横向惯性力并把信号传输给液压控制单元。当传感器探测到旋转转向拨叉的转动速度所产生的自转偏向力（科氏力）时，就会按比例形成横摆角速度。当传感器探测到作用在硅检测部件上的惯性力时，就会按比例形成横向惯性力。当车辆保持静止时，组合传感器输出横摆角速度和横向惯性力信号电压为 2.5V，并随着横摆角速度以及横向惯性力变动。

与 ECU 连接通信的方式有两种：一种是普通线束连接；另一种是采用新兴的 CAN（控制器局域网）总线与控制单元间以双绞线进行通信。

1. 组合传感器的结构

现以一汽马自达 6 轿车的组合传感器为例，说明组合传感器的结构。

一汽马自达 6 轿车的 DSC 系统采用了组合传感器，组合传感器安装在驻车制动杆的左侧，由横向加速度传感器与横摆角速度传感器组合而成，用以探测车辆横摆率（车辆转角速度）以及横向惯性力并把信号传输给 DSC HU/CM（动态稳定控制液压控制单元）。当传感器探测到旋转转向叉的转动速度所产生的自转偏向力（科氏力）时，就会按比例形成横摆角速度。当传感器探测到作用在硅检测部件上的惯性力时，就会按比例形成横向惯性力。当车辆保持静止时，组合传感器输出横摆角速度信号和横向惯性力信号电压为 2.5V，并随着横摆角速度以及横向惯性力变动。组合传感器的外形与输出特征如图 4-112 所示。

组合传感器与 DSC HU/CM 的连接和各端子的功用如图 4-113 及表 4-15 所示。

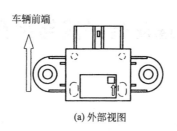

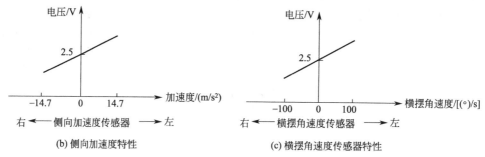

图 4-112 组合传感器的外形与输出特征

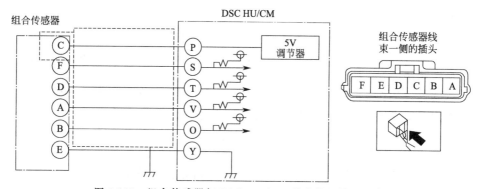

图 4-113 组合传感器与 DSC HU/CM 的连接和端子示意

表 4-15 组合传感器、DSC HU/CM 各端子的功用

组合传感器端子	DSC HU/CM 端子	名　　称
C	P	组合传感器的功率输出（为传感器提供+5V电压）
F	S	组合传感器诊断信号（为3.5～5.0V电压）
D	T	横摆角速度传感器输出
A	V	—
B	O	横向加速度传感器（横向－G信号）
E	Y	组合传感器搭铁

2. 组合式加速度传感器的检测

在检测组合传感器时，应注意不能让传感器跌落，如果传感器受到强烈冲击，应更换。

(1) 电源检测　将点火开关旋转到接通的位置（发动机关闭），测量组合传感器的 T6m/5 端子和搭铁之间的电压，电压应在 4.5～5V 之间。

(2) 搭铁电路检测　将点火开关旋转到断开的位置，断开组合传感器，测量组合传感器线束侧的 T6m/2 端子与蓄电池负极之间的导通性，正常应导通。

(3) 横向加速度传感器的检测 连接插头，接通点火开关，根据下列内容检查 T6m/4 端子和 T6m/2 搭铁之间的电压。如果结果不满足技术规范，则更换横向加速度传感器。

① 水平。T6m/4 端子和 T6m/2 搭铁之间的电压应为 2.4~2.5V。

② 顶面向上（与水平面上倾 90°）。T6m/4 端子和 T6m/2 搭铁之间的电压应为 3.3~3.7V。

③ 顶面向下（与水平面下倾 90°）。T6m/4 端子和 T6m/2 搭铁之间的电压应为 1.3~1.7V。

(4) 偏转率传感器的检测 在静态条件下测定横摆角速度传感器的电压。当摆动速率传感器左右旋转时，测量 T6m/3 端子和 T6m/2 搭铁之间的电压应符合下述规定。如果结果不满足要求，则更换横摆角速度传感器，如图 4-114 所示。

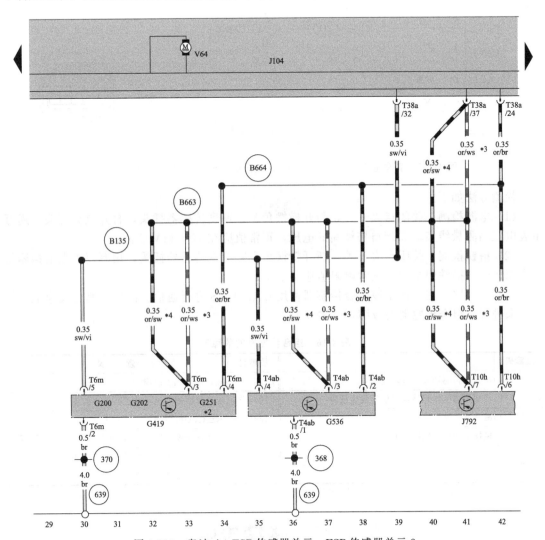

图 4-114 奥迪 A4 ESP 传感器单元、ESP 传感器单元 2、
ABS 控制单元、主动转向系统控制单元及 ABS 液压泵

G200—横向加速度传感器；G202—偏转率传感器；G251—纵向加速度传感器；G419—ESP 传感器单元；G536—ESP 传感器单元 2；J104—ABS ECU；J792—主动转向系统 ECU；T4ab—4 芯 AB 插头连接；T6m—6 芯 M 插头连接；T10h—10 芯 H 插头连接；T38a—38 芯 A 插头连接；V64—ABS 液压泵；368—搭铁连接 3（在主导线束中）；370—搭铁连接 5（在主导线束中）；639—搭铁点（在左侧 A 柱上）；B135—连接 1（15a，在车内导线束中）；B663—连接（底盘传感器 CAN 总线，High，在主导线束中）；B664—连接（底盘传感器 CAN 总线，Low，在主导线束中）；*2—仅适用于带全轮驱动的车辆；
*3—逐渐投入使用；*4—逐步取消

① 向右旋转。在 2.5～4.62V 之间波动。

② 向左旋转。在 2.5～0.33V 之间波动。

注意：应注意旋转横摆角速度传感器时的旋转位置，因为旋转方向和电压方向相反，所以旋转位置处于相反状态。

3. 组合传感器的检测示例

新皇冠轿车采用 CAN-BUS 连接的组合传感器，其电路和端子示意如图 4-115 所示。

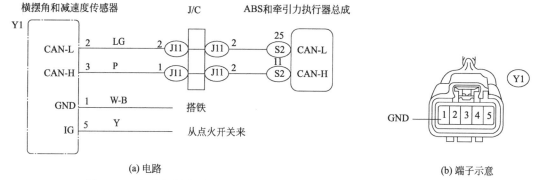

图 4-115 新皇冠轿车采用 CAN-BUS 连接的组合传感器电路和端子示意

检测方法如下。

(1) 电源检测 关闭点火开关，断开横摆角和减速度传感器插头，打开点火开关，用万用表电压挡测量线束端 5 脚与搭铁间的电压，正常值应在 10～14V 之间。

(2) 搭铁检测 关闭点火开关，断开横摆角和减速度传感器插头，用万用表电阻挡测量线束端 1 脚与搭铁间电阻，正常电阻值应小于 1Ω。

(3) 解码器检测 由于该组合传感器使用 CAN-BUS 进行通信。因此检测主要应依靠解码器来进行。组合传感器的故障码见表 4-16。

表 4-16 组合传感器的故障码

故障码	意 义	故障码	意 义
C1279/79	减速度传感器发生故障	C1245/45	减速度传感器故障
C0371/71	横摆角速度传感器输出信号发生故障	C1210/36	未进行横摆角速度传感器零点校正
C1232/32	减速度传感器故障	C1336/39	未进行减速度传感器零点校正
C1234/34	横摆角速度传感器故障	C1381/97	横摆角速度传感器/减速度传感器电源电压故障
C1243/43	减速度传感器故障	U0123	失去与横摆角速度传感器模块的通信
C1244/44	减速度传感器电路开路或短路	U0124	失去与减速度传感器模块的通信

注：C1243/43、C1245/45、C1232/32 具体故障点需查阅维修手册。

第八节 碰撞传感器

碰撞传感器一般用在安全气囊系统中，是主要的信号输入装置，其作用是在汽车发生碰撞时，检测汽车碰撞强度，并将信号输入安全气囊 ECU，安全气囊 ECU 根据碰撞传感器传送的信号来决定是否引爆气体发生器使气囊充气，提高乘员的乘坐安全性。

碰撞传感器按其功用的不同可分为碰撞信号传感器（impact sensor）和安全传感器（safety sensor）。平时所讲的碰撞传感器其实是指碰撞信号传感器，也有称为碰撞强度传感器、触发碰撞传感器，其作用是将汽车碰撞时的强度信号输入 SRS ECU，用于判断是否需要引爆气囊，一般采用机电结合式结构或机械式结构。正面的碰撞传感器常安装在散热器支架内，侧面的碰撞传感器安装在 B 柱内。安全传感器又称为碰撞防护传感器、防护传感器或保险传感器，一般安装在 SRS ECU 内部，其功用是防止气囊在非碰撞情况下发生错误引爆。安全传感器与触发碰撞传感器串联，且一般采用电子式结构。

如图 4-116 所示，碰撞传感器一般安装在左、右挡泥板上方，或驾驶室内前下部的左、右两侧，或前保险杠附近，或 SRS ECU 内部。有些高端车型碰撞传感器较多安装在特殊部位。

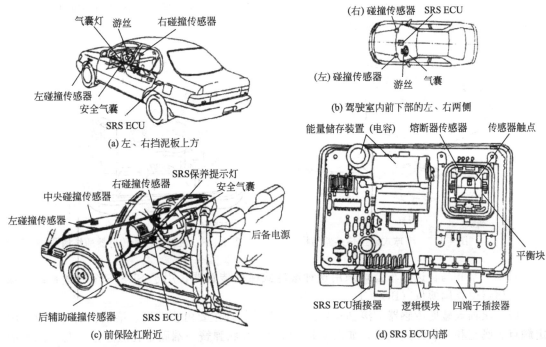

图 4-116 碰撞传感器的安装位置

按照结构的不同来分，碰撞传感器可分为机械式碰撞传感器、机电式碰撞传感器、电子式碰撞传感器。

常见的机械式碰撞传感器有阻尼弹簧式碰撞传感器，没有电子设备，只靠机械力控制气囊电路的接通和切断，这种传感器目前已被淘汰。

碰撞传感器按工作原理可分为机电结合式、电子式和水银开关式三种。机电结合式碰撞传感器是一种利用机械机构运动（滚动或转动）来控制继电器触点动作，再通过触点断开与闭合来控制气囊点火器电路接通与切断的传感元件。常用的有滚球式、滚轴式和偏心锤式三种碰撞传感器。

电子式碰撞传感器没有继电器触点，一般用作中心碰撞传感器，常用的有压阻效应式和压电效应式两种碰撞传感器。

压阻效应式碰撞传感器是指在发生碰撞时传感器的应变电阻发生变形，使应变电阻的电阻值发生变化，进而使传感器的输出电压信号发生变化，当电压值超过预定值时，安全气囊被触发；压电效应式碰撞传感器的输出电压信号发生变化，当电压值超过预定值时，安全气囊被触发；压电效应式碰撞传感器则是传感器的压电晶体在碰撞时输出电压发生变化，当变化的电压值达到预定值时，安全气囊被触发。

水银开关式碰撞传感器是利用水银（汞）导电的良好特性来控制安全气囊点火器电路的打开与切断，一般用作防护传感器。

一、碰撞传感器的结构

1. 机电结合式碰撞传感器

（1）滚球式碰撞传感器　滚球式碰撞传感器又称为偏压磁铁式传感器，其结构如图4-117所示，主要由铁质滚球、永久磁铁、导缸、固定触点和外壳组成。两个触点分别与传感器引线端子连接，滚球在导缸内可移动或滚动，用来感测减速度大小。壳体上印制有箭头标记，方向与传感器结构有关，有的规定指向汽车前方，有的规定指向汽车后方，因此在安装传感器时，箭头方向必须符合使用说明书规定。

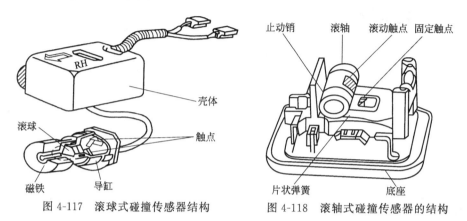

图4-117　滚球式碰撞传感器结构　　图4-118　滚轴式碰撞传感器的结构

日本尼桑和马自达汽车公司采用这种滚球式碰撞传感器，用于SRS安全气囊系统。该碰撞传感器由德国博世（BOSCH）公司生产。

（2）滚轴式碰撞传感器　滚轴式碰撞传感器的结构主要由止动销、滚轴、滚动触点、固定触点、底座和片状弹簧组成，如图4-118所示。片状弹簧一端固定在底座上，与传感器的一个引线端子连接；另一端绕在滚轴上。滚动触点固定在滚轴部分的片状弹簧上，并可随滚轴一起转动。固定触点与片状弹簧绝缘固定在底座上，并与传感器的另一个引线端子连接。

（3）偏心锤式碰撞传感器　偏心锤式碰撞传感器又称为偏心转子式碰撞传感器，属于惯性开关式碰撞传感器。偏心锤式碰撞传感器的结构如图4-119所示，主要由壳体、偏心转子、偏心重块、固定触点、旋转触点等部分组成。

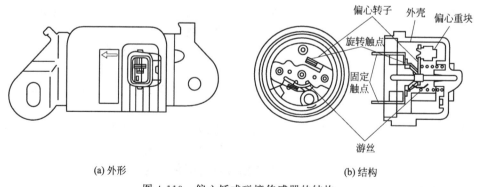

(a) 外形　　　　　　　　　　　　(b) 结构

图4-119　偏心锤式碰撞传感器的结构

转子总成由偏心锤（或偏心重块）、转动触点臂及转动触点组成，安装在传感器轴上。转动触点臂两端固定有转动触点，转动触点随触点臂一起转动。两个固定触点绝缘固定在传感器壳体上，并用导线分别与传感器接线端子连接。

2. 电子式碰撞传感器

（1）电阻应变计式碰撞传感器　电阻应变计式碰撞传感器的结构如图 4-120(a) 所示，主要由电子电路、电阻应变计、振动块、缓冲介质和壳体等组成。电子电路包括稳压与温度补偿电路 W、信号处理与放大电路 A。电阻应变计的电阻 R_1、R_2、R_3、R_4 制作在硅膜片上，如图 4-120(b) 所示。当硅膜片产生变形时，应变电阻的阻值就会发生变化。应变电阻一般都连接成电桥电路，并设计有稳压和温度补偿电路，如图 4-120(c) 所示。

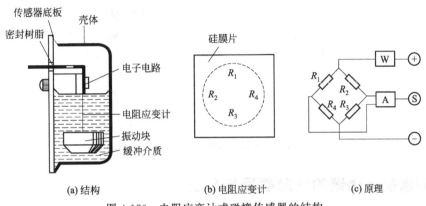

图 4-120　电阻应变计式碰撞传感器的结构

当汽车遭受碰撞时，碰撞传感器的振动块振动，缓冲介质随之振动，进而使应变计的应变电阻产生变形，应变电阻值随之变化。由于应变电阻以电桥电路的方式连接，随着应变电阻阻值的变化，电桥电路的输出电压就发生变化，经过信号处理与放大后，传感器将变化的信号电压输入 SRS ECU。SRS ECU 根据传感器输入的信号电压的强弱便可判断碰撞的强度或碰撞激烈度。当信号电压超过设定值时，SRS ECU 就会立即向点火器发出点火指令引爆点火剂，进而向气囊充气，打开气囊。

（2）压电式碰撞传感器　压电式碰撞传感器是利用压电效应制成的传感器（压电效应是指压电晶体在压力作用下，晶体外形发生变化进而使其输出电压发生变化的现象），其主要应用在汽车 SRS 安全气囊中。压电晶体通常用石英或陶瓷制成，在压力作用下，压电晶体的外形和输出电压就会随之变化。

当汽车遭受碰撞时，传感器内的压电晶体在碰撞产生的压力作用下发生变形，从而气压电晶体的电阻值发生变化，通过电路的连接后会使电路的输出电压随之变化。传感器将此信号电压输入 SRS ECU，SRS ECU 根据传感器输入的信号电压的强弱即可判断碰撞的烈度。如果信号电压超过设定值，SRS ECU 就会立即向点火器发出点火指令，引爆点火剂使气体发生器给气囊充气，使 SRS 气囊膨胀开，从而达到保护驾驶员和乘员的目的。

3. 水银开关式碰撞传感器

水银开关式碰撞传感器主要由水银、电极、密封圈、密封螺塞及壳体组成的，其结构如图 4-121 所示。这种传感器是利用水银导电良好的特性制成的传感器，一般用作防护传感器（安全传感器）。

当汽车碰撞时，将水银珠抛向传感器电极一端，

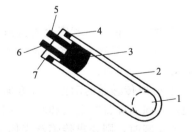

图 4-121　水银开关式碰撞传感器的结构
1—水银（静态位置）；2—壳体；
3—水银（动态位置）；4—密封圈；
5,6—电极；7—密封螺塞

并将两电极打开，产生碰撞强度信号。

4. 应变仪式安全传感器

应变仪式安全传感器与电阻应变计式碰撞传感器原理基本相同，但主要用作安全传感器，安装在安全气囊电脑（SRS ECU）的内部，应变仪式安全传感器的结构及电路如图 4-122 所示，由悬臂、计示电阻及集成电路等组成，计示电阻是一个半导体应变片，半导体应变片两端被悬臂架压住。

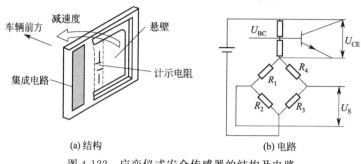

图 4-122 应变仪式安全传感器的结构及电路

二、检测碰撞传感器的注意事项与方法

1. 检测碰撞传感器应注意的事项

① 在检查 SRS 安全气囊系统部件之前，应先断开（OFF）点火开关，拆下 SRS 系统熔断器，防止 SRS 系统电路通电。

② 检查安全气囊系统时，即使发生轻微碰撞而安全气囊并未打开，也应对磁撞传感器和 SRS 气囊系统其他部件进行检查。

③ 安全气囊系统对零部件的工作可靠性要求很高，所有零部件均为一次性使用，绝不要在修复碰撞传感器和 SRS 系统时重复使用这些零部件，同时应更换左前和右前碰撞传感器。在更换碰撞传感器时，应使用新品，且不允许使用不同型号车辆上的零部件。

④ 在检修汽车其他零部件时，如有可能对安全气囊系统的碰撞传感器产生冲击，则应在检查工作开始之前，先将碰撞传感器拆下，以防安全气囊误膨开。

⑤ 安全气囊系统的防护碰撞传感器采用水银开关式碰撞传感器。由于水银蒸气有剧毒，因此该传感器更换之后，换下的旧传感器不能随意毁掉，应当做有害废物处理。当车辆报废或更换 SRS 电控单元时，应当拆下水银开关式碰撞传感器总线，并做有害废物处理。

⑥ 当碰撞传感器摔碰之后，或其壳体、支架、导线插接器有裂纹、凹陷时，应换用新件。

⑦ 前碰撞传感器和安全气囊系统的重要组件不得暴晒或接近火源。

⑧ 在安全气囊系统各个总成或零部件的表面上均标有说明标牌或注意事项，使用与检修时必须遵照执行。

⑨ 碰撞传感器的动作具有方向性，安装前碰撞传感器时，传感器壳体上的箭头必须指向规定方向，如日本尼桑和马自达汽车按使用说明书规定应指向汽车后方；丰田车系前碰撞传感器安装时，则要求传感器壳体上的箭头必须指向汽车前方。

⑩ 前碰撞传感器的安装螺栓和螺母必须经过防锈处理，拆卸或更换前碰撞传感器时，必须同时更换螺栓和螺母。

⑪ 前碰撞传感器引出导线的插接器装有电路连接诊断机构。安装插接器时，插头和插座应

当插牢。当插接器插头与插座未插牢时,自诊断系统将会检测出来,并将故障码存入存储器中。

2. 碰撞传感器的检测方法

碰撞传感器的检测方法主要有:碰撞传感器电路检查;前碰撞传感器搭铁情况检查;前碰撞传感器电阻检查;前碰撞传感器电压检查;SRS ECU电控单元至前碰撞传感器线束检查。

现以丰田卡罗拉前碰撞传感器为例,说明其检测过程,前碰撞传感器电路如图4-123所示。

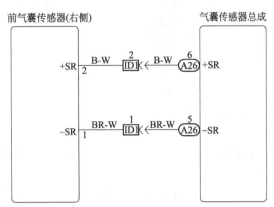

图4-123 前碰撞传感器电路

(1) 检测右前气囊传感器电路 断开蓄电池负极电缆并等待至少90s,断开安全气囊电控单元与右前气囊传感器间的插接器,接回蓄电池负极电缆。将点火开关转至"ON"位置,检测右座椅安全带预张紧器与安全气囊ECU之间的插接器(安全气囊ECU侧)端子A26-6(+SR)与车身间及端子A26-5(-SR)与车身间的电压,正常应小于1V。若正常,则进行下一步检测;若不正常,则进行第(7)步检测。

(2) 检测右前气囊传感器电路 断开蓄电池负极电缆并等待至少90s,检测右前气囊传感器和安全气囊ECU之间的插接器(安全气囊ECU侧)端子A26-6与车身间及端子A26-5与车身间的电阻,正常应为1MΩ或更大。若正常,则进行下一步检测;若不正常,则进行第(8)步检测。

(3) 检测右前气囊传感器电路 检测右前气囊传感器与安全气囊ECU之间的插接器(在安全气囊电控单元侧)端子A26-5与A26-5间的电阻,正常应小于1Ω。若正常,则进行下一步检测;若不正常,则进行第(9)步检测。

图4-124 右前气囊传感器插接器

(4) 检测右前气囊传感器电路 用跨接线连接安全气囊ECU与右前气囊传感器之间的插接器(右前气囊传感器),右前气囊传感器插接器如图4-124所示,端子2(+SR)与端子1(-SR),检测右前气囊传感器与安全气囊ECU之间的插接器(安全气囊ECU侧)端子A26-6与A26-5间的电阻,正常应小于1Ω。若正常,则进行下一步检测;若不正常,则进行第(10)步检测。

(5) 检测右前气囊传感器 检测右前气囊传感器插接器端子2(+SR)与端子1(-SR)之间的电阻,正常应为850Ω。若正常,则进行下一步检测;若不正常,则更换右前气囊传感器。

(6) 检测安全气囊ECU 将点火开关转至"LOCK"位置,断开蓄电池负极电缆并等待至少90s,插回右前安全气囊ECU插接器,接回蓄电池负极电缆并等待至少2s,将点火开关转至"ON"位置并等待至少90s,清除SRS故障码。将点火开关转至"LOCK"位置并等待至少20s,将点火开关转至"ON"位置并等待至少60s,读取SRS故障码,这时应没有故障码B1156、B1157。若正常,则用模拟故障症状的方法进行检测;若不正常,则更换安全气囊ECU。

(7) 检测发动机室主配线 断开蓄电池负极电缆并等待至少90s,断开发动机室主配线与右前气囊传感器之间的插接器(图4-125),接回蓄电池负极电缆。将点火开关转至"ON"位置并等待至少60s,检测安全气囊ECU与发动机室主配线间的插接器(右前门配

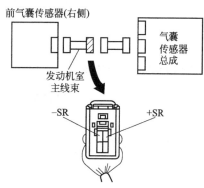

图 4-125 检测发动机室主配线

线侧）端子 2（+SR）与端子 1（-SR）的电压，正常应小于 1V。若正常，则修理或更换仪表板配线；若不正常，则修理或更换发动机室主配线。

（8）检测发动机室主配线　断开发动机室主配线与右前气囊传感器间的插接器，检测安全气囊 ECU 与发动机室主配线间的插接器（在右前门配线侧）端子+SR 与车身间及端子-SR 与车身间的电阻，正常应为 1MΩ 或更大。若正常，则修理或更换仪表板配线；若不正常，则修理或更换发动机室主配线。

（9）检测发动机室主配线　断开发动机室主配线与右前气囊传感器间的插接器，检测安全气囊 ECU 与发动机室主配线间的插接器（在右前门配线侧）端子+SR 与-SR 的电阻，正常应小于 1Ω。若正常，则修理或更换仪表板配线；若不正常，则修理或更换发动机室主配线。

（10）检测发动机室主配线　断开发动机室主配线与右前气囊传感器间的插接器，用跨连线连接发动机室主配线与右前气囊传感器间的插接器（在右前气囊传感器侧）端子 2（+SR）与端子 1（-SR），检测安全气囊 ECU 与发动机室主配线间的插接器（在发动机室配线侧）端子+SR 与端子-SR 间的电阻，正常应小于 1Ω。若正常，则修理或更换仪表板配线；若不正常，则修理或更换发动机室主配线。

第九节　其他传感器

一、静电式冷媒流量传感器

1. 静电式制冷剂流量传感器的结构

如图 4-126 所示为静电式制冷剂流量传感器的结构，主要由电极、外壳及控制电路组成。

传感器的内部有多个电极，通过传感器的流量发生变化时，则电极间的电容量也发生变化。

制冷剂流量传感器一般安装在空调系统的高压管路上，如图 4-127 所示。

静电式冷媒流量传感器可用于微机控制的汽车空调上检测冷媒流量。静电式冷媒流量传感器接在储液罐和膨胀阀之间，通过传感器的电极检测出冷

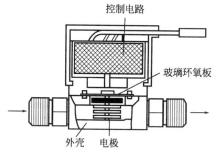

图 4-126　静电式制冷剂流量传感器的结构

媒量的变化，把这种变化转换成频率之后，再输入空调控制 ECU 中，ECU 再把这种传感器输入的脉冲信号变换成电压，并判断冷媒数量是否正常。当出现异常时，利用监控显示系统向驾驶人员报警。

2. 静电式冷媒流量传感器的检测

拔下静电式冷媒流量传感器导线连接器橡胶套，在发动机运转期间，打开空调系统，用万用表电压挡测量信号输出端子间的电压变化频率，然后使出风量最大、温度最低，并提高发动机转速，以改变流过流量传感器的冷媒流量，此时观察电压表指示电压变化频率有无变化，如果无变化则需更换静电式冷媒流量传感器。

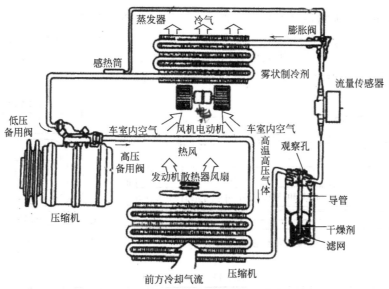

图 4-127 制冷剂流量传感器的安装位置

3. 制冷剂流量传感器的检测示例

2016 年款丰田凯美瑞混合动力车型空调制冷剂质量流量传感器安装在连续可变排量型空调压缩机上。

如图 4-128 所示为空调制冷剂质量流量传感器安装位置和剖面以及电路连接。

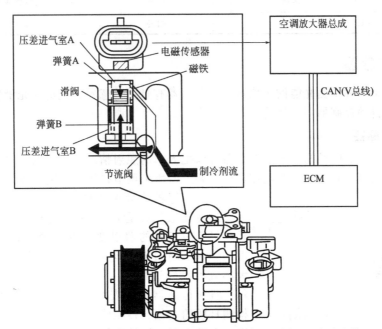

图 4-128 空调制冷剂质量流量传感器安装位置和剖面及电路连接

注意：空调制冷剂质量流量传感器通过空调压缩机端口 E75 与空调放大器端口 I77 连接。质量流量传感器不能单独更换，出现故障需要整体更换空调压缩机总成。

空调制冷剂质量流量传感器出现故障会产生故障码 DTC B1479/79——空调制冷剂质量

流量传感器电路开路或短路。

空调制冷剂质量流量传感器线束检查（空调压缩机插头 E75-空调放大器插头 I77）：断开空调放大器插头 I77 和空调压缩机端口 E75，两个插头外观分别如图 4-129 和图 4-130 所示。用万用表欧姆挡检测线束相关插头之间及相关插头与车身接地之间的电阻，电阻应符合表 4-17 的要求。如不符合，则应修理或更换线束及连接器。

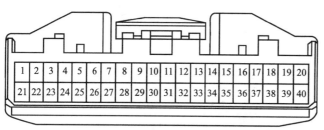

图 4-129 空调放大器总成插头 I77

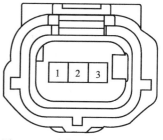

图 4-130 空调压缩机端口 E75

表 4-17 标准电阻值

检测仪连接	条件	规定状态
I77-7(FLOQ)—E75-3(QUFL)	始终	小于 1Ω
I77-13(SG-2)—E75-2(SGFL)	始终	小于 1Ω
I77-30(S5-1)—E75-1(S5FL)	始终	小于 1Ω
I77-7(FLOQ)—车身接地	始终	10kΩ 或更大
I77-13(SG-2)—车身接地	始终	10kΩ 或更大
I77-30(S5-1)—车身接地	始终	10kΩ 或更大

二、光量传感器

光传感器是一种检测光能的传感器。光传感器有日照传感器、光电式光量传感器和装有光敏二极管的自动控制器用光量传感器三种类型。

1. 日照传感器

（1）日照传感器的结构　日照传感器可以把太阳的照射情况转换成电流的变化，同时对这种变化进行检测。它用于汽车电控自动空调上，用来调节排风口温度与风量。

日照传感器主要由壳体、滤光片及光敏二极管组成，通过光敏二极管可检测出日光照射量的变化。光敏二极管对日光的照射变化反应敏感，而自身不受温度的影响，将日照变化转换成电流变化，根据电流的大小就可以知道准确的日照量。其结构如图 4-131 所示。日照传感器一般安装在仪表板的上侧，这里容易检测日照的变化。日照传感器的安装位置如图 4-132 所示。自动空调系统的空气是靠鼓风机吸入的。

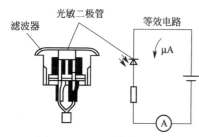

图 4-131 日照传感器结构

（2）日照传感器的检测　拆下仪表板上的杂物箱，拔下日照传感器导线连接器，用布遮住传感器，测量日照传感器连接器端子 1 与 2 间的电阻值，在正常情况下，电阻值应为 ∞，应不导通。掀开日照传感器上的布，并用灯光照射日照传感器，继续测量连接器端子 1 与 2 间的电阻值，在正常情况下应为 4kΩ。当灯光逐渐从传

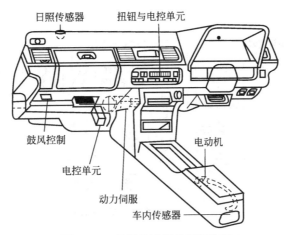

图 4-132 日照传感器的安装位置

感器上移开时,即光照由强变弱时,日照传感器的电阻值应当增加。

另外,还可以拔下传感器连接器,连接好蓄电池和电流表。将传感器放在强光区,测量 1 号端子与蓄电池负极间电流;再将传感器放在弱光区,测量 2 号端子与蓄电池正极间的电流。测量结果为强光区电流应大于弱光区电流,若不符合规定,则应更换传感器。

2. 光电式光量传感器

(1) 光电式光量传感器的结构　光电式光量传感器在汽车灯光控制器上的应用:灯光控制器安装在仪表板的上方,到傍晚时,它使尾灯点亮;当天色变得更暗时,前照灯被点亮;当对方来车时,还具有变光功能,这些都是自动完成的。

光电式光量传感器的结构如图 4-133 所示。光电式光量传感器内装有半导体元件硫化镉,硫化镉为多晶硅结构,在传感器中把硫化镉做成曲线形状,目的是增大与电极的接触面积,从而提高该传感器的灵敏度。它的特性是当周围较暗时,其阻值较大;当周围环境较亮时,它的阻值又会变小。光电式光量传感器的安装位置如图 4-134 所示。

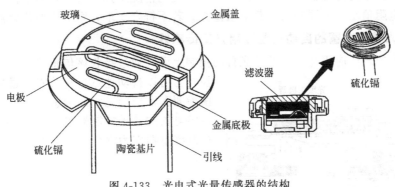

图 4-133 光电式光量传感器的结构

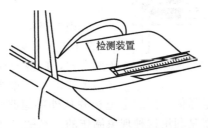

图 4-134 光电式光量传感器的安装位置

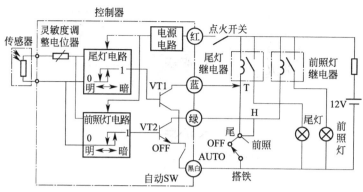

图 4-135 灯光控制器系统的电路

如图 4-135 所示为灯光控制器系统的电路。工作原理是，当点火开关接通后，也就是把灯光控制器的转换开关置于 AUTO（自动）挡，控制器获得传感器输入的信号，自动控制尾灯及前照灯的亮灭。当关闭点火开关后，控制器的电源电路被切断，这时与周围环境条件无关，车灯熄灭。此外，利用灵敏度调整电位器可以调整自动亮灯及熄灯的敏感程度。控制器的工作情况见表 4-18。

表 4-18 灯光控制器的工作情况

周围条件	尾灯电路		前照灯电路		尾灯	前照灯
	输出	TV1	输出	TV2		
明亮（传感器电阻小）	0	OFF	0	OFF	灯灭	灯灭
稍暗（传感器电阻稍大）	1	ON	0	OFF	灯亮	灯灭
很暗（传感器电阻值很大）	1	ON	1	ON	灯亮	灯亮

（2）光电式光量传感器的检测　光电式光量传感器的检测方法与日照传感器的检测方法相似，可以利用改变光照强度检测传感器电阻的变化情况来判断传感器的工作情况好坏。光照强时，其电阻值小；光照弱时，其电阻值大，若不符合要求，则应更换传感器。

3. 装有光敏二极管的自动控制器用光量传感器

（1）结构原理　应用在汽车的灯光自动控制上面，通过接收该传感器的信号，灯光自动控制器可以自动地点亮和关闭前照灯和尾灯。它由检测车辆周围亮暗的传感器、尾灯及驱动前照灯继电器的自动控制器组成。自动控制器将自动控制继电器作为混合集成电路的基片，和传感器形成一个整体。

自动控制器用光量传感器的结构如图 4-136 所示。

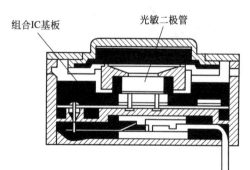

图 4-136 自动控制器用光量传感器的结构

光敏二极管的工作原理如图 4-137(a) 所示，PN 结上有光照射时，吸收光能，产生大量的电子和空穴，P 型半导体上产生的电子向 N 型半导体中移动，N 型半导体上产生的空穴向 P 型半导体上移动。所以，当把半导体分别装上电极并从外部短路时，从 P 侧电极到 N 侧电极有光电流通过，光敏二极管就是利用这种现象制作的。光敏二极管中的电流与照射到元件上的光量成正比,如图 4-137(b) 所示。如图 4-138 所示为灯光自动控制逻辑电路,该系统在进行自动控制时的工作状况见表 4-19。

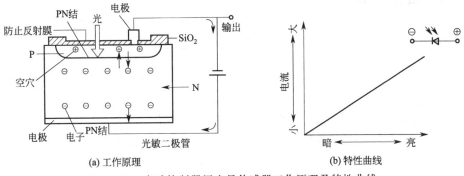

图 4-137 自动控制器用光量传感器工作原理及特性曲线

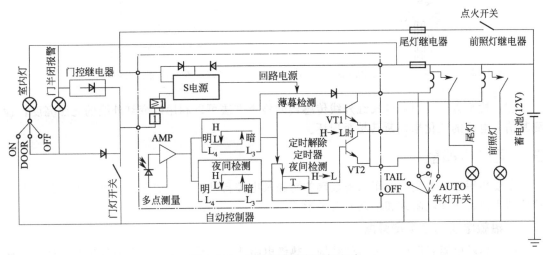

图 4-138 灯光自动控制逻辑电路

表 4-19 灯光自动控制器的工作状况

车灯开关	点火开关	司机座上门开关	环境状况	尾灯	前照灯
OFF 挡	—	—	—	×	×
小灯挡	—	—	—	○	×
前照灯挡	—	—	—	○	○
自动挡	ON 挡	OFF 挡	明亮	×	×
↑	↑	↑	稍暗	○	×
↑	↑	↑	暗	○	○
↑	↑	↑	瞬间明亮	○	○
↑	OFF 挡	↑	暗	×	×
↑	↑	ON 挡	↑	×	×
↑	↑	OFF 挡	↑	×	×
↑	ON 挡	↑	↑	○	○
↑	↑	ON 挡	↑	○	○

注:○表示灯亮;×表示灯灭。

(2) 检测 光敏式光量传感器的检测方法与日照传感器相似,可以利用改变环境光照亮度,检测其电阻的变化来判断是否损坏。检查时,随着环境光照的变化,用欧姆表检测输出端,其电阻值应随之变化。光照强,电阻值小;光照弱,电阻值大。否则,应更换该传感器。

4. 热释电式红外线传感器

(1) 结构原理　热释电式红外线传感器,又称红外探头,如图 4-139 所示。通常安装在汽车内部驾驶员侧附近,在汽车的防盗控制系统中,它通过红外辐射变化来探测是否有人侵入车内。

热释电式红外线传感器的内部电路如图 4-140 所示。它主要由具有高热电系数的红外热释电体晶片和配合滤光镜片窗口组成。它能以非接触形式,检测出物体放射出来的红外线能量变化,并将其转换成电信号输出。当车内的红外线无变化或变化较小时,无信号输出或输出电信号较弱;当红外线能量变化较大时,它便输出较强的电信号。

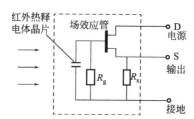

图 4-139　热释电式红外线传感器　　图 4-140　热释电式红外线传感器的内部电路

(2) 检测方法　热释电式红外线传感器的检查方法可以利用改变红外线的光照亮度,检测其信号电压的变化来判断其是否损坏。

三、湿度传感器

湿度传感器主要用于汽车风窗玻璃的防霜及电控自动空调车的车内相对程度检测。湿度传感器主要有热敏电阻式和结露式两种形式。

1. 热敏电阻式湿度传感器

(1) 热敏电阻式湿度传感器的结构　热敏电阻式湿度传感器装有金属氧化物系列陶瓷材料制成的多孔烧结体,传感器就是利用烧结体表面对水分的吸附作用来工作的。当烧结体吸附水分子时,其电阻值发生变化,根据这一变化就可以检测出车内湿度的变化,其结构与特性曲线如图 4-141 所示。当湿度增加时,传感器的电阻值减少,当相对湿度从 0 变化到 100% 时,传感器的电阻值有数千倍变化。这种传感器的电阻值随温度变化而变化,所以给湿度传感器再配以温度补偿热敏电阻后,才能提高测试精度。

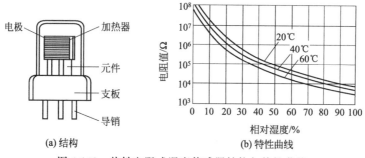

图 4-141　热敏电阻式湿度传感器结构与特性曲线

(2) 热敏电阻式湿度传感器的检测

① 可用万用表测量湿度传感器的电阻大小。当湿度变化时，电阻值应当改变，湿度越大，电阻值越小；相反，则其电阻值越大，否则应更换传感器。

② 检测传感器端子间的输出电压。在不同的湿度下，输出电压应符合规定值，否则应进一步检查线束或更换湿度传感器。

2. 结露式湿度传感器

结露式湿度传感器主要用于检测车窗玻璃的结露状况，在高湿度情况下，传感器把湿度的变化转换成电阻值的变化，并对湿度进行检测。当处于结露状态时，结露传感器使汽车空调进行除霜运行，以确保车内乘员、驾驶员良好的视野，确保行车安全。

该传感器为密封式，它由内部电极、感湿膜片、热敏电阻及铝基板等组成，如图 4-142 (a) 所示。即在一个陶瓷基板上印制一种高分子半导体电阻材料，引出两端电极，当传感器表面干燥时，分子间接触电阻小，电极两端电阻为 1kΩ 左右。而当高分子材料吸收水分后，其内部分子空间迅速膨胀，分子间接触电阻变大，使电极两端的电阻率大大增加，其工作特性曲线如图 4-142(b) 所示。电子控制器通过测试电阻的大小来感知或预知是否发生凝露。

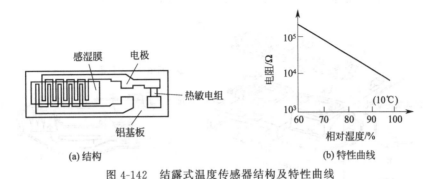

图 4-142　结露式温度传感器结构及特性曲线

四、烟尘浓度传感器

在乘员室内，吸烟产生的烟雾会严重危害人体健康，为此，汽车上需安装空气净化器除去空气中的烟雾。烟雾浓度传感器是与空气净化器配套使用的装置，用于检测烟雾，当烟雾浓度传感器从乘室内感知到烟雾的存在时，可自动地使空气净化器运转；没有烟雾时使空气净化器自动停止运转，从而使乘室内空气始终保持清新。

1. 烟尘浓度传感器的结构

烟尘浓度传感器由发光元件、光敏元件及信号处理电路组成，其结构如图 4-143 所示，主要包括本体和盖板，安装在车室顶棚上室顶灯的旁边。烟尘浓度传感器本体上设置有许多可以使烟雾自由进入的细缝，当检测出有烟雾时，烟尘浓度传感器使空气净化器的鼓风机自动运转。一般情况下，当烟雾浓度达到 $0.3\%/m^3$，即吸 1~2 根香烟时，就可使烟尘浓度传感器动作。在烟尘浓度传感器的本体上还设有感测灵敏度调整旋钮（灵敏度用电位器），转动旋钮，可以调整传感器的灵敏度。

为了防止外部干扰引起烟度浓度传感器的误动作，这种传感器的控制电路采用了脉冲振荡工作方

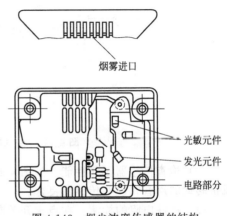

图 4-143　烟尘浓度传感器的结构

式，这样即使有相同波长的红外线射入烟度浓度传感器内，因其脉冲周期不同，传感器也不能作出有烟雾的判断，只有在其与烟度浓度传感器的间歇光同步时，烟尘浓度传感器才判断出有烟雾。

另外在烟尘浓度传感器控制电路中还包含有延时、定时电路，当检测出有烟雾时，鼓风机一次连续工作至少 2min。当传感器测知有少量烟雾进入时，即使烟雾逐渐消失，延时电路也会使鼓风机持续工作 2min。

丰田公司马克Ⅱ型汽车就装用了烟度浓度传感器，如烟度浓度传感器测出车内空气已被烟雾等污染时，就自动地接通空气净化器，使其工作。

应用烟尘浓度传感器的车内空气净化系统，主要由空气净化器主体、控制开关及烟尘浓度传感器构成。

空气净化器本体的结构如图 4-144 所示。空气净化器本体由鼓风机电动机、风扇、滤清器、调速电阻以及壳体组成。滤清器采用加活性炭的滤纸式结构，在滤清器侧面塑料盒内放有中和除臭剂，目的是增大除臭作用。鼓风机电动机旋转时带动风扇旋转，在吸风口处把灰尘、烟雾等吸入，把经滤清器过滤、除臭的空气在出风口处吹向乘员室内。

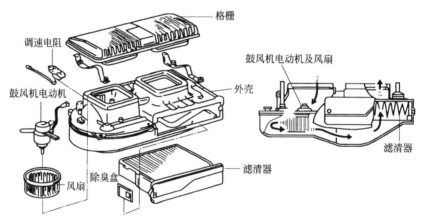

图 4-144 空气净化器本体的结构

2. 烟尘浓度传感器的检测

（1）**检查传感器的电源电压** 空气净化器自动空气净化系统电路如图 4-145 所示。检测时打开点火开关，用万用表电压挡测量传感器的电源电压，其标准值应为 10～14V。

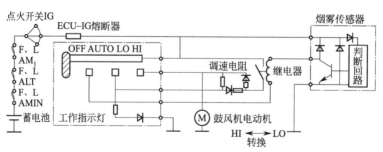

图 4-145 空气净化器自动空气净化系统电路

（2）**检查传感器工作性能** 如图 4-146 所示，将点燃的香烟放在传感器附近，若听到通风机转动的声音，说明传感器良好。

（3）**搭铁电阻的检测** 在点火开关断开、拆下传感器导线连接件的情况下，采用万用表

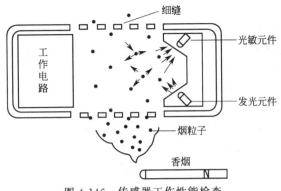

图 4-146 传感器工作性能检查

电阻挡检测传感器插件①端脚与车身搭铁之间的电阻,该电阻应近于 0。

3. 烟尘浓度传感器检测示例

丰田新皇冠轿车在空调系统中使用了光电式的烟雾浓度传感器,如图 4-147 所示为烟雾传感器与空调放大器的线路连接。烟雾传感器的连接器的形状和端子标号如图 4-148 所示。

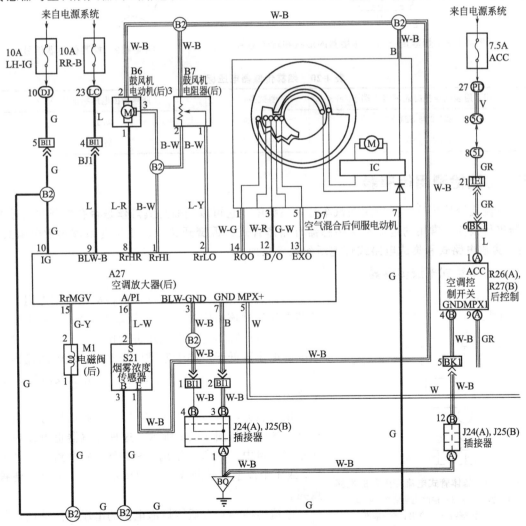

图 4-147 丰田新皇冠轿车烟雾浓度传感器与空调放大器连接电路

检测方法如下。

(1) 搭铁端子电阻的检测　关闭点火开关，从烟雾传感器上断开连接器，用万用表电阻挡测量烟雾传感器线束端S21-1（E端）与车身接地间的电阻，其值应小于1Ω。

(2) 传感器电源的检测　关闭点火开关，拆开烟雾传感器的连接器，打开点火开关，用万用表电压挡测量烟雾传感器线束端S21-3（B端）与车身接地间的电压，其值应在10～14V之间。

(3) 传感器信号的检测　关闭点火开关，拆下烟雾传感器，将蓄电池正极（+）导线连接到端子S21-1，负极（-）导线连接到端子S21-3，点燃香烟置于传感器旁边，如图4-149所示，各条件下电压值应符合表4-20的规定，否则应更换传感器。

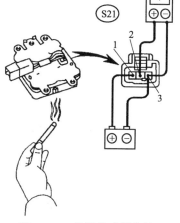

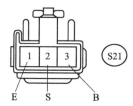

图4-148　烟雾传感器的连接器的形状和端子标号

图4-149　检测传感器信号

表4-20　烟雾传感器电压标准值

用万用表电压挡时表笔连接端子	测试条件	信号输出电压标准值/V
S21-2与S21-3	无烟雾	低于1
S21-2与S21-3	有烟雾	高于4

五、电流检测用传感器

电流检测传感器广泛应用在汽车灯具系统中，它可以判断灯具灯丝是否有断开并通过报警器进行报警，常用的电流检测传感器有晶体管式、舌簧开关式、正温度系数热敏电阻式、电阻-集成电路式和集成电路式灯泡断丝式等几种。

1. 晶体管式电流传感器

晶体管式电流传感器内部设有检测电流用电阻，使负荷电流流过该电阻，并利用运算放大器（OP比较电路）将其电压降值与基准电压进行比较，当电流检测电阻上的电压降低于或高于基准电压时，比较器的输出电流点亮报警灯，说明电路有故障，应给予及时检测或更换。

该传感器的电路如图4-150所示，制动灯灯丝断开检测系统电路如图4-151所示。这种传感器也可以应用在尾灯电路中。在车上使用2～4个灯的电路中，如有1个或1个以上灯丝断线或总功率不足时，报警灯便被点亮。

电流传感器具有适应灯泡电流的电压补偿特性，其特性曲线如图4-152所示。

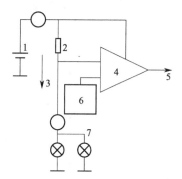

图4-150　晶体管式电流传感器的电路

1—蓄电池；2—检测电阻；3—电流；4—比较器；5—输出；6—基准电压；7—负荷灯泡

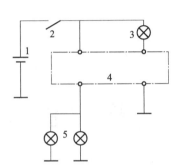

图 4-151 制动灯灯丝断开检测系统电路
1—蓄电池；2—制动开关；3—报警灯；
4—传感器；5—制动灯（尾灯）

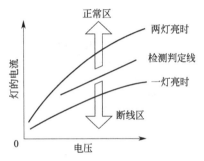

图 4-152 电流传感器的特性曲线

2. 舌簧开关式电流传感器

舌簧开关式电流传感器广泛用在汽车灯具系统中，检测尾灯、前照灯、牌照灯及制动灯的灯丝是否有断开的，当有 1 个灯泡灯丝断开时，报警灯点亮。该传感器的外形如图 4-153 所示，舌簧开关式电源传感器在其电流线圈的外面绕有电压补偿线圈，它的作用是防止电压的变化引起传感器的误动作，在该装置骨架的中间设置有舌簧开关，其结构如图 4-154 所示。

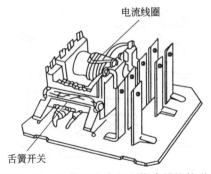

图 4-153 舌簧开关式电流传感器的外形

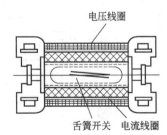

图 4-154 舌簧开关式电流传感器的结构

电流传感器的电路如图 4-155 所示，当开关闭合时，若灯泡全部工作正常，电流线圈中即有额定电流流过，这时在线圈产生的磁力作用下，舌簧开关闭合。如果有灯泡断丝，相应的电流线圈中电流就会减少，磁力减弱，使舌簧开关开断开，报警灯于是点亮进行报警。灯泡线路故障传感器电路如图 4-156 所示，从图中可以看出，此传感器可以控制报警灯电路，是检测制动灯、尾灯灯丝断开时的传感器。

3. 电阻-集成电路式电流传感器

电阻-集成电路式电流传感器的功能是用来检测尾灯、牌照灯、制动灯及前照灯是否断丝。当有 1 个或 1 个以上的灯丝断开时，传感器点亮报警灯，通知驾驶人员。

灯泡断丝检测电路如图 4-157 所示。电路内部有比较放大器 IC1，它是专用于检测熔丝的集成电路，C 点处有基准电压形成。正常情况时电流检测电阻 R_1 上的电流要大于基准电流，A 点电压低于基准电压，比较放大器 IC1 的输出为 0，晶体管 T1 截止，报警灯不亮。

当有故障发生时，电阻 R_1 上的电流减少，A 点电压升高并高于基准电压，这时比较放大器 IC_1 的输出为 1，晶体管 VT_1 的基极中有电流通过，VT_1 导通，报警灯点亮，表示已经出现故障。

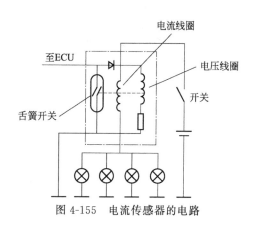

图 4-155　电流传感器的电路

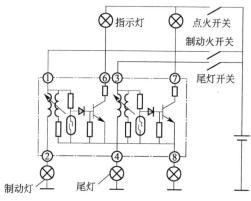

图 4-156　灯泡线路故障传感器电路

4. 集成电路式灯泡断丝式检测传感器

集成电路式灯泡断丝式检测传感器用于检测前照灯、尾灯、制动灯、牌照灯的灯丝状况，它可以检测出灯泡全部点亮时的电流与一个灯泡灯丝断开时的电流变化时，然后将断丝或功率不足的信息通过点亮报警灯的方式向驾驶员报警，该报警系统电路如图 4-158 所示。

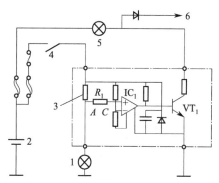

图 4-157　灯泡断丝检测电路
1—停车灯；2—蓄电池；3—检测电阻；
4—停车灯开关；5—报警灯；6—至电压调节器

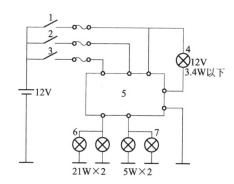

图 4-158　灯泡断丝检测传感器报警系统电路
1—点火开关；2—尾灯开关；3—制动灯开关；4—报警灯；
5—灯泡断丝传感器；6—制动灯；7—尾灯

集成电路式灯泡断丝式检测传感器是利用集成电路比较器进行检测的，其特性可用图 4-159 说明，在图中 c 设定在灯全亮时的电流特性 a 与一个灯断丝时的电流特性 b 的变化范围，由此可以检测出灯泡有无断丝。

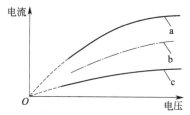

图 4-159　集成电路式灯泡断丝检测传感器特征
a—灯泡全亮时的电流；b—一个灯泡断丝时的电流；c—判断基准

知识扩展　HV蓄电池组电流传感器

安装在HV蓄电池正极电缆侧的蓄电池电流传感器的作用是，检测流入和流出HV蓄电池的电流值。

HV蓄电池组电流传感器与蓄电池智能控制单元连接电路如图4-160所示。蓄电池智能单元接收0～5V之间的电压，此电压与电缆的电流流量成比例，电流传感器输出特性曲线如图4-161所示。该电压从蓄电池电流传感器进入端子IB。蓄电池电流传感器输出电压低于2.5V表示HV蓄电池正在放电，电压高于2.5V表示HV蓄电池正在充电。

根据从蓄电池电流传感器输入到蓄电池智能单元端子IB的信号，混合动力车辆控制ECU确定由HV蓄电池接收的充电量或放电量的电流。根据累计的电流值，混合动力车辆控制ECU也计算HV蓄电池的SOC（充电状态）。

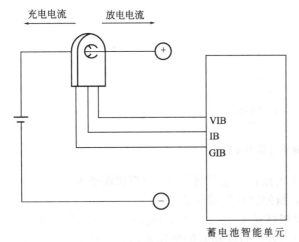

图4-160　HV蓄电池组电流传感器与蓄电池智能控制单元连接电路

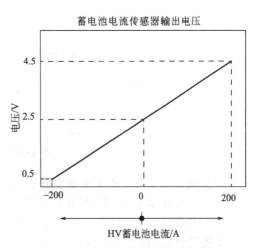

图4-161　电流传感器输出特性曲线

六、存储式反射镜用传感器

存储式反射镜用传感器是一种自动存储记忆、调整车门外反射镜的上下、左右方向上角度的装置。它包括上下和左右方向的两组位置传感器，它由安装在反射镜把柄上的霍尔元件和埋入在反射镜驱动轴螺钉后部的永久磁铁所构成，如图4-162所示。

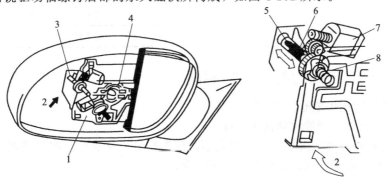

图4-162　存储式反射镜用传感器与安装位置
1—上下方向位置传感器；2—A向视图；3—左右方向位置传感器；4—反射镜支架；
5—永久磁铁；6—霍尔元件；7—电动机（左右方向调整）；8—驱动轴螺钉

存储式反射器用传感器的检测方法如下。

现以丰田雷克萨斯 LS400 型轿车存储式反射镜用传感器为例，说明其检修方法，如图 4-163 所示。

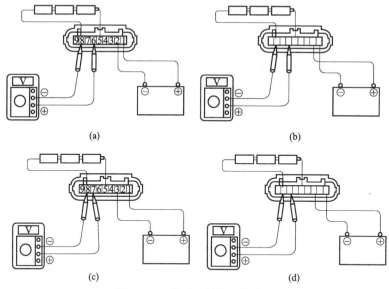

图 4-163　检测反射镜用传感器

① 将 3 节 1.5V 的干电池串联起来，其正极接到传感器端子 5，负极接端子 8。

② 将电压表的正测试棒接传感器端子 6，负测试棒接端子 8。

③ 如图 4-163(a) 所示，将蓄电池正、负极接端子 1、2；图 4-163(b) 中正极接端子 2，负极接端子 1。检测反射镜在最高位置和最低位置之间移动时的电压表所显示的电压值，最低位置时，其值为 2.8～5.0V；最高位置时，其值为 0～0.9V。当反射镜由低到高变化时，电压表所指示的电压值应逐渐减小。若检测的结果不符合规定的值，则应更换存储式反射镜用传感器。

④ 如图 4-163(c)、(d)所示，将电压表正极接端子 7，负极接端子 8，蓄电池正、负极接端子 1 和 3，观察反射镜由最左位置向最右位置移动时电压的变化情况，见表 4-21。

表 4-21　反射镜位置移动及电压变化情况

反射镜位置		最左	左右	最右
电压/V	左反射镜	2.8～5.0	逐渐减小	0～0.9
	右反射镜	0～0.9	逐渐增大	2.8～5.0

七、超声波距离传感器与激光传感器

目前测定汽车之间或汽车与物体之间距离的方法，根据检测介质的不同，主要有超声波法、红外法、激光法和微波雷达法等几种。

① 激光法和红外法，由于其检测面太小，探头需要光学窗口，容易被泥沙遮挡，而且在近距离上发挥不理想，因此在汽车上应用较少。

② 超声波是超过人耳听觉上限的"声波"，频率范围在 20～500kHz，是一种人耳听不到的"声波"。超声波产生于机械振动，在空气中传播速度和声音相同，约 340m/s。超声波探测距离相对较短，适应测距范围在 0.1～3m 之间。防水、防尘，少量的泥沙遮挡也无妨。

目前主要应用在车辆倒车控制系统中。常见超声波传感器频率为40kHz。

③ 微波雷达常采用毫米电磁波作为探测介质，故也可称为毫米波雷达。微波具有探测距离远、穿透能力强、运行可靠以及实时性佳等优点，并且检测性能受环境及天气等外界因素的影响较小，可直接探测获得车辆与前方目标车的距离和相对速度信息。因此常被用在汽车主动安全系统中，如自适应巡航控制系统ACC、预碰撞安全系统中。

超声波距离传感器也称为超声波换能器，俗称"探头"。它是利用超声波检测出车辆后方障碍物的位置（包括距离），并利用指示灯和蜂鸣器将车辆到障碍物的距离及障碍物的位置通知驾驶人，从而起到安全倒车的作用。

超声波探头有压电式、磁致伸缩式、电磁式等，汽车用的超声波传感器主要是压电式。

1. 超声波距离传感器

（1）压电式超声波传感器

① 压电式超声波传感器的结构。压电式超声波传感器采用压电元件锆钛化铅，一般称为PZT。这种传感器的特点在于它具有方向性，传感器用蜂鸣器的纸盒为椭圆形，其目的是使传感器的水平方向特性宽，而垂直方向受到限制，其结构如图4-164所示。

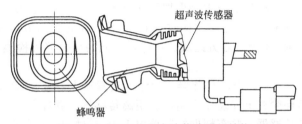

图4-164 压电式超声波传感器的结构

压电式超声波传感器的发射器是利用压电材料的压电效应工作的。当在压电材料上施加交变电压时，就会使压电元件产生机械振动从而产生超声波。

压电式超声波接收器一般是利用压电材料的逆效应进行工作的，其结构和超声波发生器基本相同，有时就用一个换能器兼做发生器和接收器两种用途。当超声波作用到压电材料上时会使压电材料收缩，在晶片的两个界面上便产生了交变电荷，这种电荷转换成电压经放大后送到测量电路，最后记录或显示出来。

汽车用超声波传感器根据探测距离分为短距离和中距离两种类型。短距离超声波传感器的检测距离约为50cm，中距离超声波传感器的检测距离约为2m。

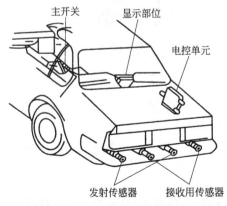

图4-165 倒车系统的组成

② 采用超声波传感器的倒车系统。超声波传感器在汽车上的主要应用就是汽车倒车系统。汽车倒车系统采用的是中距离超声波传感器。此系统有两对超声波传感器，并均匀地分布在汽车后保险杠上，其中两个为发射器，两个为接收器，如图4-165所示，该系统由微机进行自动检测、控制、显示及报警。

障碍物的位置与显示器的关系如图4-166所示。其中T_1、T_2为倒车声呐系统的发射头，R_1、R_2为接收头。发射头以15次/s的频率向后发射40kHz的超声波脉冲，如果车后有障碍物，则超声波被反射到接收头，根据超声波的往返时间，可以确定障碍物到汽车的距离。距离的表示用蜂鸣器告知，并用显示器亮灯表示，不同的距离采用不同的报警方式，从而可用不同的声音区别不同的距离范围。当距离为1～2m时，发出"嘟嘟"两声短音；当距离为0.5～1m时，发出"嘟嘟嘟"三声短音；当距离为0.5m以内时，发出"嘟"一声长音。

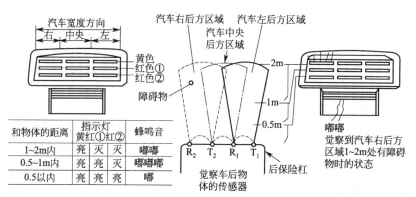

图 4-166 障碍物的位置与显示器的关系

障碍物的位置是根据不同传感器发射头与接收头的组合获得的。在倒车时,微机控制左方发射头 T_1 与右方接收头 R_1 工作,覆盖左后方区域;用 T_2 和 R_1 覆盖正后方区域;用 T_2 和 R_2 覆盖右后方区域。这样,不同的组合巡回检测,即可确定障碍物在汽车后左、中或右的位置。

(2)超声波传感器的检测 迈腾轿车驻车辅助系统的结构及工作原理如图 4-167 所示,后保险杠上安装 4 个超声波距离传感器,并在前保险杠或散热器格栅上安装了 4 个超声波距离传感器。驻车辅助控制单位 J446 通过前、后保险杠内的超声波距离传感器监控车辆周围的环境。通过汽车内部的两个警告蜂鸣器来进行声音间距的警示。驻车辅助按钮位于变速杆右侧,按下该按钮或挂倒挡,驻车辅助功能被激活。再次按下该按钮或当车速大于 15km/h 时,该功能终止。驻车辅助起作用时,LED 灯为黄色,若有故障,则该灯闪烁。

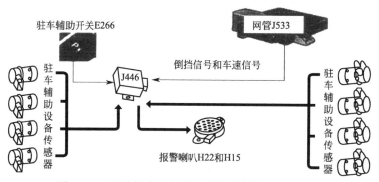

图 4-167 迈腾轿车驻车辅助系统的结构及工作原理

在打开点火开关以后进行自检,在 1s 后关闭自检。如果驻车辅助系统已待命,则信号声会短促响起,功能指示灯亮起。如果发现系统故障,就会响起一个持续 5s 的信号声,驻车辅助系统的功能指示灯闪烁。在正常情况下进行测距时,在声脉之间的暂停间隔时间随着距离逐渐减小而成比例缩短。测量不超过 30cm 的距离时,声脉变为持续音。

迈腾轿车驻车辅助系统检测方法如下。

① 驻车辅助 ECU J446 及驻车辅助 ECU J446 线路根据电路图 4-168~图 4-170 进行检查。检查驻车辅助 ECU J446 的供电线路,拆下驻车辅助 ECU 的插接器,检查 T16/3 脚与搭铁之间的电压为 12.3V,打开点火开关,检查 T16/1 脚与搭铁之间的电压为 12.3V,说明正极线路供电正常(T16/3 脚 SC37 的端子 30 供电,倒车雷达 T16/1 脚接收来自 SC19 的端子 15 供电)。

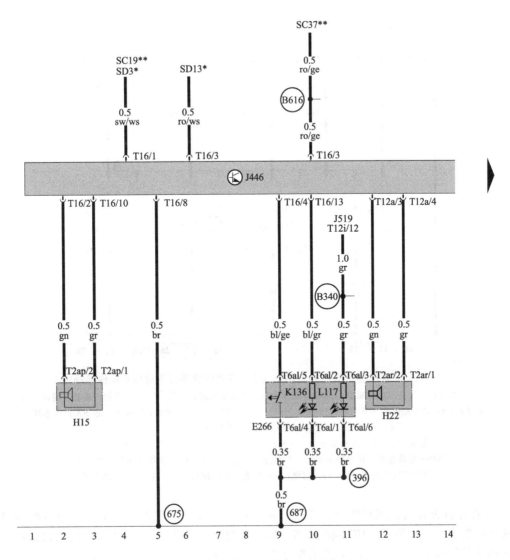

图 4-168 驻车辅助控制单元 J446 供电电路

E266—驻车辅助系统按键；H15—后部驻车辅助系统报警蜂鸣器；H22—前部驻车辅助系统报警蜂鸣器；
J446—驻车辅助系统控制单元；J519—车载电源；SC19—熔丝架 C 上的熔丝 19；SC37—熔丝架 C 上的熔丝 37；
SD3—熔丝架 D 上的熔丝 3；SD13—熔丝架 D 上的熔丝 13；T2ap, T2ar—2 芯 AR 插头连接；
T6al—6 芯 AL 插头连接；T12a—12 芯棕色 A 插头连接；T12i—12 芯棕色 I 插头连接；
T16—16 芯棕色插头连接；396—搭铁连接 31（在主线束中）；675—搭铁点 2（在后备厢内右侧）；
687—搭铁点 1（在中间通道上）；B340—连接 1（58d，在主线束中）；
B616—连接 12（30a，在车内线束中）；*—截止到 2008 年 12 月；**—自 2009 年 1 月起；
ws—白色；sw—黑色；bl—蓝色；br—棕色；ro—红色；gr—灰色；gn—绿色；ge—黄色

② 检查 T16/8 脚与正极之间的电压为 12.3V，并检查后备厢内的搭铁点是否良好。

③ 检查驻车辅助系统传感器线路前部 T3ax/1、T3ay/1、T3ba/1、T3az/1 与搭铁之间电压，为 10.5～14.5V。

④ 检查驻车辅助系统传感器线路后部 T3at/1、T3au/1、T3av/1、T3aw/1 与搭铁之间电压，为 10.5～14.5V。

⑤ 检查驻车辅助系统传感器线路 3 号端子与搭铁的导通性，应正常导通。

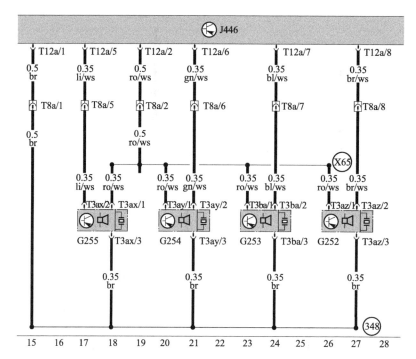

图 4-169 驻车辅助系统控制单元（豪华车型的前部驻车辅助系统传感器）

G252—右前驻车辅助系统传感器；G253—右前中部驻车辅助系统传感器；G254—左前中部驻车辅助系统传感器；G255—左前驻车辅助系统传感器；J446—驻车辅助系统控制单元；T3ax—3 芯 AX 插头连接；T3ay—3 芯 AY 插头连接；T3az—3 芯 AZ 插头连接；T3ba—3 芯 BA 插头连接；T8a—8 芯黑色 A 插头连接（在左前纵梁上）；T12a—12 芯棕色 A 插头连接；348—搭铁连接（驻车辅助系统，在前保险杠线束中）；X65—连接（驻车辅助系统，在前保险杠线束中）；ws—白色；ro—红色；br—棕色；gn—绿色；li—淡紫色

⑥ 打开点火开关，断开传感器插头，将车辆挂入倒挡，用万用表电压挡测量控制模块侧的 1 号端子与 3 号端子，应该有 10.5～14.5V 电压，如果没有，则应检查控制模块是否从倒挡开关处取得 10.5～14.5V 的工作电压。

⑦ 当倒车雷达主机在通电后，自检出现 4～6s 的长鸣音，发出"嘀、嘀、嘀、嘀、嘀"五声报警时，提示为倒车雷达主机出现故障。如果倒车雷达在通电后没有任何的提示反应，则请先检查倒车雷达主机端子的安装状态，是否为线束脱落或断路所造成。

⑧ 经验判断法。在汽车进入倒车工作状态下，用耳朵贴近传感器表面，仔细听是否有轻微的嘀嗒声（可与正常的比较），如果响声正常，则说明传感器的电源正常，应继续检查传感器和控制器之间的信号连接是否正常。如果搭铁、供电、线束都没有问题，则应尝试更换 ECU 和传感器。

2. 激光雷达

激光雷达是以发射激光束来探测目标位置的雷达系统，其功能包含搜索和发现目标；检测其距离、速度、角位置等运动参数；检测目标反射率、散射截面和形状等特征参数。

激光雷达根据扫描机构的不同，有二维和三维两种。它们大部分都是靠旋转的反射镜将激光发射出去，并通过检测发射光和从障碍物表面反射光之间的时间差来测距。三维激光雷达的反射镜还附加一定范围内俯仰，以达到面扫描的效果。

二维激光雷达和三维激光雷达在先进驾驶辅助系统上得到了广泛应用。

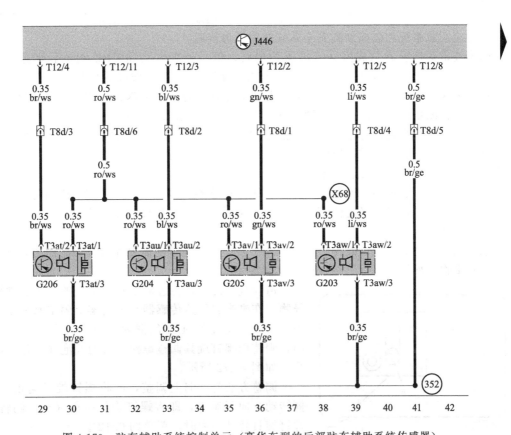

图 4-170 驻车辅助系统控制单元（豪华车型的后部驻车辅助系统传感器）

G203—左后驻车辅助系统传感器；G204—左后中部驻车辅助系统传感器；G205—右后中部驻车辅助系统传感器；G206—右后驻车辅助系统传感器；J446—驻车辅助系统控制单元；T3at—3 芯 AT 插头连接；T3au—3 芯 AU 插头连接；T3av—3 芯 AV 插头连接；T3aw—3 芯 AW 插头连接；T8d—8 芯黑色 D 插头连接（在右后保险杠上）；T12—12 芯黑色插头连接；352—搭铁连接（驻车辅助装置，在后保险杠线束中）；X68—连接（驻车辅助装置，在后保险杠线束中）；ws—白色；ro—红色；br—棕色；gn—绿色；bl—蓝色；li—淡紫色；ge—黄色

激光雷达由激光发射系统、光电接收系统、信号采集处理系统、控制系统等组成，其简化结构如图 4-171 所示。

激光雷达发射系统主要负责向障碍物发射激光信号；接收系统主要负责接收经障碍物反射之后回来的激光信息；信号采集处理系统主要负责将接收回来的信号进行处理，使它能够符合下一级系统的要求，它是激光雷达系统最关键的环节，将直接影响激光雷达系统的检测精度；控制系统的主要作用是提供信号并且对接收回来的信号进行数据处理。

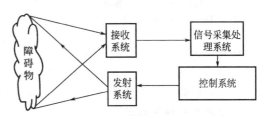

图 4-171 激光雷达系统的简化结构

3. 电磁波测距传感器（毫米波雷达传感器）

（1）结构　毫米波雷达是指工作频率介于微波和光波之间，选在 30～300GHz 频域（波长为 1～10mm，即 1mm 波波段）的雷达。

测距传感器又称雷达传感器，主要用于自适应巡航系统、自动泊车系统、倒车系统等，尤以自适应巡航系统和碰撞预测安全系统应用最为普遍。

毫米波雷达传感器总成由毫米波雷达电路、信号处理电路和CPU组成。车速不低于2km/h时，毫米波雷达输出雷达波。毫米波雷达使用76.5GHz波段的频率。

接收天线接收反射的毫米雷达波，信号处理电路通过产生毫米雷达波并计算接收天线接收到的信号检测物体的距离、相对速度和方向，然后将该信息传输至行驶辅助ECU总成。

碰撞预测安全系统的毫米波雷达传感器采用76.5GHz波段内的频率，毫米波雷达不易受天气状况，如雨、雾或雪的影响，具有良好的物体识别特性。因此，非常适用于碰撞预测安全系统和动态雷达巡航控制系统。

（2）毫米波雷达传感器的调整 毫米波雷达传感器信号不正常，会在碰撞预防安全系统控制单元中存储故障码。确定传感器信号不正常后，应先调整传感器，传感器本身不允许维修，只能更换总成。

水平调整传感器总成：确保车辆停在水平路面上。调整前需要先检查轮胎压力，并从车上卸下超重物，如行李。拆下冷气进气管密封。

清除毫米波雷达传感器水平支架上的尘土、油污和异物。在毫米波雷达传感器水平支架上固定水平仪。检查水平仪气泡是否在红色框内。如果气泡不在红色框内，则使用螺钉旋具调整螺栓，直到气泡在红色框内为止，如图4-172所示。

调整方法是：向上调整，即将螺钉旋具向正（＋）侧转动；向下调整，即将螺钉旋具向负（－）侧转动。螺钉旋具转动一圈时，调整约0.12°。

八、雨滴传感器

雨滴传感器又称为雨量传感器，用于汽车自动雨刷系统、智能车窗系统，感知车外是否下雨及雨量的大小，自动调节雨刷运行速度，为驾驶员提供良好的视野，提高雨天驾驶的方便性和安全性。一般在刮水器控制开关置于AUTO位置时，可实现刮水器的自动控制。

在汽车自动雨刷系统中，如刮水器开关置于自动（AUTO）挡，则当雨滴传感器感应到挡风玻璃表面有水时，自动启动刮水电动机。

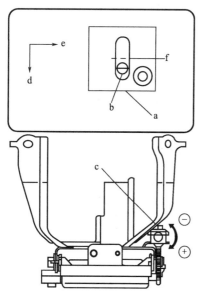

图4-172 传感器水平调整示意图
a—等级；b—气泡；c—螺栓；
d—车辆前部；e—车辆左侧；f—0°

雨滴传感器位于前挡风玻璃中间的顶部，靠近后视镜，通常在内视镜支架座的下方。雨滴传感器通过硅胶垫粘贴在前挡风玻璃的内侧。

根据检测雨滴的方法不同，雨滴传感器分为流量型雨滴传感器、电容式雨滴传感器、压电式雨滴传感器和光电式雨滴传感器4种类型。常见的有压电式雨滴传感器、光电式雨滴传感器和电容式雨滴传感器3种。

1. 压电式雨滴传感器

压电式雨滴传感器由振动板、压电元件、放大器、壳体及阻尼橡胶构成，如图4-173所示，其核心部分是压电元件。

振动板的功用是接收雨滴冲击的能量，按自身固有的振动频率进行弯曲振动，并将振动传递给内侧压电元件上，压电元件把从振动板传递来的变形转换成电压信号。雨滴检测用传感器上的压电元件结构如图 4-174(a) 所示。它是在烧结钛酸钡陶瓷片两侧加真空镀膜电极制成的,当压电元件上出现机械变形时,两侧的电极上就会产生电压,如图 4-174(b) 所示。当雨滴滴落在振动板上时,压电元件上就会产生电压,电压大小与加到板上的雨滴的能量成正比,一般为 0.5～300mV。放大电器将压电元件上产生的电压信号放大后再输入刮雨器放大器中。放大器由晶体管、IC块、电阻、电容等部件组成。

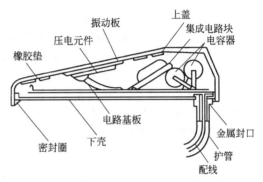

图 4-173 压电式雨滴传感器的构成

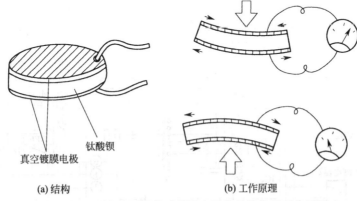

图 4-174 压电式雨滴传感器压电元件的结构及工作原理

雨滴传感器安装在车身外部,其壳体要求密封良好,并用不锈钢材料做成。

振动板要通过阻尼橡胶才能在外壳上保持弹性,阻尼橡胶除了可以屏蔽车身传给外壳的高频振动外,它的支撑刚性还可以避免对振动极的振动工况产生干扰。

汽车上所用的间歇式刮水系统的构成如图 4-175 所示。该系统由雨滴传感器代替了无级

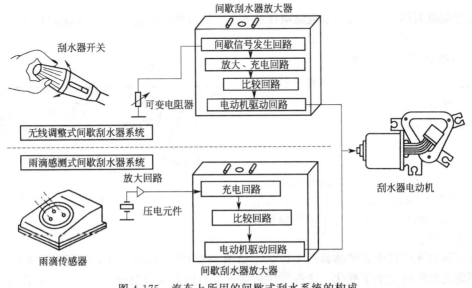

图 4-175 汽车上所用的间歇式刮水系统的构成

调整式间歇刮水器系统内设定刮水间歇时间的可变电阻器。雨滴传感器安装在发动机盖板上，从其承受的雨滴强度与频率感知雨量的大小。间歇式刮水系统根据实际雨量自动控制雨刷器动作次数，使它在3～52次/min范围内变化。为了使小雨中汽车行驶方便，刮水器可置于"AUTO"（自动）挡位，如果想使刮水器任意动作，可按下"MIST"开关，则刮水器在按下状态中，以"LOW"方式动作。无雨时，如将刮水器置于"AUTO"位置，则刮水器将以3次/min的速度间歇动作。

自动刮水器控制系统电路如图4-176所示，当雨滴触及传感器表面时，在传感器内部产生随雨滴强度和频率变化的电压（A点在压电元件上产生与雨滴运动能量成正比的电压波形），该电压波形经传感器内部放大电路放大（B点），储入功率放大器内的充电电路。当储入充电电路的电压信号达到一定值（U_0）时，经过比较电路输入刮水器驱动电路，刮水器随即开始动作。

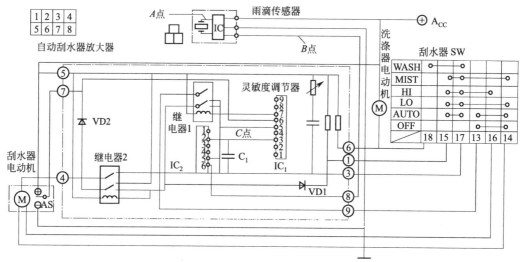

图4-176 自动刮水器控制系统电路

AS为自动停止机构（电动机回转时连接"—"侧，电动机停止时连接"+"侧）

由于间歇时间（T）与充电电路电压达到U_0的速度成正比，所以雨滴能量越高，车速越快，间歇时间也越短；反之则长。

2. 光电式雨滴传感器

（1）结构 光电式雨滴传感器的结构如图4-177所示，它由2个可以发出红外线的发光二极管（LED）、1个可以接收红外线的光电二极管、1个透镜和雨滴传感器胶带组成。

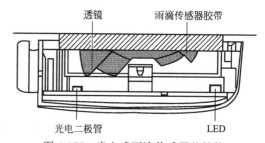

图4-177 光电式雨滴传感器的结构

无雨滴时光电式雨滴传感器的工作状态如图4-178(a)所示。此时两个发光二极管发的光会通过挡风玻璃的反射作用反射到光电二极管上面。

有雨滴时光电式雨滴传感器的工作状态如图4-178(b)所示。此时挡风玻璃被浸湿，玻璃表面的光学特性发生了变化，光线发生折射，反射的光线将会减小，光电二极管接收到的光也将减少，于是信号电压就发生了变化。

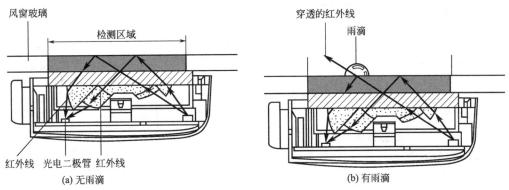

图 4-178 光电式雨滴传感器的工作原理

例如,奥迪 A6L(C6)轿车电控智能刮水组合开关具有间歇、间歇分级、单触刮水、刮水 4 种功能。根据雨量不同,雨滴传感器具备 4 种功能:自动启动刮水开关,以 7 种速度工作;雨天会自动打开前照灯,关闭刮水停止 5s 再刮水一次;雨天车辆停止后自动关闭车门和车顶。当刮水臂位于间歇时,上述功能启用,雨滴传感器有 4 种敏感程度可以选择。手动选择总是处于优先位置。

(2)检测　2016 年款丰田皇冠车系雨刮洗涤系统中采用了红外线雨滴传感器,其电路如图 4-179 所示。

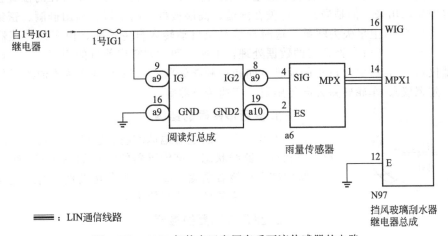

图 4-179　2016 年款丰田皇冠车系雨滴传感器的电路

雨滴传感器 a6 端子 4 是来自阅读灯总成连接器 a9 端子 8 提供的 12V 蓄电池电压;端子 2 为接地端,通过阅读灯总成连接器 a10 端子 19 在阅读灯内部接地;端子 1 输出传感器信号,通过 LIN 通信线路输送到 N97 挡风玻璃刮水器继电器总成。

检测方法如下。

① 检查雨滴传感器供电:关闭点火开关,拆下雨滴传感器,断开其连接器(图 4-180);打开点火开关,用万用表电压挡检测端子 4 与车身接地之间的电压,标准电压为 11～14V。

② 检查传感器输出信号:正常连接好雨滴传感器 a6 连接器,使用示波器检测传感器端子 1 输出波形。点火开关打开时应产生脉冲波形。

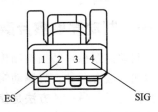

图 4-180　雨滴传感器 a6 端子

九、空调压缩机锁定传感器

空调压缩机锁定传感器安装在空调压缩机的内部,用于检测压缩机的转速,压缩机每转一圈,锁定传感器产生 4 个脉冲信号,输送给空调 ECU。如果压缩机转速与发动机转速之比小于预定值,则空调 ECU 便使压缩机停转,指示器以约 1s 间隔闪光一次。

空调压缩机锁定传感器的检测如图 4-181 所示。

测量传感器的插接器端子 1 和 2 之间的电阻,在 25℃ 时,阻值为 530~650Ω;在 100℃ 时,阻值为 670~890Ω,否则,应更换传感器。

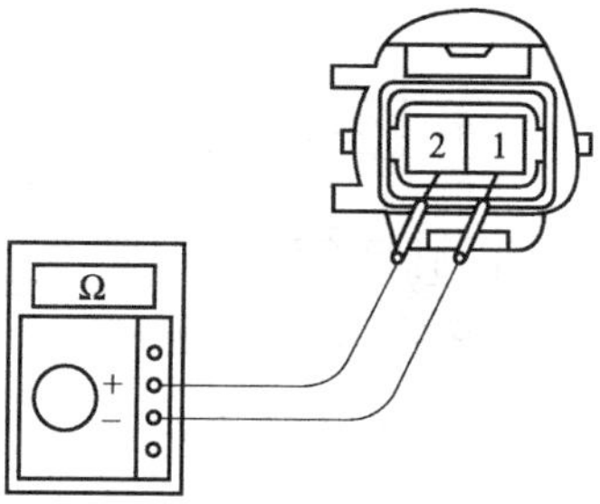

图 4-181 空调压缩机锁定传感器的检测
1,2—端子

十、汽车导航传感器

汽车导航系统开始只用于显示估计到达目的地的时间和将要行驶的距离,并用作罗盘和转向盘传感器。后来把交通地图编制成数字化数据库的形式,可利用电子地图及在地图上指示当前汽车所处的位置等。这样就要有更多的传感器才能满足各种功能的需要。

汽车导航系统利用车内 GPS 信号接收机接收至少 4 颗 GPS 卫星的信号,确定汽车在地球坐标系的位置,再与汽车导航仪中的电子地图进行匹配,从而将汽车所在的位置在导航仪的显示屏中显示出来。但是当汽车行驶在隧道、高层楼群、高架桥、高山群涧、密集森林等地段时,将与 GPS 卫星失去联系,这时导航系统自动转入自主导航,由车速传感器检测出汽车的行进速度,通过微处理器的数据处理,由速度和时间算出前进的距离,由地磁场传感器(陀螺仪),直接检测出汽车的前进方向和行驶路线状态。汽车导航系统传感器包括罗盘传感器(陀螺仪)、车轮转差方向传感器、车速传感器等。

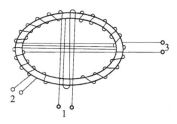

图 4-182 罗盘传感器的结构
1~3—线圈端子

1. 罗盘传感器的结构

罗盘传感器通过对地球磁场的感应来测定汽车的前进方向和行驶路线状态。该传感器的结构如图 4-182 所示。在环状铁芯上缠绕着励磁线圈,而两个互成直角的感应线圈绕在具有高磁导率的环状铁芯的磁场中心。

2. 罗盘传感器的检测

利用地磁制成的罗盘传感器,因地磁的强度很小,故很容易受到外界的磁场干扰。这种类型的传感器出现故障时,首先看有无上述干扰地磁的现象发生,然后用数字式万用表逐级测量传感器的信号输出是否随汽车方向改变而相应变化,如发现传感器本身有问题时,可以把传感器有关连接线拆开,对两个线圈进行电阻测量;如发现电阻为零或无穷大,则说明传感器本身有短路或断路发生。

十一、制动器摩擦片磨损检测传感器

制动器摩擦片磨损检测传感器用于检测汽车制动器摩擦片的磨损情况。摩擦片磨损情况的检测方法有两种,当制动钳摩擦片超过磨损允许的限度时,一种方法是使磨损检测传感器本身被磨损;另一种方法是使其接触磨损检测传感器。检测摩擦片磨损情况常用的一种方法是:当制动蹄摩擦片超过磨损允许的限度时,磨损检测传感器本身被磨损,并将此磨损情况转变为电信号输入电控单元,并接通报警电路。

磨损检测传感器在盘式制动器上的安装情况如图 4-183 所示。磨损检测传感器用一个安装在摩擦片中的 U 形金属丝检测,U 形金属丝的顶端就处在制动器摩擦块的磨损极限位置上,制动器摩擦片没有磨损到极限位置时,输出电压为 0,当摩擦片磨损到规定程度时,U 形金属丝部分被磨断,电路断开,这时输出电压为高电平,异常信号输入电控单元中或通过电阻 R 接通报警电路,使灯泡点亮,如图 4-184 所示为制动器摩擦片磨损检测传感器的工作电路。

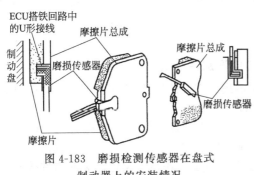

图 4-183 磨损检测传感器在盘式制动器上的安装情况

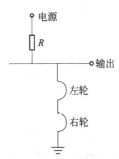

图 4-184 制动器摩擦片磨损检测传感器的工作电路

制动器摩擦片磨损检测传感器检测示例如下。

大众 CC 轿车摩擦片过薄报警系统是由带有传感器的特殊摩擦片、ECU 和报警指示灯组成的。传感器的跨接线置入该特殊摩擦片的一定深度处,当摩擦片磨损到只有 2.0～2.2mm 的极限厚度时,摩擦片便将传感器的跨接线磨破而断路,该断路信号立即被输送到 ECU,ECU 便接通报警指示灯电路,使指示灯闪亮,发出警告信号。

在车轮制动器摩擦片过薄报警系统的使用中,最常出现的故障是制动器摩擦片还未到时间更换时,报警系统便报警,报警指示灯闪亮。由以上原理分析可以看出,造成报警指示灯闪亮的原因有两方面:一是制动器摩擦片磨损到了极限程度(正常),应该予以更换;二是报警系统本身的故障。报警系统的检查步骤如下。

① 关闭点火开关,拔下左、右轮传感器插头,若报警指示灯仍亮,则故障在仪表控制单元,应予以更换;若报警指示灯闪亮停止,则说明传感器线路正常,而传感器本身有故障,需进行进一步检查加以区别。

② 在关闭点火开关的状态下,插入一侧传感器插头(不插另一侧)。当打开点火开关后,观察报警指示灯的情况,若报警指示灯不亮,则说明该侧传感器可能无问题;若报警指示灯闪亮,则说明该插入侧的传感器损坏。

③ 用同样的方法对另一侧传感器进行检测,若报警指示灯亮,则也说明该传感器有故障。由于损坏的传感器不可拆修,故应更换新件。

④ 检查 T32/15 与车身搭铁之间的电压,该电压约为 5V。

⑤ 检查 T32/15 与摩擦片磨损检测传感器端子 2 之间的线路导通性,该线路应导通。

⑥ 检查摩擦片磨损检测传感器端子 1 与搭铁之间的线路导通性,该线路应导通。

十二、乘员位置传感器

大众新款速腾汽车智能安全气囊系统区别于以前一般的安全气囊系统的重要一点就在于其采用了乘员位置感知系统。对于丰田轿车乘员位置感知系统,即探测前排座椅是否坐有乘员,以及乘员的坐姿、体形和体重等状况,从而对气囊爆出的时间和阶段做出必要的调整。

1. 乘员位置感知系统

丰田轿车 OPDS 系统由 OPDS 传感器和 OPDS 装置组成，其结构如图 4-185 所示。在乘员座椅内暗藏 7 个传感器，即 6 个高度传感器和 1 个位置传感器，这些传感器和 OPDS 装置一起隐藏在前排乘员座椅内部。在 OPDS 传感器中由座椅靠背内的 6 个传感器负责观察乘员的坐姿高度，来判断坐着的是儿童还是大人，靠背侧边的一个传感器则专门检查儿童是不是侧着头打瞌睡，以判断儿童的头部是不是处于侧气囊展开的范围内。

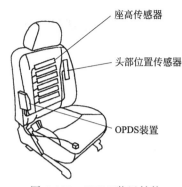

图 4-185　OPDS 装置结构

2. 座椅占用识别传感器

（1）座椅占用识别传感器的结构原理　座椅占用识别传感器由压敏传感器和电子信号处理器 2 部分组成。

① 压敏传感器的外观如同一张塑料薄膜，当作用力施加在传感器表面上时，传感器的阻值会相应发生改变。因此传感器的电阻信号反映的是施加作用力的大小，而且依据作用力作用面积的大小，可准确地判别出是否有乘员坐在座椅上，还是公文包之类的物件搁置在座椅上。

② 电子信号处理器的功用是对压敏传感器信号进行调制处理，将模拟信号转换成数字信号，然后再通过专用数据线传送至安全气囊控制模块，通过识别座椅位置或占用状态来决定是否触发相关的引爆装置。如果存在故障或线路连接不良，则安全气囊控制模块能够存储相关的故障码，并激活安全气囊警告灯。

大众新款速腾轿车副驾驶人处设置座椅坐人识别功能，副驾驶人座椅占用识别传感器 G128 是一张塑料薄膜，该薄膜一直延伸到副驾驶人座椅的后部区域，它由多个单独的压力传感器组成，这样可以保证识别出座椅表面各处的状态。

副驾驶人座椅占用识别传感器对压力做出反应并根据负荷来改变电阻值。如果副驾驶人座椅占用识别传感器识别出高于 5kg 的负荷，那么安全气囊 ECU J234 就认为座椅已坐人。只要副驾驶人座椅上未坐人，那么座椅占用识别传感器就处于高阻值状态；如果有人坐，那么其阻值就会下降。如果电阻值超过 480Ω，则安全气囊 ECU 就认为是断路了，并会在故障存储内记录一个故障码。安全气囊 ECU 通过分析座椅占用识别传感器信号和安全带开关信号来判断乘员是否系上安全带，其控制电路如图 4-186 所示。

（2）座椅占用识别传感器的检测

① 打开点火开关，检测座椅占用识别传感器 G128 端子 T2bc/1 与 T2bc/2 之间的电压，约为 5V。

② 检测端子 T2bc/2 与搭铁之间的导通性。

③ 测量副驾驶人侧安全带开关 E25，电阻为 2Ω，插上开关时电阻为无穷大。

座椅占用识别传感器的标准电阻值见表 4-22。

表 4-22　座椅占用识别传感器的标准电阻值

G128 的电阻值	分析结果
430～480Ω	座椅上未坐人
120Ω 或更小	座椅上已坐人
大于 480Ω	故障，断路

3. 座椅位置传感器

座椅位置传感器在微机控制的电动座椅中用于确定座椅的位置。它通过霍尔元件将由旋

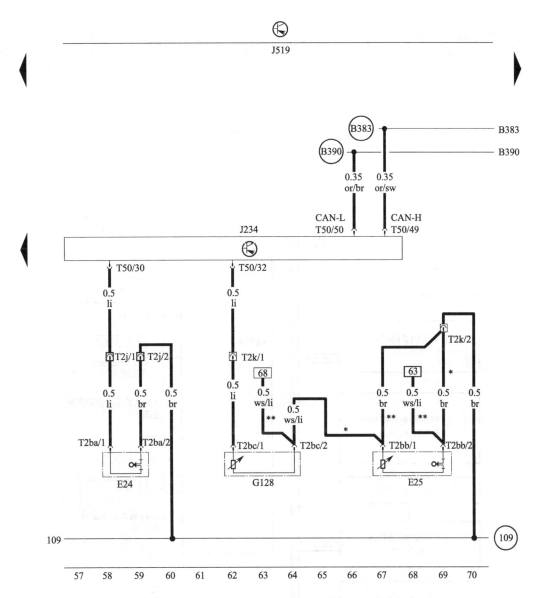

图 4-186 座椅占用识别传感器的控制电路

E24—驾驶人侧安全带开关；E25—副驾驶人侧安全带开关；G128—副驾驶人侧座椅占用传感器；
J234—安全气囊 ECU；J519—车载网络控制单元；T2j—2 芯 J 插头连接；
T2k—2 芯 K 插头连接；T2ba—2 芯 BA 插头连接；T2bb—2 芯 BB 插头连接；
T2bc—3 芯 BC 插头连接；T50—50 芯插头连接；109—安全气囊线束中的搭铁连接；
B383—主线束中的连接 1（驱动系统总线 CAN-H）；B390—主线束中的连接 1（驱动系统总线 CAN-L）；
*—截止到 2008 年 09 月；**—自 2008 年 09 月起

转永久磁铁的位置变化而产生磁场的磁通量密度检测出来，产生霍尔电压，以脉冲信号的形式输入控制电控单元，实现 ECU 对座椅位置的自动调节。

目前大部分中高档座椅采用了带存储功能的电动座椅，它通过控制单元，能将选定的两或三种不同的理想座椅调节位置进行存储，使用时只需按指定按键开关，即能自动地调节到预先选定的位置。座椅位置传感器常见的有霍尔式和滑动电阻式两种类型。

(1) 霍尔式座椅位置传感器

① 霍尔式座椅位置传感器的结构与原理。霍尔式座椅位置传感器的可记忆座椅控制系统组成如图 4-187 所示。霍尔式位置传感器与滑动调节电动机（滑动传感器）、升降电动机（升降传感器）、前部高度调节电动机（前部垂直高度传感器）、靠背倾斜角度电动机（倾斜角度传感器）集成在一起，协同座椅存储器开关工作。

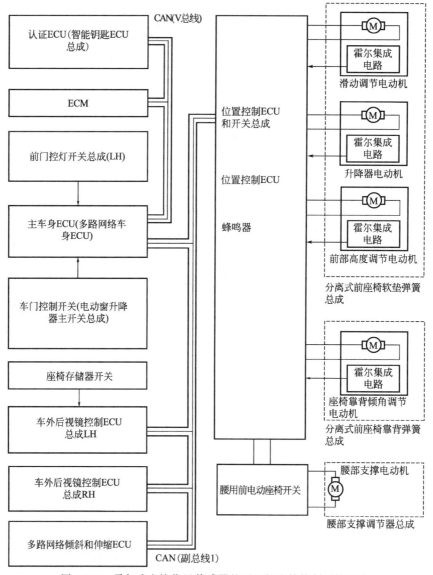

图 4-187　霍尔式座椅位置传感器的可记忆座椅控制系统组成

在将座椅调整到适当位置后，由滑动位置传感器、前垂直位置传感器、后垂直位置传感器、靠背位置传感器来感测滑动、高度、前垂直、靠背位置，然后送进电动座椅 ECU 进行储存。

② 霍尔式座椅位置传感器的检测。以 2016 年款丰田凯美瑞混合动力版车型的驾驶员侧座椅滑动电机为例，介绍滑动座椅传感器的检测。滑动电动机电路如图 4-188 所示，滑动电动机（集成滑动传感器）端子 E15 如图 4-189 所示。

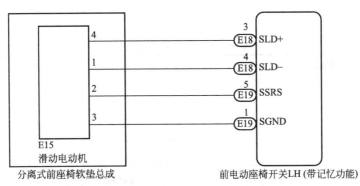

图 4-188 滑动电动机（集成滑动传感器）电路

如图 4-188 所示，E15 的 4# 端子和 1# 端子为滑动电动机控制端子；2# 端子为滑动传感器信号端子。如滑动位置传感器有故障，则前电动座椅控制 ECU 会存储 B2650（滑动传感器故障）故障码。检测步骤如下。

图 4-189 滑动电动机（集成滑动传感器）端子 E15

a. 检查前电动座椅开关 LH（带记忆功能）。断开滑动电动机 E15 连接器，根据表 4-23 检测电压，电压应符合规定。如不符合规定，则应检查线束和连接器。

表 4-23 前电动座椅开关检测

万用表连接	开关状态	规定状态/V
E15/2#—E13/3#	滑动开关 ON	4.8～5.1

b. 检测滑动电动机。连接好滑动电动机连接器 E15，在滑动开关打开的状态下检测 E15 和车身接地之间的电压，应为 4.5～4.8V。如不符合规定，则更换滑动电动机总成。

c. 检查线束。断开前电动座椅开关连接器 E19，根据表 4-24 检测线束之间或线束与车身接地之间的电阻，应符合规定。

表 4-24 线束和线束连接器 E19 检测

检测仪连接	条件	规定状态
E19-5(SSRS)—E15-2	始终	小于 1Ω
E19-1(SGND)—E15-3	始终	小于 1Ω
E19-5(SSRS)—车身接地	始终	10kΩ 或更大
E19-1(SGND)—车身接地	始终	10kΩ 或更大

断开前电动座椅开关连接器 E18，根据表 4-25 检测线束之间或线束与车身接地之间的电阻，应符合规定。

表 4-25 线束和线束连接器 E18 检测

检测仪连接	条件	规定状态
E18-3(SLD+)—E15-4	始终	小于 1Ω
E18-4(SLD−)—E15-1	始终	小于 1Ω
E18-3(SLD+)—车身接地	始终	10kΩ 或更大
E18-4(SLD−)—车身接地	始终	10kΩ 或更大
E18-4(SLD−)—车身接地	始终	10kΩ 或更大

d. 滑动电动机测试。断开滑动电动机连接器 E15，在端子 4 和端子 1 上分别施加正负蓄

电池电压,检查座椅是否平稳移动。检查结果应符合表4-26所示。

表4-26 滑动电动机的测试

检测条件	操作说明
蓄电池正极(+)→端子4 蓄电池负极(-)→端子1	座椅软垫向前移动
蓄电池正极(+)→端子4 蓄电池负极(-)→端子1	座椅软垫向后移动

(2)滑动电阻式座椅位置传感器 滑动电阻式座椅位置传感器主要由壳体、螺杆、滑块、电阻组成。它的作用是将座椅的位置转变成电压信号输送给电子模块存储起来。其基本原理是当调节座椅时,电动机将动力传给螺杆转动,螺杆又带动滑块在电阻丝上滑移,于是改变了电阻值。当座椅的位置调定后,将电压输送给电子模块,驾驶员只要按下存储按钮,就能将选定的调节位置进行存储并作为重新调节的基准。使用时只要按指定的按键,座椅就会调节到预先选定的座椅位置上。

由于座椅位置传感器使用滑动电阻式,因此可以用检测一般滑动电阻的方法来进行检查。首先检查供给参考电压和搭铁线路是否正常,然后检测滑动电阻的总阻值,以及在滑动的过程中电阻是否有短路、断路现象。

十三、防盗振动传感器

1. 防盗振动传感器的作用与类型

防盗振动传感器的主要作用是检测汽车受到的冲击,当汽车受到冲击,其振动达到一定强度时,防盗电控单元输出信号,控制报警装置报警。

振动传感器主要有压电式、压阻式、磁致伸缩式、压缩式等几种类型。

(1)压电式振动传感器 当外力使压电元件产生应变时,在压电元件的应变方向出现电荷,这种现象称为正压电效应;反之当压电元件受外电场作用时,压电元件产生机械力,这种现象称为反压电效应。利用正压电效应的原理可制作压电式振动传感器。

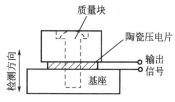

图4-190 压缩型压电式振动
传感器的结构原理

① 压缩型压电式振动传感器通过调整中心孔螺栓形成质量块,它能检测出微小的振(图4-190)。

② 剪切型压电式振动传感器将两块压电片匀称地固定在轴的两侧,这种结构可忽略横向振动的影响,还能在高温环境中使用(图4-191)。

③ 弯曲型压电式振动传感器结构简单,具有体积小、重量轻和灵敏度高等优点,但压电材料电阻有阻抗高、脆性和难于与金属粘接等缺点(图4-192)。

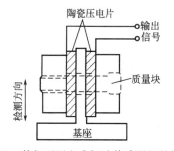

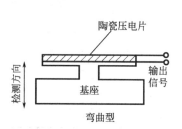

图4-191 剪切型压电式振动传感器的结构原理　图4-192 弯曲型压电式振动传感器的结构原理

(2) 压阻式振动传感器 压阻式振动传感器是利用半导体应变片的压阻效应制成的，其结构如图 4-193 所示，互相垂直的三块弹簧钢制作的振动板的板面分别平行于 X、Y、Z 轴，振动板的顶端安装铅制的质量块，半导体应变片粘于振动原点附近。

压阻式振动传感器的控制电路如图 4-194 所示。当汽车承受其一点振动时，电路可检测出振动的强度，并输出电压信号。

(3) 磁致伸缩式振动传感器 磁致伸缩式振动传感器的结构如图 4-195 所示，主要由永久磁铁、磁铁伸缩杆、感应线圈和壳体组成。磁致伸缩杆用高镍合金制成，在其一端设置有永久磁铁，另一端安放在弹性部件上。感应线圈绕制在磁致伸缩杆的周围，线圈两端引出电极与控制线路连接。

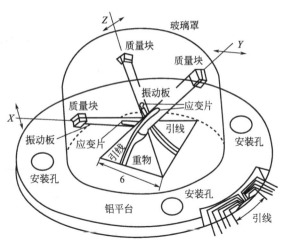

图 4-193 压阻式振动传感器的结构

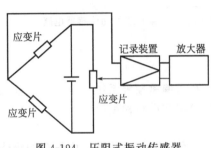

图 4-194 压阻式振动传感器的控制电路

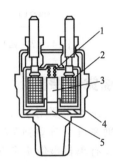

图 4-195 磁致伸缩式振动传感器的结构
1—复位弹簧；2—感应线圈；3—磁致伸缩杆；
4—壳体；5—永久磁铁

当汽车产生振动时，传感器的磁致伸缩杆就会随之产生振动，感应线圈中的磁通量就会发生变化。由电磁感应原理可知，线圈中就会感应产生交变电动势，即传感器就会有信号电压输出。

(4) 压缩式振动传感器 压缩式振动传感器的结构如图 4-196 所示。装有这种传感器的防盗系统能迅速检测出汽车的异常振动。

2. 防盗系统振动传感器电路

车辆电子防盗系统振动传感器是用来探测车身受到振动后发出控制信号进行报警，主要由振动传感器 B、信号放大和电平转换及指示电路等组成。由于这部分电路是控制信号进入的最前端，生产厂家为了方便与不同的车辆进行配套，通常都把这部分电路也单独制作在一小块电路板上，安装在车辆驾驶室内部隐蔽之处。

四环 QBJ-868 系列遥控车辆电子防盗系统振动传感器电路如图 4-197 所示。

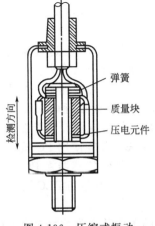

图 4-196 压缩式振动传感器的结构

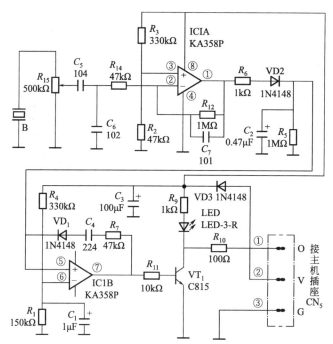

图 4-197 四环 QBJ-868 系列遥控车辆电子防盗系统振动传感器电路

十四、视觉传感器

视觉传感器主要用于自适应巡航控制系统、车道偏离预警系统、车道保持辅助系统、汽车并线辅助系统、自动刹车辅助系统中的障碍物检测和道路检测等。

摄像头有单目摄像头和双目摄像头 2 种。

单目摄像头是利用摄像头采集车辆前方路况信息,并依靠数据库中保存的物体标志性特征轮廓识别前方物体,从而依靠独立的算法计算出物体与车辆的距离和接近速率。单目摄像头的优点是成本低廉,能够识别具体障碍物的种类,识别准确;缺点是由于其识别原理导致其无法识别没有明显轮廓的障碍物,工作准确率与外部光线条件有关,并且受限于数据库,没有自学习功能。

双目摄像头可以通过视频接收信号计算出汽车与其他物体间的距离。双目摄像头的优点是功能较单目摄像头更强大,探测距离更准确,探测距离更远;缺点是成本高于单目摄像头。

摄像头有红外摄像头和普通摄像头之分,红外摄像头既适合白天工作,也适合黑夜工作;普通摄像头只适合白天工作,不适合黑夜工作。目前使用的主要是红外摄像头。

广义的视觉传感器主要由光源、镜头、图像传感器、模数转换器、图像处理器、图像存储器等组成,如图 4-198 所示,其主要功能是获取足够的机器视觉系统要处理的最原始图像。把光源、摄像机、图像处理器、标准的控制与通信接口集成一体的视觉传感器常称为一个智能图像采集与处理单元,内部程序存储器可存储图像处理算法,并能使用 PC 机,利用专用组态软件编制各种算法并下载到视觉传感器的程序存储器中,视觉传感器将 PC 机的灵活性、PLC 的可靠性、分布式网络技术结合在一起,用这样的视觉传感器和 PLC 可以更容易地构成机器视觉系统。

狭义的视觉传感器是指图像传感器,它的作用是将镜头所成的图像转变为数字或模拟信号输出,是视觉检测的核心部件,主要有 CCD 图像传感器和 CMOS 图像传感器。

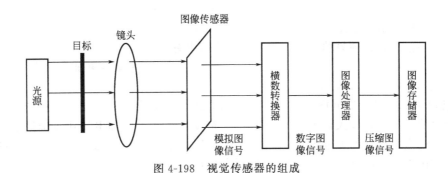

图 4-198 视觉传感器的组成

（1）CCD 图像传感器　CCD（charge-coupled device）的中文全称为电荷耦合元件。CCD 图像传感器主要是由一个类似马赛克的网格、聚光镜片以及垫于最底下的电子线路矩阵所组成。

CCD 是一种特殊的半导体器件，能够把光学影像转化为数字信号。CCD 上植入的微小光敏物质称作像素。一块 CCD 上包含的像素数越多，它提供的画面分辨率也就越高。CCD 的作用就像胶片一样，但它能把光信号转换成电荷信号。CCD 上有许多排列整齐的光电二极管，能感应光线，并将光信号转变成电信号，经外部采样放大及模数转换电路转换成数字图像信号。

由于 CCD 的体积小、成本低，所以广泛应用于扫描仪、数码相机及数码摄像机中。目前大多数数码相机采用的视觉传感器都是 CCD。

（2）CMOS 图像传感器　CMOS（complementary metal oxide semiconductor）的中文全称为互补性氧化金属半导体。CMOS 图像传感器是利用 CMOS 工艺制造的图像传感器，主要利用了半导体的光电效应，其与 CCD 的原理相同。

CMOS 图像传感器与 CCD 图像传感器一样，可用于自动控制、自动检测、摄影摄像、视觉识别等各个领域。

CCD 和 CMOS 图像传感器的主要参数有像素、帧率、靶面尺寸、感光度、信噪比和电子快门等。

CCD 和 CMOS 图像传感器的差异如下。

① 制造上的差异。CCD 和 CMOS 同为半导体，但 CCD 集成在半导体单晶材料上；CMOS 集成在金属氧化物的半导体材料上。

② 工作原理的差异。主要区别是读取视觉数据的方法，CCD 从阵列的一个角落开始读取数据；CMOS 对每一个像素采用有源像素传感器及晶体管，以实现视觉数据读取。

③ 视觉扫描方法的差异。CCD 传感器连接扫描，在最后一个数据扫描完成之后才能将信号放大；CMOS 传感器的每个像素都有一个将电荷转化为电子信号的放大器。

④ 感光度的差异。CMOS 每个像素都包含了放大器与 A/D 转换电路，过多的额外设备压缩单一像素的感光区域的表面积，因此在相同像素下，同样大小的感光器尺寸，CMOS 的感光度会低于 CCD。

⑤ 分辨率的差异。CMOS 每个像素的结构都比 CCD 复杂，其感光开口不及 CCD 大，相对比较相同尺寸的 CCD 与 CMOS 感光器时，CCD 感光器的分辨率通常会优于 CMOS。

⑥ 噪声的差异。CMOS 每个感光二极管旁都搭配一个 ADC 放大器，如果以百万像素计，那么就需要百万个以上的 ADC 放大器，虽然是统一制造下的产品，但是每个放大器或多或少都有微小差异存在，很难达到放大同步的效果，对比单一一个放大器的 CCD，CMOS 最终计算出的噪声就比较多。

⑦ 成本的差异。CMOS 应用半导体工业常用的 MOS 制成，可以一次将全部周边设施整合于单芯片中，节省加工芯片所需负担的成本和良率的损失；相对地，CCD 采用电荷传递的方式输出信息，必须另辟传输信道，如果信道中有一个像素故障，就会导致一整排的信号拥塞，无法传递，因此 CCD 的良率比 CMOS 低，加上另辟传输通道和外加 ADC 等，CCD 的制造成本相对高于 CMOS。

⑧ 耗电量的差异。CMOS 的影像电荷驱动方式为主动式，感光二极管所产生的电荷会直接由旁边的晶体管做放大输出；但 CCD 却为被动式，必须外加电压让每个像素中的电荷移动至传输通道。而这外加电压通常需要 12V 以上，因此 CCD 还必须要有更精密的电源线路设计和耐压强度，高驱动电压使 CCD 的耗电量远高于 CMOS。

CCD 摄像机和 CMOS 摄像机在使用过程还涉及诸多工作参数。就当前技术现状，CCD 摄像机的灵敏度和解析度均比 CMOS 高，为了能够确保视觉识别的精度和准确度，一般选用 CCD 摄像机作为图像传感器。

第五章

汽车底盘车身电控系统执行器的万用表检测

一、电控自动变速器执行元件

电控自动变速器中,将传统的自动变速器中的液控液压阀改成了电控液压阀(主要的执行装置),简称电磁阀,主要有开关式电磁阀和线性脉动电磁阀两种。它们的不同之处在于控制它的电信号不是恒定不变的电压信号,而是一个固定频率的脉冲电信号。

电控自动变速器中主要的电磁阀有换挡电磁阀、定时电磁阀、锁止电磁阀和主油路油压电磁阀等。电磁阀主有盘阀式和球阀式两种。电磁阀的数量随变速形式不同而不等。

主油路油压电磁阀与手动换挡阀配合,控制着变矩器油液和散热器油液的油路通断及压力。主油路油压电磁阀在电控单元控制下,能够随发动机负荷的变化调节油液压力。

换挡电磁阀控制变速器挡位的变化,换挡电磁阀的线圈处于断电状态下,其液压回路是打开的。当换挡电磁阀线圈通电时,液压回路被阻断或泄压。

锁止电磁阀起到将液力变矩器锁止的功能,在锁止状态下,动力传动方式将由液压传动变成机械传动(适应于发动机制动)。

1. 开关式电磁阀

开关式电磁阀的作用是开启或关闭液压油路,通常用于换挡阀及变矩器锁止控制阀的工作。开关式电磁阀由电磁线圈、衔铁、回位弹簧、阀芯和阀球所组成。它有两种工作方式:一种是让某一条油路保持油压或泄空;另一种是开启或关闭某一条油路。

开关式电磁阀的检修方法如下。

(1) 外观检查 对变速器执行装置的外观检查应包括所有电线和接线柱及连接器的检查,检查是否有损坏、松动或腐蚀迹象。本田轿车常啮合齿轮式自动变速器及执行装置如图 5-1 所示。

(2) 检测电磁阀的电阻 如图 5-2 所示,举升汽车,拆下变速器油底壳,拆下电磁阀线束连接器,用万用表电阻挡测量电磁阀端子之间的电阻。自动变速器开关式电磁阀的线圈电阻一般为 $10 \sim 30\Omega$。

如果检测的电阻值为 0,则说明有短路,若高于正常值,则说明接触不良,如果测得的电磁阀线圈两端电阻值为无穷大,则说明电磁阀断路。

用万用表欧姆挡检查电磁阀线圈是否搭铁短路,只需把万用表的一根引线与电磁阀线圈的一端相连,另一有根引线与搭铁相接,读数应为 ∞;反之,则说明电磁阀线圈与搭铁之间有短路故障。

如果测量的电阻值为∞或 0，说明电磁阀线圈断路或短路，需更换电磁阀。

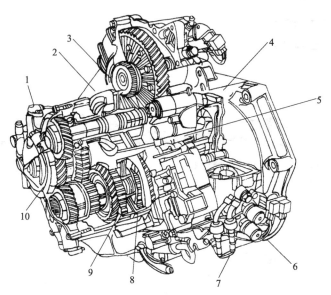

图 5-1 本田轿车常啮合齿轮式自动变速器及执行装置

1—车速传感器；2—第二挡离合器；3—第一挡离合器；4—液力变矩器；5—第一挡固定离合器；6—锁止电磁阀；7—换挡电磁阀；8—第三挡离合器；9—第四挡离合器；10—停车齿轮

若检测的电阻值不符合要求，则应更换电磁阀。

（3）检测电磁阀的动作 如图 5-3 所示，将电磁阀线圈施 12V 电压时，应能听到电磁阀工作的"咔嗒"声音。如果无声，说明电磁阀阀芯卡滞，应更换电磁阀。

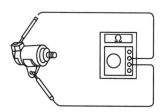 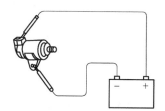

图 5-2 检测电磁阀电阻　　　　图 5-3 检查电磁阀的动作

（4）检查电磁阀的开闭 拆下电磁阀，将压缩空气吹入电磁阀进油口，在电磁阀线圈通电和不通电时，检验其开闭是否良好。如果电磁阀不通电时不通气，则通电时就应通气，如果不是上述情况，说明电磁阀已损坏，应更换。

2. 线性脉冲式电磁阀

线性脉冲式电磁阀的结构与电磁式相似，也是由电磁线圈、衔铁、阀芯或滑阀等组成。它通常用来控制油路中的油压。

线性脉冲式电磁阀一般安装在主油路或减振器背压油路上，微机通过这种电磁阀在自动变速器升挡或降挡的瞬间使油压下降，进一步减少换挡冲击，使挡位的变换更加柔和。

线性脉冲式电磁阀的检测方法如下。

（1）检测电磁阀电阻 举升汽车并拆下变速器油底壳，拆下电磁阀线束连接器，用万用表电阻挡测量电磁阀端子与搭铁之间的电阻。电阻一般为 3~5Ω，如果测量的电阻值过大或过小，说明电磁阀线圈断路或短路，需更换电磁阀。

（2）检测电磁阀的动作 拆下电磁阀，对电磁阀线圈施加 4V 左右的电压时，电磁阀阀芯应向外移动；断开电源时，电磁阀阀芯应会退回。否则，说明电磁阀阀芯有卡滞，应更换电磁阀。

由于线性脉冲式电磁阀的线圈电阻较小，因此不能直接加 12V 电压。如果施加的电源电压为 12V，必须串联一个 8~10W 的灯泡，否则会烧坏电磁阀线圈。

二、防抱死制动压力调节器

制动压力调节器又称液压调节器（图 5-4），是 ABS 的执行器，由电磁阀、储能器和电动液压泵组成。其功能是接收 ABS ECU 的控制指令，驱动制动压力调节器中的电磁阀动作，同时驱动液压泵电动机转动等，使制动压力"升高""保持"或"降低"，从而达到自动调节制动压力，实现防抱死制动的目的。

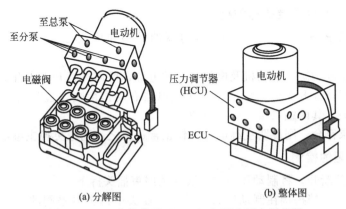

图 5-4 ABS 电控单元（ECU）和制动压力调节器

汽车防抱死制动系统中使用的制动压力调节器主要有电磁阀式制动压力调节器和变容式制动压力调节器两种。电磁阀式制动压力调节器在 ABS 中使用较普遍，但结构形式有所不同。

当 ABS 失效时，电磁阀保持断电状态，这时，制动主缸与轮缸直通，仍保证传统制动系统的作用。轮缸的压力直接由制动踏板控制。

1. 液压泵电动机的检测

采用万用表检测汽车 ABS 系统液压泵电动机故障时，如图 5-5 所示，先将电动机插头拆下，然后将蓄电池的两端直接对应加到电动机的插头上，观察电动机能否运转。

（1）电动机运转 如果液压泵电动机直接被通电后可以正常运转，进一步则应采用万用表对相关熔丝和 ABS 的 ECU 连接件进行检测，看是否有熔断和接触不良等现象。

（2）电动机不能运转 如果液压泵电动机直接被通电后不能正常运转，进一步则应采用万用表对电动机的电阻值进行检查或更换新的、同规格的电动机。

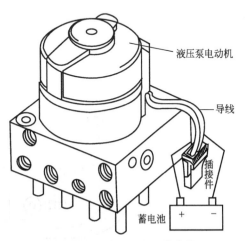

图 5-5 将蓄电池的两端直接对应加到电动机的插头上

2. 制动压力调节器回油泵电动机继电器的检测

ABS系统抽动压力调节器是汽车制动系统中电子控制系统（ECU）的执行器，其作用是根据来自ECU的电信号，控制调节器中电磁阀的动作，适当地调节制动系统管路中的液压或气压，以实现控制车轮制动器中压力的自动调节。

汽车防抱死系统制动压力调节器回油泵电动机继电器为触点动合式继电器，只有当ABS工作时，电动机继电器触点才打开，ABS泵的电动机才开始运转。它有四个接线柱，两个是电磁线圈接线柱，另两个是触点接线柱。

检测方法如下。

用万用表电阻挡检测接线柱间导通情况，导通的两接线柱为电磁线圈接线柱，另两个不通接线柱就是触点接线柱。如果在电磁线圈接线柱上加12V电压，则两触点接线柱应导通，否则应更换电动机继电器。

3. 制动压力调节器主继电器的检测

汽车防抱死系统制动压力调节器主继电器的结构和检测方法与回油泵电动机继电器相同。

主继电器控制电磁阀、电动机及电控单元的电源，可通过打开点火开关来检查主继电器是否工作。当打开点火开关时，应能听到主继电器有动作声响，检测其两触点接线柱应导通；断开点火开关，其两触点接线柱应不通。

如检测的结果符合，则说明主继电器工作正常；反之，则应更换主继电器。

4. 电磁阀电阻的检测

① 将点火开关断开，将制动压力调节装置的线束插头拆下。

② 将万用表电阻挡搭接在制动压力调节装置插头中每个电磁阀的两个端子之间，欧姆表搭接在图5-6中的位置1时，测量右前电磁阀的电阻值；欧姆表搭接在图5-6中的位置2时，测量左前电磁阀的电阻值；欧姆表搭接在图5-6中的位置3时，测量后电磁阀的电阻值。每个电磁阀的电阻值都应该在0.8~1.5Ω之间，如果任何一个电磁阀的电阻值不符合标准值，都应更换制动压力调节装置。

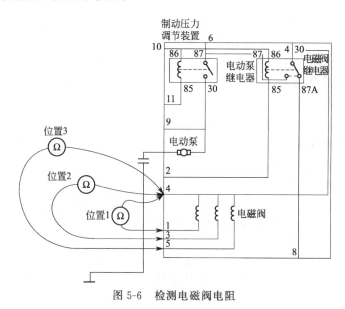

图5-6 检测电磁阀电阻

各电磁阀相互间的电阻值应小于 0.1Ω，如果任何两个电磁阀之间的电阻值超过 0.1Ω，也应更换制动压力调节装置。

三、防滑转（ASR）执行元件

驱动车轮防滑转控制（ASR）也称 TRC 或 TC。ASR 制动压力调节器执行 ASR 控制器的指令对滑转车轮施加制动力和控制制动力的大小，以使滑转车轮的滑转率限定在允许范围内。ASR 的制动压力源是蓄压器，通过电磁阀来调节驱动车轮制动力的大小。

现以丰田 LS400 轿车装有的 TRC 系统为例，说明防滑转控制电控系统执行元件的检测方法。

1. 辅助节气门继电器的检测

辅助节气门继电器与 ECU 连接的电路如图 5-7 所示。

（1）检查继电器电源电压

① 将点火开关置于"OFF"位置，拆下辅助节气门继电器的连接器。

② 将点火开关置于"ON"位置。

③ 用万用表电压挡检测辅助节气门继电器电源端子（图 5-7 中 2 号端子）与车身搭铁之间的电压。

④ 若测得电压为蓄电池的电压，说明线路正常。若测得电压不正常，则应检查辅助节气门继电器与蓄电池之间的线路和连接器是否正常。

⑤ 若线路和连接器都正常，则应检查辅助节气门继电器。

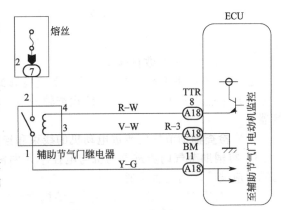

图 5-7 辅助节气门继电器与 ECU 连接的电路

（2）检查辅助节气门继电器

① 在点火开关断开的状态下，检查辅助节气门继电器各端子（图 5-7）之间的通断，用万用表欧姆挡检查 3 号与 4 号端子应导通（继电器线圈之间，电阻值为几十欧姆至几百欧姆），1 号端子与 2 号端子应不导通（常开触点之间，电阻值为∞）。

② 在 3 号端子与 4 号端子之间加蓄电池的电压，1 号端子与 2 号端子应由不通变为导通（常开触点接通，电阻值为 0）。

③ 若检查的结果不符合上述情况，则应检查辅助节气门继电器的配线和连接器是否正常。

（3）检查辅助节气门继电器的配线和连接器

① 用万用表的欧姆挡检查电控单元与继电器之间的线束及连接器的通断。

② 检测电控单元侧的连接器（图 5-7）的 TTR8 端子与继电器侧连接器上的 4 号端子之间、R-3 端子与 3 号端子之间、BM11 端子与 1 号端子之间的电阻值均应为 0。

③ 若检测结果不符合上述要求，则应更换线束及连接器。

2. 检测辅助节气门步进电动机

辅助节气门步进电动机的电路如图 5-8 所示。

（1）检查步骤

① 断开点火开关，拆下辅助节气门步进电动机的线束连接器。

② 用万用表电阻挡检测步进电动机一侧的连接器各端子之间是否导通。正常情况下，1

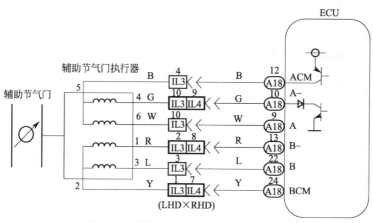

图 5-8 辅助节气门步进电动机的电路

号、2号和3号之间应导通(电阻值为几十欧姆至数百欧姆),4号、5号和6号之间应导通(电阻值为几十欧姆至数百欧姆)。

③ 若检查结果不符合上述要求,则应检修或更换步进电动机。若检查结果正常,但步进电动机不能正常工作,则应继续检查辅助节气门的步进电动机与电控单元之间的线束及连接器。

(2) 检查辅助节气门步进电动机的线束和连接器

① 将辅助节气门步进电动机与电控单元两侧之间的连接器拆下,用万用表欧姆挡检查两侧对应端子之间是否导通。

② 各对应端子(图5-8中步进电动机侧与电控单元侧)之间、1号端子与13号端子之间、2号端子与24号端子之间、3号端子与22号端子之间、4号端子与10号端子之间、5号端子与12号端子之间、6号端子与9号端子之间均应导通(电阻值为0)。

③ 若检查的结果不符合上述情况,应检修或更换接线端子或线束。

3. TRC 制动主继电器

将点火开关置于"OFF"位置,取下 TRC 制动主继电器线束连接器。如图 5-9 所示,用万用表欧姆挡检查连接器1、2两端子之间应不导通,连接器3、4两端子间应导通。在线束连接器3、4两端子间施加蓄电池电压,如图5-9所示。用万用表欧姆挡检查,连接器1、2两端子间应导通。若检查结果与规定不符,说明 TRC 制动主继电器不良,应检修或更换。

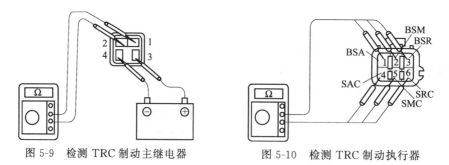

图 5-9 检测 TRC 制动主继电器　　图 5-10 检测 TRC 制动执行器

4. TRC 制动执行器

检测时,点火开关置于"OFF"位置,取下 TRC 制动执行器的线束连接器。用万用表欧姆挡检查,如图5-10所示,连接器 BSR-SRC 两端子间、BSM-SMC 两端子间、BSA-SAC

两端子间应导通。若检查结果与规定不相符，说明 TRC 制动执行器不良，应检修或更换。

四、电子控制悬架系统执行元件

电子控制悬架系统又称为电子调节悬架系统（EMS）。它的作用是，在汽车行驶路面、行驶速度和载荷变化时，自动调节车身高度、悬架刚度和减振器阻尼的大小，从而改善汽车的行驶平顺性（即乘坐舒适性）和操纵稳定性。

现代汽车电控悬架系由于控制功能和控制方法的不同，其结构形式多种多样，但它们的基本组成却是相同的，如图 5-11 所示。

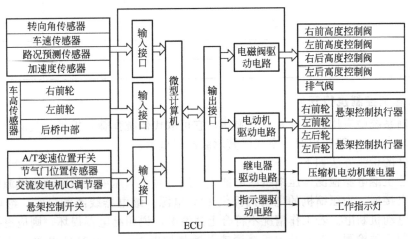

图 5-11 电控悬架系统的组成

电控悬架系统的执行机构有可调阻尼力的减振器，可调节弹簧高度和刚度的弹性元件等，其中包括电磁阀、步进电动机和空气压缩机电动机等。

电子控制悬架系统可以使同一辆车既满足柔软行驶性的要求，又满足刚硬行驶性的要求。可在急转弯时减小侧摆，因而能改善转向控制性。还可以保证不变的高度，因而当载客量或载货量变化时，汽车的外观仍保持不变。

1. 减振器执行器

丰田轿车装用的电子控制半主动悬架系统，主要是由模式选择开关、控制微机 ECU、可调阻尼减振器、改变减振器阻尼力的执行器、车速传感器、转向盘转角传感器、节气门位置传感器、制动灯开关和空挡启动开关等组成。减振器执行器的检测方法如下。

接通点火开关，将模式选择开关置于"SPORT"位置。用跨接的方法将检查连接器 TS（16）、E_1（3）两端子短接，如图 5-12 所示。断开点火开关，拆下蓄电池负极导线。

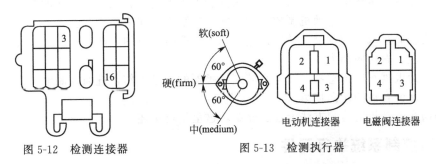

图 5-12 检测连接器　　图 5-13 检测执行器

拆下前、后悬架各执行器线束连接器。打开执行器盖，旋下固定螺栓，拆下执行器。如图 5-13 所示，向各连接器供电端子供电，检查各执行器的工作情况。如果执行器的工作情况与表 5-1 的规定不符，说明执行器有故障，应进行修理或更换。

表 5-1 减振器执行器的检测

位置	电动机		电磁阀	
	端子 1	端子 2	端子 3	端子 4
soft medium	＋	－		
soft firm	＋	－	＋	－
medium soft	－	＋		
medium firm			＋	－
soft firm		＋		
firm medium	＋	－		

2. 空气悬架控制执行元件

悬架控制系统中应用较多的是空气弹簧，它可取代传统弹簧，提供行驶的舒适性并能前后自动调平（高）。一般使用四个空气弹簧承载汽车重量。

执行元件的检测方法如下。

（1）压缩机继电器检测　压缩机继电器线圈通电时，与压缩机的电动机电源输入端相连的继电器触点接通，为压缩机的电动机提供 12V 电源；继电器线圈断电时，继电器触点打开，压缩机电动机断电。若工作情况不符合上述情况，说明继电器损坏，则应更换。

（2）控制开关检测　控制开关可接通或关断悬架电控单元的 12V 电源，开关在电路中位于后备厢控制模块的附近。当空气悬架处于工作状态时，必须接通此开关。

注意：在修理系统元件时，后备厢内的系统控制开关必须在断开状态。特别是在车辆吊起、顶起或拖曳之前，必须先断开系统控制开关。否则如果车架前部保险杠被千斤顶支起，悬架后部会下移。电控空气悬架系统会设法使车辆高度恢复到正常状态，这会使车架前部压低保险杠千斤顶，造成人身伤害或车辆损坏。

五、动力转向执行元件

动力转向又称转向助力，其作用是在车速很低时，动力装置的加力作用大些；而在车速较高时，加力装置的加力作用小些，甚至不希望加力存在，而要增大一些转操纵力，获得较好的路感，确保高速行车时的安全。目前主要有液压动力转向和电动力转向两种。

电子控制可变量孔动力转向系统在原来液压加力的基础上，增加了电子控制。电磁阀（可变量孔）用于控制动力转向泵流向滑阀以及转向器油液的流量和压力。

电动动力转向机构中，电动机及减速装置和电子控制装置代替了转向油泵、油管和加力活塞等，电子控制装置和电动机制成一体，并且安装于转向齿条壳内。

电动机轴通过减速装置带动转向齿轮转动，改变电动机的方向就可改变其转动方向，实现转向轮的左、右转向加力。

电控单元根据车速传感器、转向盘转速传感器的信号工作，进而控制电动机的工作电流的大小，以保证合适的转向加力。

电磁阀和电动机的检测方法上述已介绍，这里不再赘述。

六、巡航控制系统执行元件

汽车巡航控制装置是使汽车在发动机有利转速范围内，保持车速恒定的自动行驶装置。

它的作用是汽车行驶速度达到驾驶员要求时，开启该装置，驾驶员不用踩加速踏板，汽车就会按设定的速度均匀行驶。

它主要由指令开关、车速传感器、电控单元和节气门执行器四部分组成。

现以丰田卡罗拉轿车巡航控制系统为例，说明其执行元件的检测方法。

1. 卡罗拉轿车巡航控制系统的组成及功用

巡航控制 ECU 与发动机控制 ECU 合为一体。ECU 根据各种传感器送来的信号判断汽车的运行工况，并通过执行元件自动调节节气门的开度，使汽车的行驶速度与设定的车速保持一致。巡航控制系统主要由巡航控制开关、安全开关、传感器、发动机 ECU 和执行元件等组成。

（1）巡航主指示灯　ECM 检测到巡航控制开关信号并从 A50 的 A49、A41 脚通过 CAN 将其发送到组合仪表 E46 的 28、27 脚，然后巡航主指示灯亮起，巡航主指示灯位置如图 5-14 所示。巡航主指示灯电路使用 CAN 通信，如果此电路有故障，在对此电路进行故障排除前，应检查 CAN 通信系统的故障码。

（2）巡航控制开关　巡航控制开关位于转向盘上，控制开关信号通过螺旋电缆接发动机 ECM 的 A40 脚，电路如图 5-15 所示。

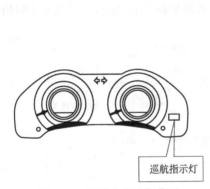

图 5-14　巡航主指示灯位置

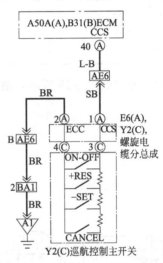

图 5-15　巡航控制开关电路

巡航控制主开关有以下 7 个功能：SET（设置）、－（滑行）、逐级减速、RES（恢复）、＋（加速）、逐级加速和 CANCEL。SET（设置）、逐级减速和－（滑行）功能共用一个开关，RES（恢复）、逐级加速＋（加速）功能共用一个开关。巡航控制主开关是自动回位型开关，仅在按箭头方向操作时才打开，松开后开关关闭。

2. 巡航控制开关的检查

① 巡航控制主开关如图 5-16 所示，巡航控制主开关的电阻值检测结果见表 5-2。

表 5-2　巡航控制主开关的电阻值检测结果

检测仪连接	开关条件	规定状态
A-3(CCS)—A-1(ECC)	中立位置	10kΩ 或更大
A-3(CCS)—A-1(ECC)	＋(加速)/RES(恢复)	235～245Ω
A-3(CCS)—A-1(ECC)	－(滑行)/RET	617～643Ω
A-3(CCS)—A-1(ECC)	CANCEL	1509～1571Ω
A-3(CCS)—A-1(ECC)	主开关打开	小于 2.5Ω

② 检查线束和插接器（巡航控制主开关与螺旋电缆）如图5-17所示。巡航控制主开关与螺旋电缆的线束电阻值见表5-3。

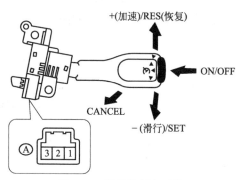

图5-16 巡航控制主开关

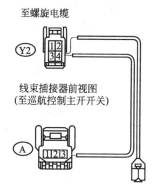

图5-17 巡航控制主开关与螺旋电缆

表5-3 巡航控制主开关与螺旋电缆的线束阻值

检测仪连接	条件	规定状态
A-1—Y2-4	始终	小于1Ω
A-3—Y2-3	始终	小于1Ω

③ 制动灯开关如图5-18所示，制动灯开关电路如图5-19所示。制动开关阻值见表5-4。

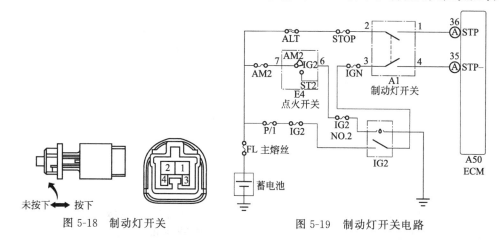

图5-18 制动灯开关　　图5-19 制动灯开关电路

表5-4 制动开关阻值

检测仪连接	开关条件	规定状态
1-2	开关未按下	小于1Ω
3-4	开关未按下	10kΩ或更大
1-2	开关按下	10kΩ或更大
3-4	开关按下	小于1Ω

④ 松开离合器开关时，ECU通过1号ECU-IG熔丝接收蓄电池正极；踩下离合器开关时，离合器开关向ECM的B56端子D发送信号，端子D接收到信号时，ECM取消巡航控制。离合器开关电路如图5-20所示。将点火开关置于"OFF"位置，从离合器开关上断开插接器A4，拆下离合器开关，测量电阻，如图5-21所示，离合器开关标准电阻值见表5-5。

第五章　汽车底盘车身电控系统执行器的万用表检测

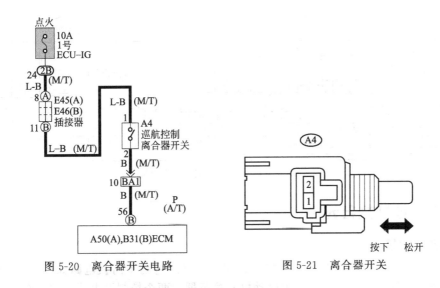

图 5-20　离合器开关电路　　　　图 5-21　离合器开关

表 5-5　离合器开关标准电阻值

检测仪连接	开关状态	规定状态
1-2	开关松开（踩下离合器）	10kΩ 或更大
	开关松开（松开离合器）	小于 1Ω

⑤ 巡航控制系统端子电压检测见表 5-6，巡航控制系统 ECM 控制端子如图 5-22 所示。

表 5-6　巡航控制系统端子电压检测

符号端子	接线颜色	端子说明	状态	标准值/V
A50-27(TC)—B31-104(E1)	R-BR	车身搭铁	点火开关置于"ON"(IG)位置	11～14
			DLC3 的端子 TC 和 CG 连接时	小于 1
A50-35(ST1)—B31-104(E1)	R-BR	制动灯信号	点火开关置于"ON"(IG)位置，踩下制动踏板	小于 1
			点火开关置于"ON"(IG)位置，松开制动踏板	11～14
A50-36(STP)—B31-104(E1)	L-BR	制动灯信号	点火开关置于"ON"(IG)位置，踩下制动踏板	11～14
			点火开关置于"ON"(IG)位置，松开制动踏板	小于 1
A50-40(CCS)—B31-104(E1)	L-B-BR	巡航控制主开关电路	点火开关置于"ON"(IG)位置	11～14
			CANCEL 开关置于"ON"位置	6.6～10.1
			−(COAST)/SET 开关置于"ON"位置	4.5～7.1
			+(ACCEL)/RES 开关置于"ON"位置	2.3～4.0
			主开关置于"ON"位置	小于 1
(*1)B31-56(D)—B31-104(E1)	B-BR	D 位开关信号	点火开关置于"ON"(IG)位置，变速杆置于 D 以外的位置	小于 1
			点火开关置于"ON"(IG)位置，变速杆置于 D 以外的位置	11～14
(*2)B31-56(D)—B31-104(E1)	B-BR	离合器信号	点火开关置于"ON"(IG)位置，踩下制动踏板	小于 1
(*1)B31-56(D)—B31-104(E1)	B-BR	离合器信号	点火开关置于"ON"(IG)位置，松开制动踏板	11～14

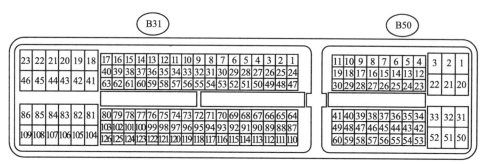

图 5-22　巡航控制系统 ECM 控制端子

七、车门窗控制执行元件

1. 电动车门锁

汽车车门锁机构已经实现电气控制及遥控。典型的电动车门锁电路如图 5-23 所示。电路中有 4 个车门锁电磁铁（也有门锁电动机）执行器、两个控制继电器、左右车门上的开锁和上锁开关、电控单元以及熔断器等。电动车门锁的检修方法如下。

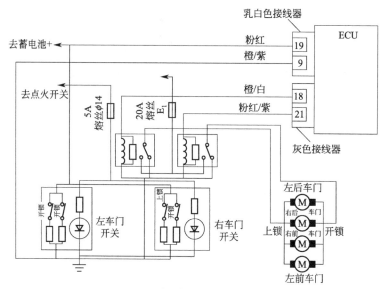

图 5-23　典型的电动车门锁电路

① 检查各个熔断器的状态，各熔断器应完好并接触良好。

② 用万用表电压挡检查电控单元上工作电压是否正常，如图 5-23 所示，电压正常时，交替操作上锁、开锁开关，用万用表电压挡检查门锁执行装置上是否有电压并随上锁、开锁改变电压方向。如果门锁执行装置上电压正常，而门锁执行装置不动作，则检查门锁执行器及线路，如果损坏，则应修理或更换。

③ 如果门锁执行器上电压不正常，应检查各继电器触点开闭是否随上锁、开锁开关操作而对应变化，如果触点开闭正常，则应检查门锁与继电器之间的线路。若触点开闭不正常，应检查各继电器线圈上的电压是否随上锁、开锁开关操作而对应变化。如果线圈电压正常，则应检查或更换继电器。

④ 如果继电器线圈电压不正常，则应继续检查电控单元与继电器之间线路是否正常。

可在操作上锁、开锁开关的同时，检测电控单元上 18 号、21 号端子与搭铁之间的电压是否对应出现。如果电控单元上电压正常，则说明电控单元与继电器之间线路故障，应检查或更换。

⑤ 若电控单元上电压不正常，则检查车门开关是否正常。若车门开关正常，则应检查车门开关与电控单元之间的线路。若线路正常，则应检查或更换电控单元。

2. 电动升降门窗

(1) 电动升降门窗的结构　汽车电动车窗的升降系统主要由主控开关（主开关）、分控开关（门窗开关）及各个门窗的升降器等组成。玻璃的升降运动可以由驾驶员操纵主控开关控制全车的门窗升降，也可以由各车门上设置的分控开关分别操纵各车门玻璃的升降。

① 一般车窗升降器由电动机、减速器、传动机构及拖架等组成。

② "主控开关"对全车电动升降门窗系统进行总的操纵，电流是由"主控开关"到各个"分控开关"，为了安全，有些车型在"主控开关"上还设有一个"锁止开关"。当开动"锁止开关"时，便切断各"分控开关"的电路，此时只能用"主控开关"升降各车门窗。

③ 电动车窗升降系统的电动机，广泛采用的是永磁式电动机，也有一些车型采用双磁场式电动机。

④ 为了防止电动机因超载而烧坏，在电动车窗升降系统的电路中或电动机内，一般要设有一个或多个断电器（又称为断路保护器或过流保护器）。断电器的触点一般是双金属片式结构，当车窗升降系统电路电流过大时，双金属片因温度上升产生翘曲变形而使触点张开，切断电路。当电路断开后，双金属片冷却，变形消失，触点再次闭合，打开电路。

(2) 电动车窗的检测　永磁式电动机的电动车窗电路如图 5-24 所示，其检测方法如下。

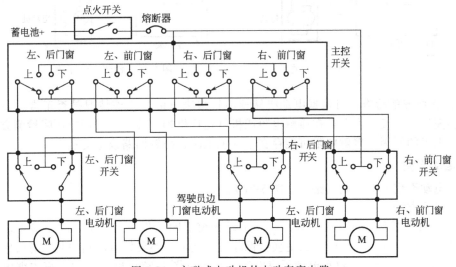

图 5-24　永磁式电动机的电动车窗电路

① 如果全车所有的车窗都不升降，应先检测电路熔断器。可用电压表或试灯检测熔断器两边的电压。如果两边都有电压，说明熔断器正常；如果熔断器的输入端有电压而输出端没有电压，表明该电路熔断器损坏；如果电压没加到电路熔断器的输入端上，则为供电回路断路。

② 如个别车窗升降有故障，应该先检测该车窗的电动机或开关。使用跨接线检测电动机，该电动机可以正反两个方向旋转。断开电动机的线束连接器，线束连接器只有两个端子，将其中的一个端子用一根跨接线接蓄电池的正极，而将另一个端子用一根线搭铁。如果

电动机旋转,则把跨接线对调,当极性反过来后,该电动机应反转。如果电动机在一个或两个方向上都不旋转,说明电动机有故障,需要更换新电动机。

③ 如果电动机正常运转,故障可能出在控制器电路,这时应该检测主开关。在主开关端子1和端子2之间接试灯,如图5-25所示。当主开关在关闭(OFF)位置时,试灯应点亮;把开关设置到上升(UP)挡,试灯应熄灭,说明主开关良好。否则,应检查主开关是否损坏,检查到主开关的电路或从主开关到搭铁端子4的线路是否断路。

在端子1和3之间重复这样的检测,这时要把主开关设置到下降(DOWN)挡。

④ 车窗开关的检测。如果主开关是好的,则检测车窗开关。

如图5-26所示。在端子6上应有蓄电池电压,否则,检查从端子6到电路熔断器之间的线路。在车窗开关端子5和端子6之间接试灯。当车窗开关在关(OFF)位置时,试灯应点亮;把开关设置到下(DOWN)上(UP)挡,试灯应熄灭。试灯跨接到端子6和端子7之间,检测上(UP)挡是否正常。

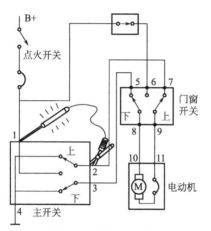

图 5-25 检测主开关

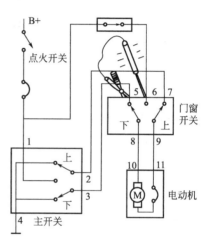

图 5-26 检测车窗开关

⑤ 工作情况的检查。可根据电动机转速的快慢来判断其工作情况是否正常。如果电动机工作转速比正常慢,表明存在接触电阻或机械连杆机构有障碍。采用电压降检测方法查找产生接触电阻的原因。接触电阻可能存在于开关电路、搭铁回路或电动机中。

3. 电动天窗

(1) 电动天窗典型控制电路 如图5-27所示。

(2) 检测方法

① 保险元件检测。采用万用表对汽车电动天窗保险元件进行检测,主要检查保险元件是否熔断。如保险元件已熔断,在更换新保险元件之前,还要检查电路中是否有短路之处。

② 电源继电器检测。汽车电动天窗电源继电器(图5-27)也是电动天窗主继电器,采用万用表主要检测其内线圈是否有断路现象。当线圈中有电流通过时,其动合触点是否能闭合打开。

③ 控制开关和限位开关检测。对电动天窗控制开关和限位开关主要是采用万用表检测它们的通、断性能,当其打开时应能可靠地闭合,当其断开时触点间应能可靠地分离。

④ 控制继电器检测。可采用万用表先对天窗控制继电器周围相关配线及连接器进行检测,确认无误后,再根据正常情况下的导通情况,用万用表检测其相应端子与地间、相应端子间的导通情况,见表5-7。如果与正常情况下的状态不相符,则说明天窗控制继电器内部有问题,应更换新件。

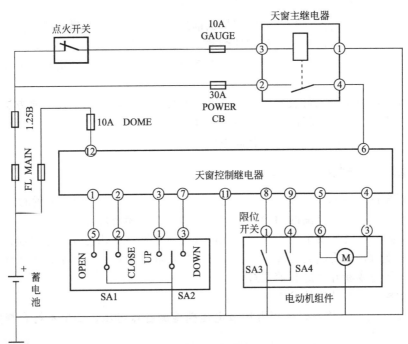

图 5-27 电动天窗典型控制电路

表 5-7 基本电动天窗控制电路控制继电器相关引脚之间通断情况表

检测的引脚	检测开关及其所处的位置		控制继电器引脚之间的导通情况
①与地	OPEN	开	⑥⑤④⑪ 通
		中间	— 不通
②与地	CLOSE	开	⑥与④、⑤与⑪ 通
		中间	— 不通
③与地	UP	开	⑥与④、⑤与⑪ 通
		中间	— 不通
⑦与地	DOWN	开	⑥与⑤、④与⑪ 通
		中间	— 不通
⑧与地	1号限位开关 (SA3)	闭合	— 通
		断开	— 不通
⑨与地	2号限位开关 (SA4)	闭合	— 通
		断开	— 不通
④与⑤	常通	—	通
⑫与地	常通	—	蓄电池电压
⑥与地	点火开关	LOCK 或 ACC	— 无电压
		IG	— 蓄电池电压

八、驾驶位置记忆系统执行元件

驾驶位置记忆系统一般能够储存两个人的驾驶位置，即尽管两个人交替驾驶，通过开关的简单控制，能记忆各自驾驶（多个参数）的位置。

驾驶位置记忆储存的内容包括驾驶座椅的前后、上下、倾斜及靠枕的位置，驾驶员用安全带扣环的上下位置，转向盘的倾斜和伸缩滑动，左右车外后视镜的角度。

驾驶位置记忆系统主要由操作开关、位置传感器、执行器（电动机和电磁铁）和电控单元等组成。其检修方法如下。

驾驶位置记忆系统的执行装置主要是电动机和传动机构，电动机的检测方法与前述电动车门窗电动机检修方法基本相同，在此不再赘述。

对传动机构要注意润滑良好，配合间隙调整合适。

九、灯光自动控制执行元件

前照灯灯光自动控制的主要功能：当前照灯开关放到"AUTO"位置时，由安装在仪表板上部的光传感器检测周围的明暗，并根据亮度自动开闭尾灯及前照灯。

灯光自动控制系统主要由电控单元、光电式光量传感器和执行器（继电器）等组成。当行车进行到夜晚时，随周围亮度降低，自动接通尾灯和前照灯。当车辆进出光线很暗的隧道时，自动及时接通或断开尾灯和前照灯。

灯光自动控制执行装置的检修方法如下。

① 检修时可对照具体电路图用万用表电压挡检测各点电压，如果不符合规定，说明元件损坏，则应更换。

② 也可用万用表的电阻挡（注意被测电路应断开电源，除断开点火开关外，必要时拆下蓄电池的负极电线）检测熔断器、继电器线圈、继电器触点、接线端子、线束上的对应导线之间的通断情况，从而判断出元器件的好坏。

十、汽车空调器常用执行元件

1. 高低压压力开关的检测

汽车空调器高低压压力开关作为保护传感器使用，高压压力开关用于保护制冷系统冷凝器和高压管不会爆裂，低压压力开关用于感知制冷系统高压侧制冷剂压力，保护压缩机不被损坏。

高压压力开关典型结构如图 5-28 所示，主要由膜片、感温包、储液器、制冷剂等组成。如图 5-29 所示为低压压力开关典型结构，其组成与高压压力开关基本相同，仅是其动、静触点位置进行了调动。

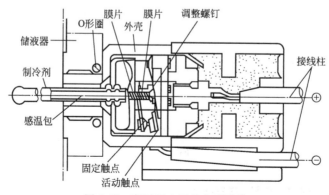

图 5-28 高压压力开关典型结构

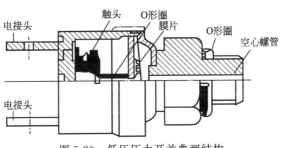

图 5-29 低压压力开关典型结构

检测方法如下。

(1) 高压压力开关的检测 采用万用表的 $R\times 1$ 挡检测该开关两端的电阻值,正常值应为 0,否则说明该开关损坏,应更换。

(2) 低压压力开关的检测 采用万用表的 $R\times 1k$ 挡检测该开关两端的电阻值,正常值应为 ∞,否则说明该开关损坏,应更换。

2. 中压开关的检测

如图 5-30 所示为中压开关端脚排列,图中左右两端子即为中压开关端脚,上下两端子为双重压力开关,由于这两部分组合在一起,故该组件又称为三重压力开关。

断开点火开关,拆下与三重压力开关相连接的连接器端子,采用数字万用表的电阻挡检测中压开关两端脚的导通情况。正常情况下,中压开关应处于断开状态。如果处于导通状态,则可能为中压开关本身不良或制冷剂压力过高。

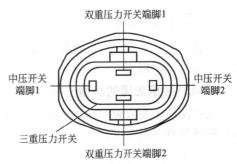

图 5-30 中压开关端脚排列

(1) 检查制冷剂压力 由于三重压力开关安装在制冷系统高压侧,故可将制冷剂压力表的高压管道接到高压侧,排出高压管道中的空气,然后观察高压侧压力表的压力值,该压力值正常情况下为 760~910kPa。如果压力过高,就会使中压开关闭合打开。

(2) 中压开关的检测 采用专用制冷剂回收机将制冷剂回收时的连接方法如图 5-31 所示,用于将空调制冷系统中的制冷剂回收,进一步采用数字式万用表电阻挡检测中压开关两端脚之间的导通情况。正常情况下应为断开状态,如仍然处于导通(电阻值为 0 或有较小的电阻值存在)状态,则说明该中压开关已经损坏,应更换新配件。

3. 电磁离合器的检测

打开离合器电源开关,压缩机应立即运转工作;断开电源,压缩机应立即停止运转。否则,应先检查电源开关是否损坏,如无问题,再检查电磁离合器线圈是否损坏。

此时,可用万用表 $R\times 1\Omega$ 挡检测电磁线圈的电阻进行确认,其一般应有一定的电阻值,根据车型不同,电阻值也不一样,例如:丰田 BB

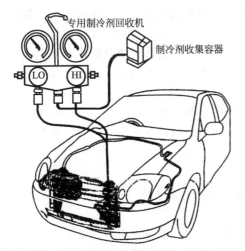

图 5-31 采用专用制冷剂回收机将制冷剂回收时的连接方法

系列（丰田巡洋舰）轿车电阻值为 11.4～12.2Ω；丰田 RB 系列面包车电阻值为 3～3.4Ω。

4. 鼓风机的检测

导致汽车空调鼓风机不工作故障的常见原因主要有：保护鼓风机的熔丝熔断；鼓风机继电器损坏或不良、鼓风机电动机损坏、鼓风机控制开关不良或损坏、控制鼓风机的功率晶体管损坏、空调控制装置出现问题、与鼓风机有关的连接线路或连接件断路或接触不良等。

检测方法如下。

（1）供电的检测　采用万用表 DC 50V 挡，检测提供给鼓风机一根电源线上的 12V 电压是否正常。如果该电压正常，即可确定熔丝和鼓风机继电器均无问题。

（2）鼓风机本身的检测　在鼓风机接插件没有拆下的情况下，将鼓风机另一根线搭铁，观察鼓风机是否高速运转。如果可以进入高速运转，即可确定鼓风机基本正常。

（3）功率驱动晶体管的检测　该功率晶体管故障率较高，可以采用万用表检测其电阻值来判断其是否损坏。当发现其击穿短路以后，在更换新件之前，应查找其损坏的原因。常见的原因主要为：功率晶体管散热不良导致其温度过高而损坏、控制元件电流过载而损坏、功率晶体管本身特性差。

十一、车载网络系统

车载网络采取基于串行数据通信的体系结构，车载网络主要由电控单元、数据总线、网络、网络协议、网关等组成。

1. 网络系统故障的类型

根据网络系统故障发生的部位，汽车车载网络信息传输系统故障可分为：电源系统故障；网络节点（或电控模块）故障；车载网络数据总线（通信线路）故障三种类型。

（1）车载网络电源系统故障　汽车车载网络系统的核心是含有通信 IC 芯片的电控单元（ECU），电控单元的正常工作电压在 10.1～15.0V 范围内。如果汽车电源系统提供的工作电压低于该范围，就会造成一些对工作电压要求高的电控单元出现短暂的停工，从而使整个汽车多路信息传输系统出现短暂无法通信的现象。这类故障产生的原因主要是蓄电池、发电机、供电线路、熔断器等部件有故障。

（2）车载网络节点故障　网络系统的节点为网络连接的各个电控单元，因此节点故障即电控单元本身有故障。它包括软件故障和硬件故障两类。软件故障，即传输协议和软件程序有缺陷或冲突，从而使汽车多路信息传输系统通信出现混乱或无法工作，这种故障一般成批出现，且无法维修。硬件故障，一般为通信芯片或集成电路故障，造成汽车多路信息传输系统无法正常工作。对于采用低版本信息传输协议，即点到点信息传输协议的汽车多路信息系统，如果有节点故障，将出现整个汽车多路信息传输系统无法工作的现象。这类故障产生的原因主要是各类控制单元、传感器等元器件有故障。

（3）车载网络数据总线故障　当汽车车载网络数据总线（或通信线路）出现故障时，如通信线路的短路、断路，以及线路物理性质引起的通信信号衰弱或失真，都会引起多个电控单元无法工作或电控系统错误，使多路信息传输系统无法工作。

2. CAN 数据总线的检测

CAN 数据总线的故障主要有断路、短路和搭铁故障，如图 5-32 所示。

车载网络故障的检测方法如下。

（1）检测电控单元的功能故障　在检查数据总线系统前，须保证所有与数据总线相连的电控单元无功能故障。功能故障是指不会直接影响数据总线系统，但会影响某一系统的功能流程的故障。例如：传感器损坏，其结果就是传感器信号不能通过数据总线传递。这种功能

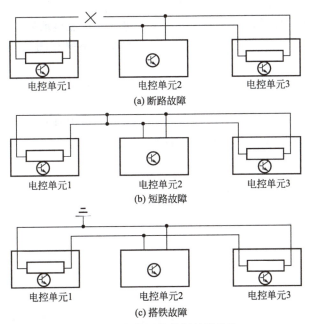

图 5-32 车载网络数据总线故障

故障对数据总线系统有间接影响。这会影响需要该传感器信号的电控单元的通信。如存在功能故障,先排除该故障。记下该故障并消除所有电控单元的故障码,排除所有功能故障后,如果电控单元间数据传递仍不正常,则检查数据总线系统。

(2) CAN 数据总线万用表检测　　CAN 数据总线可以采用数字万用表进行电压信号测试,判断数据总线的信号传输是否存在故障。

① 用万用表电阻挡检测 CAN-H 和 CAN-L 线之间的电阻,正常情况下应为一个规定电阻值（电阻大小随车型而异）,不应直接导通。

② 用万用表检测动力 CAN 总线。当 CAN 总线呈逻辑 1 状态时,两线电压均约为 2.5V;当 CAN 总线呈逻辑 0 状态时,CAN-H 电压约为 3.5V,CAN-L 电压约为 1.5V,两线电压差约为 2V。

(3) 车载网络检测注意事项　　采用数字式万用表对车载网络系统进行故障检测时,通常应注意以下事项。

① 在连接故障诊断仪器时,一定要在点火开关关闭（OFF）的情况下进行,在采用万用表检测路线时还要断开蓄电池的负极电缆。严禁在点火开关打开的情况下,断开或重新连接动力系统电子控制单元或模块线束连接器。

② 在采用万用表检测故障时,不要用手触摸动力系统电子控制单元（或模块）连接器端脚或动力系统电子控制单元（或模块）电路板上的有关元器件,以防静电放电损坏 CMOS 元件等。

③ 为了防止线束连接器端子损坏,在对动力系统电子控制单元（或模块）的线束连接器进行检测时,必须采用合适的线束测试引线。

④ 确保动力系统电子控制单元（或模块）线束布线正确。动力系统电子控制单元（或模块）对电磁干扰（EMI）极其敏感,在执行维修程序时,一定要确保动力系统电子控制单元（或模块）线束布线正确且牢固安装在安装夹上。

⑤ 由于动力系统电子控制单元（或模块）电路具有一定的敏感性,因此对其线路的修理有一定的要求,应按照正确的修理程序进行修理。

⑥ 当更换新的电子控制单元以后，必须要对新的电子控制单元进行重新编码（recoded），控制单元的编码可以采用厂家专用的诊断仪进行，按照显示的菜单提示进行操作。

⑦ 使用测试器，其开放端口电压应为7V或更低。不要在测量端口施加7V或更高的电压。

⑧ 在安装新的动力系统接口模块前，确保要安装的类型正确，务必参见最新的备件信息。

⑨ 当接头需要更换时，只能更换认可的电气接头，以保证正确的配合并防止线路中电阻过大。在更换新的电控单元后，必须对新的电控单元进行重新编码（recoded），电控单元的编码（coding）工作可以用厂家专用的诊断仪进行，按菜单提示进行操作。

第六章

汽车电控系统电控单元的万用表检测

当 ECU 系统发生故障时，控制程序则不能正常运行。但为保证汽车在 ECU 出现故障时仍继续运行，在控制系统中，设有备用系统。当 ECU 系统发生故障时，ECU 自动启用备用系统，使车辆继续运行，并点亮故障指示灯，使汽车能开到维修站进行修理。

但应注意，当某一故障码出现时，相应系统中的部件或配线有时可能并没有发生故障。

第一节　汽车电控系统电控单元的功能与基本组成

一、电控单元的基本功能

电控单元又称为电子控制器，常叫电脑（ECU），它是发动机的一种电子综合控制装置。发动机电子控制器的具体名称并不统一，不同的汽车生产厂家采用不同名称，即使是一个生产厂家，由于生产年代不同，控制的内容不同，其名称也可能不一样。

发动机电子控制器（硬件）的作用是根据电子控制器内存储的程序和数据，对发动机传感器输入的各种信息进行运算、处理、判断，然后输出指令，控制有关执行器动作，达到快速、准确、自动控制发动机工作的目的。

二、电控单元的组成

发动机电控单元主要部件是微型计算机，简称微机，也叫微处理机，常称为电脑。电子控制器由电脑（ECU）、输入回路、A/D 转换器、输出回路四部分构成，如图 6-1 所示。

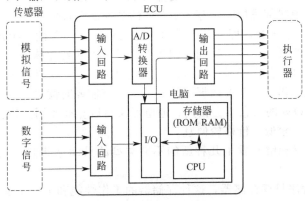

图 6-1　电控单元（ECU）的基本组成

1. 输入回路

从传感器输入的信号首先进入输入回路，在输入回路里，对输入信号进行处理，需要除去杂波并把正弦波转变成矩形波，然后再转换或输入电平。

2. A/D 转换器传感器

输出的信号一种是模拟信号，如翼片式空气流量计和水温传感器输出的信号等；另一种是数字信号，如节气门位置传感器和转速传感器输出的信号等。

信号种类不同，输入 ECU 内的处理方法也不一样。对于数字信号可以直接输入电脑，模拟信号则需要由 A/D 转换器转换成数字信号后再输入电脑。

3. 微机电脑

它是 ECU 的核心部件，它把各种传感器输入的信号用内存程序和数据进行处理，并把处理结果如喷油信号、点火信号等输入输出回路。主要由中央处理器（CPU）、存储器和输入、输出口（I/O）等部分组成，如图 6-2 所示。

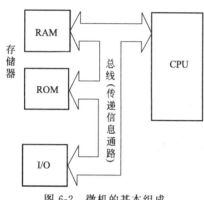

图 6-2 微机的基本组成

（1）中央处理器 中央处理器是整个控制系统的核心，是计算机的"大脑"。CPU 主要由进行算术、逻辑运算的运算器、暂时存储数据的寄存器、按照程序执行各装置之间信号传送及控制任务的控制器等构成。CPU 的工作是在时钟脉冲发生器的操作下进行的，当微机通电后，脉冲发生器立即产生一连串的、具有一定频率和脉宽的电压脉冲，使计算机全部工作同步，按照统一的节拍操作，保证同一时间内完成一定的操作，达到控制系统各部协调工作的目的。

（2）存储器 存储器的主要功能是存储信息资料。

存储器一般分为两种：能读出也能写入的存储器叫随机存储器，简称 RAM；只能读出的存储器叫只读存储器，简称 ROM。

RAM 主要用来存储计算机操作时的可变数据，如用来存储计算机输入、输出数据和计算过程中产生的中间数据等，根据需要，可随时调出或被新的数据代替（改写）。RAM 在计算机中起暂时存储信息的作用。当电源切断时，所有存入 RAM 的数据均完全消失。发动机运行中，存入 RAM 的有些数据，如故障码、空燃比学习修正值等，为了能较长期地保存，防止点火开关关断时，由于电源被切断而造成数据丢失，一般这些 RAM 都通过专用的电源后备电路与蓄电池直接连接，使它不受点火开关的控制。当然，当电源后备专用电路断开时或蓄电池上的电源线都拔掉时，存入 RAM 的数据都会自然丢失。

ROM 用来存储固定数据，即存放各种永久性的程序和永久性、半永久性的数据。如电子控制燃油喷射发动机系统中的一系列控制程序软件、喷油特性脉谱、点火控制特性脉谱以及其他特性数据等，这些信息资料一般都是在制造时由厂家一次性存入，运用中无法改变其中的内容，即计算机工作时，新的数据不能存入；只有需要时读出存入的原始数据资料。当电源切断时，存入 ROM 的信息不会丢失，通电后又可以立即使用。这种存储器多是在制造厂大批量生产，其成本较低、价格较便宜。

为了方便使用，又相继开发了几种新的不同类型的只读存储器，如 PROM、EPROM、EEPROM 等。

PROM 为可编程序只读存储器，这种存储器的工作性能和 ROM 是一样的。它和 ROM 一样只能进行一次编程，使用时其信息是不能改变的。这种存储器可由用户根据需要，自行编写程序，用一种叫做 PROM 编程器的专用仪器对 PROM 编程，而无须生产 IC 的厂家完成编程。这样，汽车生产厂家可根据不同发动机、传动系统、车身形成或选用附件的差异，将信息资料存入 PROM 中。这种存储器有的制成专用芯片，可从微机上取下，当汽车制造厂对发动机和底盘进行重新组成或更换时，可从微机上更换新的 PROM。有了这种存储器，使同一微机适用于不同车型的发动机成为可能。PROM 和 ROM 的最大差别是制造方法和成本费用造成的影响不同。

EPROM 为可擦除、可编程只读存储器，这种存储器与 PROM 相似，但 EPROM 芯片的顶部有一个窗口，其内部存储的程序可用紫外线照射的方法予以擦除（消除），然后再用专用编程器存入新的程序。当重新编程后，将芯片顶部窗口封盖好，以防日光把存入的程序消除。这种存储器可重复使用达万次，多在原型系统试制或小规模生产中采用。

EEPROM 为电力擦除可编程只读存储器，这种存储器与 EPROM 类似，但它可以不从微机的电路板上取下，而在通电的情况下进行擦除和重新编程。一般只允许少部分擦除和重新编程。它是上述四种只读存储器中价格最贵的一种，常用在使用过程中，需要时常修改其重要数据，如汽车里程表的数据存储，常用这种存储器。根据需要更改汽车里程数据或更换微机时，都需将原来存储的数据擦掉，写入新的数据。

以上四种只读存储器，不管哪一种，当电源切断时，存入存储器的信息资料都不会丢失。

只读存储器中存储的大量程序和数据，是计算机进行操作和控制的重要依据，它们都是通过大量试验获得的。存入只读存储器中数据的精确性，如各种工况下和各种因素影响下发动机的喷油控制数据、点火控制数据等，是满足电子控制发动机的动力性、经济性和排放性的最重要保证。

（3）输入与输出口（I/O） 输入与输出口是 CPU 与输入装置（传感器）、输出装置（执行器）间进行信息交流的控制电路。根据 CPU 的命令，输入信号以所需要的频率通过 I/O 接口接收，输出信号则按发出控制信号的形成和要求通过 I/O 接口，以最佳的速度送出（或送入中间存储器）。输入、输出装置，一般都通过 I/O 接口才能与微机连接。因此，I/O 接口是微机与外界进行信息交换的纽带。输入、输出口是微机系统不可缺少的部分，起着数据缓冲、电平匹配、时序匹配等多种功能。

（4）总线 总线是一束传递信息的内部连线。在微机系统中，中央处理器、存储器与输入、输出接口，通过传递信息的总线连接起来，它们之间的信息交换均要通过总线进行。总线按传递信息的类别可以分为数据总线、地址总线与控制总线三种，如图 6-3 所示。

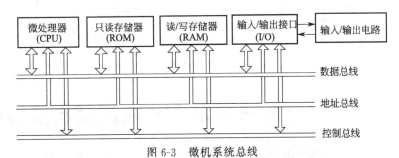

图 6-3 微机系统总线

① 数据总线。主要用于传递数据和指令。

② 地址总线。用于传递地址码。在微机总线上，各器件之间的通信，主要是靠地址码准确地进行联系。例如需要对存储器内某单元进行存储或读出数据时，必须先将该单元的地址码送到地址总线上，然后再送出写入或读出的指令，才能完成操作。

③ 控制总线。CPU 可以通过它随时掌握各器件的状态，并根据需要随时向有关器件发出控制指令。

4. 输出回路

输出回路是电脑与执行器之间联系的装置。电脑输出的数字信号的电流很小，它不能直接驱动执行器工作，需要通过输出回路把数字信号转换成可以驱动执行器工作的输出信号，如喷油器驱动信号、点火控制信号、燃油泵控制信号等。如图 6-4 所示为控制喷油器的输出回路。控制输出回路中，通过功率管（实际电路不只是一个三极管）的导通和截止，为喷油器提供一定宽度的脉冲驱动信号。在顺序喷射的驱动回路中，还应有缸序判别与喷油定时两个定量功能，以达到喷油正时精确控制喷油量的目的；有的还有保护、监测等功能。

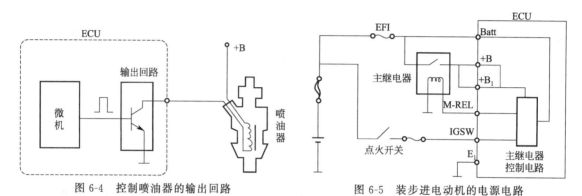

图 6-4 控制喷油器的输出回路　　　图 6-5 装步进电动机的电源电路

三、电控单元的电源电路

电控单元的电源电路主要由继电器、点火开关等组成。ECU 电源电路有装步进电动机和不装步进电动机的电源电路两种，分别如图 6-5 和图 6-6 所示。

不装步进电动机（发动机怠速控制用）的电源电路，是由点火开关直接控制主继电器工作。

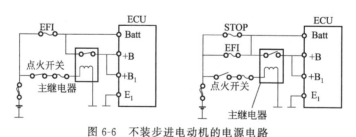

图 6-6 不装步进电动机的电源电路

第二节　电控单元万用表检测的项目及方法

汽车的电控单元一般很少出现故障，当出现故障时，一般不要轻易怀疑 ECU 有故障。只有确认电控单元外观有明显的损坏，外围元器件脱焊或变质后，才可怀疑电控单元损坏。

一、电控单元万用表检测项目

电控单元（ECU）是否有故障，可利用万用表检测 ECU 的电源电路是否正常；利用万用表检测 ECU 端子电压和端子间电阻,与标准值比较,如果检测不符合标准,说明电控单元(ECU)有故障,应进行检修或更换 ECU。

二、万用表检测电控单元注意事项

万用表检测电控单元电压和电阻的注意事项如下。

① 在检测之前,应先检查控制系统及其他电气系统各熔断器、熔丝及有关的线束插头(连接器)是否良好。

② 在点火开关处于接通(ON)位置时,蓄电池电压应不低于11V。

③ 必须使用高阻抗的万用表(阻抗应大于10MΩ/V),最好使用汽车数字式万用表。

④ 必须在电控单元和线束连接器(插头)处于连接的状态下测量微机各端子的电压,并且万用表的测笔应从线束插头的导线一侧插入,测量各端子的电压(图6-7)。

⑤ 测量 ECU 各端子电阻时,应在关闭(OFF)点火开关、拆下 ECU 的线束连接器时进行,否则会损坏 ECU,如图6-8所示。

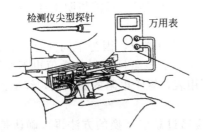

图 6-7 检测 ECU 端子电压的连接

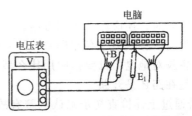

图 6-8 检测 ECU 端子电压的示意

⑥ 当需要拆下 ECU 线束连接器测量控制线路时,应先拆下蓄电池负极搭铁线,否则会损坏 ECU。不可在蓄电池连接完好的状态下拆下电控单元的线束连接器,否则可能损坏电控单元。

⑦ 在检测时,应先将电控单元连同线束一同拆下,在线束连接器处于连接的状态下,按检测数据表中的顺序,分别在点火开关关闭(OFF)、打开(ON)及发动机运转状态下,测量电控单元各端子与搭铁端之间的电压。也可以拆下电控单元线束连接器,测量各控制线路的电阻,从而确定控制线路是否正常(图6-9)。

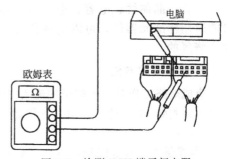

图 6-9 检测 ECU 端子间电阻

三、电控单元万用表检测方法

1. 电控单元(ECU)各端子间电压的测量方法

① 蓄电池电压应在11V以上,否则应进行充电,然后再测量。

② 拆下 ECU,但应保持线束连接器与电控单元在连接的状态下进行电压检查。

③ 应使点火开关在"ON"位置。

④ 应使万用表笔从线束连接器侧向插入,或用大头针插,测量 ECU 各端子与搭铁间的电压。

⑤ 测量结果应与标准值比较,若测得的电压与标准值基本相符,表明电控单元工作正

常；若某一脚或几脚数值偏差较大，相对误差大于20%，则应怀疑ECU是否损坏；若电压有误差但差别不是太大，此时不妨再配合测电阻或电流来做进一步判定。若与标准值差别很大，说明ECU或控制线路有故障。

2. 电控单元（ECU）各端子间电阻的测量

ECU线束上各脚对地的标准阻值一般也是通过手册或实际检测而得，该阻值分开路和在路电阻。显然，由于外围元器件的影响这两种阻值是不同的。每一脚的电阻又包含正向电阻和反向电阻。在确定各引脚电阻时，都须指明是红表笔接地还是黑表笔接地。

若ECU内部某些元件断路或击穿，可通过测量ECU线束上各脚对地间的电阻来判定。

① 从车上拆下ECU并拆下导线连接器。

② 用万用表测量导线连接器各端子间的电阻值。注意不要触碰电控单元的接线端子，应将测笔从导线侧插入导线连接器中测量。

③ 将测量电阻值与标准值比较，以便确定ECU控制线路工作是否正常。

该电阻值分开路和在路电阻。显然，由于外围元件的影响，这两种阻值绝对不同。每一脚的电阻又包含正向电阻和反向电阻。在确定各引脚电阻时，都需指明是红笔接地还是黑笔接地。

在测电阻时，还应注意所用万用表的型号及电阻的挡位，因为不同的万用表精度不同，测同一电阻时所得数值也存在误差，同一块表用不同的电阻挡测得的数值也不相同。因此，实测出的各脚对地电阻都要指明用什么型号的万用表，置于电阻的哪个挡，红笔接地还是黑笔接地，是在路还是开路。

④ 若通过上述检查初步确认电脑有故障，应通过总成互换的方法再次确认是否是电脑损坏，不可轻易废弃电脑。

电脑损坏在多数情况下是能够维修的。因为电脑损坏一般是因检测或使用不当引起的二极管、晶体管、电容、电阻等外围元器件的损坏，而这些元器件通常是市场上可购得的通用标准元器件，可以更换修复。但电脑中的专用集成电路或PROM等损坏时，是无法修复的。

3. 测电流的方法

集成电路工作时，各端子均流入或流出一定的电流，通过测量一些关键端子上的电流就可以大致判断ECU的工作情况。例如：电源脚一般处理弱信号电路时使用的电流不大，驱动输出电路的供电电流则较大。检测时，将电源脚断开，通电后测电流，若为零，则表明ECU内部断路，若电流明显偏大，则表明内部有击穿、短路情况。

上述几种方法检测ECU时，如一时无正常数据可供参考，也可采用对比测量法，即找一台同型车同部位进行测量后对比，以此来寻找故障部位。

可直接用高阻抗的万用表对ECU线束端子进行测试，并将测得的ECU端子电位参数及传感器、执行器的电阻参数与相应的维修说明书上提供的标准参数据进行比较，从而确诊故障。

这种方法速度较慢，而且要求测试人员对ECU各端子的位置及名称都比较熟悉。采用专用的故障检测盒与万用表配套测量。使用时，拆开ECU连接器，将故障检测盒分别与ECU插接器插座（ECU侧）和插接器线束侧插头相连。这样故障检测盒的检测插孔就与ECU各个端子相连接，其插孔号与ECU端子号相对应，通过万用表对故障检测盒相应插孔的检测，就可得到ECU端子及其连接部件的检测数据，无须直接测有关端子，使检测变得方便、快捷。

若通过上述检查确认电控单元有故障，也不可轻易废弃电控单元，应通过总成互换的方法再确定是否真是电控单元损坏,多数情况下电控单元是能够维修的。

第三节 电控系统万用表检测实例——康明斯 ISC 高压共轨柴油车电控系统的检测

1. 大气压力传感器电路（故障码 221 或 222）

大气压力传感器用来监测大气压力,并通过该传感器线束将信号传输给电子控制模块 (ECM),ECM 根据大气压力信号对喷油量进行修正。大气压力传感器安装在电动输油泵的下面。ISC 发动机大气压力传感器电路如图 6-10 所示。

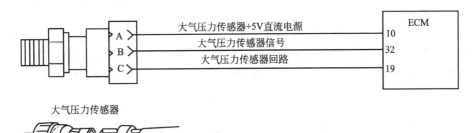

图 6-10　ISC 发动机大气压力传感器电路

若在发动机线束的大气压力传感器信号线的 32 端子上检测到信号电压偏高或偏低时,电子控制模块 (ECM) 认为是故障,并记录下该故障并以故障码 221 或 222 的形式储存起来,这时黄色指示灯点亮。大气压力传感器信号电压偏高或偏低,直接导致发动机功率将降低 15% 左右。可使用原厂提供的电子服务工具（手提式控制单元）INSITE^{TM} 对故障进行检修。

① 使用 INSITE^{TM} 读取故障码,确定故障码（352——传感器电源电路故障码）不是由电源电路故障引起的,应检查大气压力传感器,+5V 电源导线是否短路接地或端子之间存在短路。

② 检查大气压力传感器和发动机线束连接器端子有无下列情况:端子弯曲或折断;端子缩进或插孔被扩大;端子腐蚀;连接器内有湿气;连接器不密封。若存在上述任一种情况,则应维修损坏的端子。

③ 检查大气压力传感器电源电压如图 6-11 所示。测量抽头电缆端子 A 和 B 之间的电压应为 4.5~5.25V。若不在规定范围,则应更换发动机线束。

④ 检查大气压力传感器信号电压如图 6-12 所示。测量抽头电缆 B 和 C 端子之间的信号电压,其标准值应在规定的海拔高度范围内。规定值如下（1ft=0.30m）:

    0（海平面）   4~4.58V
    3000ft   3.6~4.4V
    6000ft   3.2~4.0V
    9000ft   3.0~3.8V
    12000ft   2.6~3.4V

若不合格,则应更换大气压力传感器。

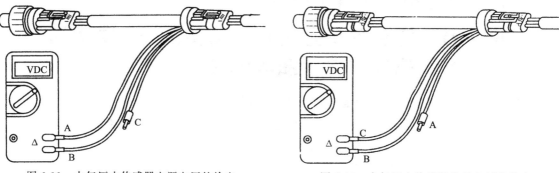

图 6-11 大气压力传感器电源电压的检查　　　图 6-12 大气压力传感器信号电压的检查

⑤ 检查大气压力传感器信号导线是否开路，如图 6-13 所示。检查前应关闭发动机，从发动机线束上拆下大气压力传感器，从 ECM 上拆下发动机线束。测量线束连接器的 32 端子与大气压力传感器信号导线上的 C 端子间电阻，应小于 10Ω。若不合格，则应更换发动机线束。

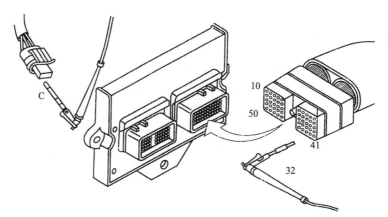

图 6-13 大气压力传感器信号导线是否开路的检查

⑥ 检查是否短路接地。测量发动机线束连接器的 32 端子与接地间电阻，其标准值应大于 100kΩ。若不合格，则应更换发动机线束。

⑦ 检查端子与端子间是否短路。测量 32 端子与发动机线束的所有其他端子间的电阻，其值应不小于 100kΩ。若不合格，则应更换发动机线束。

⑧ 清除并检查故障码。启动发动机，急速运转 1min，踩住加速踏板，用 INSITE™ 手提控制单元读取故障码，确认故障码 222 不再起作用，表明故障已排除，现行故障码已变成非现行故障码，用手提控制单元清除非现行故障码。若故障码 222 仍然存在，这时应更换大气压力传感器。

2. 冷却液液位传感器电路（故障码 422）

冷却液液位传感器用来监测冷却系统冷却液液位，并通过发动机线束将信息传输给 ECM。冷却液液位传感器安装在散热水箱上或膨胀水箱中。冷却液液位传感器电路如图 6-14 所示。

在发动机线束的冷却液液位传感器的 27 号高液位信号端子和 37 号低液位信号端子上同时检测到电压，或者在每个端子上没有检测到电压，ECM 认为是故障，并以故障码 422 存储起来，这时黄色指示灯点亮。发动机将失去冷却液液位的保护功能。

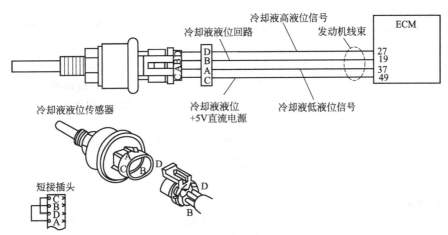

图 6-14 冷却液液位传感器电路

① 使用 INSITE™ 读取故障码，确认故障码 123、141、145、154 和 352 不起作用为合格，可以进行下一步诊断。

② 检查车辆有无冷却液液位开关，有则为合格。

③ 检查短接插头是否已经安装在冷却液液位开关线束连接器的位置，短接插头已安装为合格。

④ 检查冷却液液位传感器和冷却液液位传感器跨接线束的端子有无下列情况：端子弯曲或折断；端子缩进或者插孔被扩大；端子腐蚀；连接器内或表面潮湿和连接器密封不起作用。上述情况不存在则为合格，否则为不合格，应进行维修。

⑤ 检查是否开路。测量 A 与 A 端子、B 与 B 端子、C 与 C 端子、D 与 D 端子之间的电阻，应小于 10Ω，否则应维修或更换冷却液液位传感器跨接线束。

⑥ 检查是否短路接地，分别测量 A、B、C、D 端子的接地电阻，阻值应大于 100kΩ，否则应更换线束。

⑦ 检查端子间是否短路。分别测量 A、B、C、D 端子与连接器中所有其他端子间电阻，阻值大于 100kΩ 为合格。否则，应更换冷却液液位传感器跨接线束。

⑧ 检查发动机线束和 ECM 连接器端子有无损坏情况。各端子完好无损为合格，否则应进行维修。

⑨ 检查是否开路。测量 37 与 A、19 与 B、49 与 C、27 与 D 端子间的电阻，阻值小于 10Ω 为合格。否则为不合格，应对发动机线束进行维修。

⑩ 检查冷却液液位传感器信号线是否短路。分别测量 49、27、37 端子的接地电阻的阻值，大于 100kΩ 为合格。否则为不合格，应维修或更换发动机线束。

⑪ 检查端子与端子间是否存在短路。分别测量发动机线束连接器的 27 端子、37 端子与连接器中其他端子间的电阻，阻值应大于 100kΩ。否则应维修或更换发动机线束。

⑫ 清除故障码。启动发动机，使其怠速运转 1min，使用 INSITE™ 手提控制单元，证明故障码 422 已不再起作用，并已变成非现行码，这时应使发动机启动开关置于"ON"位置，用手提控制单元 INSITE™ 清除非现行码，并确认故障码已经全部清除。

3. 冷却液液位传感器电路（故障码 515 或 516）

冷却液液位传感器电路，如前述图 6-14 所示。

在发动机线束的 5V 电源线的 49 端子上检测到电压过高或电压过低，ECM 认为是故障，并分别以故障码 515 或 516 的形式记录下这些故障，黄色警告指示灯点亮。电源电压过高或过低均会分别导致发动机失去冷却液液位的保护功能。

① 检查发动机线束和冷却液液位传感器连接器端子有无损坏之处；若有损坏，则应进行维修。

② 用INSITE™读取故障码，确认故障码515或516正在起作用。

③ 检查发动机线束和ECM连接器端子有无损坏之处，若有，则应进行维修。

④ 检查是否短路。分别测量37、19、27、49端子与接地间的电阻，阻值应大于100kΩ，否则，应更换发动机线束。

⑤ 检查端子与端子间是否短路。分别测量37、49、27端子与连接器中其他端子间的电阻，应分别大于100kΩ。否则，应更换发动机线束。

⑥ 检查电源线是否短路。分别测量37、27、49端子与接地间的电压，应分别小于1V。否则，应更换发动机线束。

⑦ 检查ECM电压。将发动机线束连接到ECM上，拆下发动机线束，使启动开关在"ON"位置，测量线束侧冷却液液位传感器的端子C与接地间的电压，应为4.5～5.25V。若不合格，应更换ECM。

⑧ 清除故障码。启动发动机，使其急速运转，使用INSITE™手提控制单元，证明故障码515或516已不再起作用，并已变成非现行码。连接好所有部件，使启动开关在"ON"位置，使用INSITE™清除非现行故障码，并确认所有的故障码已被清除。

4. 发动机位置传感器（EPS）电路（故障码121）

发动机位置传感器（或称发动机转速/位置传感器）的作用是向ECM提供发动机转速和位置信号。电源向EPS提供5V工作电压，传感器通过感应固定在凸轮轴齿圈上缺口的运动产生信号。齿圈上有71个齿，并在第72个齿的位置上有一个缺口，这个缺口位置正好表示1缸或6缸处在上止点位置。

发动机转速/位置传感器安装在正时齿轮室壳体的后部，在喷油泵和空压机之间。

如图6-15所示为发动机位置传感器电路。图6-15中，发动机线束的9号端子上ECM未检测到发动机转速或位置信号，被认为是故障，并以故障码121存储该故障，这时黄色警告灯点亮。由于该故障的存在，发动机将无法工作。

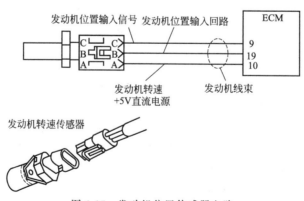

图6-15　发动机位置传感器电路

① 检查发动机线束和ECM连接器端子有无损坏情况，若没有损坏，则进行下一项检查。

② 检查5V电源线和信号线是否开路，检查9与C、10与A端子间的电阻，应小于10Ω，若不合格，则应更换发动机线束。

③ 检查5V电源线和信号线是否短路。检查9、10端子与接地间的电阻，应大于

$100k\Omega$。否则，应更换发动机线束。

④ 检查 5V 电源线和信号线的端子与其他端子间是否开路，检查发动机线束连接器 9、10 端子与连接器内所有其他端子间的电阻，应大于 $100k\Omega$。否则，应更换发动机线束。

⑤ 检查 EPS 电源电压，如图 6-16 所示。检查 EPS 连接器线束侧的端子 A 与端子 B 之间的电压，应在 $4.5\sim 5.25V$ 之间。若不合格，则应更换 ECM。

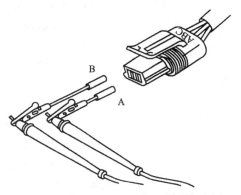

图 6-16　检查 EPS 的 A 与 B 端子间电压

⑥ 检查 EPS 有无信号。在转动发动机时，测量抽头电缆上的 C 与 B 端子间有无电压，有信号，表示正常。若无信号产生，则应更换 EPS。如图 6-17 所示为检查 EPS 有无信号电压。

⑦ 进一步检查 EPS 传感器端部有无碎金属屑或有无损坏，若未发现有损坏，应清除故障码。使用 INSITE™ 手提控制单元清除故障码 121。

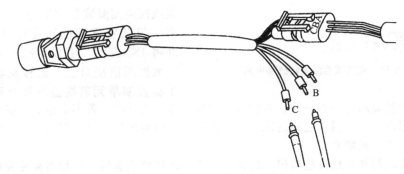

图 6-17　检查 EPS 有无信号电压

5. 发动机转速传感器电路（ESS）（故障码 283 或 284）

该传感器是外置传感器，它安装在正时齿轮室壳体的背部，其功能与发动机转速/位置传感器相同，向 ECM 提供发动机转速和位置信息。发动机转速传感器电路如图 6-18 所示。

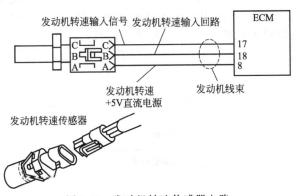

图 6-18　发动机转速传感器电路

在传感器电源线的 8 端子处检测电压过高时，产生故障码 283；在该处检测到电压过低时，产生故障码 284。发动机将转速传感器信号作备用信号，当该传感器出现上述故障时，将直接导致发动机冒白烟。

① 分别检查发动机转速传感器连接器的 A、B、C 端子的接地电阻，应大于 $100k\Omega$。否则，应更换发动机转速传感器。

② 检查是否开路。检查 8 与 A 端子、18 与 B 端子、17 与 C 端子间电阻，阻值应小于 10Ω。若不合格，应更换发动机线束。

③ 检查是否短路接地。检查发动机线束连接器的 8、18、17 端子与接地间的电阻，阻

值应大于100kΩ。若不合格，则应更换发动机线束。

④ 检查端子间是否短路。分别检查8、18、17端子与发动机线束连接器各端子间的电阻，阻值应大于100kΩ。若不合格，则应更换发动机线束。

⑤ 检查传感器电源电压。检查发动机转速传感器连接器线束的A端子与接地间电压，应在4.5～5.25V之间。若不合格，则应更换ECM。

⑥ 清除故障码283和284，使其不再起作用。启动开关在"ON"位置，启动发动机，使发动机怠速运转，使用INSITE™手提控制单元，清除故障码283和284。

6. 进气歧管温度传感器电路（IMTS）（故障码155）

ECM通过进气歧管温度传感器（IMTS）监测发动机的进气温度，ECM将根据此信号控制喷油量和喷油正时。当进气歧管温度传感器监测到温度超过发动机的保护极限时，ECM认为是故障，并记录下故障码155，黄色故障灯点亮。这时由于故障的存在将导致发动机速度下降并可能使发动机熄火。进气歧管温度传感器电路如图6-19所示。

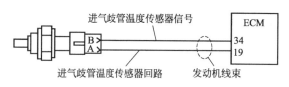

图6-19 进气歧管温度传感器电路

（1）检查传感器的准确性 用热电偶或同类测温装置验证传感器的准确性。将测温装置靠近进气歧管温度传感器，并将INSITE™手提控制单元连接到车辆数据通信接口上，运转发动机，比较手提控制单元监视器屏幕上显示的温度数值与测温装置显示值是否一致。若传感器读数正确，为合格；若不合格，应找出进气歧管温度过高的原因。造成温度过高的原因有：进气歧管温度传感器靠近温度非常高的热源；空气滤清器滤芯脏污而堵塞。

（2）清除现行和非现行故障码 启动发动机，使其怠速运转，增加负荷使发动机预热到正常工作温度，用INSITE™证实故障码155不再起作用，已由现行码变成非现行码。

使用INSITE™手提控制单元，进一步清除非现行码，确认所有故障码均已被清除，故障排除。

7. 进气歧管压力传感器电路（故障码122和123）

进气歧管压力传感器用于监测进气歧管的压力，并通过该传感器线束将信号输入ECM，ECM根据此信号控制喷油量和喷油正时。进气歧管压力传感器电路如图6-20所示。如果在发动机线束的45端子上检测到进气压力传感器的信号电压过高或过低时，ECM认为是故障，分别记录故障码122和123并存储在ECM存储器中。这两种故障都会使发动机的输出功率降低。

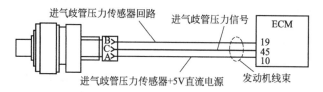

图6-20 进气歧管压力传感器电路

进气歧管压力传感器安装在缸盖侧进气歧管第二进气口的后部，位于燃油滤清器的右侧。

① 使用INSITE™手提控制单元读取故障码，确保没有其他故障码存在，再进行下一步检查。

② 检查是否存在机械故障。使用机械压力表检查进气歧管压力是否正常，检查废气涡轮增压器阀门是否卡在关闭位置。

③ 检查进气压力传感器和发动机线束连接器端子是否存在损坏，若没有损坏，则进行下一步检查。

④ 检查进气歧管压力传感器的电源电压，如图6-21所示。测量A与B端子之间的电压，应在4.5～5.25V之间，若不在此范围，则应更换发动机线束。

⑤ 检查进气歧管压力传感器的信号电压。测量B与C端子之间的电压，应为0.44～0.56V。若不在此范围，则应更换进气歧管压力传感器。

⑥ 检查是否开路。测量45与C端子间的电阻，应小于10Ω。若不合格，则应更换发动机线束。

⑦ 检查是否短路。测量45端子与接地间的电阻，应大于100kΩ。若不合格，则应更换发动机线束。

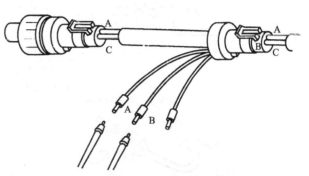

图6-21 测量A与B端子之间的电压

⑧ 检查各端子间是否短路。测量发动机线束连接器的45端子与发动机线束中所有其他端子间的电阻，应大于100kΩ。若不合格，则应更换发动机线束。

⑨ 用INSITE™手提控制单元清除非现行码。

8. 机油压力传感器电路（故障码415）

机油压力信号显示表明发动机的机油压力低于规定值，ECM认为是故障，并以故障码415的形式存储该故障。这时由于机油压力过低，发动机的保护功能起作用，迫使发动机的功率和转速下降，并可能使发动机熄火进行保护。机油压力传感器安装在缸体上，机油压力传感器电路如图6-22所示。

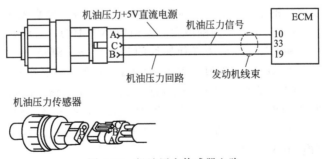

图6-22 机油压力传感器电路

(1) 用机械压力表检查传感器的准确性 把机械压力表连接到发动机的主油道上，同时将INSITE™手提控制单元连接到数据通信接口上，启动发动机并比较压力表读数与屏幕显示数值。压力差在34.47kPa（5psi）以内时，传感器读数是正确的。否则，传感器读数不正确，应找出引起机油压力低的原因并排除故障。

（2）清除故障码　经过分析、排除故障后，使现行故障码 415 不再起作用后，用 IN-SITE™ 手提控制单元清除非现行码，最后确认所有的故障码已被清除。

9. 加速踏板位置传感器电路（故障码 131 或 132）

加速踏板位置传感器安装在加速踏板上，踩下加速踏板时，该传感器将加速踏板位置信号传递给 ECM，ECM 根据加速踏板位置信号控制喷油量。加速踏板位置传感器电路如图 6-23 所示。当在加速踏板位置传感器信号线 30 端子上检测到电压过高或过低时，ECM 认为是故障，并以故障码 131 或 132 的形式将故障存储在 ECM 的存储器中，黄色故障指示灯点亮，这时发动机转速和功率将降低。

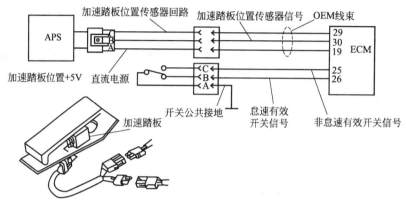

图 6-23　加速踏板位置传感器电路

① 检查加速踏板位置传感器是否已经连接到发动机线束上，检查线束和加速踏板位置传感器连接器端子是否完好无损。如上述两项检查都合格，再进行下一项检查。

② 检查加速踏板位置传感器端子与端子间有无断路或短路故障。在释放和踩下加速踏板时测量 4 端子与 5 端子间的电阻，释放踏板时，电阻为 1500～3000Ω；踩下加速踏板时，电阻为 250～1500Ω。若不合格，则应更换加速踏板位置传感器。

③ 检查传感器电源线是否短路。测量加速踏板位置传感器的 5 端子与接地间的电阻，应大于 100kΩ。若不合格，则应更换加速踏板位置传感器。

④ 检查信号线是否短路。测量加速踏板位置传感器的 3 端子与接地间的电阻，阻值应大于 100 kΩ。若不合格，则应更换加速踏板位置传感器。

⑤ 检查 OEM 线束中的电源、信号和回路导线是否开路。分别测量 29 端子与 5 端子、30 端子与 3 端子、19 端子与 4 端子间的电阻，阻值应小于 10Ω。否则，应更换 OEM 线束。

⑥ 检查 5V 电源线和 OEM 线束中任何导线间是否短路。测量 29 端子与 OEM 线束连接器内的所有其他端子间的电阻，阻值应大于 100kΩ。否则，应更换 OEM 线束。

⑦ 检查信号线与 OEM 线束中所有其他导线间是否存在短路。测量 30 端子与 OEM 线束连接器内所有其他端子间的电阻，阻值应大于 100kΩ。若不合格，则应更换 OEM 线束。

⑧ 检查电源电路是否短路。测量 OEM 线束中 29 端子与接地间的电阻，阻值应大于 100kΩ；否则，应更换 OEM 线束。

⑨ 检查信号电路是否短路。测量 OEM 线束连接器的 30 端子与接地间的电阻，阻值应大于 100kΩ。否则，应更换 OEM 线束。

⑩ 检查加速踏板位置传感器电源电压。测量 OEM 线束的 19 端子与 29 端子之间的电压，应为 4.75～5.25V。若不合格，应更换 ECM。

⑪ 清除故障码，使现行故障码不起作用。将启动开关转至 "ON" 位置并踩下加速踏板

至全开位置,释放踏板并关闭启动开关至"OFF"位置,等15s,再将启动开关转至"ON"位置。这时,使用INSITE™证实故障码131或132不再起作用。现行故障码131和132已变成非现行故障码。这时再使用INSITE™手提控制单元清除非现行故障码,并确认所有故障码已被清除。

10. 电磁式车辆速度传感器电路(故障码241)

电磁式车辆速度传感器由两个电磁线圈和永久磁铁组成。车速传感器安装在变速器输出轴附近的壳体上,输出轴上的停车锁定齿轮为感应转子。当输出轴转动时,齿轮的凸齿不断靠近和离开传感器,使线圈内的磁通量发生变化,从而产生交变电流,ECM通过线圈感应车辆速度。电磁式车速传感器电路如图6-24所示。

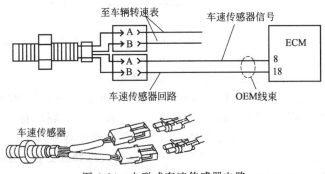

图6-24 电磁式车速传感器电路

当发动机线束的8端子和18端子上ECM未能检测到车辆速度信号时,ECM认为车速传感器电路出现了故障,并以故障码241的形式记录下该故障,这时黄色警告灯点亮。由于车速信号丢失,与车速信号有关的控制系统将不工作,如巡航控制、车速里程行驶信号会不正确。

① 检查OEM线速和传感器连接器端子有无损坏,若无损坏之处,为合格。若有损坏之处,则应进行维修。

② 检查VSS的感应线圈与齿轮凸齿的间隙调节是否正确,从齿轮转出1/2~3/4圈为合格,如图6-25所示。

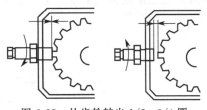

图6-25 从齿轮转出1/2~3/4圈

③ 检查VSS线圈电阻,测量A与B端子间的电阻,正确值为750~1500Ω。若不合格,则应更换VSS。

④ 检查VSS是否短路。测量VSS连接器的A端子与接地间电阻,阻值应大于10MΩ,否则,应更换VSS。

⑤ 检查VSS线圈是否短路。测量VSS连接器的A端子与另一个连接器的A端子间的电阻,应大于10MΩ。否则,应更换VSS。

⑥ 检查电路电阻是否正确。测量OEM线束连接器的8与18端子间的电阻,应为750~1500Ω。否则,应更换OEM线束。

⑦ 检查线束是否短路。测量8、18端子与接地间电阻阻值,应大于100kΩ。否则,应更换OEM线束。

⑧ 检查端子与端子间是否短路。测量8和18端子与所有端子间的电阻,阻值应大于100kΩ。否则,应更换OEM线束。

⑨ 清除故障码。运行车辆,使车速在 25km/h 以上,用手提控制单元 INSITE™ 证实现行故障码 241 不再起作用,现行码已成为非现行码。使启动开关在"ON"位置,用 INSITE™ 清除非现行码,确认所有故障码已被清除。

11. 数字式车辆速度传感器电路(故障码 242)

在 OEM 线束的 8 端子和 18 端子上检测不到车辆速度信号,ECM 则认为故障,并以故障码 242 的形式存储该故障,黄色故障指示灯点亮。这时发动机将工作在没有车速传感器的最大发动机转速内。

(1) 电阻检查　从 ECM 上拆下 OEM 线束,从 OEM 线束上拆下 VSS。测量 A 端子与 8 端子间的电阻,阻值应小于 10Ω。若不合格,则应维修或更换 OEM 线束。

(2) 测量 B 端子与 18 端子间电阻　阻值应小于 10Ω,若不合格,则应维修或更换 OEM 线束。

(3) 检查是否短路　测量 18 端子与接地间电阻,阻值应为 100kΩ 以上,测量 8 端子与接地间的电阻,阻值应为 10MΩ 以上。若经上述检查电阻不在规定范围,表明 OEM 线束中数字式 VSS 电路中存在短路故障,应维修短路的导线。

(4) 检查端子与端子间是否短路　从 OEM 线束上拆下 VSS,分别测量 8、18 端子与连接器内所有端子间的电阻,电阻应为 100kΩ 或更大,即显示开路特征。如果上述检查电阻不在规定范围,电路不为开路,则应维修短路的导线。经上述检查所有电路检查结果都正确,说明 VSS 电路良好,短路故障出自 VSS 中,这时应维修或更换 VSS。

12. 燃油温度传感器电路(故障码 263 或 256)

ECM 通过燃油压力/温度传感器监测蓄压器中燃油温度。ECM 监测信号端子上的电压并将信号电压转换成温度值。燃油压力/温度传感器安装在 CAPS 燃油泵蓄压器的后部。如图 6-26 所示为燃油温度传感器电路。当在燃油温度传感器信号线的 35 端子上检测到信号电压偏高或偏低时,ECM 认为是故障,并分别记录下故障码 263 和 256,并点亮黄色故障指示灯。燃油温度传感器信号电压偏高或偏低,都会导致发动机输出功率降低,并会失去燃油温度的保护功能。

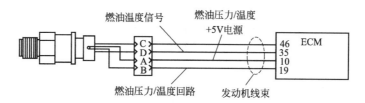

图 6-26　燃油温度传感器电路

① 使用 INSITE™ 手提控制单元读取故障码。故障码 122、135、144、153、221、263、352 和 451 不起作用为合格,即可进行下面的检查。

② 检查燃油温度传感器和发动机线束连接器的端子有无损坏,无损坏之处为合格。若有损坏,则应进行维修。

③ 检查燃油温度传感器的电阻。测量 B 与 D 端子间的电阻,阻值应为 175～244kΩ。若

不合格，则应更换燃油温度传感器。

④ 检查是否短路。测量 A 与接地间的电阻，应大于 100kΩ。若不合格，则应更换燃油压力/温度传感器。

⑤ 检查是否开路。分别测量 35 端子与 D 端子间、19 端子与 B 端子间电阻，阻值应小于 10Ω。若不合格，则应更换发动机线束。

⑥ 测量发动机线束是否短路。分别测量发动机线束的 35 端子、19 端子与接地间电阻，阻值应大于 100kΩ。若不合格，应更换发动机线束。

⑦ 检查端子与端子间是否短路。测量 35 端子、19 端子与其他端子间的电阻，应大于 100kΩ。否则，应更换发动机线束。

⑧ 清除故障码。启动发动机，使其怠速运转，使用 INSITE™ 手提控制单元，证明故障码 263 和 256 不再起作用，已变成非现行码。启动开关位于"ON"位置，使 INSITE™ 清除非现行码，确认所有故障码已被清除。

13. 燃油压力传感器电路（故障码 268）

ECM 通过燃油压力/温度传感器监测蓄压器中的燃油压力。ECM 监测信号线端子的电压并将此电压转换成压力值。ECM 利用燃油压力信号，控制喷油量。

当 CAPS 燃油泵的蓄压器中的燃油压力不随发动机工况的变化而变化时，ECM 认为是故障，并以故障码 268 的形式存储该故障。由于故障的存在，直接导致发动机功率或转速降低，并且发动机工作粗暴。燃油压力传感器电路如图 6-27 所示。该传感器安装在 CAPS 燃油泵蓄压器的后部。

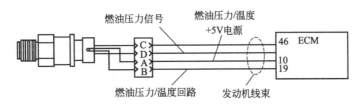

图 6-27 燃油压力传感器电路

① 检查燃油压力/温度传感器和发动机线束及 ECM 连接器的端子有无损坏之处，若有损坏之处，应进行维修，或者更换线束或传感器。

② 监测燃油压力。在发动机运转期间，使用 INSITE™ 手提控制单元检查燃油压力，怠速时燃油压力为 34.47MPa（5000psi），最大燃油压力为 103.42MPa（15000psi）。若不合格，则应更换燃油温度/压力传感器。

③ 清除故障码。启动发动机，使其怠速运转，使用 INSITE™ 手提控制单元证明故障码 268 不再起作用，并且已变成非现行码。连接好所有部件，启动开关在"ON"位置，使用 INSITE™ 清除非现行码，确认所有故障码已被清除。

参 考 文 献

[1] 栾琪文.汽车电控柴油机结构原理与维修.北京：机械工业出版社，2007.
[2] 宋年秀，刘超，杜燕蕊.怎样检测汽车传感器.北京：机械工业出版社，2007.
[3] 姜立标.汽车传感器及其应用.北京：电子工业出版社，2010.
[4] 舒华.汽车电子控制技术.北京：人民交通出版社，2002.
[5] 麻友良.汽车电器与电子控制系统.北京：电子工业出版社，2007.
[6] 司传胜.汽车故障诊断与维修.北京：中国电力出版社，2007.
[7] 吴文琳，李美生.汽车传感器识别与检修精华.北京：机械工业出版社，2005.
[8] 温国标.汽车电气设备构造与检修.北京：机械工业出版社，2008.
[9] 于文海.车载网络系统原理与检修.北京：电子工业出版社，2008.
[10] 孙余凯，吴鸣山.汽车电路故障检测与分析500例.北京：化学工业出版社，2013.